Jörg Baetge / Klaus Rainer Kirchhoff

Der GESCHÄFTSBERICHT

- Bedeutung
- Inhalt
- Sprache
- Design
- Servicefunktion
- Praxisbeispiele

UEBERREUTER

Die Deutsche Bibliothek – CIP-Einheitsaufnahme

Der **Geschäftsbericht**: die Visitenkarte des Unternehmens; Bedeutung – Inhalt – Sprache – Design – Servicefunktion – Praxisbeispiele / Jörg Baetge/Klaus Rainer Kirchhoff. – Wien: Ueberreuter, 1997
(Manager-Magazin-Edition)
ISBN 3-7064-0351-X

Zitierweise: Bearbeiter (entsprechend Inhaltsübersicht), in: Baetge/Kirchhoff, Der Geschäftsbericht, Wien 1997, S. ...

S 0322 2 3 / 99 98

Umschlag: Kurt Rendl

Printed in Austria

Vorwort der Herausgeber

„Die Börse ist keine Einbahnstraße." Das von Graf Lambsdorff bereits vor Jahren formulierte Bild ist heute aktueller denn je. Die Werbekampagne der Deutschen Telekom hat eindrucksvoll gezeigt, daß ein Unternehmen seinen Eigenkapitalbedarf nur decken kann, wenn es bei aktuellen und potentiellen Aktionären um Vertrauen wirbt und bereit ist, Informationen über das Unternehmen zur Verfügung zu stellen (Investor-Relations-Politik). Wesentliches Instrument einer wirksamen Investor-Relations-Politik ist der Geschäftsbericht. Mit dem umfangreichen und regelmäßig erscheinenden Geschäftsbericht wird auf einem anonymen Kapitalmarkt eine große Zahl von aktuellen und potentiellen Aktionären erreicht, die auf diese Weise langfristig an das Unternehmen gebunden werden sollen.
Wirtschaftsmärkte werden immer globaler, eine wirksame Finanzkommunikation mit allen Unternehmensbeteiligten immer wichtiger. In gleichem Maße nimmt auch die Bedeutung des Geschäftsberichts als wichtigstes Instrument der Finanzkommunikation zu. Schon vertraut gewordene Schlagworte wie „Shareholder Value" oder „Wertsteigerungsmanagement" in Vorworten der Vorstandsvorsitzenden großer Konzerne an ihre Aktionäre sind ein sichtbares Kennzeichen dieser Entwicklung. Zwar sind deutsche Geschäftsberichte in den vergangenen Jahren kontinuierlich besser, also aussagekräftiger und attraktiver geworden. Zutreffend ist aber auch, daß nur verhältnismäßig wenige, zumeist international ausgerichtete Großkonzerne jene Publizitätsstandards erreichen, die vor allem ausländische Finanzanalysten und institutionelle Anleger gewohnt sind und dementsprechend erwarten. Die überwiegende Zahl deutscher börsennotierter Unternehmen bleibt hingegen deutlich hinter diesen Standards zurück.
Mit diesem Buch wenden wir uns an alle Unternehmen, die ihren Geschäftsbericht optimieren wollen. Optimieren bedeutet in diesem Zusammenhang einerseits Steigerung der Aussagefähigkeit des Geschäftsberichts: Welche Informationen erwarten professionelle Anleger im Geschäftsbericht, mit welchen Informationen schafft ein Unternehmen Vertrauen beim breiten Publikum? Ein in diesem Sinne optimierter (aussagekräftiger) Geschäftsbericht hätte allerdings dann seinen Zweck verfehlt, wenn er keine Leseanreize böte

und insoweit unattraktiv wäre: Informationen müssen dem Leser vermittelt werden, müssen transportiert werden. Optik und Sprache des Geschäftsberichts sind hier die wesentlichen Gestaltungsmerkmale.
Mit Inhalt, Optik und Sprache des Geschäftsberichts sind jene Kriterien gegeben, an denen sich gute Geschäftsberichte messen lassen müssen. Wettbewerbe, in denen die Qualität publizierter Geschäftsberichte gemessen wird, gibt es in Deutschland, aber auch in anderen Ländern, seit vielen Jahren. In seiner Form einzigartig ist der Wettbewerb „Der beste Geschäftsbericht", der vom manager magazin veranstaltet wird. In diesem Wettbewerb werden alljährlich die Geschäftsberichte der 500 größten börsennotierten deutschen Kapitalgesellschaften und seit 1997 auch die zwanzig größten europäischen Unternehmen von einem Fachjuroren-Team bewertet. Die Geschäftsberichte der Unternehmen werden – was beispielsweise die inhaltliche Aussagekraft des Geschäftsberichts betrifft – an mehr als 100 Kriterien gemessen. Alle Kriterien berücksichtigen dabei die Anforderungen, die vor allem Finanzanalysten und Wirtschaftsprüfer an eine gute Finanzkommunikation stellen.
In diesem Buch stellen wir alle Kriterien bezüglich Inhalt, Optik und Sprache des Geschäftsberichts vor, die dem Wettbewerb „Der beste Geschäftsbericht" zugrunde liegen. Damit der Ersteller von Geschäftsberichten den größtmöglichen Nutzen aus diesem Buch schöpfen kann, legen wir großen Wert darauf, alle Anforderungen mit aussagekräftigen, aktuellen Beispielen und Illustrationen aus deutschen und internationalen Geschäftsberichten zu verdeutlichen. Mit anderen Worten: Gezeigt wird, wodurch sich gute und beim Wettbewerb „Der beste Geschäftsbericht" oftmals prämiierte Geschäftsberichte auszeichnen. Nicht vernachlässigt werden aber auch Sonderfälle der Publizität, etwa die Anforderungen, die das Going Public eines Unternehmens an die Geschäftsberichterstattung stellt. Mit umfangreichen empirischen Analysen versuchen wir darüber hinaus auch, bestehende Defizite der Geschäftsberichterstattung konkret offenzulegen. Ein ausführliches Literaturverzeichnis am Ende dieses Buches bietet dem interessierten Leser schließlich die Möglichkeit, Einzelaspekte der Geschäftsberichterstattung zu vertiefen.
An dieser Stelle ist es Zeit, Dank zu sagen: Dieses Buch wäre ohne die Hilfe zahlreicher Mitarbeiter und Helfer im Hintergrund nicht entstanden. Besonders danken möchten wir einerseits den Mitarbeitern der KIRCHHOFF Kommunikationsberatung GmbH, Hamburg, Dipl.-Kffr. Anke Döbler, Dipl.-Kffr. Sonja Klein, Betriebswirtin Beate Krenz und Dipl.-Kffr. Heidrun Twesten, MaeBA, die als Koautorinnen großen Anteil an den jeweils in der Inhaltsübersicht ausgewiesenen Abschnitten haben.

Dank gebührt weiterhin Herrn Dipl.-Grafik-Designer Joachim Staak für die graphische Umsetzung der abgebildeten Charts.
Außerdem haben die Mitarbeiter des Instituts für Revisionswesen der Westfälischen Wilhelms-Universität Münster (IRW), die Herren Dr. Karl-Heinz Armeloh und Dipl.-Kfm. Dennis Schulze, erheblichen Anteil an dem sehr umfangreichen Abschnitt 7 „Der Inhalt des Geschäftsberichtes", wie die in der Inhaltsübersicht dieses Buches ausgewiesene Autorenschaft bzw. Koautorenschaft zeigt. Aber auch Frau Dipl.-Kffr. Ariane Kruse und Herr Dipl.-Wirt. Inform. Andreas Jerschensky haben als Koautoren des Unterabschnitts 7.6 „Bilanzbonitäts-Rating" zur Abrundung des Teils über den Inhalt des Geschäftsberichtes wesentlich beigetragen.
Herr cand. rer. pol. Stefan Rees war uns bei der mühevollen Schlußredaktion und Formatierung der Druckvorlage für den Verlag eine große und geduldige Hilfe.
Dafür gebührt allen Mitarbeitern unser herzlicher Dank!
Nicht zuletzt gehen viele Erkenntnisse und Empfehlungen zum Inhalt des Geschäftsberichts auf die IRW-Dissertationen der Herren Dr. Marcus Krumbholz und Dr. Karl-Heinz Armeloh zurück. Beide Arbeiten sind im IDW-Verlag, Düsseldorf, erschienen. Auch für diese Vorarbeiten ist herzlich zu danken.
Dem Ueberreuter-Verlag und dem manager magazin danken wir für die Aufnahme des Buches in das Verlagsprogramm und die stets gute und konstruktive Zusammenarbeit.

Münster und Hamburg im August 1997,

Jörg Baetge
Klaus Rainer Kirchhoff

Inhaltsübersicht

Inhaltsverzeichnis

Kapitel 1

Die Bedeutung des Geschäftsberichts

Der Geschäftsbericht steht unbestreitbar im Mittelpunkt der Unternehmenskommunikation. Er ist zudem das wichtigste Instrument der Finanzkommunikation. Darüber hinaus vermittelt er einen Einblick in die Kultur eines Unternehmens.

In den fünfziger Jahren begannen einige große amerikanische Gesellschaften mit der Herausgabe von Geschäftsberichten. Diese beschränkten sich zumeist auf wenige Seiten und verzichteten auf Grafik und Gestaltung. Erst das Computerzeitalter brachte neue, modernisierte Formen von Jahresberichten. Seit den sechziger Jahren haben sich auch immer mehr europäische Unternehmen dem Trend zu modernen Geschäftsberichten angeschlossen. Mittlerweile geben nicht nur Unternehmen, sondern auch andere Organisationen und Verbände Jahresberichte heraus.

Je größer ein Unternehmen ist, desto wichtiger ist der Dialog mit den Anlegergruppen. Bereits Mitte der siebziger Jahre ermittelte eine Studie bei über 460 amerikanischen Unternehmen, daß rund 40 Prozent der Börsenbewertung einer Firma von der Kommunikation abhängen. Die Gründe dafür liegen auf der Hand: Je glaubwürdiger die Kommunikation zwischen Unternehmen und Anlegern ausfällt, um so größer ist das Vertrauen und damit das Sicherheitsgefühl bei den Anlegern. Das Ergebnis ist eine höhere Bewertung an der Börse. Und das hat nicht nur für den Anleger Vorteile, sondern auch für das Unternehmen. Denn es erreicht eine bessere Eigenkapitalfinanzierung. Die Unternehmen sollten also so offen wie möglich berichten, vor allem im Geschäftsbericht.

Das Verbreitungsgebiet der Geschäftsberichte wird immer größer. Von London bis Singapur versuchen Unternehmer, Aktien ihrer jungen Unternehmen in den Markt zu bringen. Ein informativer und gut gestalteter Geschäftsbericht dient hier als Visitenkarte. In Japan geben viele größere Firmen ihre Jahresberichte im angelsächsischen Stil und in englischer Sprache heraus, da sie den Report weltweit im Verkehr mit Banken und Handelspartnern verwenden.

Übersicht 1-1: Bedeutung von Investor-Relations-Maßnahmen

Auch in Deutschland erlebt der Geschäftsbericht seit dem 1.1.1987, als im Vollzug des Europarechts erweiterte Publizitätspflichten in Kraft traten, eine atemberaubende Entwicklung. Doch trotz aller Bemühungen und wachsender Budgets ist nur einer von vielleicht zwanzig Geschäftsberichten so aufgemacht, daß er seiner besonderen Bedeutung gerecht wird.

1.1 Tendenz zu klarer Finanzinformation

Der Wettbewerb um Kapital wird immer härter. Hier haben wir es mit dem vielleicht einzigen wirklich globalen Markt zu tun. Der Investor kann heute nahezu grenzenlos das für ihn lohnendste Investment suchen. Dadurch entsteht ein hoher Druck auf die Finanzkommunikation der Unternehmen. Sie stellen sich auf diese Entwicklung zunehmend ein. Die Tendenz in der Finanzwelt geht in Richtung besserer Lesbarkeit, mehr Klarheit und größerer Offenheit.
Ein weniger direkter, aber doch wirksamer Druck zu besserer Information der Aktionäre kommt vom manager magazin. In seinem alljährlich stattfindenden Wettbewerb „Der beste Geschäftsbericht“ beurteilt das manager magazin die Berichte nahezu aller börsennotierten deutschen Gesellschaften und der bedeutendsten europäischen Unternehmen nach den drei Kriterien

1. Inhalt,
2. Optik und
3. Sprache.

Diese drei Kriterien sind nicht gleichgewichtig: Beim Wettbewerb „Der beste Geschäftsbericht“ erhält der Inhalt ein Gewicht von 60%, während Optik und Sprache mit jeweils 20% in die Bewertung eingehen.
Auch wenn es nicht das vorrangige Ziel eines Unternehmens sein kann, in Wettbewerben Preise zu erzielen, orientieren sich immer mehr Unternehmen an diesem Wettbewerb, und damit an den Forderungen der Financial Community, die in dem Kriterienkatalog des Wettbewerbs zum Ausdruck kommen. In der Folge hat sich die Qualität der Geschäftsberichte kontinuierlich verbessert.

1.2 Die Zielgruppen

Der Geschäftsbericht wird für verschiedene Zielgruppen erstellt. Die wichtigste ist die schon erwähnte Financial Community. Zu ihr gehören die Aktionäre und ihre Berater, die Finanzanalysten, Fondsmanager, institutionelle Anleger und die Wirtschaftsjournalisten. Sie sind vor allem an finanzwirtschaftlicher Information und an der Zukunftsstrategie des Unternehmens interessiert.
Eine weitere wichtige Zielgruppe sind die Kunden und Geschäftspartner. Sie sind an der wirtschaftlichen Lage des Unternehmens als Lieferant oder Abnehmer von Produkten und Leistungen interessiert und erwarten neben Aussagen zur zukünftigen Entwicklung eine Darstellung der Produkte und Leistungen, Informationen über Innovationen u. ä.
Unterschätzt wird eine der wichtigsten Zielgruppen des Berichts: die vorhandenen und potentiellen Mitarbeiter und deren Familien. Denn ein gut aufbereiteter Geschäftsbericht dient nicht nur der Information, sondern auch der Motivation. Er verstärkt die Möglichkeit der Identifikation mit dem Unternehmen.
Insbesondere bei Unternehmen, die in sehr umweltsensiblen Bereichen tätig sind, richtet sich der Bericht auch an die interessierte Öffentlichkeit. Durch das Herausstellen der gesellschaftlichen Dimension des Unternehmens und seines verantwortlichen Handelns wird die gesellschaftliche Akzeptanz gefördert.
Die Frage nach der Zielsetzung des Geschäftsberichts steht am Anfang der Arbeit und hat erheblichen Einfluß auf seine Struktur und Gestaltung.

1.3 Vielseitiger Nutzen

So vielfältig wie die Zielgruppen ist der Nutzen eines gut aufbereiteten Geschäftsberichts.

Rechenschaftspflicht

Zunächst dient der Report der Pflichterfüllung. Er ist primär der Rechenschaftsbericht der Geschäftsführung gegenüber den Anteilseignern. Insbesondere für die Aktionäre der sogenannten Publikumsgesellschaften stellt der Geschäftsbericht regelmäßig das wichtigste Informationsinstrument über die wirtschaftliche Lage und die Entwicklung „ihres“ Unternehmens dar.

Investor Relations

Umfragen belegen, daß der Geschäftsbericht Basispublikation für die Investor Relations ist. Ein IR-geeigneter Bericht sagt weit mehr aus, als er gesetzlich muß: Das Zahlenmaterial wird ausführlich erläutert, Kennzahlen und wichtige Größen – wie das DVFA-Ergebnis – vermitteln ein aufbereitetes Bild von der Lage des Unternehmens.

Imagepflege und Kommunikation

Ein gut gemachter Bericht ist ein hervorragendes Instrument zur Imagepflege und Kommunikation. Er vermittelt neben den reinen Zahlen auch die Denkweise und Philosophie des Unternehmens. Er portraitiert das Unternehmen, informiert über die Tätigkeitsfelder, Produkte und Leistungen. So ist der Geschäftsbericht vieler Unternehmen mehr und mehr zur jährlich aktualisierten Imagebroschüre geworden.
Anläßlich der Verleihung des Preises „Der beste Geschäftsbericht" im gleichnamigen Wettbewerb des manager magazins an die Bayer AG im Herbst 1996 wies der ehemalige Bundesbankpräsident Karl-Otto Pöhl zu Recht darauf hin, daß die Geschäftsberichte in den letzten Jahren sehr viel attraktiver geworden sind, nicht nur wegen der anspruchsvolleren Gestaltung, sondern auch wegen der zunehmenden Informationsdichte. Ebenso wie der Wettbewerb will dieses Buch die Unternehmen ermutigen, mehr Offenheit gegenüber der Öffentlichkeit – vor allem gegenüber dem Aktionär – zu zeigen, die Stellung des Aktionärs zu festigen und damit die Aktienkultur in Deutschland zu fördern.
Der Hauptzweck des Geschäftsberichts liegt in der Orientierung des Anlegers. Sein wichtigstes Anliegen ist indes, den Kauf von Aktien anzuregen. Und so wurde das Phänomen der amerikanischen Wachstumsgesellschaft auch darauf zurückgeführt, daß eine neue Schicht amerikanischer Aktionäre seit den fünfziger Jahren, ermutigt durch moderne Geschäftsberichte, Aktien erworben hat. Eine vergleichbare Bedeutung ist dem Geschäftsbericht auch in Deutschland zu wünschen.

1.4 Die Authentizität des mit dem Geschäftsbericht vermittelten Bildes vom Unternehmen

Der verstorbene frühere Vorstandsvorsitzende der Veba AG, Herr Piltz, hat in einer Rede über den „besten Geschäftsbericht" verdeutlicht, daß das wichtigste „Kapital", das sich Unternehmen mit dem Geschäftsbericht erwerben können, das **Vertrauen** der Financial Community ist.
Vertrauen der Geschäftsberichtsadressaten erwächst aus und basiert auf der Glaubwürdigkeit des Geschäftsberichts. Die Glaubwürdigkeit entsteht dadurch, daß ein Unternehmen im Geschäftsbericht ein authentisches Bild von sich zeichnet. Dieses authentische Bild entsteht aber nur durch einen authentischen Inhalt, durch authentische Fotos und durch eine authentische Sprache. Ob der Geschäftsbericht tatsächlich ein authentisches Bild des Unternehmens zeichnet, läßt sich zwar nur von Kennern des Unternehmens, z. B. vom Vorstand bzw. von anderen Mitarbeitern des Unternehmens, eindeutig beurteilen, doch hat das Unternehmen die Möglichkeit, im Geschäftsbericht z. B. authentische Informationen über Störfälle oder andere wichtige Widrigkeiten zu geben (die der Öffentlichkeit ohnehin über andere Medien bekannt sind oder werden). Auf diese Weise läßt sich Vertrauen aufbauen. Zur Zeichnung eines authentischen Bildes des Unternehmens im Geschäftsbericht gehört aber auch, daß Fotos aus dem „lebenden" Unternehmen genommen werden. Negativbeispiele hierzu sind die gestelzten Fotos von Vorständen, die sich in manchen Geschäftsberichten finden.
Der für die Erstellung des Geschäftsberichts seines Hauses Zuständige erhob auf einer Konferenz über die „Optimierung von Geschäftsberichten" die berechtigte Forderung, daß ein Geschäftsbericht **auch ein authentisches Bild der wirtschaftlichen Lage** zeichnen müsse, wenn der Adressat auf Dauer Vertrauen zum Unternehmen fassen solle. Da aber vor allem der Jahresabschluß durch bilanzpolitische und sachverhaltsgestaltende Maßnahmen häufig in guten Jahren ein zu schlechtes und in schlechten Jahren ein zu gutes Bild der wirtschaftlichen Lage des Unternehmens zeichne, müsse ein Weg gefunden werden, wie die authentische wirtschaftliche Lage des Unternehmens im Geschäftsbericht kommuniziert werden könne. Die Erfüllung dieser Forderung würde sicherlich das Vertrauen der Geschäftsberichtsleser wesentlich erhöhen.
Einige Vorstände versuchen, die authentische wirtschaftliche Lage ihres Unternehmens dadurch anzugeben, daß sie das Rating-Ergebnis ihres Hauses

von bekannten Rating-Agenturen in ihren Geschäftsbericht mit aufnehmen. Tatsächlich ist dieser Versuch nicht geeignet, die wirtschaftliche Lage des Unternehmens zum Bilanzstichtag wiederzugeben, weil in das Rating dieser Agenturen auch im Geschäftsbericht noch nicht berichtete und im Jahresabschluß noch nicht zu berücksichtigende Aspekte – wie eine beabsichtigte Absatzprogramm-Änderung – und vor allem vom Abschlußprüfer nicht geprüfte (und teils nicht prüfbare bzw. nicht zu prüfende) Informationen eingehen. Außerdem besteht das Rating-Ergebnis in einem einzigen „Urteilswert", und sein Zustandekommen wird nicht anhand der im Geschäftsbericht gegebenen Jahresabschlußinformationen erklärt bzw. erläutert.

Das authentische Bild der Lage könnte dagegen mit dem **Bilanzbonitäts-Rating** von der BPA (Baetge & Partner Auswertungszentrale) als ein objektives Bild auf der Basis der veröffentlichten Jahresabschlußdaten gezeichnet werden. Wie sich die wirtschaftliche Lage eines konkreten Unternehmens, nämlich der Metallgesellschaft AG, mit Hilfe des Bilanzbonitäts-Ratings über die schwierigen Jahre dieser Gesellschaft entwickelt hat und welche Rating-Ergebnisse im Gegensatz dazu von einer bekannten Rating-Agentur über die Metallgesellschaft veröffentlicht wurden, beschreiben wir im Abschnitt 7.6 dieses Buches.

Kapitel 2

Der Geschäftsbericht als Instrument des Aktienmarketing

Die Anforderungen an die Unternehmenskommunikation haben sich in den letzten zehn Jahren grundlegend geändert. Nachdem sich die Unternehmen lange darauf beschränkt haben, Nachrichten zu verkünden, müssen sie sich heute dem Dialog mit verschiedenen Anspruchsgruppen stellen. Zielgruppen, denen Nachrichten übermittelt werden, stehen nicht mehr im Focus der Unternehmenskommunikation. Vielmehr müssen heute die Ansprüche verschiedener Gruppen nach Information und Aufklärung erfüllt werden. Gelingt dies nicht, so besteht insbesondere in der Finanzkommunikation die Gefahr, daß das Unternehmen falsch interpretiert wird.

Als Finanzkommunikation wird die zielgerichtete Beeinflussung der Mitglieder der Financial Community (einschließlich der aktuellen und potentiellen Aktionäre) mit Hilfe übermittelter Informationen bezeichnet. Man könnte diese Aufgabe auch als Aktienmarketing bezeichnen. Anders als beim Produktmarketing, wo alle Maßnahmen der kurzfristigen Absatzstimulierung dienen, geht es beim Aktienmarketing um die langfristige Vertrauensbildung. Denn die Finanzkommunikation verfolgt nicht nur das Ziel, Aktien zu verkaufen, sondern auch die Aktionäre zum langfristigen Halten der erworbenen Aktien zu bewegen.

Hauptzweck der Finanzkommunikation ist es, unter Wahrung eines gewissen Schutzes gegenüber der Konkurrenz, dem Markt Informationen bereitzustellen, damit Wertpapieranalysten und Investoren fundierte Prognosen über die Werttreiber anstellen können.

Ziel der Finanzkommunikation ist die Steigerung des Unternehmenswertes im Sinne des Shareholder Value. Alfred Rappaport hat fünf Regeln aufgestellt, die die Fähigkeit des Analysten schärfen, Cash-flows zu prognostizieren (vgl. Rappaport, Alfred: Shareholder Value, Stuttgart 1995, S. 175.):

- Eine Erklärung des Geschäfts und seines Umfeldes, damit der Markt die Aktien nicht für etwas abwertet, was er nicht versteht.

- Hervorheben der Zukunftsaussichten und nicht der historischen Performance. Die Vergangenheit ist nur insofern relevant, als sie einen Investor dabei unterstützt, die Zukunftsaussichten zu beurteilen.
- Konzentration auf Strategien und Chancen, die eine langfristige Wertsteigerung versprechen, anstatt auf die unmittelbare Zukunft. Langfristige Werte wiegen in der Regel schwerer als die kurzfristige Performance.
- Keine übertriebenen Erwartungen wecken, da in der Regel die Reaktion auf Resultate, die hinter den Erwartungen zurückbleiben, jeglichen Vorteil einer vorübergehenden Erhöhung des Marktwertes zunichte macht.
- Schlechte Nachrichten offen auf den Tisch legen, damit die Aktionäre nicht den Eindruck gewinnen, das Management verstehe ihre Probleme nicht.

Für das Aktienmarketing stehen verschiedene Kommunikationsmaßnahmen zur Verfügung. Zu unterscheiden sind persönliche (z. B. die Hauptversammlung, Analystengespräche, Roadshows sowie Einzelgespräche) und unpersönliche Maßnahmen. Bei den unpersönlichen Maßnahmen, zu denen auch die verschiedenen Unternehmenspublikationen gehören, steht der Geschäftsbericht im Mittelpunkt des Interesses. Dies wird insbesondere beim Börsengang deutlich.

2.1 Der Gang an die Börse

Im Verhältnis zur Gesamtzahl der deutschen Unternehmen und im internationalen Vergleich ist die Zahl derer, die an der Börse notiert sind, klein. In den vergangenen vierzehn Jahren sind insgesamt 227 Unternehmen an die Börse gegangen. *(Siehe Übersicht 2-1)*
Für einen Börsengang gibt es gute Gründe; es ist davon auszugehen, daß die Zahl der Neuemissionen in den kommenden Jahren sprunghaft ansteigen wird.

2.2 Gründe für ein Going Public

- **Erhöhter Kapitalbedarf**
  Die zunehmende Globalisierung und das Zusammenwachsen der Märkte lassen den Konkurrenzdruck für die Unternehmen erheblich steigen. Sie können ihm oft nur durch permanente Innovation und Akquisitionen be-

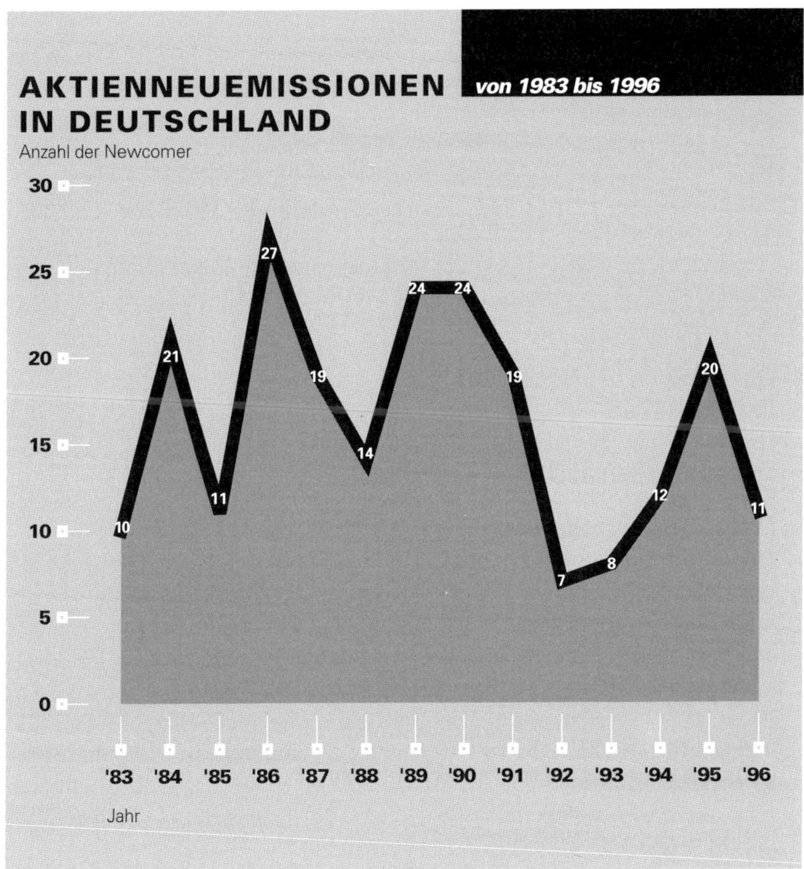

Übersicht 2-1: Aktienneuemissionen in Deutschland

gegnen. Das dafür benötigte Kapital übersteigt jedoch häufig die Finanzmittel des Unternehmens.

- **Erleichterung der Nachfolgeregelung**
  Viele mittelständische Unternehmen sind heute noch eigentümergeführt, oft gibt es keinen Nachfolger aus der Familie. Durch die Fungibilität der Aktie wird der in den kommenden Jahren anstehende Generationswechsel und der Fortbestand des Unternehmens erleichtert.

- **Erweiterte Finanzierungsmöglichkeiten**
  An der Börse notierte Unternehmen können sich beispielsweise über Wandelschuldverschreibungen oder Optionsanleihen finanzieren.

- **Klare Trennung von Management und Kapitalgebern**
  Sie erhöht die Objektivität und Unabhängigkeit der Entscheidungen. Die Kapitalgeber behalten (zumindest faktisch) durch die Besetzung der Organe den unternehmerischen Einfluß.
  Durch eine Mehrheit am Aktienkapital ist es der Gründerfamilie oder den ehemaligen Alleininhabern nach wie vor möglich, Einfluß auf „ihre" Firma zu nehmen.

- **Qualifikation der Mitarbeiter**
  Der Börsengang erhöht den Bekanntheitsgrad und die Attraktivität des Unternehmens. In vielen Fällen gelingt es dem Unternehmen dadurch besser, qualifizierte Mitarbeiter zu gewinnen.

- **Motivation der Mitarbeiter**
  Die ausführliche und offenere Berichterstattung durch das Going Public führt dazu, daß auch die Mitarbeiter besser über ihr Unternehmen informiert sind – oft steigt damit ihre Motivation. Durch die Ausgabe von Belegschaftsaktien erhalten sie einen zusätzlichen Leistungsanreiz: Der Aktienkurs spiegelt den Erfolg ihrer Arbeit wider.
  Auch in Deutschland beginnen einige Unternehmen, die Gehälter der Führungsmannschaft an den Aktienkurs zu koppeln bzw. sie mit sogenannten Stock Options zu entlohnen.

- **Senkung der Finanzierungskosten**
  Durch die Ausgabe von Aktien fließt dem Unternehmen Eigenkapital zu, welches günstiger als Fremdkapital zur Finanzierung eingesetzt werden kann.

Mit der Einführung des „Neuen Marktes", einem Börsensegment für innovative, junge Unternehmen, ist es auch für kleinere Firmen möglich, sich Kapital über die Börse zu besorgen. Sicherlich werden noch eine ganze Reihe von Wachstumsunternehmen diese Chance nutzen.
Und auch an Aktienkäufern wird es nicht fehlen: In den kommenden Jahren werden einige Mrd. DM vererbt werden. Dieses Geld muß neu angelegt werden. Aktien sind gerade in Zeiten niedriger Zinsen eine attraktive Alternative zu festverzinslichen Papieren. Und je stärker das Interesse an Aktien ist, desto interessanter wird ein Going Public für die Unternehmen.

2.3 Was ändert sich durch ein Going Public?

In vielen Fällen muß sich erst einmal die Rechtsform ändern, da vor allem mittelständische Unternehmen häufig als GmbH geführt werden. Dies bringt eine Reihe von steuerlichen und rechtlichen Änderungen mit sich, die hier nicht thematisiert werden können. Daneben unterliegen börsennotierte Gesellschaften einer erhöhten Publizitätspflicht zum Schutz des Anlegers.
Die deutlichste Änderung ist das größere Interesse, das dem Unternehmen plötzlich von unterschiedlichster Seite entgegenschlägt. Vor dem Börsengang interessierten sich vor allem Kunden, Lieferanten, Wettbewerber und die Mitarbeiter für das Unternehmen. Durch ein Going Public verlangt plötzlich auch die Financial Community Informationen über das Unternehmen: Institutionelle Anleger, Analysten, Wertpapierberater der Banken und Wirtschaftsjournalisten. Aber auch die Kleinanleger, zum Teil in Schutzgemeinschaften organisiert, verfolgen die Zahlen und den Geschäftsverlauf.
Diese neuen Interessenten haben eines gemeinsam: Sie benötigen Informationen – über die strategische Ausrichtung, die Zukunftsaussichten und die finanzwirtschaftliche Situation.

2.4 Instrumente, die diesen Informationsbedarf decken

Neben dem Geschäftsbericht, dessen Wichtigkeit in diesem Zusammenhang unbestritten ist, gibt es einige weitere Kommunikationsinstrumente, deren Einsatz bei einem Börsengang sorgfältig abzuwägen und zu planen ist.

- **Halbjahres- und Quartalsberichte**
  Sie unterstützen die Berichterstattung und gehören international zum Standard. Durch die Globalisierung der Märkte gewinnen sie auch in Deutschland an Bedeutung; die Investoren orientieren sich an weltweiten Maßstäben. Auch inhaltlich sollten sie sich auf gehobenem, internationalem Niveau bewegen.

- **Presseberichte/Öffentlichkeitsarbeit/Public Relations**
  Die Presse- und Öffentlichkeitsarbeit ist ein sehr wichtiges Instrument. Hierbei ist darauf zu achten, daß ausschließlich wirkliche Nachrichten herausgegeben werden. Pressemitteilungen, die nur Bekanntes wiederholen

oder Nebensächlichkeiten behandeln, langweilen und führen dazu, daß die nächsten Berichte mit nachlassendem Interesse gelesen werden.

- **Anzeigenkampagnen**
  Anzeigenkampagnen sind relativ teuer. Sie müssen sehr gezielt eingesetzt werden, um den Nutzen im Verhältnis zu den Kosten zu optimieren.

- **Analystengespräche/DVFA-Veranstaltungen**
  Analystengespräche und DVFA-Veranstaltungen sind unerläßlich für eine ernstzunehmende Investor-Relations-Arbeit. Sie sollten allerdings erst unmittelbar vor dem Börsengang erfolgen. Denn dann liegen die Zeichnungs-/Kaufstudien der Analysten zeitlich näher an der Zeichnungsfrist bzw. der ersten Notierung.

2.5 Besondere Funktion des Geschäftsberichts beim Going Public

Dem Geschäftsbericht fällt beim Going Public eine besondere Rolle zu. Er überzeugt durch seine hohe Glaubwürdigkeit, da sowohl Vorstand als auch Wirtschaftsprüfer mit ihrer Unterschrift für die Richtigkeit der Informationen bürgen. Dies ist vor allem vor einem Börsengang sehr wichtig: Jetzt wird gern angenommen, das Unternehmen stelle sich in einem besonders positiven Licht dar und beschönige beispielsweise die Lage, um besonders viele Zeichner zu einem hohen Kurs zu finden.
Da der Geschäftsbericht Jahr für Jahr neu erscheint, stellt er die Entwicklung des Unternehmens in einer einzigartigen Kontinuität dar.

2.6 Aus der Pflicht eine Kür machen

Das Unternehmen ist verpflichtet, einen Lagebericht und Jahresabschluß zu veröffentlichen. Nichts liegt näher, als einen Geschäftsbericht auch im Rahmen des Going Public als Kommunikationsmittel zu nutzen. Hierbei sollte man sich frühzeitig an der neuen Zielgruppe orientieren. Welche Informationen sind für die Financial Community besonders wichtig? Das zwingt das Unternehmen, alle relevanten Informationen systematisch aufzubereiten. So wird schnell deutlich, wo das Berichtswesen des Unternehmens noch Lücken aufweist. Der Vorstand kann sich frühzeitig mit der Frage auseinandersetzen, welche Informationstiefe er zu gewähren bereit ist.

Dabei sollte die Unternehmensleitung sich vor Augen halten, daß durch den Börsengang nicht mehr nur die Produkte Absatz- und Beschaffungsmärkte haben – dies gilt jetzt genauso für das Kapital. Der Finanzchef wird plötzlich zum Produktmanager für Kapital. Er muß versuchen, das Unternehmen den potentiellen Anlegern und Multiplikatoren, wie den Finanzjournalisten und Analysten, verständlich darzustellen. Dazu eignet sich ein professioneller Geschäftsbericht, der übersichtlich strukturiert ist und offen informiert.
Zum Zeitpunkt des Börsengangs erfährt das Unternehmen eine nie gekannte Aufmerksamkeit. Journalisten und Analysten werden versuchen, sich über das Unternehmen zu informieren. Sie werden auch die Geschäftsberichte der vergangenen Jahre anfordern. Es wirft ein positives Licht auf das Unternehmen, wenn diese bereits ihren Anforderungen entsprechen.

2.7 Spielraum beim Emissionspreis

Der Geschäftsbericht ist ein hervorragendes Mittel, den Bekanntheitsgrad und das Image des Unternehmens zu verbessern. Je höher beide sind, um so mehr Spielraum nach oben hat das Unternehmen bei der Gestaltung des Emissionspreises. Letztendlich kann also eine professionelle Kommunikation die dem Unternehmen zufließenden Mittel erhöhen.

2.8 Ein gutes Beispiel – Schwarz Pharma

Eine der erfolgreichsten Neuemissionen der letzten Jahre ist die Schwarz Pharma AG. Sie ging im Juni 1995 zu 53,– DM je Aktie an die Börse. Am Jahresende 1996 notierte die Aktie mit 114,– DM, was einer Wertsteigerung von 115 % entspricht. Diese außergewöhnliche Entwicklung ist u. a. auch auf die sehr professionelle Investor-Relations-Arbeit von Schwarz Pharma zurückzuführen. 90 Tage vor der ersten Notierung wurden Analystengespräche geführt, 30 Tage vorher das Unternehmen durch eine Roadshow bekannt gemacht und 15 Tage vor der ersten Notierung eine Medienkampagne gestartet.
Bereits 3 bis 4 Jahre vorher hat Schwarz Pharma mit dem „großen Reinemachen" begonnen und das Unternehmen fit für den Börsengang gemacht. Ein Schwerpunkt lag dabei auf dem Geschäftsbericht. Seine Entwicklung in den Jahren 1990 bis 1995 wird im folgenden analysiert.

Umschlag – ganz in schwarz

Die erste und augenfälligste Veränderung ist das äußere Erscheinungsbild des Geschäftsberichts. Während er 1990 noch als Folder erschien, ging man 1991 schon auf das übliche DIN-A4-Format über. 1992 spielte man bewußt mit dem Namen und gestaltete den Umschlag ganz in schwarz – das erhöhte den Wiedererkennungswert und wurde für die nächsten Jahre beibehalten. Erst 1995 kam ein Foto auf den – sonst immer noch schwarzen – Titel. Das Bild – eine deutsche und eine amerikanische Flagge – ist Ausdruck für die strategische Ausrichtung gen USA.

Eine gute Struktur schafft Klarheit

Die inhaltliche Entwicklung des Berichts ist bemerkenswert. Der Umfang des Berichts hat sich seit 1990 von 36 Seiten auf durchschnittlich 66 Seiten nahezu verdoppelt. Mit zunehmendem Umfang verbesserte sich auch die Strukturierung des Berichts. Während der Leser beispielsweise im 90er-Bericht unter der Überschrift „Geschäftsverlauf" Angaben zur Entwicklung der Branche finden kann, gibt es dafür im 93er-Bericht eine eigene Überschrift. Eine möglichst detaillierte Gliederung hilft dem Leser, sich schneller zurechtzufinden und zu den für ihn interessanten Informationen zu gelangen.

Lagebericht und Jahresabschluß: die wichtigsten Kapitel für die Financial Community

Lagebericht und Jahresabschluß inklusive Anhang sind für die Financial Community von größter Bedeutung. 1991 veröffentlichte Schwarz Pharma zum ersten Mal einen Lagebericht mit einem Umfang von drei Textseiten. 1995, im Jahr des Börsengangs, umfaßte er 15 Textseiten. Auch der 91er-Bericht enthält Angaben, die für den Analysten oder Anleger interessant sind. Sie sind für ihn nur nicht so leicht zu finden, da sie über den Bericht verstreut sind. In den folgenden Jahren verlagert Schwarz Pharma immer mehr finanzwirtschaftliche Informationen in den Lagebericht, die vorher in Sonderkapiteln zu finden waren. Viele Unternehmen scheuen sich aus Kostengründen, den Lagebericht zu verlängern, da dieser im Bundesanzeiger veröffentlicht werden muß. Sie sparen dabei aber an der falschen Stelle. Die Mehrkosten für eine höhere Seitenzahl fallen kaum ins Gewicht, der Imageverlust ist hingegen erheblich, wenn sich z. B. ein Analyst im ganzen Bericht die Informationen zusammensuchen muß, die er im Lagebericht erwartet.

Ein gutes Beispiel für die inhaltliche Weiterentwicklung des Schwarz-Pharma Geschäftsberichts ist die Berichterstattung über die Finanzlage des Konzerns. Während man im 90er-Bericht noch keine Aussage über die Entwicklung des Cash-flow findet, gibt es 1992 sowohl eine Grafik als auch eine Tabelle über den Cash-flow der Gruppe und der AG. *(Beispiel 2-1)*
1993 werden die Informationen erstmals durch eine Kapitalflußrechnung vertieft. Diese wird 1995 in die Bereiche Geschäfts-, Investitions- und Finanzierungstätigkeit gegliedert. *(Beispiel 2-2)*
1990 gab es im Schwarz-Pharma-Bericht noch keinen Anhang. Es wurden zwar einige Positionen der Bilanz und GuV erläutert, aber nicht in der ausführlichen Form, wie es die Analysten erwarten. 1992 veröffentlichte Schwarz Pharma sowohl Bilanz und Gewinn- und Verlustrechnung als auch Anhang. Die Qualität ist von Anfang an hoch und wird in den Folgejahren weiter verbessert. 1993 führte Schwarz Pharma zusätzlich die Entwicklung der Gewinnrücklagen sowie die Entwicklung der Verbindlichkeiten in der AG und im Konzern auf. Darüber hinaus verbessert sich die Übersichtlichkeit deutlich. Während 1991 die Fakten im Vordergrund stehen, legt der 94er-Bericht deutlichen Wert darauf, dem Leser eine schnelle Übersicht zu bieten. *(Beispiel 2-3)*

Zwischenüberschriften und Grafiken sparen Zeit

Analysten, Wirtschaftsjournalisten und institutionelle Investoren haben eine Vielzahl von Informationen zu verarbeiten. Vor allem aus Zeitgründen ist es daher für sie wichtig, diese übersichtlich aufbereitet zu bekommen. Gerade für einen Börsenkandidaten ist es erforderlich, ein Optimum an Information zu vermitteln. Aussagefähige Zwischenüberschriften sowie schnell erfaßbare Grafiken unterstützen die Textinhalte. Bei Schwarz Pharma gibt es im 90er-Bericht weder Zwischenüberschriften, noch sind die Grafiken ohne weiteres verständlich. *(Beispiel 2-4)*
Der 91er-Bericht verzichtet im Lagebericht ganz auf den Einsatz von Grafiken. 1994 hingegen fällt das Erfassen der Information schon viel leichter. *(Beispiel 2-5)*

Strategie: Wie soll es weitergehen?

Neben der Berichterstattung über das vergangene Jahr sind vor allem die Prognose über die zukünftige Entwicklung und die Darstellung der Strategie von Bedeutung. Schwarz Pharma hat von Anfang an versucht, dem Leser das Geschäft und die Philosophie nahezubringen.

Cash Flow

Die Cash Flow-Rechnung als Indikator für die finanzielle Leistungskraft eines Unternehmens weist einen Geldzufluß aus eigenen Leistungen bei der AG von DM 45,1 Mio (1991: DM 39,8 Mio) und eine Cash Flow-Rentabilität (gemessen am Umsatz) von 8,4% aus (Vorjahr: 8,3%).

In der Gruppe bewegte sich der Cash Flow mit 79,6 Mio DM auf dem Vorjahresniveau, wobei allerdings ein Rückgang der Cash Flow-Rentabilität von 11,8% auf 10,3% zu verzeichnen war.

Die Effektiv-Verschuldung ist nach wie vor relativ gering. Der Verschuldungsgrad (Fremdkapital abzüglich der Forderungen und Geldwerte/Cash Flow) wies zum Jahresende den Wert 1,0 in der AG bzw. 0,5 in der Gruppe auf. Mit den Cash Flows des Berichtsjahres ließen sich theoretisch die Verschuldung der AG innerhalb von einem Jahr und die der Gruppe innerhalb von nur einem halben Jahr abbauen.

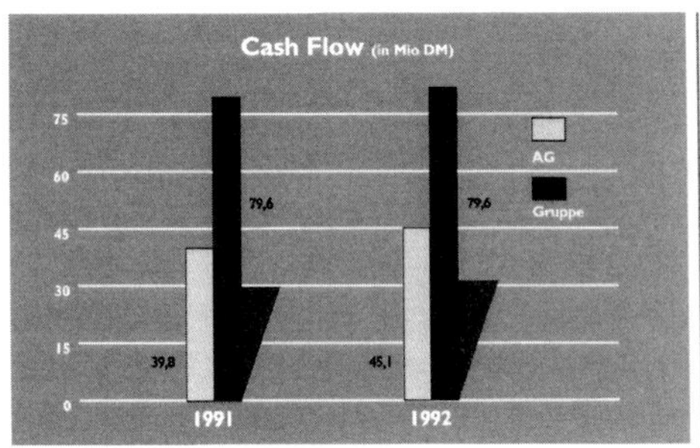

Cash Flow

	AG		Gruppe	
	1992 DM Mio	1991 DM Mio	1992 DM Mio	1991 DM Mio
Jahresüberschuß	22,0	26,9	45,2	42,6
+ Abschreibungen	23,5	8,7	32,5	24,9
+ Erhöhung langfrist. Rückstell.	1,6	9,5	1,4	9,8
+ Restbuchw. aus Anlagenabgängen	1,8	0,1	1,4	0,8
+/– Veränderung der Sonderposten mit Rücklageanteil	(3,8)	(5,4)	(0,9)	1,5
Summe	45,1	39,8	79,6	79,6

13

Beispiel 2-1: Schwarz Pharma AG, GB 1992, S. 13

Kapitalflußrechnung **SCHWARZ PHARMA-Gruppe**	**1995** TDM	**1994** TDM
Konzernjahresüberschuß	90.762	70.064
Abschreibungen/Zuschreibungen auf Gegenstände des Anlagevermögens	57.408	42.151
Veränderung der langfristigen Rückstellungen	– 812	1.868
sonstige zahlungsunwirksame Erträge und Aufwendungen	– 445	– 432
Cash flow	**146.913**	**113.651**
sonstige Veränderungen der Rückstellungen	– 11.099	11.613
Veränderungen bei sonstigen Bilanzposten		
Vorräte, Forderungen sowie andere Aktiva	– 38.854	– 18.468
Verbindlichkeiten sowie andere Passiva	– 26.762	19.012
Mittelzufluß aus laufender Geschäftstätigkeit	**70.198**	**125.808**
Investitionen	– 293.147	– 174.038
davon ab: Zugang wegen Änderung des Konsolidierungskreises	57.600	
Akquisitionen	– 227.395	
Anlagenabgänge	12.454	36.343
Mittelabfluß aus der Investitionstätigkeit	**– 450.488**	**– 137.695**
Kapitaleinzahlung aus dem Börsengang	262.244	–
Kapitaleinzahlung durch Sacheinlagen	1.300	6.660
gezahlte Dividende	– 19.065	– 10.000
Aufbau der Finanzschulden	163.727	9.397
Mittelzufluß aus der Finanzierungstätigkeit	**408.206**	**6.057**
zahlungsunwirksame Veränderung des Finanzmittelbestandes	27.916	– 5.830
Finanzmittelbestand am Anfang der Periode	107.030	112.860
Finanzmittelbestand am Ende der Periode	**134.946**	**107.030**

Beispiel 2-2: Schwarz Pharma AG, GB 1995, S. 17

17. Sonstige finanzielle Verpflichtungen

	31.12.1991	31.12.1990
	TDM	TDM
aus Mieten und Leasingverträgen		
für Folgejahr	10.755	8.501
aus begonnenen Investitions-		
vorhaben	6.715	348

ERLÄUTERUNGEN ZUR GEWINN- UND VERLUSTRECHNUNG

18. Umsatzerlöse

	1991	1990
	TDM	TDM
Umsätze nach Regionen		
Bundesrepublik		
Deutschland	464.944	321.878
EG ohne Bundesrepublik	112.359	65.367
übriges Europa	16.602	51.137
USA	68.570	46.270
übrige Länder	10.845	13.499
	673.320	498.151

Umsätze nach Tätigkeiten		
koronare Herzkrankheit	286.475	200.251
Hypertonie	202.604	153.059
Gefäßtherapie	51.058	32.469
sonstige Spezialitäten	113.133	101.032
Chemikalien	21.308	18.003
Lizenzen	3.627	3.498
sonstige Erlöse	11.004	1.347
	689.209	509.659
./. Erlösschmälerungen	15.889	11.508
	673.320	498.151

19. Sonstige betriebliche Erträge

	1991	1990
	TDM	TDM
Auflösung von Sonderposten mit		
Rücklageanteil	31	30
sonstige	14.271	10.322
	14.302	10.352

20. Personalaufwand

	1991	1990
	TDM	TDM
Löhne und Gehälter	128.806	112.273
soziale Abgaben und Aufwendungen		
für Altersversorgung und für		
Unterstützung	29.776	22.114
davon Aufwendungen		
für Altersversorgung	(8.384)	(5.035)
	158.582	134.387

21. Mitarbeiter-Jahresdurchschnitt

	1991	1990
Forschung	247	232
Produktion	550	383
Verwaltung und Vertrieb	1.153	968
	1.950	1.583

22. Abschreibungen

	1991	1990
	TDM	TDM
immaterielle Vermögensgegenstände		
planmäßig	7.159	2.089
Sachanlagen		
planmäßig	14.291	12.432
steuerliche		
Sonderabschreibungen	2.516	643
geringwertige		
Wirtschaftsgüter	925	1.303
	17.732	14.378
Gesamt	24.891	16.467

44

Beispiel 2-3a: Schwarz Pharma AG, GB 1991, S. 44

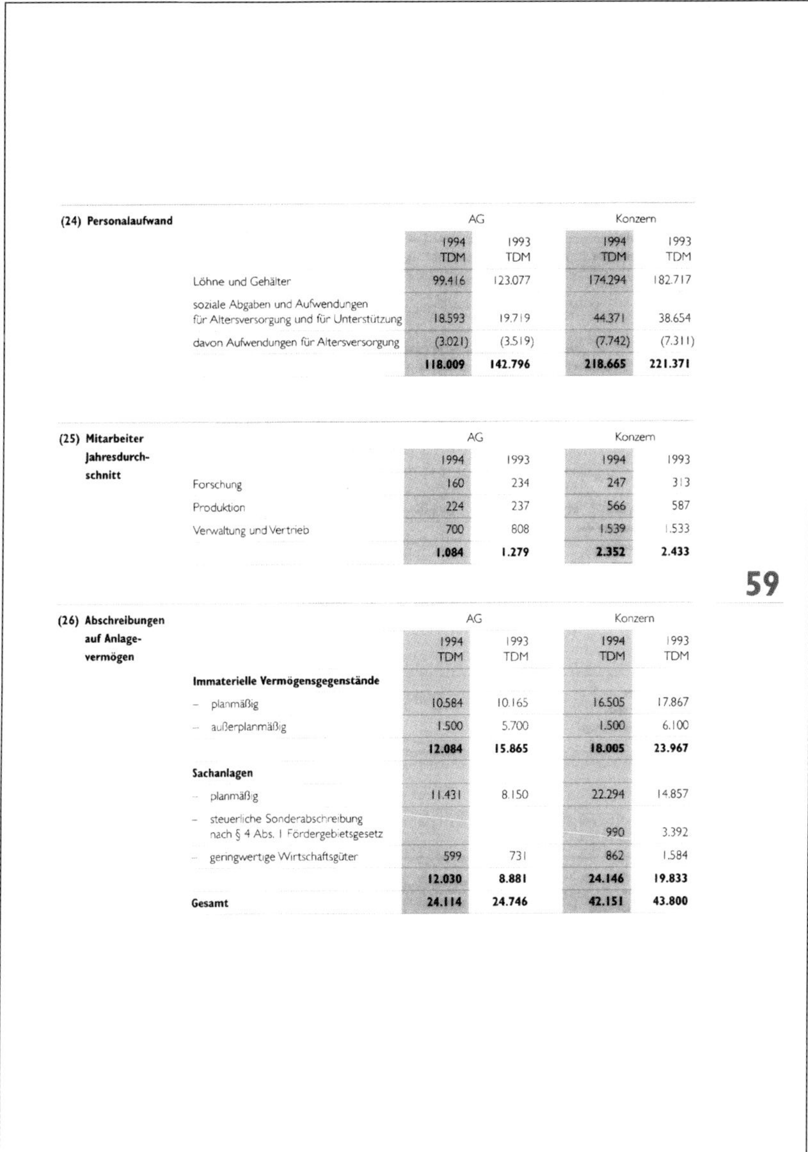

(24) Personalaufwand

	AG		Konzern	
	1994 TDM	1993 TDM	1994 TDM	1993 TDM
Löhne und Gehälter	99.416	123.077	174.294	182.717
soziale Abgaben und Aufwendungen für Altersversorgung und für Unterstützung	18.593	19.719	44.371	38.654
davon Aufwendungen für Altersversorgung	(3.021)	(3.519)	(7.742)	(7.311)
	118.009	**142.796**	**218.665**	**221.371**

(25) Mitarbeiter Jahresdurchschnitt

	AG		Konzern	
	1994	1993	1994	1993
Forschung	160	234	247	313
Produktion	224	237	566	587
Verwaltung und Vertrieb	700	808	1.539	1.533
	1.084	**1.279**	**2.352**	**2.433**

59

(26) Abschreibungen auf Anlagevermögen

	AG		Konzern	
	1994 TDM	1993 TDM	1994 TDM	1993 TDM
Immaterielle Vermögensgegenstände				
– planmäßig	10.584	10.165	16.505	17.867
– außerplanmäßig	1.500	5.700	1.500	6.100
	12.084	**15.865**	**18.005**	**23.967**
Sachanlagen				
– planmäßig	11.431	8.150	22.294	14.857
– steuerliche Sonderabschreibung nach § 4 Abs. 1 Fördergebietsgesetz			990	3.392
– geringwertige Wirtschaftsgüter	599	731	862	1.584
	12.030	**8.881**	**24.146**	**19.833**
Gesamt	**24.114**	**24.746**	**42.151**	**43.800**

Beispiel 2-3b: Schwarz Pharma AG, GB 1994, S. 59

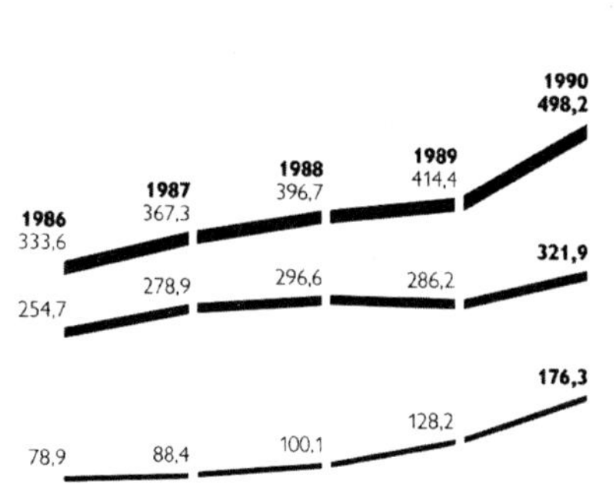

Die Unternehmensstrategie für die 90er Jahre ist festgeschrieben worden. Schwerpunkte sind die Konzentration auf den Indikationsbereich Herz-Kreislauf und die stärkere Internationalisierung. Dies bedeutet eine Neuordnung der Prioritäten für Forschungs- und Entwicklungsprojekte, die Bereitstellung höherer Forschungsbudgets für die kommenden Jahre und die Schaffung neuer Basen in den Auslandsmärkten. So wurde mit der Übernahme von Laboratoires Lincoln in Frankreich eine neue Gesellschaft gegründet.

Um die Versorgung mit eigenen Grundstoffen zu sichern und sich am steigenden Weltmarkt für pharmazeutische Feinchemikalien zu beteiligen, wurde die schweizerisch-irische Gruppe SELOC / SIFA erworben.

Mit dem Bezug eines neuen Verwaltungsgebäudes wurden – mit Ausnahme der Produktion – die Bereiche an einen Standort (Alfred-Nobel-Straße) zusammengeführt.

Die Vorstandsressorts wurden neu strukturiert und die nachfolgenden Berichtsebenen mit größerer Kompetenz ausgestattet, um den wachsenden Aufgaben gerecht zu werden.

UMSATZ
(NETTO)
IN MIO DM
KONZERN
INLAND
AUSLAND

7

Beispiel 2-4: Schwarz Pharma AG, GB 1990, S. 7

Lagebericht und Konzernlagebericht

2.4 Wertschöpfung

Zweistelliges Wachstum

Die betriebliche Wertschöpfung als Indikator für die Leistungskraft des Unternehmens erhöhte sich in 1994 um 13,6 % auf 358,5 Mio DM.

Der Anteil der an die Mitarbeiter verteilten Wertschöpfung beträgt 61,0 %. Kreditinstitute erhielten 5,0 Mio DM. Für die Gesellschafter hat der Vorstand eine noch von der Hauptversammlung zu beschließende Ausschüttung von 19,1 Mio DM vorgeschlagen.

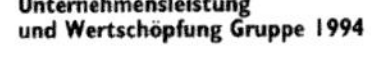

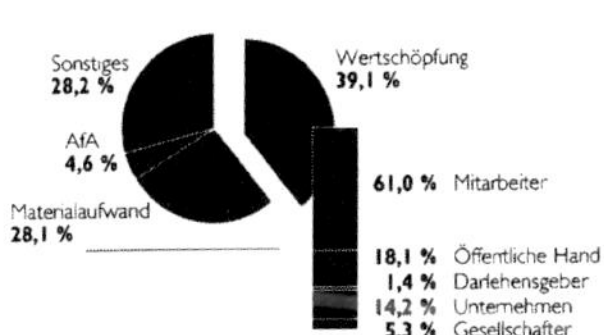

Der Beitrag an die Öffentliche Hand in Form von Steuerzahlungen betrug 64,8 Mio DM (18,1 %). Danach verbleiben im Unternehmen 51,0 Mio DM; sie stellen 14,2 % der betrieblichen Wertschöpfung dar.

19

Wertschöpfungsrechnung SCHWARZ PHARMA-Gruppe	**1994** TDM	%	**1993** TDM	%
Entstehung				
Umsatzerlöse	881.746	96,2	843.769	98,8
Bestandsveränderungen	9.836	1,1	(9.414)	1,1
Gesamtleistung	891.582	97,3	834.355	97,7
Sonstige Erträge	24.690	2,7	19.901	2,3
Unternehmensleistung	916.272	100,0	854.256	100,0
Vorleistung (ohne AfA)	(523.532)	57,1	(505.041)	59,1
– Materialaufwand	(257.288)	28,1	(234.154)	27,4
– AfA Umlaufvermögen	(371)	0,0	(1.192)	0,1
– sonstige Aufwendungen	(265.873)	29,0	(269.695)	31,6
Zinsertrag	7.938	0,9	10.072	1,2
= Brutto-Wertschöpfung	400.678	43,7	359.287	42,1
– Abschreibungen	(42.151)	4,6	(43.800)	5,1
= Netto-Wertschöpfung	**358.527**	**39,1**	**315.487**	**36,9**
+/- zum Vorjahr	**13,6 %**		**5,6 %**	
Verteilung				
Mitarbeiter	218.665	61,0	221.371	70,2
Öffentliche Hand	64.778	18,1	48.962	15,5
Darlehensgeber	5.020	1,4	5.886	1,9
Gesellschafter	19.066	5,3	4.800	1,5
Unternehmen	50.998	14,2	34.468	10,9
= Netto-Wertschöpfung	**358.527**	**100**	**315.487**	**100**

Beispiel 2-5: Schwarz Pharma AG, GB 1994, S. 19

In internationalen Wettbewerben wird großer Wert auf die Erläuterung der Strategie im Vorwort bzw. im Brief des Vorstandsvorsitzenden gelegt. Während in den ersten Schwarz-Pharma-Berichten noch der Aufsichtsratsvorsitzende das Vorwort verfaßt, übernimmt diese wichtige Aufgabe später der Vorstand bzw. der Vorstandsvorsitzende. Der 94er-Bericht, also der Bericht über das Jahr vor dem Börsengang, erläutert in fünf Kernpunkten die Strategie des Unternehmens. Darüber hinaus wird der geplante Börsengang angesprochen und klargestellt, daß das zufließende Geld vollständig in das Unternehmen investiert wird.

Sonderkapitel lassen tief blicken

Die Strategie und der Geist eines Unternehmens lassen sich auch gut in Sonderkapiteln darstellen. Schwarz Pharma beginnt im 91er-Bericht damit, die Firmengeschichte zu erzählen. 1992 beschreibt das – auch in den anderen Jahren existierende – Mitarbeiterkapitel die Philosophie der Führung, Personalentwicklungsmaßnahmen und das Bildungsniveau. Es gibt Aussagen über Management Development sowie die Aus- und Weiterbildung.
Um die pharmazeutische Kompetenz zu belegen, schafft Schwarz Pharma 1992 das Schwarz-Pharma-Forum. Dieses in den Folgejahren immer wiederkehrende Kapitel bietet die Gelegenheit, Themen zu behandeln, die über den Tellerrand hinausschauen. So geht es z. B. im 92er-Bericht um eine Pro- und Contra-Diskussion über die Zukunft der pharmazeutischen Industrie. Bemerkenswert ist dabei, daß in dem Forum auch scharfe Kritiker der Pharmaindustrie unzensiert zu Wort kommen. Hierin spiegelt sich die Bereitschaft zum offenen Dialog wider, die auch anderen Unternehmen anzuraten ist.

Das Aktienkapitel

Häufig wird sehr viel Aufhebens um den Börsengang gemacht, aber anschließend mit Informationen gespart. Auch hier setzt Schwarz Pharma mit dem Geschäftsbericht Maßstäbe. Im 95er-Bericht gibt es eine Doppelseite zur Schwarz-Pharma-Aktie, die dem Leser Kennzahlen pro Aktie nennt, den Kursverlauf darstellt und die Aktionärsstruktur des Konzerns erläutert. Einen zusätzlichen Service bietet die Ankündigung der wichtigsten Veranstaltungen in einem Finanzkalender.
Sicherlich kann man nicht allein durch einen guten Geschäftsbericht oder offene Investor-Relations-Arbeit den Kurs einer Aktie nach oben treiben, wenn das Geschäft erfolglos ist. Sie sind aber für einen erfolgreichen Kursverlauf unerläßlich. Der Kurs der Schwarz-Pharma-Aktie ist der beste Beweis dafür.

Kapitel 3

Das Vorwort und der Bericht des Aufsichtsrats – herausragende Bestandteile des Geschäftsberichts

3.1 Vorwort

Das Vorwort ist der meistgelesene Teil eines Geschäftsberichts. Ihm sollte eine besondere Sorgfalt zukommen.

Für Externe ist das Unternehmen ein unpersönliches Gebilde. Deshalb sollten Sie versuchen, eine „persönliche Beziehung“ zwischen dem Unternehmen und dem Leser des Geschäftsberichts herzustellen. Dies gelingt am besten, wenn sich der Vorstand im Vorwort direkt an den Leser wendet. Mit einer handgeschriebenen Anrede und seiner Unterschrift – besonders authentisch wirkt sie übrigens in blau – bekommt das Vorwort den Touch eines persönlichen Briefes. Der Vorstandsvorsitzende sollte das Vorwort allein schreiben; durch einen Brief des gesamten Vorstands geht leicht der persönliche Eindruck verloren. Ein gutes Beispiel für ein sehr persönliches Vorwort ist im 96er-Coca-Cola-Bericht zu finden. Der Text richtet sich ganz direkt an den Leser. Er wird immer wieder durch „you“ angesprochen und als derjenige herausgestellt, für den die Firma arbeitet: „Most of all, I thank you, my fellow share owners, for the trust you have shown in us. We know that amid all the trades in the frenzied stock market are real investors – real people with real hopes and dreams, investing their hard-earned money in the future of our Company. I assure you that being the stewards of your investment in our Company, for whatever length of time you hold that investment, is a responsibility we take most seriously, and we appreciate your continued confidence“ *(vgl. The Coca Cola Company, GB 1996, S. 7)*.

Ein gutes Foto des Vorstands unterstreicht die persönliche Ansprache. Verwenden Sie dabei nicht aus Sparsamkeit alte Pressefotos, diese sind qualitativ meistens nicht ausreichend. Lassen Sie vielmehr für jeden Bericht ein neues Foto machen. Dem Vorstand muß die Bedeutung des Bildes klar sein, damit er ausreichend Zeit zum Fototermin mitbringt – in fünf Minuten lassen sich keine hochwertigen Fotos machen (vgl. Farbtafel 20–22, Farbtafel 25, Farbtafel 26, S. 73).

In der Kürze liegt der Weg zu einer größeren Leserschaft. Deshalb sollte das Vorwort nicht länger als zwei Seiten sein. Es muß kurz auf die Highlights des vergangenen Jahres eingehen, darf aber keinesfalls zu einer Kurzzusammenfassung des Lageberichts ausufern. Hat das Unternehmen im Vorjahr Prognosen oder Ankündigungen gemacht, sollte das Vorwort sie aufgreifen. Konnten die Erwartungen erfüllt werden? Warum hat es Abweichungen gegeben usw. Geben Sie an dieser Stelle erneut Umsatz- und Ergebnisprognosen für das kommende Jahr ab. Der Geschäftsbericht muß, wenn er seinen Zweck erfüllen soll, die zentrale Frage beantworten: Wie wird die Firma überleben und wachsen? Die Antwort ist für alle Zielgruppen von vitaler Bedeutung. Bereits im Vorwort sollte die Antwort gegeben werden.

Begreifen Sie das Vorwort als Chance: Überbringen Sie Botschaften, erläutern Sie die Strategie des Unternehmens. Worin liegt der Erfolg Ihres Unternehmens begründet? Wie soll weiteres Wachstum über das laufende Jahr hinaus generiert werden? Unternehmen, die in ein paar Jahren an die Börse gehen wollen, können frühzeitig im Vorwort Weichen dafür stellen. Das Vorwort ist auch der Ort im Geschäftsbericht, um politische Fragen und heikle Probleme der Geschäftspolitik zu erörtern.

Schwarz Pharma definiert in seinem 95er-Bericht die eigene Strategie gleich zu Beginn des Vorwortes: „Wir sind eine marketing- und kundenorientierte Arzneimittelfirma ohne eigene Basisforschung, die den Produktnachschub durch Kooperationen und gutes Entwicklungs-Know-how sichert."

Sie können das Vorwort aber auch nutzen, um ein wenig Eigenwerbung zu betreiben. Im Vorwort des Geschäftsberichts 1996 der Keramag AG findet man beispielsweise folgende Aussage:

„In seiner Oktober-Ausgabe 1996 hat der Branchendienst „markt intern" Keramag auch als qualitativen Marktführer herausgestellt. In den Punkten Produktqualität, Lieferbereitschaft, Produktsortiment, schnelles und kulantes Reklamationsverhalten, offene Information und Betreuung durch den Außendienst war Keramag die Nummer 1."

Das Vorwort hat keine gesetzlich vorgeschriebene Form. Nutzen Sie Ihre Kreativität, um sich von anderen abzusetzen. So hat z. B. die Altana AG in ihrem 92er-Bericht anstelle eines Vorwortes ein Interview mit dem Vorstands-

vorsitzenden gebracht, der sich darin auch mit kritischen Fragen auseinandersetzt. Das erhöht die Authentizität für den Leser. Gleich die erste Frage lautet: „Nach bemerkenswerten Steigerungen in den letzten Jahren sowohl im Umsatz wie insbesondere im Ertrag kann Altana 1992 erstmals nicht mit hohen Zuwachsraten aufwarten. Ende eines Trends?“
Fragen wie „Was ist eigentlich das Unverwechselbare an der Altana?“ bieten eine vergleichsweise unaufdringliche Möglichkeit, das Unternehmen zu profilieren.

3.2 Bericht des Aufsichtsrats

Die Funktionen des Aufsichtsrats sind gerade in letzter Zeit umstritten. Zu häufig hat er scheinbar seine Aufsichtspflicht nicht ausreichend wahrgenommen. Aus diesem Grund wird der Bericht des Aufsichtsrats häufig gar nicht mehr gelesen oder nicht für bare Münze genommen. Die Berichte sind sich darüber hinaus textlich zum Verwechseln ähnlich. Der Leser erhält so den Eindruck, bei den Aufsichtsratssitzungen handele es sich um reine Pro-forma-Veranstaltungen. Häufig beginnt der Bericht des Aufsichtsrats mit dem Satz „Der Aufsichtsrat hat die ihm nach Gesetz und Satzung obliegenden Aufgaben wahrgenommen.“ Eine solche Selbstverständlichkeit empfindet der Leser als Zumutung.
Auch hier sind detaillierte Angaben besser. Überbringen Sie mit dem Bericht des Aufsichtsrats die Botschaft, daß der Aufsichtsrat der Ratgeber des Vorstands ist und diesen begleitet, daß in diesem Gremium wirklich kontrolliert und nicht einfach nur mit dem Kopf genickt wird. Berichten Sie deshalb ausführlich über die Inhalte der Sitzungen. Erläutern Sie, warum z. B. die eine oder andere Investition nicht vollzogen wurde. Stellen Sie dar, über welche Themen kontrovers diskutiert wurde und warum dieses oder jenes Ergebnis zustande gekommen ist.
Besonders glaubhaft wird der Bericht, wenn er – ebenso wie das Vorwort – personifiziert wird. Dafür bietet sich ein Bild des Aufsichtsratsvorsitzenden sowie seine persönliche Anrede und Unterschrift an. Ein Beispiel für einen gelungenen Aufsichtsratsbericht ist im Bayer-Bericht 1996 zu finden (vgl. Farbtafel 27, S. 74).

Kapitel 4

Viele Schritte bis zum fertigen Bericht

Die Erstellung eines Geschäftsberichts bedarf einer sehr sorgfältigen Planung und Organisation.
Am Anfang steht die Ideenfindung. Vorstand und PR- bzw. Investor-Relations-Abteilung setzen sich zu einem ersten Brainstorming zusammen:

- Welche Zielgruppen wollen wir mit dem Bericht erreichen?
- Was soll die Hauptaussage des Berichts sein?
- Welche anderen Informationen sollen neben den Finanzinformationen überbracht werden?
- Welchen Eindruck soll der Bericht vermitteln?

Der Geschäftsbericht ist Vorstandssache. Leider wird dies in vielen Unternehmen unzureichend berücksichtigt. Der Vorstand ist der wichtigste Sprecher des Unternehmens: Was er äußert, hat Öffentlichkeitswirkung. Deshalb sollte der Vorstand von Anfang an in die Erstellung des Geschäftsberichts eingebunden werden.

4.1 Selbstgestrickt oder mit fremder Unterstützung?

Nach dem ersten Brainstorming muß die Entscheidung gefällt werden, ob der Geschäftsbericht in Eigenproduktion erstellt oder ob eine Agentur damit beauftragt werden soll. Gegen den Einsatz einer Agentur erheben viele Unternehmen Einwände:

1. Die Agenturen haben keine Ahnung vom Geschäft.
2. Geheime Informationen gelangen leichter nach außen.
3. Eine Agentur verursacht zusätzliche Kosten.

Auf den ersten Blick sind diese Bedenken einleuchtend.
Allerdings lassen sie sich durch die Beachtung der nachfolgenden Regeln aus dem Weg räumen:

1. Mit der Erstellung des Geschäftsberichts sollten Sie keine Werbe-, sondern eine Spezialagentur beauftragen. Diese beschäftigt neben den Kreativen auch Wirtschaftswissenschaftler, die sich mit der Finanzkommunikation auskennen. Sie haben u. U. schon auf der Empfängerseite des Geschäftsberichts gearbeitet und wissen daher um so besser, was der Leser erwartet. Sie bieten spezifisches Know-how und erweitern Ihre Möglichkeiten durch reichhaltige Erfahrung mit der Erstellung von Geschäftsberichten.

2. Bei einer seriösen Agentur muß man sich über den Mißbrauch von Informationen keine Gedanken machen. Darüber hinaus kann man sogenannte „Geheimhaltungserklärungen“ unterschreiben lassen.

3. Untersuchungen haben gezeigt, daß die Einschaltung einer Agentur keine höheren Kosten verursacht. Die Unternehmen sehen die externen Kosten häufig als zusätzliche Kosten an, die bei einer Eigenproduktion nicht anfallen. Es müssen aber auch die internen Kosten der mit der Erstellung beschäftigten Mitarbeiter ins Kalkül gezogen werden. Da eine Spezialagentur Erfahrung hat, arbeitet sie schneller und professioneller und hält damit die Kosten in der Regel niedriger. Allerdings sollten Sie eine realistische Kostenplanung und kontinuierliche Kostenkontrolle verlangen.

Eine Spezialagentur kennt internationale Trends und weiß, worauf die Zielgruppen Wert legen. Darüber hinaus sollte man sich vor Augen halten, daß eine Spezialagentur häufig Kooperationspartner wie Druckereien, Fotografen etc. hat, die sich ebenfalls auf Geschäftsberichte spezialisiert haben.
Hat ein Unternehmen das Für und Wider gegeneinander abgewogen, fällt häufig die Entscheidung, eine Agentur zu beauftragen. Nachdem ein geeigneter Partner gefunden ist, gilt es, ihn zu briefen.

4.2 Das A und O: ein gutes Briefing

Für das erste Briefing sollten Sie genügend Zeit einplanen und, wenn möglich, auch den Vorstand gewinnen. Hier gilt es, der Agentur die Vorstellungen und Ziele des Unternehmens zu vermitteln. Außerdem wird das zur Ver-

fügung stehende Budget besprochen. Die Agentur klärt ihrerseits die Fragen, die sich nach dem Vorabstudium der vorhandenen Unternehmenspublikationen und Unterlagen ergeben haben.
Wenn vorhanden, sollte der Agentur ein Corporate-Design-Handbuch übergeben werden. Gibt es ein solches nicht, müssen Design-Regeln wie z. B. Hausfarben, Schrift, Logo etc. besprochen werden.
Wichtig: Benennen Sie Mitarbeiter im Unternehmen, die jederzeit für die Beantwortung von Fragen ansprechbar sind.
Nach der Festlegung des Erscheinungsdatums erstellt die Agentur einen Zeitplan.

4.3 Zeitplan

Die Termine ergeben sich, indem vom Erscheinungsdatum des Geschäftsberichts rückwärtsgerechnet wird. Je früher man mit den ersten Überlegungen zum Geschäftsbericht anfängt, desto mehr Sicherheitszonen können eingebaut werden. Der Zeitplan wird an alle beteiligten Abteilungen verteilt und ist absolut bindend.

4.4 Ein sorgfältig erarbeitetes Konzept spart Zeit und Geld

Lassen Sie sich auf der Grundlage des Briefinggespräches ein detailliertes Konzept erstellen. Es sollte sowohl Inhalt als auch Gestaltung des Berichts berücksichtigen.

1. Inhaltliches Konzept
   Welche inhaltlichen Schwerpunkte soll der Geschäftsbericht haben? Wie lassen sich die finanzwirtschaftlichen Informationen am besten aufbereiten? Welche Grafiken erhöhen die Aussagekraft des Textes?

2. Grafisches Konzept
   Hier werden verschiedene Layoutvarianten präsentiert, die die Botschaft des Geschäftsberichts am besten vermitteln. Sie enthalten Vorschläge für Fotos und Illustrationen sowie verschiedene Darstellungsformen für Grafiken.

Anschließend wird das Konzept mit den verschiedenen Layoutvarianten dem Vorstand präsentiert.

4.5 Fotos – es gibt drei Möglichkeiten

Beginnen Sie nach der Entscheidung für ein Layout mit der Bebilderung. Für die Beschaffung der Fotos gibt es grundsätzlich drei verschiedene Möglichkeiten:

1. Es wird auf schon vorhandene Fotos zurückgegriffen.
   Dies ist die kostengünstigste Variante. Wenn es im Unternehmen qualitativ hochwertige Fotos gibt, die die gewünschte Aussage kommunizieren, ist dies eine sehr praktikable Lösung. Verwenden Sie allerdings nicht aus Sparsamkeit alte Fotos, die nicht dem Anspruch des Berichts genügen. Schlechte Fotos zerstören leicht den Gesamteindruck des Berichts.

2. Es werden Stock-Fotos verwendet.
   Dies ist eine gute Möglichkeit, wenn man den Bericht unter ein Motto gestellt hat. Lautet dieses beispielsweise „Internationalität", so möchte man dieses Merkmal vielleicht anhand von Bildern aus den verschiedenen Kontinenten darstellen. Natürlich ist es häufig nicht möglich, einen Fotografen extra um die Welt fliegen zu lassen. Hier bieten Fotoagenturen eine Vielzahl von ansprechenden Bildern.

3. Es werden neue Fotos angefertigt.
   Sollen für den Bericht neue Fotos angefertigt werden, ist besonderer Wert auf die Auswahl des Fotografen zu legen. Qualität ist hier oberstes Gebot. Der Fotograf sollte möglichst auf Industrie- bzw. Portraitfotografie spezialisiert sein.

Um die Kosten möglichst gering zu halten, ist ein ausführliches Briefing des Fotografen unerläßlich – nur so lassen sich kostspielige Mißverständnisse vermeiden. Soll im Unternehmen fotografiert werden, muß ein Verantwortlicher benannt werden, der dem Fotografen zur Seite steht. Er muß über die Besonderheiten – zum Beispiel im Maschinenpark – Bescheid wissen, da der Fotograf sie nicht kennen kann. Er muß alles vorbereitet haben – auch die Mitarbeiter, die fotografiert werden sollen, müssen informiert sein. Denn jede Minute, die der Fotograf untätig ist, bedeutet Geldverschwendung.
Das Vorwort sollte mit einem Bild des Vorstandsvorsitzenden illustriert werden. Dieses sollte jedes Jahr neu angefertigt werden. Durch ein gutes, ansprechendes Foto kann eine „persönliche Beziehung" zum Leser aufge-

baut werden. Das Foto muß nicht zwangsläufig im Studio oder am Schreibtisch gemacht werden. Lebhafter wird es in einer Arbeitssituation oder gar im Freien. Es ist wichtig, daß der Vorstandsvorsitzende sich Zeit nimmt. Für ein gutes Foto braucht der Fotograf wenigstens eine halbe, besser eine Stunde Zeit.

4.6 Textproduktion aus einer Hand

Beginnen Sie parallel zu den Fotoarbeiten mit der Textproduktion. Vielfach scheuen sich die Unternehmen, vor Feststellung der Bilanz mit dem Text zu beginnen. Dies ist jedoch nicht nötig – die bis auf die letzte Nachkommastelle stimmige Zahl kann auch später noch ergänzt werden. Darüber hinaus gibt es in vielen Berichten Kapitel, die nicht von den Zahlen des Rechnungswesens abhängig sind. Je früher Sie mit dem Schreiben beginnen, desto mehr Zeit bleibt Ihnen später für den Feinschliff. Außerdem besteht so die Möglichkeit, dem Vorstand die Texte frühzeitig zum Lesen zu geben, um Einigkeit über den Schreibstil zu erzielen.
Aber wer soll den Text schreiben? Nach Möglichkeit sollte die Verantwortung dafür bei einer Person liegen. Damit ist eine einheitliche Ausdrucksform gewährleistet, und der gesamte Bericht liest sich flüssiger. Die Informationen kommen von den einzelnen Abteilungen und werden dann an einer Stelle verarbeitet. Dies kann entweder die PR-Abteilung oder ein externer Texter sein. Wollen die Abteilungen die Texte nicht selber schreiben, besteht auch die Möglichkeit, die Zahlen und Unterlagen zur Verfügung zu stellen und die Texte extern erstellen zu lassen.

4.7 Präsentation des gesamten Berichts

Nun ist es soweit. Dem Vorstand wird ein Dummy des Gesamtlayouts präsentiert. Dieser Dummy enthält bereits die Texte, Grafiken und Fotos, lediglich Bilanz und Anhang fehlen noch, da die Zahlen zu diesem frühen Zeitpunkt meistens noch nicht vorliegen. Einige Musterseiten zeigen aber das spätere Layout. Hat der Vorstand Änderungswünsche, werden diese berücksichtigt, bevor mit der Übersetzung für die fremdsprachlichen Berichte begonnen wird.

4.8 How to say it in English?

Bedenken Sie bei der Festlegung des Übersetzungszeitpunktes folgendes: Einerseits darf nicht zu früh begonnen werden, da sich dann noch zu viele Texte ändern, man also unnötigen Abstimmungsbedarf und damit zusätzliche Kosten hat. Auf der anderen Seite darf man aber auch nicht zu spät mit der Übersetzung anfangen. Sonst läuft man Gefahr, daß die fremdsprachigen Versionen erst Wochen nach der deutschen Ausgabe erscheinen. Angesichts der zunehmenden Internationalisierung der Pressekonferenzen ist das ein unhaltbarer Zustand.

Auch bei der Wahl der Übersetzer gilt: Nur erstklassige und vor allem sachkundige Leute einsetzen. Stellen Sie ihnen vor der Übersetzung die unternehmensinterne Fachterminologie zusammen. Auch wenn man Muttersprachler eingesetzt hat, sollte in der ausländischen Tochterfirma die Übersetzung noch einmal von einem „Geschäftsberichtskundigen" gegengelesen werden.

4.9 Korrekturphase

Schenken Sie der ebenso wichtigen wie unbeliebten Korrekturphase Ihre ungeteilte Aufmerksamkeit – sie ist eine der wichtigsten Phasen bei der Herstellung des Geschäftsberichts. Jetzt gilt es, die endgültigen Zahlen zu verarbeiten. Hierbei muß äußerste Sorgfalt angewandt werden, um sicherzustellen, daß auch wirklich jede Stelle im Bericht aktualisiert wurde. Bedienen Sie sich dabei externer Unterstützung: Sie checkt die Zahlen auf Plausibilität und überprüft, ob die Angaben in den Tabellen und Grafiken auch mit denen im Text übereinstimmen. Sehr wichtig ist: Alle Änderungen müssen auch den Übersetzern mitgeteilt werden.

Lassen Sie sehr sorgfältig Korrektur lesen – sowohl im Unternehmen als auch extern. Je mehr Leute den Bericht lesen, desto weniger Fehler werden übersehen.

Planen Sie auch hierfür ausreichend Zeit ein. Im Unternehmen muß eine Person benannt werden, die die Durchführung der Korrekturen überwacht.

4.10 Und was geschieht, wenn sich doch ein Fehler eingeschlichen hat?

Auch bei größter Sorgfalt aller Beteiligten ist es nicht auszuschließen, daß doch einmal ein Fehler unbemerkt bleibt. Wie soll man sich nun verhalten? Als erstes gilt: Ruhe bewahren. Überprüfen Sie, ob es sich um einen sachlichen Fehler handelt oder ob lediglich ein Wort falsch geschrieben wurde. Handelt es sich um einen „Tippfehler" oder wurde nur ein Komma übersehen, sollte man gar nichts unternehmen. Den wenigsten Lesern wird dieser Fehler auffallen. Die Kosten für einen Neudruck stehen in keinem Verhältnis zu diesem kleinen Fauxpas. Anders verhält es sich natürlich bei einer falschen Zahl. Aber auch hier muß nicht der ganze Bericht neu gedruckt werden. Es reicht, wenn man ein sogenanntes Erratum drucken läßt und dieses dem Bericht beilegt. Aufkleber mit der korrigierten Zahl oder dem richtigen Ausdruck sind zwar mühsam zu plazieren, ermöglichen aber eine nahezu unsichtbare Fehlerbeseitigung.

4.11 Produktionsbeginn

Mit der Produktion des Berichts kann schon weit vor der Freigabe durch Vorstand und Aufsichtsrat begonnen werden. Hat der Vorstand nach der ersten Präsentation die „Linie" abgesegnet, können die ausgewählten Fotos bereits lithografiert werden. Werden in die Umschlaginnenseiten keine aktuellen Zahlen gedruckt, kann auch der Umschlag frühzeitig produziert werden.

4.12 In welcher Auflage soll der Bericht erscheinen?

Als Regel gilt: Lieber zu viele als zu wenige Berichte drucken lassen. Je höher die Auflage ist, desto geringer sind die Stückkosten. Hohe Kosten verursacht das Einrichten der Maschinen. Deshalb sollte man auf jeden Fall vermeiden, daß ein Nachdruck erforderlich wird. Das kostet sehr viel mehr, als wenn der eine oder andere Bericht ungelesen bleibt.
Es müssen ausreichend Berichte für die Aktionäre, für Banken und Wirtschaftsprüfer sowie Analysten und Wirtschaftsjournalisten zur Verfügung

stehen. Außerdem sollte man nicht vergessen, daß der Bericht ein gutes Mittel zum Personalrecruiting ist und er beispielsweise an Universitäten geschickt wird. Darüber hinaus sollte man genügend Exemplare für Abrufaktionen o. ä. haben. Und eben einen großen Posten für „Sonstige“.

4.13 Auswahl der Herstellungspartner

Achten Sie auch bei der Auswahl der Druckerei, der Lithoanstalt und der Buchbinderei auf Qualität. Holen Sie nach Verabschiedung des Layouts Kostenvoranschläge ein. Bei ihrem Vergleich muß unbedingt auf den gleichen Qualitätsstandard geachtet werden.
Stellen Sie sicher, daß Ihre Partner die Termine einhalten. Es sollte vorher besprochen werden, daß die Druckerei auch zur Wochenendarbeit bereit ist, wenn sich der Terminplan, aus welchen Gründen auch immer, verschoben hat. Denn nichts ist peinlicher, als eine Bilanzpressekonferenz ohne Geschäftsberichte.
Die Druckerei oder Buchbinderei kann auch den Versand für das Unternehmen übernehmen, wenn dieses nicht über ausreichende Kapazitäten in der eigenen Postversandstelle verfügt.

4.14 Nachschau halten

Wenn der Streß der Schlußphase überwunden ist und alle Beteiligten sich etwas erholt haben, sollte man sich zu einer kritischen Nachschau zusammensetzen. Was ist schief gelaufen? Woran hat es gelegen? Wie kann man das im nächsten Jahr verbessern? Was hat besonders gut geklappt? Hierzu gehört auch eine Kontrolle der Einhaltung des geplanten Budgets und eine Analyse der Gründe für eventuelle Abweichungen.
Ist die Zeit – was sehr häufig vorkommt – knapp gewesen, kann man jetzt schon den groben Terminplan für den nächsten Bericht bestimmen. Ohne allzu großen Zeitdruck läßt sich wesentlich entspannter und kreativer arbeiten. Überlegen Sie sich beispielsweise frühzeitig die Fotothemen – so können Sie sich noch das gute Sommerwetter für die Fotoarbeiten zunutze machen und müssen sich nicht auf Innenaufnahmen beschränken.

Kapitel 5

Die Sprache des Geschäftsberichts

Ein Geschäftsbericht hat nur einen Zweck: gelesen zu werden. Einerseits von jenen, die ihn berufsmäßig lesen müssen: Finanzanalysten und Fondsmanager zum Beispiel. Ihnen sollte man die Lektüre so angenehm wie möglich machen. Andererseits von denjenigen Lesern, die den Geschäftsbericht freiwillig zur Hand nehmen; sei es aus allgemeinem Interesse am Unternehmen, der Branche oder weil sie etwa ein erfolgreiches Unternehmen für ihre Geldanlage suchen. Die Leser dieser Gruppe muß der Geschäftsbericht erst für sich gewinnen; sie können den Bericht jederzeit beiseite legen, wenn er sie langweilt oder ihnen sonstwie mißfällt.
Nicht nur Layout und Inhalt sind daher von Bedeutung – gerade der Text muß einige Anforderungen erfüllen, wenn der Geschäftsbericht seine Zielgruppen erreichen soll. Schnell und ohne Umschweife soll der Bericht auf den Punkt kommen, dem Leser ohne großen Aufwand liefern, was er sucht. Das heißt übrigens nicht, daß auch der Text schnell und ohne Aufwand erstellt werden kann! Ganz im Gegenteil: es ist häufig sehr viel einfacher, sich umständlich und kompliziert auszudrücken, als einen treffenden Satz zu schreiben.
Daß der Text orthographisch korrekt und die Satzzeichen richtig plaziert sein müssen, versteht sich von selbst, ist aber dennoch keine Selbstverständlichkeit. Seine Sprache muß darüber hinaus lebendig und anschaulich sein, für jeden verständlich, offen und direkt, kurz und bündig, korrekt und informativ. Nicht wenig, aber dennoch machbar – sofern der Schreiber einige Grundregeln beachtet.

5.1 Weniger ist mehr!

„Stil ist das richtige Weglassen des Unwesentlichen.“ Diese Weisheit von Anselm Feuerbach deutet auf ein wesentliches Problem vieler Geschäftsberichtstexte hin: Der Schreiber findet kein Ende, ringt wortreich nach dem treffenden Ausdruck, beleuchtet sein Thema immer wieder gründlich von allen Seiten – und strapaziert damit unnötig die Geduld des Lesers, den er doch eigentlich fesseln wollte.

Beispiele:

„Um weiterhin unseren Kunden ein von qualifizierten und motivierten Mitarbeiterinnen und Mitarbeitern getragenes optimales Leistungspaket anbieten zu können, haben wir konsequent die eingeleiteten Personalentwicklungsmaßnahmen fortgeführt und ausgebaut." Dieser Satz ist umständlich und klingt gestelzt. „Bereinigt" liest er sich angenehmer: „Unser Geschäft erfordert qualifizierte und motivierte Mitarbeiterinnen und Mitarbeiter. Wir haben daher unsere Maßnahmen zur Personalentwicklung fortgeführt und ausgebaut."

„Es ist uns eine Freude, unseren Aktionären mitteilen zu können, daß die Dividende auf DM xx angehoben wird" – es geht auch direkter: „Wir freuen uns, unseren Aktionären eine auf DM xx angehobene Dividende zahlen zu können."

„Wir möchten auf diesem Wege auch unseren Mitarbeitern unseren Dank für die im Berichtsjahr geleistete Arbeit aussprechen." Besser: „Wir danken unseren Mitarbeitern für die 1996 geleistete Arbeit."

5.2 Passivische Formulierungen vermeiden!

Passivisch konstruierte Sätze eignen sich für Gebrauchsanleitungen und Kochrezepte: „Ei und Zucker werden schaumig geschlagen." Im Geschäftsbericht sollte der Autor sie jedoch vermeiden, denn das Passiv unterschlägt – neben seinem hölzernen Klang – häufig das Subjekt: „Es wurden zehn neue Mitarbeiter eingestellt." Von wem? „Von der Marketingabteilung." Dann doch besser gleich: „Die Marketingabteilung hat zehn neue Mitarbeiter eingestellt."

Das Passiv ist vor allem dann schlimm, wenn es gehäuft auftritt – leider ein Übel vieler Geschäftsberichtstexte. „Als Fazit kann für 1996 gezogen werden, daß die Marktführerschaft beim Produkt X gesichert wurde. Die Einführung des Produktes Y wurde erfolgreich vollzogen, das Umsatzziel wurde erreicht."

5.3 Fachjargon übersetzen!

Die Autoren vieler Geschäftsberichte scheinen zu übersehen, daß sie nicht nur zu Kundigen vom selben Fach sprechen, sondern vor allem mit Laien kommunizieren. Begriffe, die beispielsweise bei Marketing-Insidern gang und gäbe sind, stoßen beim Kleinaktionär auf Unverständnis; sie verfehlen damit ihr Ziel, denn wen beeindruckt schon nachhaltig, was er nicht versteht?
„Added Value und Emotionen beeinflussen das Kaufverhalten der Consumer stärker als flüchtige Lifestyles und modische Trendrelationen."

5.4 Keine Allgemeinplätze!

Im Geschäftsbericht – wie auch in den meisten anderen Veröffentlichungen – sind Aussagen entbehrlich, die nur ganz allgemein einen Sachverhalt ansprechen. Den Leser interessieren konkrete Angaben.
„Im Berichtsjahr haben wir einige Maßnahmen zur Verkaufsförderung ergriffen, die bereits erste Erfolge zeigen." Welche Maßnahmen? Wie sehen die Erfolge aus? Diesen Satz kann der Autor ersatzlos streichen, wenn er nicht vorhat, konkret zu werden – er bringt dem Leser nichts.
„Im Berichtsjahr kam es zu Personalanpassungen auf einem der wirtschaftlichen Lage angemessenen Niveau." Schon der Ausdruck „Personalanpassungen" redet um den heißen Brei herum, „Freisetzung" ist auch nicht besser – das Wort „Kündigungen" trifft die Sache wohl eher. Oder hat das Unternehmen etwa neue Mitarbeiter eingestellt? Der Leser kann nur rätseln: Welches Niveau ist denn der wirtschaftlichen Lage angemessen?

5.5 Eigenlob stinkt!

Es ist für den Leser eindrucksvoll und damit einprägsam, wenn er selbst zu dem Schluß kommt, den Geschäftsbericht eines erfolgreichen, attraktiven Unternehmens in Händen zu halten. Aufdringlich und weniger glaubwürdig wirken Formulierungen wie „hochinnovative Entwicklungen", „attraktiver Arbeitgeber", „herausragende Rendite". Die Tatsachen sprechen schon für sich – wenn nicht, ist ohnehin Bescheidenheit angezeigt.
„Wir sind ein bedeutendes, international erfolgreiches Unternehmen mit 5000 Mitarbeitern und 120 Niederlassungen." Besser: „Wir sind mit 5000 Mitarbeitern und 120 Niederlassungen weltweit vertreten."

5.6 Bandwurmsätze entzerren!

Es ist keineswegs ein Merkmal guten Stils, wenn Sätze so kompliziert sind, daß der Leser sie mehrfach lesen muß, um ihre Aussage zu begreifen. Ein Geschäftsbericht soll informieren, nicht ermüden! Droht ein Satz sich zu verselbständigen, zerschlägt man ihn lieber in mehrere kurze Sätze.
„Unternehmen, die wie die XY AG Osteuropa nach der Öffnung der Grenzen rechtzeitig nicht nur als Absatzmarkt ansahen, sondern sich auch der sozialen Verantwortung für die Sicherung und Schaffung von Arbeitsplätzen bewußt waren, werden jetzt zunehmend durch Aufträge aus dem osteuropäischen Ausland belohnt."
Kürzer und leichter verständlich:
„Die XY AG hat nach der Öffnung der Grenzen in Osteuropa nicht nur gute Geschäfte gemacht, sondern auch Arbeitsplätze geschaffen und gesichert. Mit Erfolg: wir erhalten jetzt immer mehr Aufträge aus dem osteuropäischen Ausland."
„Gerade in der für den Großhandel zur Zeit schwierigen Situation ist es notwendig, insbesondere in Anbetracht der stetigen Veränderungen in den Kundenunternehmen, die in der Marketingabteilung beschäftigten Mitarbeiter und Führungskräfte unter anderem in umfassenden Fortbildungsmaßnahmen in ihrer Fach- und Führungskompetenz zu stärken."
Wenn auch nicht viel kürzer, so doch besser:
„Die Situation im Großhandel ist schwierig; insbesondere unsere Kunden entwickeln und verändern sich. Die Mitarbeiter und Führungskräfte unserer Marketingabteilung passen sich den geänderten Rahmenbedingungen an. Umfassende Fortbildungsmaßnahmen unterstützen sie dabei."

5.7 Verben den Hauptwörtern vorziehen!

Ein Verb wirkt immer aktiver als ein Hauptwort. Wenn es den Sinn nicht verändert, sollte der Schreiber also das Verb vorziehen.
„Wir beschäftigen uns mit dem Bau von Textilmaschinen."
Kürzer und lebendiger formuliert: „Wir bauen Textilmaschinen".
„Für das nächste Jahr steht die Errichtung einer neuen Lagerhalle auf dem Plan."
Besser: „Wir planen, im nächsten Jahr eine neue Lagerhalle zu errichten."

5.8 Keine Ausdrucksverdoppelung!

„Unsere Produktentwicklung ABC stellt eine neuartige Innovation dar." Wenn eine Innovation nicht neuartig ist, was dann? „Mit ABC haben wir ein neuartiges Produkt entwickelt." Diese Formulierung streicht nicht nur die Tautologie „neuartige Innovation"; sie verwendet statt des Substantivs „Entwicklung" das Verb „entwickeln" und macht das abgedroschene Mode-Fremdwort „Innovation" überflüssig.
Weitere Beispiele:
„Diese Entwicklung scheint sich offensichtlich fortzusetzen."
Entweder: „Diese Entwicklung scheint sich fortzusetzen" oder „Diese Entwicklung setzt sich offensichtlich (oder anscheinend) fort."
„Die Fähigkeit, auf Kundenwünsche eingehen zu können, ist wichtig."
Richtig ist: „Die Fähigkeit, auf Kundenwünsche einzugehen, ist wichtig."

5.9 Mut zur Interpunktion!

Die Interpunktion wird leider nur in wenigen Geschäftsberichten einfallsreich verwendet. Dabei verleiht sie einem Text Melodie, Rhythmus und Struktur.
So legt das Semikolon eine Pause ein, macht jedoch kein Ende. Das Fragezeichen lockert – vor allem nach rhetorischen Fragen – einen Text auf und gliedert ihn gleichzeitig:
„Wie haben sich die F+E-Aufwendungen entwickelt? 200 Mio. entfielen auf die Weiterentwicklung des Präparats XY, ..."
Gedankenstriche ermöglichen einen Einschub, der sonst Kommas erfordern würde, und können damit einen Satz übersichtlicher und lebendiger machen.
Der Doppelpunkt zeigt an, daß der folgende Satz im Bezug zum vorhergegangenen steht, und hebt damit die Aufmerksamkeit des Lesers; er erspart auch ungelenke Nebensätze mit „daß":
„Wir haben die Einsatzmöglichkeiten des Produktes A geprüft und sind zu dem Ergebnis gekommen, daß es überflüssig ist."
Besser: „Wir haben die Einsatzmöglichkeiten des Produktes A geprüft: Es ist überflüssig."
Grundsätzlich gilt: je abwechslungsreicher ein Text interpunktiert ist, desto leichtfüßiger leitet er den Leser ans Ziel.

5.10 Die Orientierung im Text erleichtern

Der Autor eines Geschäftsberichts kann einiges tun, um seinen Lesern die Orientierung im Text und ein Querlesen zu erleichtern – denn die Interessen der inhomogenen Leserschaft weichen stark voneinander ab.

- Zwischenüberschriften im Text vermitteln dem Leser auch beim Überfliegen der Kapitel einen Einblick in den Inhalt. Sie sollten einem einheitlichen Muster folgen.
- Wichtige Aussagen werden optisch hervorgehoben, z. B. durch Marginaltexte.
- Das Inhaltsverzeichnis muß den Textaufbau korrekt und übersichtlich wiedergeben.

Diese Regeln lassen sich ohne größere Mühe befolgen; den Geschäftsbericht verbessern sie beträchtlich. Ein gelungener Geschäftsbericht ist aber nicht nur gut getextet – grafische Gestaltung und Sprache bilden eine Einheit und spiegeln das Wesen des Unternehmens wider.

5.11 Sprache als Spiegel des Charakters

„Das Wort des Menschen ist sein Wesen." Eine japanische Weisheit, die genauso für das Wort der Unternehmen gilt. Jede Firma hat ihren eigenen Charakter, jede Branche Eigenheiten, die sie kennzeichnen. Die Sprache einer Bank ist eine andere als die eines Markenartikelunternehmens. Die eine ist vielleicht sachlich und elegant, die andere vom Zeitgeist umweht, von der Werbung geprägt. Unangenehm wird die Sprache, sobald sie aufgesetzt und gewollt klingt – solange sie die Eigenheiten des Unternehmens widerspiegelt, ist alles in Ordnung.

Der Wettbewerb „Der beste Geschäftsbericht" des manager magazins

Auch die textliche Qualität der Geschäftsberichte unterliegt bei diesem Wettbewerb der Prüfung durch eine wissenschaftliche Jury. Sie analysiert die Sprache anhand der folgenden Kriterien:

Rechtschreibung:	*Ist die Orthographie fehlerfrei? Ist die Interpunktion korrekt? Sind die Satzzeichen sinnvoll und abwechslungsreich gesetzt?*
Grammatik:	*Sind Morphologie und Syntax einwandfrei? Sind die innertextlichen Verweise klar und eindeutig?*
Lexik (Wortschatz):	*Ist die Wortwahl treffend, angemessen und abwechslungsreich? Ist die sprachliche Bildlichkeit gut gesetzt und in sich stimmig?*
Stil:	*Treten die typischen Merkmale des Bürokratendeutsch auf? Wird das Verständnis durch übertrieben eingesetzten Fachjargon behindert? Bereitet der Text Lesevergnügen?*
Textpragmatik:	*Ist der Text kohärent? Sind die Satzgefüge klar und durchschaubar konstruiert? Wird dem Leser durch innertextliche Gliederungssignale die Orientierung erleichtert?*
Textlogik:	*Ist die Argumentation klar und stringent? Entspricht die Satzstruktur den Mitteilungsabsichten? Ist der Textaufbau wohlgeordnet?*
Textstrukturierung:	*Gibt das Inhaltsverzeichnis den Textaufbau korrekt wieder? Sind die Überschriften nach einem einheitlichen und konsistenten Muster gewählt? Entsprechen die Überschriften den Kapitelinhalten?*

Quelle: manager magazin, Schema entwickelt von Prof. Dr. Rudi Keller, Heinrich-Heine-Universität Düsseldorf, Germanistisches Seminar – Abteilung für deutsche Philologie und Linguistik.

Kapitel 6

Die Optik des Geschäftsberichts – die visuelle Bilanz

6.1 Grundsätzliches

Mit der visuellen Bilanz sprechen wir die grafische Umsetzung der Unternehmensinformationen im Geschäftsbericht an. Daß es dabei um weit mehr als nur die schöne Form geht, wird deutlich, wenn man sich die vielfältigen Aufgaben des Geschäftsberichts vor Augen hält. Er soll informieren, integrieren und motivieren, er muß seinem Leser einen Nutzen bringen, bei ihm Respekt, Sympathie, Interesse und Vertrauen erzeugen, kurz gesagt: Er soll in vielerlei Hinsicht Einfluß ausüben und Wirkung erzielen. Damit er dies erfolgreich leistet, werden an den Geschäftsbericht nicht nur inhaltlich und textlich, sondern auch optisch höchste Anforderungen gestellt.

Für den Gestalter des Geschäftsberichts bedeutet dies, daß er nicht nur die Kunst des Grafik-Designs beherrschen muß. Voraussetzung für die gelungene Gestaltung eines Geschäftsberichts ist darüber hinaus, daß der Gestalter die Inhalte, die er visuell kommunizieren soll, in den Grundzügen versteht.

Nun muß nicht jeder Designer zugleich Kenntnisse der Bilanz, Gewinn- und Verlustrechnung und des Anhangs haben. Aber allzuhäufig läßt die Gestaltung so viel Einfühlungsvermögen vermissen, daß man sich mit einer Machete den Weg durch den Zahlen- und Tabellendschungel schlagen möchte, um die gewünschten Informationen zu erhalten. Das freut keinen Analysten – zumal es ihn wertvolle Zeit kostet. Also muß dem Designer verdeutlicht werden, welcher Art die Informationen des Pflichtteils sind, wer damit arbeitet und vor allem wie. Herausstellen der erörterten Positionen aus Bilanz sowie Gewinn- und Verlustrechnung, Hervorhebung der aktuellen Jahreszahlen, die intelligente Kombination von Tabellen und Erläuterungen sind nur einige Stichworte zu diesem Thema.

Aber auch bei den anderen Kapiteln des Geschäftsberichts geht es um mehr als nur Gestaltung. Der Geschäftsbericht ist kein Werk der schönen Künste. Seine Gestaltung muß vielmehr Vorstellungen, Einsichten und Begriffe ver-

deutlichen, das Verstehen, Begreifen oder Erkennen erleichtern und komplexe Zusammenhänge veranschaulichen. Gefragt ist also die kommunikative Kompetenz des Designers, seine Fähigkeit, bestimmte Inhalte zu visualisieren.
Häufig hat man beim Studium von Geschäftsberichten den Eindruck, dem Gestalter habe die Arbeit Spaß gemacht, nur das Thema habe ihm nicht so recht gefallen. Viel lieber hätte er über Mode, Design oder andere Dinge „berichtet". Lassen Sie ihn zukünftig wieder Werbeprospekte, Plakate oder ähnliches gestalten, aber halten Sie ihn von Ihrem wichtigsten Unternehmensmedium fern!
Es gibt inhaltsreiche Geschäftsberichte, deren Geschmacklosigkeit den Leser abschreckt, und Geschäftsberichte, deren Gestaltung begeistert, die aber mehr verschleiern als offenbaren. Und dies nur allzuoft bewußt!
Wenn man bedenkt, daß der Geschäftsbericht deutlicher als andere Veröffentlichungen des Unternehmens seine Corporate Identity widerspiegeln kann, verwundert es, daß bedeutende, erfolgreiche, moderne Unternehmen sich im Geschäftsbericht als spröde, altmodisch, behäbig und innovationsfeindlich präsentieren. Fragt man vorsichtig nach den Gründen, müssen oft wieder die Kosten herhalten. Das ist ärgerlich – denn eine gute visuelle Bilanz kostet in der Regel nicht mehr als eine schlechte. Und während für Werbebroschüren von recht zweifelhafter Wirkung große Budgets vergeudet werden, wird die bedeutendste „Werbebroschüre" des Unternehmens, der Geschäftsbericht, als Billigprodukt hergestellt.

6.2 Ästhetik als Herausforderung

Bei der Visualisierung der Bilanz eines Unternehmens darf nicht vernachlässigt werden, daß Ästhetik in unserer Zeit eine große Bedeutung besitzt. In der Architektur, der Mode, dem Produktdesign – überall wird auf die ästhetischen Empfindungen der Konsumenten Rücksicht genommen. Warum geschieht dies nur unzureichend bei der Gestaltung eines Geschäftsberichts? Teilweise aus Unvermögen der Gestalter, teilweise aufgrund der besonderen Schwierigkeiten, die die Gestaltung des Geschäftsberichts bereitet. Denn beim Geschäftsbericht gilt es, Form und Funktion zu harmonisieren. Die Funktion des Ästhetischen besteht hierbei darin, die Funktionserfüllung der Informationen durch die Darstellungsweise zu stützen. Auch wenn die Inhalte in anderer Form dargebracht werden können: gelingt dies in einer besonders gelungenen Ästhetik, so ist die Chance, den Leser auch tatsächlich positiv zu erreichen, sehr groß.

6.3 Die visuellen Bestandteile des Geschäftsberichts

Schrift und Typografie

Eine Hausschrift gehört zu dem Grundbestand des visuellen Erscheinungsbildes eines Unternehmens. Die verschiedenen Publikationen des Unternehmens vom Ersatzteilprospekt über Produktprospekte bis hin zu Hausanweisungen wirken durch den Einsatz einer Hausschrift uniform – auch wenn unterschiedliche Schnitte einer ganzen Schriftenfamilie zugelassen sind. Dem Geschäftsbericht tut die Gleichmacherei jedoch nicht gut: Er muß sich deutlich von anderen Veröffentlichungen des Unternehmens absetzen. Für ihn können nicht dieselben Regeln gelten wie für Produktprospekte oder ähnliches. Im Gegenteil: während es für andere Publikationen des Unternehmens sinnvoll erscheint, ein einheitliches Erscheinungsbild aufzuweisen, weil hiermit Wiedererkennung ermöglicht wird, sollte der Geschäftsbericht in jedem Jahr wieder mit einer neuen, spannenden Gestaltung überraschen. Dadurch signalisiert das Unternehmen die Veränderungen, denen es ständig ausgesetzt ist und die es erfolgreich meistern muß.
Wenn Hausschrift und Hausfarbe für eine differenzierte Unternehmensdarstellung nicht mehr ausreichen, sollte ergänzend auch eine weitere Schrift angewendet werden.
Für die Lesbarkeit des Textes ist die Typografie noch bedeutender als die Schrift. Schriftgrad, Zeilenlänge, Wortabstand, Zeilenabstand, Satzspiegel, Papierwahl und Druckfarbe machen die Typografie aus, geben dem Bericht seine Struktur. So kann die Typografie eine Botschaft befördern oder beeinträchtigen. Hier werden entscheidende Fehler begangen. Die Zeilenlänge sollte z. B. die Zahl von 50 bis 60 Buchstaben nicht überschreiten, jedenfalls nicht bei langen Texten (vgl. Farbtafel 33, S. 76).
Der Satzspiegel sollte mit genügend Freiraum umgeben und angenehm proportioniert sein. Nur dann wird der Leser nicht vom Text abgelenkt. Zuviel oder zuwenig Zeilenabstand entscheidet darüber, ob der Text gut und schnell erfaßbar ist oder Sätze wieder und wieder gelesen werden müssen (vgl. Farbtafel 33–34, S. 76).
Um dem Leser die schnelle Aufnahme der wichtigsten Aussagen des Textes zu ermöglichen, sollte mit Einleitungen zu den Kapiteln und Marginalien zur Hervorhebung wichtiger Inhalte gearbeitet werden. *(Beispiele 6-1 und 6-2)*

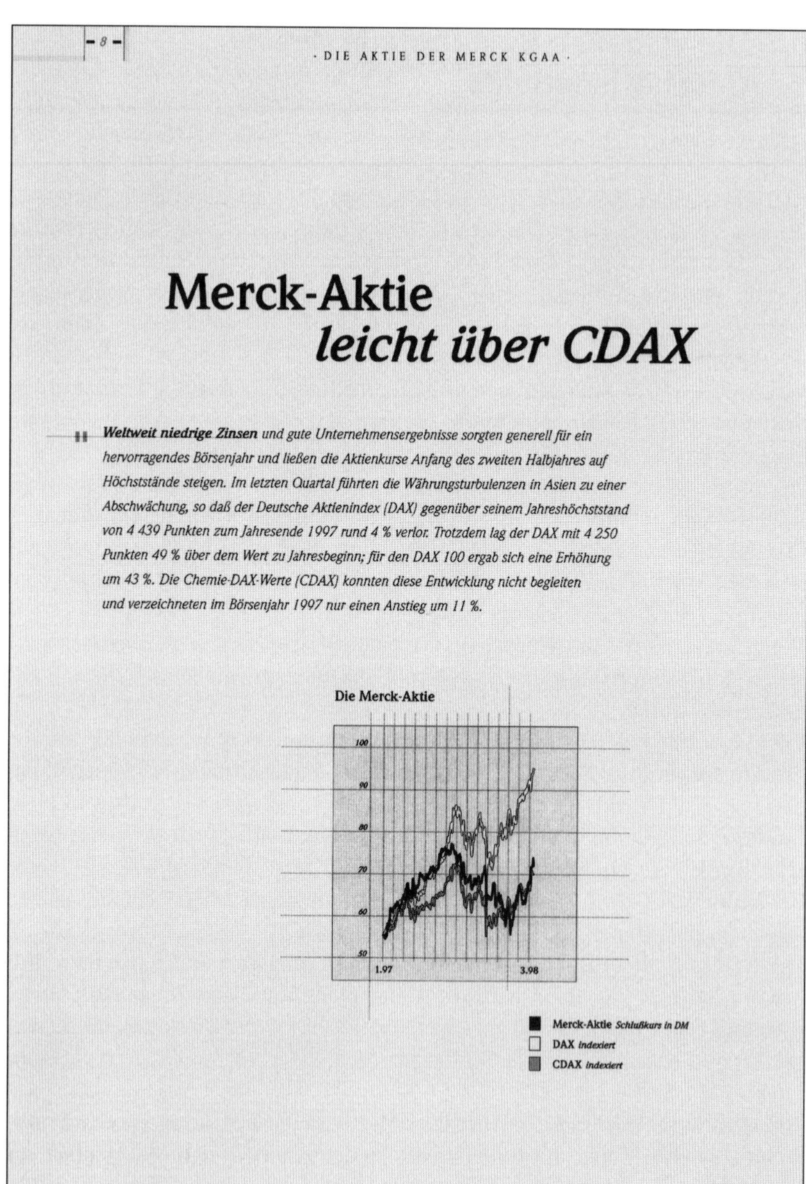

- 8 -

· DIE AKTIE DER MERCK KGAA ·

Merck-Aktie *leicht über CDAX*

Weltweit niedrige Zinsen *und gute Unternehmensergebnisse sorgten generell für ein hervorragendes Börsenjahr und ließen die Aktienkurse Anfang des zweiten Halbjahres auf Höchststände steigen. Im letzten Quartal führten die Währungsturbulenzen in Asien zu einer Abschwächung, so daß der Deutsche Aktienindex (DAX) gegenüber seinem Jahreshöchststand von 4 439 Punkten zum Jahresende 1997 rund 4 % verlor. Trotzdem lag der DAX mit 4 250 Punkten 49 % über dem Wert zu Jahresbeginn; für den DAX 100 ergab sich eine Erhöhung um 43 %. Die Chemie-DAX-Werte (CDAX) konnten diese Entwicklung nicht begleiten und verzeichneten im Börsenjahr 1997 nur einen Anstieg um 11 %.*

Beispiel 6-1: Merck, GB 1997, S. 8

Die Rolle von technotrans als Systempartner. Wir zielen nicht auf Endkunden, sondern auf den OEM (Original Equipment Manufacturer) als Kunden. Wir wollen weltweit Systempartner sein.

Erfolgsunternehmen technotrans

Das 1970 gegründete Unternehmen machte 1990 durch ein Management-Buy-Out von fünf leitenden Mitarbeitern mit Kapitalbeteiligungsgesellschaften einen Sprung: Seither hat sich der Umsatz mehr als verdreifacht und der Gewinn fast vervierfacht. 250 Mitarbeiter weltweit erwirtschafteten 1997 einen Umsatz von 87 Millionen DM.

Erfolgsunternehmen

24

Beispiel 6-2: technotrans AG, GB 1997, S. 24

TITEL

SCHWARZ
PHARMA

Geschäftsbericht
1995

1 2

3 4

Hoechst

Geschäftsbericht 1996

Gesundheit, Lebensfreude,
Lebensqualität –
darauf richten wir unsere Arbeit
aus und schaffen
nachhaltige Wertsteigerung

Vorläufiges Druckexemplar

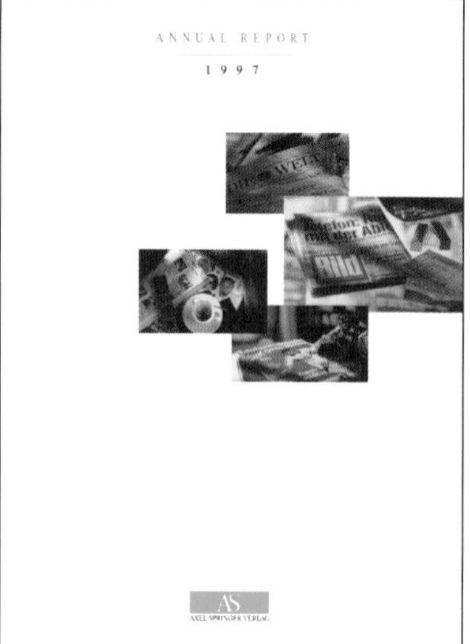

TITEL

DAIMLERBENZ
AKTIENGESELLSCHAFT
Geschäftsjahr 1997
INNOVATION
INNOVATION

VIAG Aktiengesellschaft
Annual Report 1996
Creating
enduring
value.
VIAG

5 6

7 8

Geschäftsbericht 1996
Bayer

BRITISH-BORNEO

TITEL

9

10

11

12

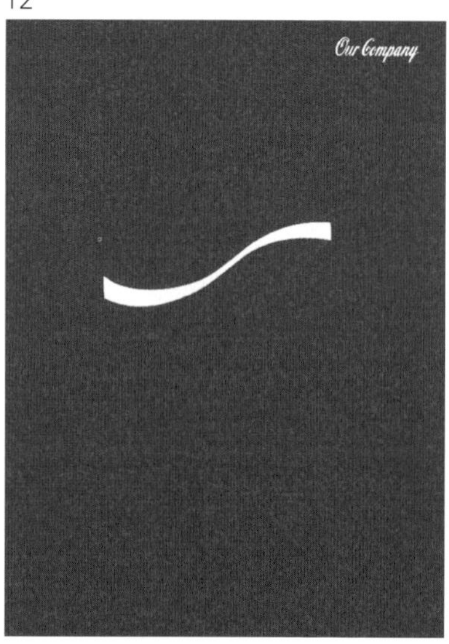

TITEL

13

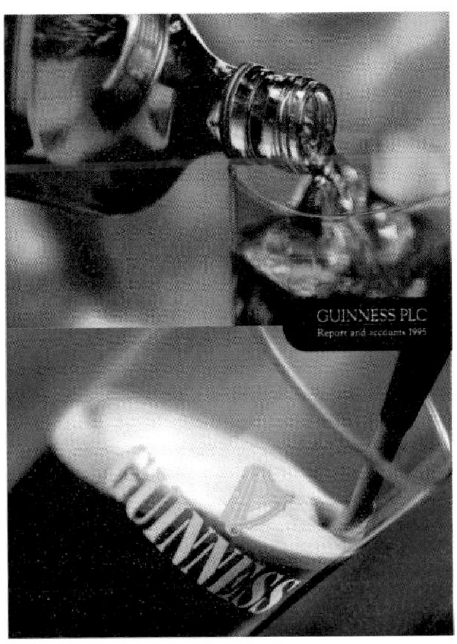

14

15

16

VORSTELLUNG DES UNTERNEHMENS

The Coca-Cola Company

Financial Highlights

Year Ended December 31.	1995	1994	Percent Change
(In millions except per share data and ratios, as reported)			
Total return (share price appreciation plus reinvested dividends)	**45.9%**	17.1%	—
Closing market price per share	**$ 74.25**	$ 51.50	44 %
Total market value of common stock	**$ 92,983**	$ 65,711	42 %
Net operating revenues	**$ 18,018**	$ 16,181	11 %
Operating income	**$ 4,092**	$ 3,716	10 %
Net income	**$ 2,986**	$ 2,554	17 %
Net income per share	**$ 2.37**	$ 1.98	20 %
Cash dividends per share	**$ .88**	$ .78	13 %
Average shares outstanding	**1,262**	1,290	(2)%
Share-owners' equity at year-end	**$ 5,392**	$ 5,235	3 %
Return on equity	**56.2%**	52.0%	—

For a discussion of nonrecurring items affecting 1995 amounts reported above, please refer to the quarterly data on page 71.

Cover: The Dynamic Ribbon device is a registered trademark of The Coca-Cola Company.
Page 1: The infinity symbol is an unregistered trademark of our growth potential.

17 17

18 18

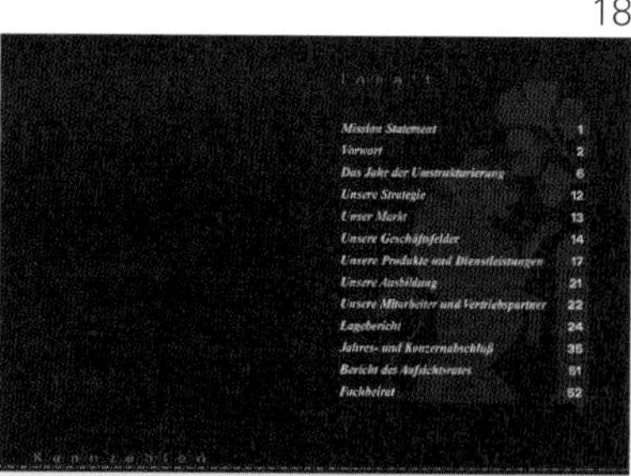

Kennzahlen

	Holding Mio. DM 31.12.97	31.12.96	Veränderung %	Konzern Mio. DM 31.12.97	31.12.96	Veränderung %
Bilanzsumme	12,3	10,8	13,9	17,6	13,5	30,4
Eigene Mittel (Grundkapital & Rücklagen)	7,5	7,2	4,2	6,9	6,5	6,2
Provisionsüberschuß	2,2	4,6	- 52,2	19,0	13,1	45,0
Ergebnis vor Steuern	4,7	2,8	67,9	4,8	2,3	108,7
Jahresüberschuß (Konzern-)	2,7	1,4	92,9	2,3	1,0	130,0
Eigenkapitalrentabilität in % [1]	62,6	38,8	61,3	69,6	35,4	96,6
Einstellungen in Gewinnrücklagen	0,3	0,4		0,3	0,4	
Dividendensumme	2,3	1,0	130,0	2,3	1,0	130,0
Bardividende je 5 DM-Aktie (Stämme/Vorzüge)	1,825/1,875	1,20/1,25	52,1/50,0	1,825/1,875	1,20/1,25	52,1/50,0
Ausschüttung je 5 DM-Aktie inkl. Steuergutschrift	2,61/2,68	1,71/1,79	52,6/49,7	2,61/2,68	1,71/1,79	52,6/49,7
Mitarbeiter						
Service				76	43	76,7
Vertrieb				603	493	22,3
Trainees				291	231	26,0
Repräsentanzen				34	33	3,0

[1] Jahresüberschuß vor Steuern bezogen auf das Eigenkapital abzgl. Ausschüttung

Mission Statement

Die tecis Holding Aktiengesellschaft ist ein unabhängiger Anbieter von Finanzdienstleistungen. Unsere Kunden beraten wir kompetent, objektiv und langfristig.

Wir sind Dienstleister und verstehen uns als mitverantwortlicher Zukunftsgestalter und Partner der Kunden. Diesen bieten wir maßgeschneiderte Lösungen und prüfen zuallererst, was sie wirklich benötigen.

Unsere Kernkompetenz war und ist der gut gemanagte Aktienfonds.

Er ist ökonomisch, weil er langfristig die höchsten Erträge bietet. Und er ist sicher, weil zu kleinsten Beträgen Beteiligungen an einer Vielzahl von Unternehmen erworben werden.

Wir kommunizieren offen, streben nach Wahrhaftigkeit und Fairness. Es ist unsere Überzeugung, daß diese Maximen, verbunden mit unserer kundenorientierten Geschäftspolitik, die Garanten einer erfolgreichen Zukunft sind.

VORSTELLUNG DES UNTERNEHMENS

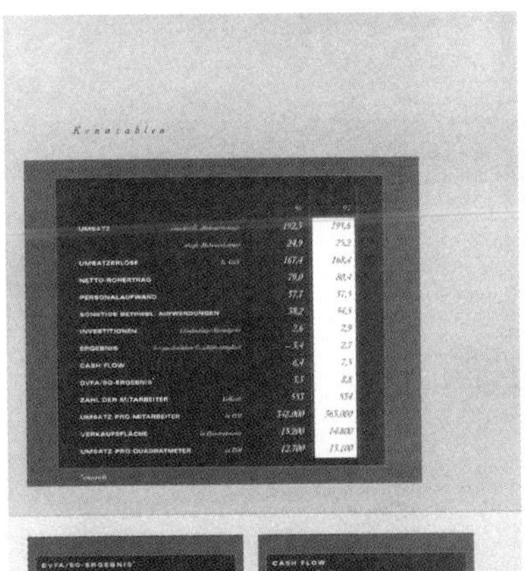

Kennzahlen

	96	97
UMSATZ	192,5	193,6
	24,9	25,2
UMSATZERLÖSE	167,4	168,4
NETTO-ROHERTRAG	79,0	80,4
PERSONALAUFWAND	37,7	37,5
SONSTIGE BETRIEBL. AUFWENDUNGEN	38,2	34,5
INVESTITIONEN	2,6	2,9
ERGEBNIS	–3,4	2,7
CASH FLOW	6,4	7,5
DVFA/SG-ERGEBNIS	3,5	8,8
ZAHL DER MITARBEITER	533	534
UMSATZ PRO MITARBEITER	342.000	363.000
VERKAUFSFLÄCHE	15.200	14.800
UMSATZ PRO QUADRATMETER	12.700	13.100

19

Ludwig Beck ist das führende Kaufhaus Münchens und verfügt über eine der attraktivsten Lagen Deutschlands. Wir wachsen an diesem Standort überdurchschnittlich in Umsatz und Ertrag.

Unser Erfolgsrezept ist das Konzept »Kaufhaus der Sinne«. Wir setzen nicht auf den Preis, sondern auf Qualität, Kompetenz, einen einzigartigen Sortimentsmix und eine individuelle Präsentation.

Wir erreichen ein attraktives Kundensegment und eine außergewöhnlich hohe Kundenbindung. Unsere Kunden schätzen die Freundlichkeit und Beratungsqualität unserer Mitarbeiter.

Wir wollen diese Stärken nutzen, um das profitabelste und produktivste Kaufhaus Deutschlands zu werden.

Inhalt

19

20

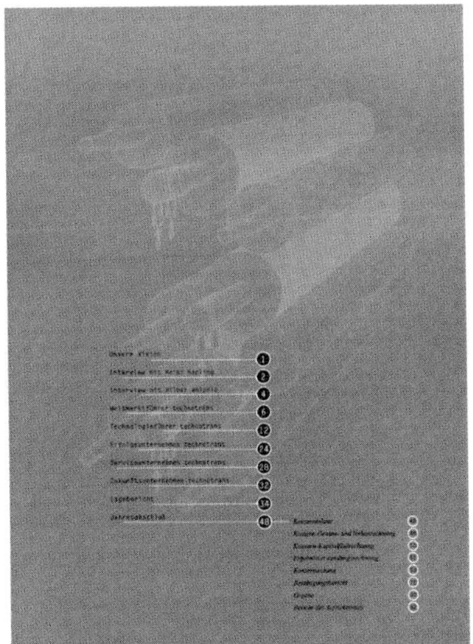

20

Unsere Vision

technotrans ist eine der ersten Adressen als Systementwickler und -anbieter in der Druckindustrie. Wir bieten High-Tech-Produkte für den technologisch anspruchsvollen Maschinenbau im Print- und Mediensektor. Wir sind die Spezialisten bei Peripheriegeräten für Flüssigkeitentechnik.

Wir operieren weltweit und streben in jedem Produktbereich nach der Marktführerschaft.

Wir konzentrieren uns auf Produkte mit hohem Know-how-Anteil. Unsere Kernkompetenz ist die Flüssigkeitentechnik. Wir nutzen diese Kompetenz, um in neue Bereiche vorzustoßen.

Wir bringen laufend Innovationen auf den Markt und entwickeln mit hoher Geschwindigkeit.

Ertrag kommt vor Umsatz. Wir erzielen eine überdurchschnittliche Rendite.

Entscheidender Erfolgsfaktor ist das offene und partnerschaftliche Verhältnis zu unseren Kunden. Wir sind sensibel für ihre Probleme und entwickeln gemeinsam Lösungen, die sie erfolgreicher machen.

Wir schaffen ein positives Arbeitsklima. Das Verhältnis der Mitarbeiter untereinander ist offen und diskussionsfreudig.

Wir beteiligen unsere Mitarbeiter direkt an unserem unternehmerischen Erfolg.

VORWORT

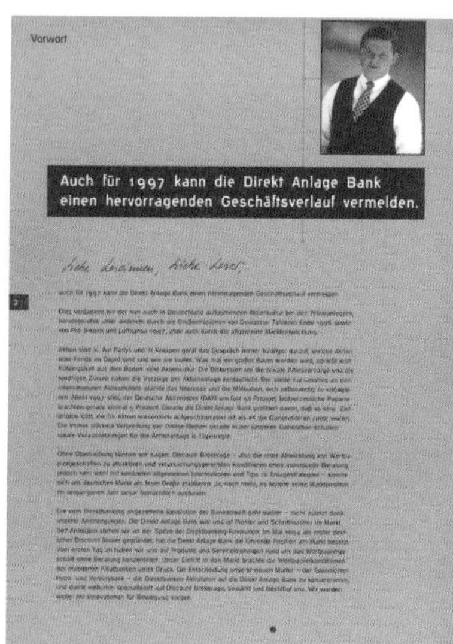

21 22

23 23

Aufbruch in eine
spannende Zukunft

VORWORT

Sehr geehrte Damen und Herren,

Handel über elektronische Datennetze, allgemein als Electronic Commerce bezeichnet, ist zur Zeit eines der »heißesten« Themen überhaupt. Electronic Commerce erlebt gegenwärtig weltweit seinen Durchbruch. Dem explosiven Wachstum des Internets folgt das Bestreben der Industrie, einen kommerziellen Nutzen aus deren Existenz zu ziehen. Werbung stand am Anfang der Kommerzialisierung des Internets, nutzt aber dessen Potential nur zum Teil aus und rechtfertigt damit in keiner Weise die hohen Investitionen. Electronic Commerce ist eine logische Folge des Wachstums des Internets und – neben der Informationsbereitstellung – dessen endgültiger Zweck.

Jede Firma, jedes Geschäft wird in Zukunft Waren elektronisch anbieten – aus unterschiedlichster Motivation: um Kosten zu senken, um Handelsstufen zu überspringen, um mehr Kunden zu erreichen oder einfach um nicht hinter der Konkurrenz zurückzustehen. Der Endverbraucher spart Zeit und Aufwand, erhält mehr Transparenz und geografische Unabhängigkeit. Als Folge der Vorteile des Electronic Commerce gegenüber herkömmlichen Geschäftsprozessen werden sich die Strukturen im Handel grundlegend verändern. In fünf bis zehn Jahren werden die meisten geschäftlichen Transaktionen elektronisch abgewickelt werden.

INTERSHOP Communications entwickelt Geschäftsmodelle und Software für die Informationsgesellschaft – für den elektronischen Handel im Internet. Unsere Produkte zeichnen sich durch eine wegweisende Technologie aus, die einem visionären Geschäftsmodell folgt. Wir haben früh erkannt, daß die technische Infrastruktur für Electronic Commerce vorwiegend als »Managed Service«, also als ein Outsourcing-Geschäft von Telekommunikationsunterneh-

men und Internet Service Providern betrieben werden wird. Hierfür haben wir Produkte entwickelt und potentiellen Kunden das neue Geschäftsmodell erklärt. Heute verfügt INTERSHOP Communications über eine führende Stellung in diesem Markt. Zu unseren Kunden zählen die größten Telekommunikationsunternehmen und Internet Service Provider.

Ziel unserer Unternehmensstrategie ist es, unsere starke Position im Markt für Electronic Commerce-Software schnell auszubauen, um am zukünftigen Marktwachstum maximal zu partizipieren. Dies wollen wir auch weiterhin erreichen durch technologische Führerschaft, globale Präsenz, starke strategische Partner und gezielte Akquisitionen.

Auf diesem Weg sind wir 1997 ein großes Stück vorangekommen. Wir haben unsere Aktivitäten in den USA deutlich ausgebaut und damit bewiesen, daß wir uns auch auf dem sehr wettbewerbsintensiven amerikanischen Markt erfolgreich behaupten können. Zusätzlich zu den Standorten Jena und San Francisco kamen 1997 weitere Tochtergesellschaften bzw. Niederlassungen in Hamburg, Stuttgart, London und Paris hinzu.

Unsere Produkte sind den Bedürfnissen unserer Kunden optimal angepaßt. Dies wurde uns 1997 wieder eindrucksvoll bestätigt. Unsere Technologie hat auch im abgelaufenen Jahr eine Reihe bedeutender Auszeichnungen als beste Software für Electronic Commerce erhalten. Noch wichtiger ist für uns jedoch, daß sich viele neue Kunden für INTERSHOP-Lösungen entschieden haben. Weltweit setzen mittlerweile über 2.000 Kunden auf INTERSHOP-Technologie.

Stolz sind wir auch darauf, daß wir im vergangenen Jahr weitere namhafte Unternehmen als strategische Partner gewinnen konnten, darunter führende Telekommunikationsunternehmen wie die Deutsche Telekom AG, mit der ein Vertrag in zweistelliger Millionenhöhe abgeschlossen werden konnte.

VORWORT

VORWORT

1997 – AUF DEM WEG
zu Innovation und weltweiter Präsenz

24 24

25 26

Iwao Toriumi, President

operating gasoline service stations located at large shopping centers. These activities highlight our involvement in transforming Japan's distribution industry. Marubeni also played an active role in the information and telecommunications sector. For example, we invested in the NTT Group's Personal Handy-phone System (PHS) project and marketed PHS terminals. Other activities in this field included providing Internet services and expanding our cable TV operations.

• In April 1996, we acquired a 30% stake in Sithe Energies Inc., the third largest private-sector electric power generation company in the United States. In addition to enhancing our relationship with the company, this purchase set the stage for development of a global network to promote independent power production activities.

Management Policy

Currently, Marubeni is promoting its operations in line with VISION97, a master policy designed to guide the Company for the three years through fiscal 1998, ended March 31, 1998. One aspect of this plan is to optimize the Marubeni Group's overall management resources through closer cooperation among its business groups and subsidiaries and affiliates.

BERICHT DES AUFSICHTSRATES

27 27

28 28

Bericht des Aufsichtsrats

JAHRESABSCHLUSS

29

ANHANG KAUFRING-KONZERN UND KAUFRING AG 65

(9) RÜCKSTELLUNGEN

	Konzern 31.12.1997 TDM	Konzern 31.12.1996 TDM	KAUFRING AG 31.12.1997 TDM	KAUFRING AG 31.12.1996 TDM
Pensionsrückstellungen	45.641	44.357	30.621	29.853
Steuerrückstellungen	5.791	2.437	5.717	1.698
Sonstige Rückstellungen	31.419	36.810	19.340	24.669
Rückstellungen	**82.851**	**83.604**	**55.678**	**56.220**

55,1 % 37,9 % 7,0 %

Die Pensionsrückstellungen sind gebildet für betriebsindividuelle unmittelbare Versorgungszusagen. Durch die Rückstellungen werden alle Verpflichtungen abgedeckt.

Die Steuerrückstellungen betreffen im wesentlichen die Körperschaft- und Gewerbesteuer und enthalten angemessene Beträge für Risiken der steuerlichen Außenprüfung.

Die Sonstigen Rückstellungen entfallen hauptsächlich auf folgende Sachverhalte:

	Konzern 31.12.1997 TDM	Konzern 31.12.1996 TDM	KAUFRING AG 31.12.1997 TDM	KAUFRING AG 31.12.1996 TDM
Personalbedingte Verpflichtungen	13.732	15.371	9.064	9.725
Verpflichtungen aus dem Warengeschäft	3.827	4.946	2.787	3.955
Ausstehende Rechnungen	3.784	3.327	2.020	2.126
Wechselobligo/ Delkredereübernahme	1.875	2.532	1.875	2.532
Prozeßkosten, Prozeßrisiken	5.308	5.637	1.840	2.168
Übrige	2.893	4.997	1.694	4.163
Sonstige Rückstellungen	**31.419**	**36.810**	**19.340**	**24.669**
Davon mit einer Restlaufzeit bis 1 Jahr	25.040	29.930	18.225	23.451

30

31

The Coca-Cola Company and Subsidiaries

Notes to Consolidated Financial Statements

16. Net Change in Operating Assets and Liabilities

The changes in operating assets and liabilities, net of effects of acquisitions and divestitures of businesses and unrealized exchange gains/losses, are as follows (in millions):

Year Ended December 31,	**1995**	1994	1993
Increase in trade accounts receivable	**$ (256)**	$ (169)	$ (151)
(Increase) decrease in inventories	**(80)**	43	(41)
Increase in prepaid expenses and other assets	**(373)**	(273)	(78)
Increase (decrease) in accounts payable and accrued expenses	**214**	197	(44)
Increase in accrued taxes	**26**	200	355
Increase in other liabilities	**63**	131	11
	$ (406)	$ 129	$ 54

17. Nonrecurring Items

During 1995, selling, administrative and general expenses include provisions of $86 million to increase efficiencies in the Company's operations in the United States and Europe.

Upon a favorable court decision in 1993, the Company reversed previously recorded reserves for bottler litigation, resulting in a $13 million reduction to selling, administrative and general expenses and a $10 million reduction to interest expense. Selling, administrative and general expenses for 1993 also include provisions of $63 million to increase efficiencies in the Company's operations in the United States and Europe, and Corporate. Also in 1993, equity income was reduced by $42 million related to restructuring charges recorded by Coca-Cola Beverages Ltd. Other income (deductions)-net for 1993 included a $50 million pretax gain recorded by the foods business upon the sale of citrus groves in the United States, and a $34 million pretax gain recognized on the sale of property no longer required as a result of a consolidation of manufacturing operations in Japan.

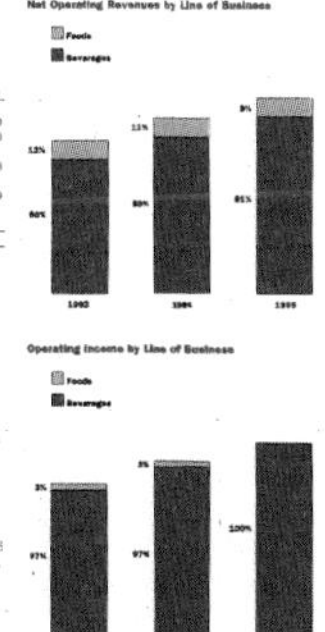

32

Valuation principles

Holdings in affiliated and associated companies, where they are not valued using the equity method, and also participations, are shown at acquisition cost or the lower applicable value.

Interest-free and low-interest loans are stated in cash value on the basis of an annual interest rate of 7 percent.

4 Inventories

	31 Dec. 1997 DM '000	31 Dec. 1996 DM '000
Raw materials and supplies	323,836	209,500
Work in progress	406,262	285,773
Finished goods and merchandise	534,722	433,995
Prepayments	753	-
	1,287,573	**929,268**

0.1 % 25.5 % 42.2 % 32.2 % — 31 Dec 1997

22.5 % 46.7 % 30.8 % — 31 Dec 1996

Valuation principles

Raw materials and supplies are stated at updated average acquisition cost or at the lower replacement value. Materials invoiced in foreign currencies are valued on the day of the transaction using regularly adjusted fixed exchange rates.

Incidental acquisition costs and acquisition cost reductions, such as freight costs, customs duties, discounts, etc., are taken into account as appropriate.

In the case of work in progress and finished goods, which are valued at manufacturing cost, direct materials are likewise included on the basis of average acquisition cost. The values given also comprise direct personnel costs, together with other costs which must be capitalized under tax law. Interest payments on borrowings are not included.

Company cars are depreciated at a rate permissible under tax regulations on the basis of their anticipated useful life.

Merchandise is valued at acquisition cost.

Provision has been made for all discernible storage and inventory risks by way of value adjustments. In this, work in progress and finished goods, as well as merchandise, are valued loss-free as soon as the values derived from the sales market are lower than the acquisition or manufacturing costs.

SCHRIFT UND TYPOGRAPHIE

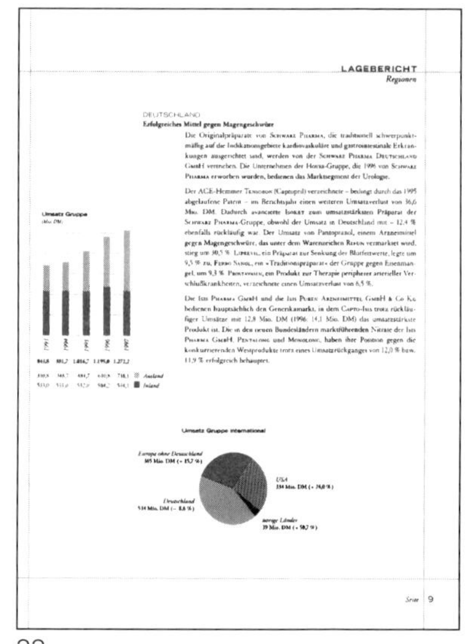

33 33

34 34

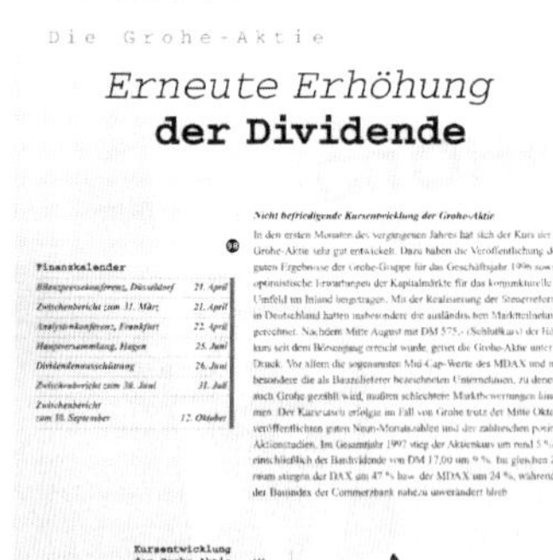

Die Grohe-Aktie

Erneute Erhöhung
der Dividende

Finanzkalender

Bilanzpressekonferenz, Düsseldorf	*21. April*
Zwischenbericht zum 31. März	*21. April*
Analystenkonferenz, Frankfurt	*22. April*
Hauptversammlung, Hagen	*25. Juni*
Dividendenausschüttung	*26. Juni*
Zwischenbericht zum 30. Juni	*31. Juli*
Zwischenbericht zum 30. September	*12. Oktober*

Nicht befriedigende Kursentwicklung der Grohe-Aktie

In den ersten Monaten des vergangenen Jahres hat sich der Kurs der Grohe-Aktie sehr gut entwickelt. Dazu haben die Veröffentlichung der guten Ergebnisse der Grohe-Gruppe für das Geschäftsjahr 1996 sowie optimistische Erwartungen der Kapitalmärkte für das konjunkturelle Umfeld im Inland beigetragen. Mit der Realisierung der Steuerreform in Deutschland hatten insbesondere die ausländischen Marktteilnehmer gerechnet. Nachdem Mitte August mit DM 575,- (Schlußkurs) der Höchstkurs seit dem Börsengang erreicht wurde, geriet die Grohe-Aktie unter Druck. Vor allem die sogenannten Mid-Cap-Werte des MDAX und insbesondere die als Bauzulieferer bezeichneten Unternehmen, zu denen auch Grohe gezählt wird, mußten schlechtere Marktbewertungen hinnehmen. Der Kurseinbruch erfolgte im Fall von Grohe trotz der Mitte Oktober veröffentlichten guten Neun-Monatszahlen und der zahlreichen positiven Aktienstudien. Im Gesamtjahr 1997 stieg der Aktienkurs um rund 5 %, einschließlich der Bardividende von DM 17,00 um 9 %. Im gleichen Zeitraum stiegen der DAX um 47 % bzw. der MDAX um 24 %, während der Bauindex der Commerzbank nahezu unverändert blieb.

Kursentwicklung der Grohe-Aktie

14

Dividendenerhöhung um DM 2,- zuzüglich eines Bonus von DM 2,- vorgeschlagen

Zum fünften Mal seit dem Börsengang Ende 1991 wird der Vorstand der Hauptversammlung eine Dividendenerhöhung vorschlagen und damit seine ergebnisorientierte und aktionärsfreundliche Ausschüttungspolitik fortsetzen. der Vorstand wird der Hauptversammlung am 25. Juni eine Erhöhung der Dividende je Stamm- bzw. Vorzugsaktie um DM 2,00 auf DM 18,00 bzw. DM 19,00 zuzüglich eines Bonus von jeweils DM 2,00 vorschlagen.

Intensive Investor Relations-Arbeit

1997 führte die Grohe AG im Rahmen von Roadshows Unternehmenspräsentationen in London, Glasgow, Edinburgh, New York, Boston, San Francisco, Los Angeles, Nassau (Bahamas), Genf, Paris, Amsterdam und Frankfurt durch. Darüber hinaus fanden zahlreiche Einzelgespräche am Firmensitz in Hemer statt. Das Wirtschaftsmagazin »Capital« bewertete in seiner Oktober-Ausgabe die Investor Relations-Arbeit und die Geschäftsberichte von 200 börsennotierten deutschen Unternehmen: bei den Analysten-Gesprächen lag Grohe auf Platz 5 aller 200 Unternehmen, bei den Geschäftsberichten auf Platz 8 der MDAX-Unternehmen. Dabei wurden insbesondere die Kreativität und Interesse weckende Darstellung hervorgehoben.

Aktienkennzahlen *DM je Aktie*

	93	94	95	96	97
Anzahl der Aktien (Tsd.)	2.320	2.320	3.000	3.000	3.000
Anzahl der Vorzugsaktien (Tsd.)	1.020	1.020	1.300	1.300	1.300
Ergebnis nach DVFA	20,90	29,20	25,90	27,20	30,90
Cash flow	41,20	53,40	48,40	49,00	52,30
Eigenkapital (zuzüglich anteilig Sonderposten)	162,20	195,10	157,90	169,00	182,50
Dividende für die Vorzugsaktien	13,50	15,00	16,50	17,00	19,00
Bonus	–	10,00	–	–	2,00
Dividende inkl. Steuergutschrift	19,29	35,71	23,57	24,29	30,00
Höchstkurs	392,50	474,00	496,00	448,00	569,00
Tiefstkurs	248,00	353,00	278,50	315,00	428,00
Jahresendkurs	370,00	460,00	320,00	430,00	458,00
Börsenkapitalisierung (Mio. DM)	858	1.067	930	1.290	1.350

15

FOTOS

Der Geschäftsbereich Zeitschriften umfaßt Programm-, Frauen-, Familien-, Sport- und Autozeitschriften sowie zahlreiche Spezial- und Fachtitel. Viele davon sind Marktführer in ihrem Segment. Damit ist der Axel Springer Verlag einer der führenden Zeitschriftenverlage in Deutschland. Mit einem Anteil von rund 26 Prozent am Konzernumsatz sind die Zeitschriften der zweitgrößte Geschäftsbereich im Unternehmen.

22 *Ein neuer Titel aus dem Axel Springer Verlag zog 1996 an den Kiosken alle Blicke auf sich: FAMILIE & CO. Mit dem innovativen Konzept, Kinder, Eltern und Großeltern gleichermaßen anzusprechen, etablierte sich FAMILIE & CO bereits nach einem Jahr erfolgreich als neues »Familienmitglied«*

35

36

37

A Feast for the Senses

sight

Exterieur Design

Nothing is as Appealing
as a Shape
Created by Nature.

50 | 51

New insights from every aspect

The appearance of an Audi car is the result of perfect interplay between shapes, lines and proportions.

The flowing outline of the A6, reminiscent of a coupe, conjures up the sleek curve of a dolphin.

Good design dares to question familiar notions: need a saloon look like a saloon? Good design is a quest for something new: what will hold the power to move people in the next century?

Good design is where the present intersects with the future.

A play of colours

Paints and colours highlight the character of a car. In choosing a colour or hue, we seek to reflect both the style of the model and the spirit of the age.

Audi's range of colours reflects both classic preferences and modern fashions. The cultural background and age of the buyer exert considerable influence on his or her choice of colour: people from warmer climates prefer restrained shades of blue and black, whereas buyers in cooler climates will opt for brighter body colours. Interestingly, bold colours are more popular among older customers, the under-20s rebel with straightforward black, and successful professionals will opt for special colours such as Mother-of-Pearl or Mandarin.

37

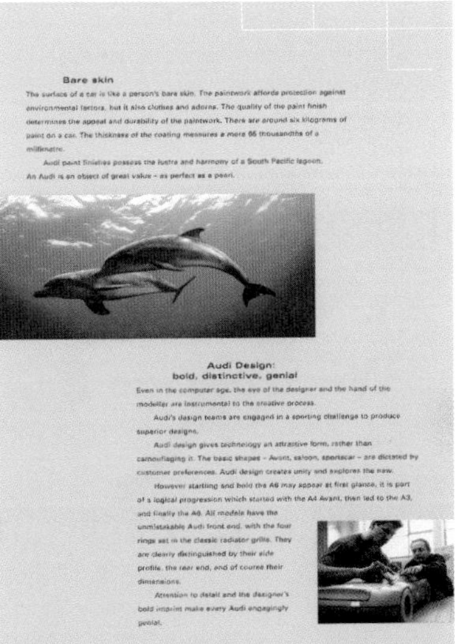

Bare skin

The surface of a car is like a person's bare skin. The paintwork affords protection against environmental factors, but it also clothes and adorns. The quality of the paint finish determines the appeal and durability of the paintwork. There are around six kilograms of paint on a car. The thickness of the coating measures a mere 66 thousandths of a millimetre.

Audi paint finishes possess the lustre and harmony of a South Pacific lagoon. An Audi is an object of great value – as perfect as a pearl.

Audi Design: bold, distinctive, genial

Even in the computer age, the eye of the designer and the hand of the modeller are instrumental to the creative process.

Audi's design teams are engaged in a sporting challenge to produce superior designs.

Audi design gives technology an attractive form, rather than camouflaging it. The basic shapes – Avant, saloon, sportscar – are dictated by customer preferences. Audi design creates unity and explores the new.

However startling and bold the A6 may appear at first glance, it is part of a logical progression which started with the A4 Avant, then led to the A3, and finally the A6. All models have the unmistakable Audi front end, with the four rings set in the classic radiator grille. They are clearly distinguished by their side profile, the rear end, and of course their dimensions.

Attention to detail and the designer's bold imprint make every Audi engagingly genial.

GRAFISCHE ILLUSTRATION

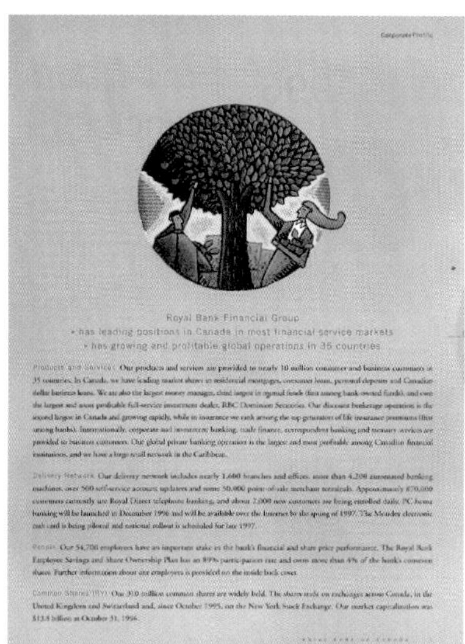

38

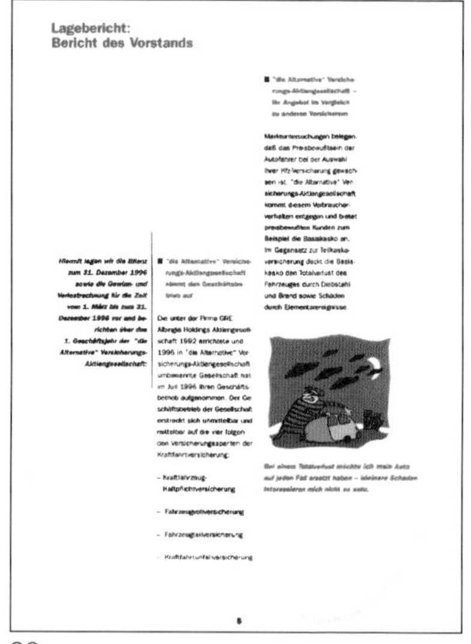

**Lagebericht:
Bericht des Vorstands**

Hiermit legen wir die Bilanz zum 31. Dezember 1996 sowie die Gewinn- und Verlustrechnung für die Zeit vom 1. März bis zum 31. Dezember 1996 vor und berichten über das 1. Geschäftsjahr der "die Alternative" Versicherungs-Aktiengesellschaft:

■ "die Alternative" Versicherungs-Aktiengesellschaft nimmt den Geschäftsbetrieb auf

Die unter der Firma GRE Albingia Holdings Aktiengesellschaft 1992 errichtete und 1996 in "die Alternative" Versicherungs-Aktiengesellschaft umbenannte Gesellschaft hat im Juli 1996 ihren Geschäftsbetrieb aufgenommen. Der Geschäftsbetrieb der Gesellschaft erstreckt sich unmittelbar und mittelbar auf die vier folgenden Versicherungssparten der Kraftfahrtversicherung:

- Kraftfahrzeug-Haftpflichtversicherung
- Fahrzeugvollversicherung
- Fahrzeugteilversicherung
- Kraftfahrtunfallversicherung

■ "die Alternative" Versicherungs-Aktiengesellschaft – Ihr Angebot im Vergleich zu anderen Versicherern

Marktuntersuchungen belegen, daß das Preisbewußtsein der Autofahrer bei der Auswahl ihrer Kfz-Versicherung gewachsen ist. "die Alternative" Versicherungs-Aktiengesellschaft kommt diesem Verbraucherverhalten entgegen und bietet preisbewußten Kunden zum Beispiel die Basiskasko an. Im Gegensatz zur Teilkaskoversicherung deckt die Basiskasko den Totalverlust des Fahrzeuges durch Diebstahl und Brand sowie Schäden durch Elementarereignisse.

Bei einem Totalverlust möchte ich mein Auto auf jeden Fall ersetzt haben – kleinere Schäden interessieren mich nicht so sehr.

5

39

40

N
W
E
S

Together with its partners, SAS Cargo offers a global freight product.

41

SCHAUBILDER • GRAPHIKEN

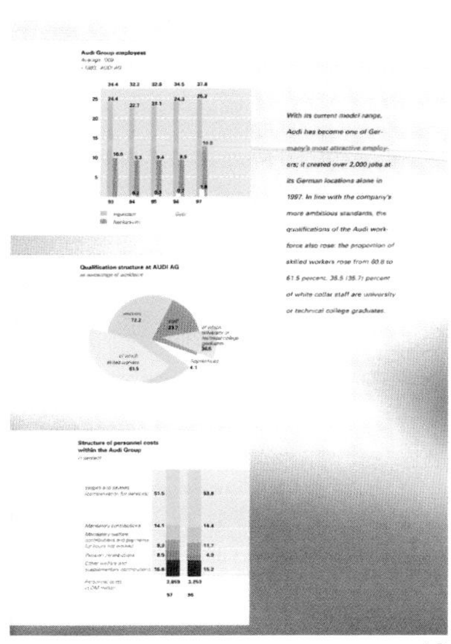

42

Key Developments

- Competitive position transformed with the acquisition of DPSU. Share of the US carbonated soft drinks market increased from about 5% to over 16% and leadership achieved in the non-cola sector, the fastest growing segment.
- DPSU acquired on 2 March 1995 and rapidly integrated, with a new management structure implemented by the end of May. Momentum of the Dr Pepper brand sustained.
- CCSB achieved record sales and volumes.
- Turnaround in Spanish operations. Volume and profit significantly improved and market share increased.
- Crush, Schweppes and Canada Dry brands rolled out in the Indian market.
- Acquisition of Crush bottler brings operational benefits within Mexico City.

Beverages Stream Review

	1995 £m	1994 £m	
Sales	**2,809**	2,200	**+28%**
Trading profit*	**409**	269	**+52%**

Sales | Trading profit*

*Excluding acquisition-related restructuring costs

Our aim is to strengthen our soft drinks position worldwide and to be the largest and most successful non-cola brand owner.

43

44

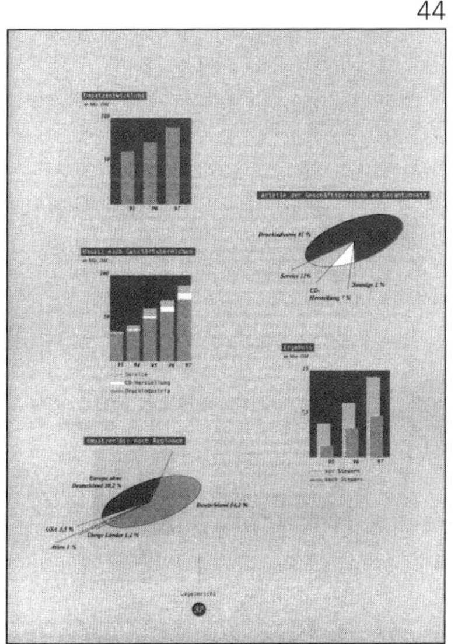

45

Preisentwicklung für australische Rohwolle Eastern Market Indicator (EMI)

Der EMI dient als Preisindikator für australische Rohwolle. Er ist ein gewichteter Durchschnitt der auf den Wollauktionen erzielten Preise von repräsentativ ausgewählten Wolltypen.

Quelle: Wool International und BWK Market Report

Australien: Wool International Stockpile Entstehung und Abbau

Bestand am Saisonende

Quelle: Wool International und eigene Berechnung

Rohwollmarkt

Die Weltwollproduktion ist nach den Informationen der International Wool Textile Organisation (IWTO) in der Saison 1996/97 um 1 % auf 2.516 Mio kg (Basis Rohgewicht) zurückgegangen.

Australien ist der weltweit wichtigste Erzeuger und Exporteur von Rohwolle für den Bekleidungsbereich. Nach einem historischen Tiefstand in der vorhergegangenen Saison war der Schafbestand in 1996/97 mit 121,7 Millionen Tieren nur unwesentlich höher. Die Schurwollproduktion erreichte 661 Mio kg Rohgewicht, ein Anstieg um 1 % gegenüber dem Wert der vorherigen Saison.

Die erwartete Steigerung der Rohwollpreise ist eingetreten. Der australische Eastern Market Indicator (EMI) stieg von 5,68 AUD/kg (6,95 DM/kg) Ende Dezember 1996 auf 6,98 AUD/kg (8,30 DM/kg) am Ende des Jahres 1997. Mit einem Durchschnitt von 6,75 AUD/kg (8,71 DM/kg) lag der Rohwollpreis in AUD 16 % über dem des Vorjahres, bedingt durch die Veränderung des Wechselkurses in DM sogar um 28 % höher.

Für die laufende Saison 1997/98 prognostiziert das Australian Wool Production Forecasting Committee einen Rückgang der australischen Schurwollproduktion um 3,7 % auf 636,4 Mio kg Rohgewicht. Ein weiterer Rückgang um 1 % auf 630 Mio kg wird für die kommende Saison 1998/99 erwartet.

Der Export australischer Wolle liegt seit Jahren über der Schurwollproduktion. Die fehlende Menge wurde bisher mit Wolle aus dem Wool International Stockpile, einem aus der Zeit des Mindestpreissystems stammenden Lagerbestand, ausgeglichen. Dieser war bis Ende 1997 auf 1,3 Mio Ballen abverkauft. Bis zum 31. Dezember 2000, also in weniger als 3 Jahren, muß der Stockpile aufgrund gesetzlicher Regelungen vollständig verkauft sein.

SCHAUBILDER · GRAPHIKEN

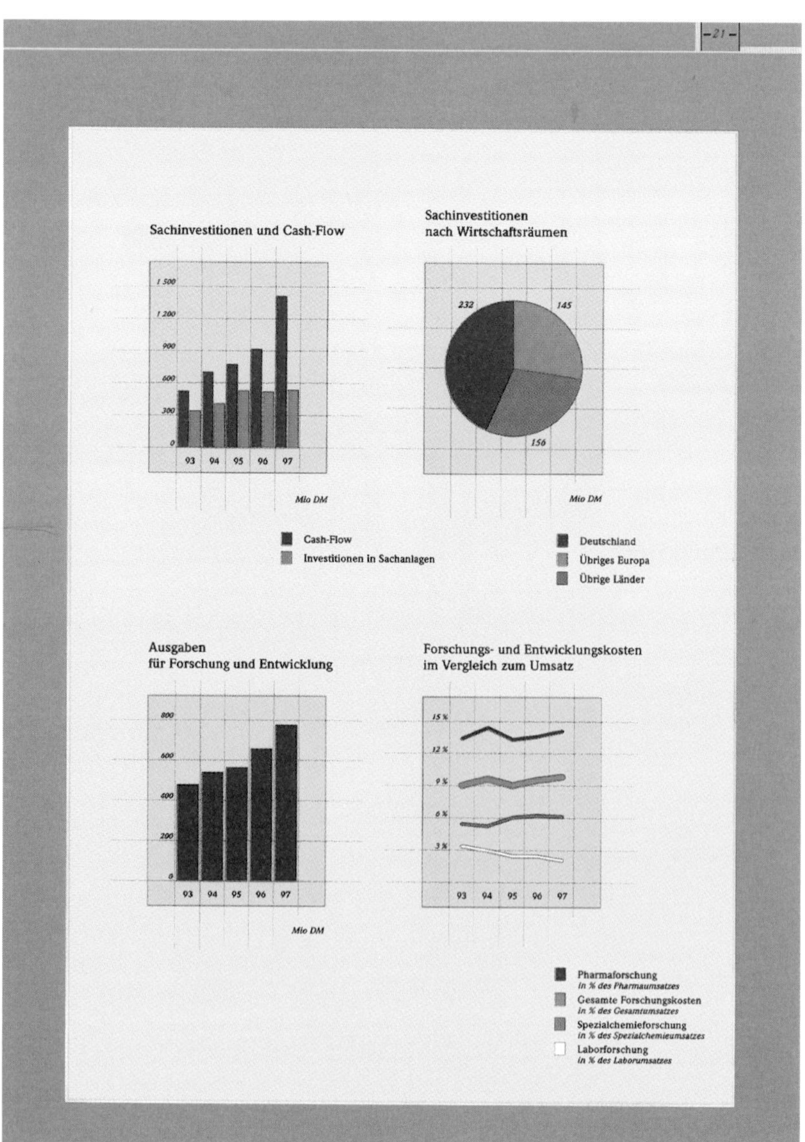

46

Die Kunst der Typografie ist über fünf Jahrhunderte hindurch fortentwickelt und verfeinert worden. Das Problem für die heutigen Gestalter besteht darin, daß der gesamte Fundus von fünf Jahrhunderten in einem Computer abrufbereit gespeichert wird. Es herrscht totale Freiheit, aber auch Regellosigkeit. Und diese Freiheit überfordert offenbar viele Gestalter. Denn die Analyse von mehreren hundert Geschäftsberichten der letzten Jahre offenbart: Die Typografie wird durch die Elektronik nicht etwa individueller, sondern eher uniformer.

Illustration

Der Begriff Illustration wird abgeleitet von lateinisch illustrare – erleuchten, erhellen, ausschmücken. In der visuellen Kommunikation übernimmt die Illustration Teilfunktionen des Textes, um ihn attraktiver zu machen und die Leserschaft optisch stärker zu unterhalten. Oder sie ergänzt ihn um solche Aussagen, die verbal nicht so präzise, direkt, unmißverständlich oder lebendig zu vermitteln sind. Ein Beispiel dafür bietet die SGL Carbon AG, deren wichtigstes Ereignis des Geschäftsjahres 1996 – das Listing an der New York Stock Exchange – durch ein situatives Foto von diesem Ereignis den Titel illustriert. *(Beispiel 6-3)*
Fotos, Schaubilder, Grafiken, Piktogramme und anderes mehr werden hier eingesetzt.

Fotos

Während es die Aufgabe des Textes ist, die zu vermittelnde Aussage verständlich darzustellen und Argumente zu bieten, soll das Bild den Bericht auch attraktiver machen und den Leser optisch unterhalten.
Eine weitere wichtige Wirkung der in einem Geschäftsbericht verwendeten Bilder wird offensichtlich in vielen Fällen unterschätzt: Die Fotos prägen ganz entscheidend das Image des Unternehmens, seiner Mitarbeiter und Produkte. Mißmutig dreinschauende Mitarbeiter in düsterer Arbeitsatmosphäre und sterilen Büros werden weder Geschäftspartner noch Aktionäre davon überzeugen, daß es sich um ein dynamisches, modernes Unternehmen handelt, in das man Geld investieren sollte oder mit dem die Zusammenarbeit lohnt.
Wenig überzeugend ist das vielfach zu hörende Argument, gute Fotos anzufertigen sei zu teuer – schließlich lassen sich die Bilder auch außerhalb des Geschäftsberichts verwenden, z. B. in anderen Publikationen des Unternehmens oder in der Pressearbeit.

Das Geschäftsjahr 1996

Fakten. Zusammenhänge. Ziele.

Beispiel 6-3: SGL Carbon AG, GB 1996

Zudem muß ein Geschäftsbericht nicht übersät werden mit Bildern. Wenige, dafür aber überzeugende Fotos reichen aus, um einen Geschäftsbericht wirkungsvoll zu illustrieren.
Während z. B. Verlagshäuser in ihren Berichten gern eine Vielzahl von Fotos zeigen, die überdies häufig von fragwürdiger Qualität sind, beschränkt sich der Axel Springer Verlag im Bericht 1996 auf sieben gut gemachte Fotos. Sie haben ein gemeinsames Thema und präsentieren überzeugend die Produkte des Unternehmens.
Die Kapitel über die Geschäftsbereiche werden jeweils mit einem Aufmacherfoto eröffnet. Diese Bilder zeigen das jeweilige Produkt in seinem Umfeld – vor einem schwarzweißen Hintergrund tritt das Produkt deutlich hervor. Dabei ist auch der Hintergrund vierfarbig gedruckt, eine Technik, die dem Bild mehr Lebendigkeit verleiht (vgl. Farbtafel 35, S. 77).
„Weniger ist mehr!“ Diese Feststellung gilt insbesondere für die Verwendung von Fotos im Geschäftsbericht. Durchstöbern Sie also nicht Ihr altes Fotoarchiv nach möglichst vielen Motiven, sondern überlegen Sie sich, ob es ein Thema und eine Darstellungsform für die Fotoarbeiten zum Geschäftsbericht gibt. Sie benötigen nicht zu jedem Ereignis ein Foto. So ist es zwar bei der Information über die Investitionen des Geschäftsjahres notwendig, beispielsweise über die Errichtung einer neuen Lagerhalle zu berichten. Müssen Sie deshalb aber ein Bild einer zumeist architektonisch nicht sehr beeindruckenden Halle zeigen?
Das gewählte Fotothema hängt von verschiedenen Bedingungen ab, wie zum Beispiel der Branche des Unternehmens, seinen Produkten, besonderen Ereignissen oder auch einer speziellen Geschichte, die der Bericht erzählen soll. Im Geschäftsbericht 1992/93 der Weltmarken GmbH ging es darum, ein relativ wenig bekanntes Unternehmen mit seinen recht erfolgreichen Produkten vorzustellen. Es war der erste Geschäftsbericht, der in dieser Form veröffentlicht wurde. Daher bot es sich an, die Produkte in ihrer spezifischen Erlebniswelt zu zeigen. Eine spezielle Fototechnik verleiht den Fotos einen besonderen künstlerischen Anspruch; der Bericht verkommt nicht zu einem Produktprospekt. Zugleich geben situative Aufnahmen einen Einblick in den Tätigkeitsbereich des Unternehmens (vgl. Farbtafel 36, S. 77).
Auch die Audi AG zeigt in ihren jüngsten Berichten nicht mehr, wie viele andere Automobilhersteller, nur die Produkte, sondern eröffnet dem Betrachter durch ein vielfältiges Arrangement von Produkt-, Werbe- und Unternehmensfotos eine spezifische Audi-Erlebniswelt. Das positive Image, das Audi in den letzten Jahren erarbeitet hat, wird in den Geschäftsberichten überzeugend widergespiegelt (vgl. Farbtafel 37, S. 77).

Besonders schwer tun sich die Unternehmen mit den Portraitfotos ihrer Vorstände. Dabei gilt es gerade hier, Kompetenz, Flexibilität und Verantwortung zu vermitteln.
Egal, ob Sie eine Gruppe, das Portrait des Vorstandsvorsitzenden oder eine situative Aufnahme zeigen: Sie sollte von höchster Qualität sein (vgl. Farbtafel 23–26, S. 72, 73).

Grafische Illustrationen

Neben der Fotografie kann auch die grafische Illustration für die Gestaltung des Berichts genutzt werden. Dies wirkt oft frischer, erfindungsreicher und hebt das Unternehmen aus der Masse der Mitbewerber heraus (vgl. Farbtafel 38–41, S. 78).

Schaubilder und Grafiken

Die Zeit der dreidimensionalen, mehrschattigen futuristischen Grafiken, bei denen die Grafiker mit Begeisterung die Leistungsfähigkeit ihrer Computer auf Kosten des Lesers testeten, ist überstanden. In jüngster Zeit werden die Grafiken wieder ihrer Hauptaufgabe gerecht: Sie unterstützen die Analyse komplizierter Sachverhalte. Je klarer die Gestaltung, je schneller die Information abgelesen werden kann, um so besser ist die Grafik. Dafür, daß dies nicht auf Kosten der Optik geschehen muß, gibt es viele gute Beispiele (vgl. Farbtafel 42–46, S. 79, 80).

6.4 Das Layout

Die wichtigste Gestaltungsaufgabe besteht in der Verbindung von Fließtext, Tabellen, Grafiken und Bildern im Layout. Das Layout muß eine grafische Linie haben und in sich schlüssig sein: daher sollte der Grafiker zunächst ein Gestaltungsraster erarbeiten, in dem er sich fortan bewegt. Hier werden Satzspiegel, Bildformate und Typografie – zwingende Voraussetzungen für eine harmonische Optik des Berichts – festgelegt. *(Beispiel 6-4)*
Bei vielen Geschäftsberichten gewinnt man leider den Eindruck, daß zum Beispiel die Illustration nicht irgendwelchen Gesetzmäßigkeiten folgt, sondern daß Format und Plazierung der Bilder davon abhängig gemacht werden, wo gerade mal Platz ist. Stellt sich in einem späteren Stadium der Berichterstellung dann etwa heraus, daß für den Text doch mehr Platz benötigt wird, wird das Format des Bildes halt wieder geändert. So findet man Berichte, in

Die ALTANA-Aktie

Aktienkurs erreicht neuen Höchststand

Auch 1996 erzielte die ALTANA-Aktie eine überdurchschnittliche Performance.

Weltweite Börsenhausse

An den deutschen Wertpapierbörsen kam es – wie an den meisten internationalen Börsenplätzen – im Jahr 1996 zu kräftigen Kurssteigerungen. Gestützt auf ein weltweit niedriges Zinsniveau, eine in den USA positive konjunkturelle Entwicklung und steigende Ertragserwartungen der Unternehmen drängte sehr viel Liquidität institutioneller Investoren und Privatanleger in die Aktienanlage. Der Dow Jones verzeichnete einen Anstieg von 26%, der DAX legte um 28% zu, der MDAX um 15%.

ALTANA-Höchstkurs: 1.460 DM

Die ALTANA-Aktie konnte erneut besser als andere Börsenindikatoren abschließen. Die Aktie verzeichnete einen Kursanstieg um 44% auf 1.199 DM am Jahresende. Hierzu hat auch beigetragen, daß wir im Frühsommer 1996 über die Rücknahme der gegen uns gerichteten Patentverletzungsklage im Zusammenhang mit Pantoprazol berichten konnten.

Der Höchstkurs in 1996 belief sich Anfang Oktober auf 1.344 DM. Im Februar 1997 wurde mit 1.460 DM ein neuer Höchststand erreicht.

Börsenkapitalisierung: 4,7 Mrd. DM

Der Börsenwert der ALTANA betrug am Jahresende 1996 4,7 Mrd. DM. Damit hat sich die Börsenkapitalisierung der ALTANA im letzten 5-Jahres-Zeitraum um das 2,6fache erhöht.

Vom Aktienkapital der ALTANA werden unverändert knapp über 50% von Frau Susanne Klatten, einem Mitglied der Familie Quandt, gehalten.

Die ALTANA-Aktie wurde im Januar 1996 in den MDAX und in den IBIS-Handel aufgenommen.

Einführung der 5-DM-Aktie

Angesichts des hohen Börsenkurses schlagen wir der Hauptversammlung die Herabsetzung des Nennwertes der ALTANA-Aktie von 50 DM auf 5 DM vor. Wir kommen damit dem Privatanleger entgegen, da ALTANA-Aktien dadurch in Zukunft mit deutlich verringertem Kapitaleinsatz erworben werden können.

Dividendenerhöhung auf 15,– DM

Durch die vorgeschlagene Erhöhung der Dividende von 13,50 DM auf 15,– DM nehmen die ALTANA-Ak-

22

Weltweite Börsenhausse: Die ALTANA-Aktie erzielte eine glänzende Performance

tionäre an der guten Ertragsentwicklung des Unternehmens teil. Die Ausschüttungssumme steigt von 53 Mio. DM auf 59 Mio. DM. Im letzten 5-Jahres-Zeitraum hat sich die Dividendensumme um 8,5% p.a. erhöht.

Kennzahlen zur ALTANA-Aktie	1996	1995
Höchstkurs (DM)	1.344	896
Tiefstkurs (DM)	832	613
Jahresschlußkurs (DM)	1.199	835
Börsenumsatz (Stück/Börsentag)	36.348	36.958
Dividende je Aktie (DM)	15,00	13,50
Ergebnis je Aktie (nach DVFA in DM)	42,50	38,50

Attraktive Aktienrendite

Die Kapitalanlage in ALTANA-Aktien zeigt auch bei langfristiger Betrachtung eine attraktive Rendite.

Der Wert eines ALTANA-Aktiendepots hat sich einschließlich der Wiederanlage der Dividenden in den letzten 5 Jahren um 21% p.a. erhöht. Die Performance des DAX betrug im selben Zeitraum 13% p.a., ein Anleger in deutschen Renten erzielte 10% p.a.

Auch in einer 10-Jahres-Betrachtung schneidet die ALTANA-Aktie mit einem Zuwachs von 15% p.a. deutlich besser ab als der DAX und der REXP, die jeweils um 7% p.a. zulegen konnten.

23

Die ALTANA-Aktie im Vergleich
Durchschnittsrendite p.a.

Anlageklasse	5 Jahre	10 Jahre
ALTANA	21%	15%
DAX	13%	7%
REXP	10%	7%

Börsenkapitalisierung
der ALTANA-Aktie

Beispiel 6-4: Gestaltungsraster Altana AG, GB 1996

denen die Fotos siebenundzwanzig unterschiedliche Formate haben, mal an den Rand oder den Text gedrängt sind, mal viel Freiraum haben. Der Bericht wirkt dann gestückelt und unharmonisch.
Egal, ob Sie eine klare, strenge Linie oder ein sehr offenes Layout haben: Wichtig ist, daß die Gestaltung eine durchgängige Linie erkennen läßt und dem Leser die Orientierung im Bericht erleichtert. *(Beispiel 6-5 und 6-6)*

6.5 Wichtige Bestandteile des Berichts

Der Umschlag

Der Umschlag ist das wichtigste grafische Element des Geschäftsberichts. Seine Qualität entscheidet darüber, ob der Bericht das Interesse des Betrachters findet und das Image des Unternehmens gefördert wird.
Es gibt unzählige Möglichkeiten der Gestaltung des Umschlages. Wenn der Geschäftsbericht zum Beispiel einem bestimmten Thema gewidmet ist, kann dieses durch die Gestaltung des Titels wirkungsvoll hervorgehoben werden. So wies die Altana AG bereits auf dem Umschlag des Geschäftsberichts 1995 auf die im Berichtsjahr erfolgte Konzentration des Unternehmens auf die Kernbereiche Pharma und Chemie nach Abstoß zweier weiterer Sparten hin (vgl. Farbtafel 1, S. 66).
Die Schwarz Pharma AG stellte den Geschäftsbericht 1995 ganz unter das Thema „Verstärktes Engagement in den USA“. Auf dem Titel wird dies sichtbar durch ein Foto eines neuen amerikanischen Werkes mit der deutschen und der amerikanischen Flagge (vgl. Farbtafel 2, S. 66).
Die Hoechst AG stellte ihren Geschäftsbericht 1996 auf die Themen Gesundheit, Lebensfreude und Lebensqualität ab und unterstreicht dies durch passende Fotos. Sie werden verbunden mit einem mission statement (vgl. Farbtafel 3, S. 66).
Viele Unternehmen nutzen den Titel, um ihre verschiedenen Geschäftsbereiche vorzustellen und dem Leser die schnelle Orientierung zu ermöglichen. Dabei sind vielfältige Gestaltungsmöglichkeiten zu finden (vgl. Farbtafel 4 – Farbtafel 6, S. 66, 67).
Besonders eindrucksvoll kann die Verwendung eines großformatigen Fotos auf dem Umschlag sein. Mit ihm wird der Tätigkeitsbereich des Unternehmens oder ein besonders wichtiges Ereignis, wie zum Beispiel eine bedeutende Investition, vorgestellt (vgl. Farbtafel 7–9, S. 67, 68).

SCHWARZ PHARMA
Wertorientierte Unternehmensführung

WERTORIENTIERTE
Unternehmensführung

Schwarz Pharma verfolgt eine Strategie der nachhaltigen und kontinuierlichen Steigerung des Unternehmenswertes, die sich folgender Instrumente bedient:

- Steuerung des Unternehmens, basierend auf der Rendite des eingesetzten Kapitals, ausgedrückt in Form des »Cash flow Return on Assets« (Cfroa), sowie Ausrichtung von Investitionsentscheidungen am Gegenwartswert der zukünftigen Erträge (Diskontierung mit dem gewichteten Mittel der Kosten von Fremd- und Eigenkapital),
- variabler Vergütung der Führungskräfte in Abhängigkeit von Cfroa (Bonus-Programm) und Aktien-Performance (Aktien-Optionsplan),
- umfassender Information über den Erfolg der Wertsteigerungsstrategie.

»CASH FLOW RETURN ON ASSETS«

Um den Kapitalmarktansprüchen gerecht zu werden, hat Schwarz Pharma für den Gesamtkonzern und die operativen Einheiten Zielvorgaben in Form von Cash flow-Renditen des jeweils eingesetzten Kapitals definiert. Maßstab für die Rentabilität ist der jeweilige Brutto-Cash flow des operativen Geschäfts, der zum Bruttowert des investierten Kapitals in Beziehung gesetzt wird. Das für operative Zwecke investierte Kapital wird repräsentiert durch das Anlagevermögen zu Konzernanschaffungswerten und das Nettoumlaufvermögen. Soweit derivative Geschäfts- oder Firmenwerte im Zuge der Konsolidierung zulässigerweise mit den Konzerngewinnrücklagen und der Kapitalrücklage verrechnet wurden, werden diese Verrechnungen bei der Ermittlung des Cfroa zu Lasten der »Asset«-Basis rückgängig gemacht. Auf dieser Grundlage hat sich Schwarz Pharma ein Renditeziel von 16 % gesetzt. Dabei ist neben den jeweils aktuellen Fremdkapitalkosten eine Eigenkapitalverzinsung von 13 % sowie eine

Seite 31

Beispiel 6-5: Schwarz Pharma AG, GB 1997, S. 31
(Beispiel für eine sehr klare Linie)

A Feast for the Senses

touch&

Interieur Design

smell

Style is the Fusion of Function and Design.

The feeling of beeing well-received

There are freestyle and compulsory elements to designing an interior. The »compulsory figures« involve making sure that all instruments are easy to see, and all levers and switches easy to operate. This is the essence of ergonomics. Audi is not content to stop here. It wants its customers to feel perfectly safe and at ease in an Audi.

Leather - part of the natural world

Our forefathers used to wear furs and leather directly against the skin. Today, leather is considered one of the most exclusive and valuable materials available. Audi offers three different grades, depending on model:

Standard leather is the most intensively tanned type. An additional coloured coating makes this leather particularly light-resistant and hard-wearing.

Natural leather has a thin coating of colour which conceals most of its natural grain pattern, but the leather remains soft and supple.

Pure natural leather is the best type for a car's upholstery. The unvarnished surface can breathe, absorb perspiration and release it again. The natural grain of the leather is visible.

Leather lends the interior a distinctive smell. All leathers used by Audi are tanned without the use of chrome, to reduce the burden on the environment.

Beispiel 6-6: Audi AG, GB 1997, S. 52 (Beispiel für eine offene Gestaltung)

Aber auch Titel, die auf jegliche Illustration verzichten, können ein Unternehmen wirkungsvoll präsentieren. Hier kommt es auf die gekonnte typographische Gestaltung des Umschlages an. Ergänzend kann eine Kernaussage zum Unternehmenszweck das Interesse des Lesers an dem Unternehmen wecken (vgl. Farbtafel 10, S. 68).
Eine innovative Idee für einen Titel liefert der Geschäftsbericht 1995 der Bank Austria. In dem ausgestanzten Logo spiegelt sich die auf der Umschlaginnenseite eingesteckte CD-Rom mit Informationen über das Unternehmen (vgl. Farbtafel 11, S. 68).
Nur ein Unternehmen hat den Mut, keinen schriftlichen Hinweis auf seine Identität zu geben. Nun handelt es sich dabei um eines der bekanntesten und erfolgreichsten Unternehmen der Welt, die Coca Cola Company. Ihr genügt die kräftige Hausfarbe und ein Symbol, das sich dem Betrachter erst beim Aufblättern des Berichts erschließt (vgl. Farbtafel 12, S. 68, Farbtafel 17, S. 70).

Die Vorstellung des Unternehmens

Der Einstieg in den Bericht mißlingt den meisten deutschen Unternehmen. So wird die zweitwichtigste Seite des Geschäftsberichts, die erste Innenseite, für ein viel zu ausführliches und ausladendes Inhaltsverzeichnis genutzt. Zwar sollte auf ein Inhaltsverzeichnis nicht verzichtet werden. Aber es läßt sich auf die wichtigsten Kapitel beschränken, und es reicht, wenn es in kleinerem Schriftgrad am Rand der Seite oder aber der Umschlaginnenseite erscheint (vgl. Farbtafel 18, S. 70).
Ein weiteres Inhaltsverzeichnis sollte in den Jahresabschluß einführen. Dadurch verschafft man den Analysten eine exzellente Orientierung (vgl. Farbtafel 29, S. 75).
So erhält man zu Beginn des Geschäftsberichts Raum für eine kurze Darstellung des Unternehmens und seiner Stellung innerhalb der zugehörigen Industrie. Der Leser lernt mit wenigen Worten das Unternehmen kennen. Auch der potentielle Investor kann auf die Vorzüge des Unternehmens hingewiesen werden. Zusammen mit der Aufführung der wichtigsten Kennzahlen im Mehrjahresvergleich auf der Umschlaginnenseite bietet man dem Leser auf der ersten Doppelseite im Bericht die Möglichkeit, sich schnell einen umfassenden Überblick über das Unternehmen zu verschaffen (vgl. Farbtafel 19, 20, S. 71).

Das Vorwort

Über die Bedeutung und die Gestaltung des Vorwortes wurde an anderer Stelle in diesem Buch bereits ausführlich berichtet. Hier werden noch einige positive Beispiele gezeigt (vgl. Farbtafel 21–26, S. 72, 73).

Der Jahresabschluß

Obwohl die Darstellung des Jahresabschlusses eines der zentralen Anliegen des Geschäftsberichts ist, werden hier entscheidende Fehler gemacht. Anstatt dem Analysten die Orientierung zu erleichtern, wird ihm ein Zahlen-, Text- und Tabellendschungel präsentiert. Hier gilt mehr denn je die Forderung nach klarer Struktur, Orientierungshilfen und straffer Gliederung. Ein positives Beispiel bietet die Kaufring AG im Geschäftsbericht 1996: Die Zwischentitel werden in der ersten Spalte herausgestellt und mit Fußnoten versehen, die mit der Bilanz und der Gewinn- und Verlustrechnung korrespondieren. In den beiden Textspalten befinden sich die Erläuterungen in Text und Tabellenform sowie – und diese Möglichkeit nutzen nur sehr wenige Unternehmen – Grafiken (vgl. Farbtafel 30, S. 75).
Im angelsächsischen Bereich ist diese Form der Darstellung des Jahresabschlusses durchaus üblich (vgl. Farbtafel 31, S. 75).

Der Wettbewerb „Der beste Geschäftsbericht" des manager magazins

Auch die gestalterische Qualität der Geschäftsberichte unterliegt bei diesem Wettbewerb der Prüfung durch eine wissenschaftliche Jury. Sie analysiert die Optik anhand der folgenden Kriterien:

Wahrnehmung und Wirkung:	*Weckt der Bericht Aufmerksamkeit und Interesse?* *Schafft er Vertrauen zum Unternehmen?* *Wird das Unternehmen seriös dargestellt?* *Ist der erste Eindruck sympathisch?* *Ist der Auftritt eigenständig und unverwechselbar?* *Ist das Gesamtkonzept klar erkennbar?* *Wie ist die Dramaturgie?*
Gestaltung:	*Sind Titel- bzw. Umschlaggestaltung attraktiv?* *Ruft die Gestaltung positive Assoziationen hervor?* *Ist die Gestaltung innovativ, werden neue Wege gegangen?* *Unterstützt das Raster die Leseführung?* *Mikrotypographie (Details)* *Makrotypographie (Proportionen)* *Wirken Anzahl und Einsatz der Abbildungen angemessen?* *Ist die Qualität der verwendeten Schriften angemessen und lesefreundlich?* *Weisen die Bilder ein durchgängiges Konzept auf?* *Ist die Aussage der Bilder schnell verständlich und sind sie visuell ansprechend?* *Ist die Qualität der verwendeten Informationsgrafiken angemessen?* *Sind sie leicht verständlich und weisen sie ein durchgängiges Konzept auf?* *Sind die Farben harmonisch gewählt?*
Technische Umsetzung:	*Wurde für innen und außen angemessenes Material ausgewählt? (Optik, Haptik)* *Ist die Qualität der Lithografie, des Drucks und der Veredelung angemessen?*

Quelle: manager magazin, Schema entwickelt von Prof. Olaf Leu, Professor für Corporate Design, Fachhochschule Mainz.

Kapitel 7

Der Inhalt des Geschäftsberichts

7.1 Der Kriterienkatalog zur Beurteilung des Inhalts von Geschäftsberichten

7.1.1 Überblick

Innerhalb des aktienmarketingpolitischen Instrumentariums eines Unternehmens ist der Geschäftsbericht *das* zentrale Informationsinstrument. Mit dem umfangreichen und regelmäßig erscheinenden Geschäftsbericht wird auf einem anonymen Kapitalmarkt eine große Zahl von aktuellen und potentiellen Aktionären erreicht, die auf diese Weise langfristig an das Unternehmen gebunden werden sollen.

Zentrales Element der Berichterstattung im Geschäftsbericht ist der handelsrechtliche Jahresabschluß, bestehend aus Bilanz, Gewinn- und Verlustrechnung und Anhang. Im Anhang werden vor allem die Bilanzierungs- und Bewertungsmethoden erläutert und weiterführende Angaben zu einzelnen Posten der Bilanz und der Gewinn- und Verlustrechnung gemacht. Aber auch durch die Berichterstattung im zweiten Teil des Geschäftsberichts, dem sogenannten Lagebericht, erhält der Leser eines Geschäftsberichts Informationen, die ein Bild von der wirtschaftlichen Lage und der künftigen Entwicklung des Unternehmens vermitteln (sollen).

Wird in den Kapiteln 5 und 6 dieses Buches gezeigt, *wie* Informationen im Geschäftsbericht sprachlich und optisch transportiert werden können, so geht es in diesem Kapitel um die Frage des *Inhalts* von Geschäftsberichten, also um die vorgelagerte Frage, *was* in Bilanz, Gewinn- und Verlustrechnung, Anhang und Lagebericht an Informationen transportiert werden soll. Welche Informationen benötigt der sachkundige Leser eines Geschäftsberichts, um sich ein umfassendes Bild von Lage und Entwicklung „seines" Unternehmens zu machen? Welche Informationen sollte ein Unternehmen, das seine Ausstattung mit Eigenkapital auch künftig sicherstellen möchte, also in den Geschäftsbericht aufnehmen?

Wenn die Frage geklärt ist, welche Informationen in einen optimalen Geschäftsbericht gehören (Entwicklung eines Kriterienkataloges in den Abschnitten 7.1.2 bis 7.1.4), stellt sich die weitere Frage, wie die Qualität von Informationen im Geschäftsbericht beurteilt werden kann (Abschnitt 7.1.5). In den folgenden Abschnitten 7.2 bis 7.4 dieses Buches wird dann für die einzelnen Teile des Geschäftsberichts gezeigt, wie sich gute Geschäftsberichte von schlechten Geschäftsberichten inhaltlich unterscheiden. Beispiele, welche Informationen gute Geschäftsberichte auszeichnen, sollen den Erstellern von Geschäftsberichten helfen, ihre Geschäftsberichte entsprechend den Anforderungen fachkundiger Leser zu gestalten. In Abschnitt 7.5 wird schließlich gezeigt, daß das eingangs dieses Buches skizzierte Defizit in der Geschäftsberichterstattung börsennotierter deutscher Unternehmen für die überwiegende Mehrheit dieser Unternehmen zutrifft. Umfangreiche aktuelle empirische Befunde legen diese Defizite offen, machen zugleich aber auch deutlich, daß in Ausnahmefällen durchaus auch außergewöhnlich informative Angaben in Geschäftsberichten zu finden sind: Angaben, die vor Jahren noch undenkbar waren, mittlerweile allerdings zum Standardrepertoire der Geschäftsberichte international ausgerichteter deutscher Großkonzerne gehören. In Abschnitt 7.6 dieses Buches wird dargestellt, wie mit einem Bilanzbonitäts-Rating ein authentisches Bild der wirtschaftlichen Lage eines Unternehmens im Geschäftsbericht gezeichnet werden kann.

Der im folgenden vorgestellte Kriterienkatalog wird in dieser Form auch für den Wettbewerb „Der beste Geschäftsbericht" verwendet. Der Wettbewerb „Der beste Geschäftsbericht" wird vom manager magazin veranstaltet. Bei diesem Wettbewerb werden die Geschäftsberichte der ca. 500 größten deutschen börsennotierten Kapitalgesellschaften sowie aller Börsenneulinge untersucht. Die zunehmende Globalisierung der Wirtschaftsmärkte und das Zusammenwachsen Europas haben dazu geführt, daß 1997 erstmals auch die Geschäftsberichte der 20 (nach der Börsenkapitalisierung) größten europäischen (nichtdeutschen) Industrieunternehmen in den Wettbewerb einbezogen wurden. Der in dieser Form in Deutschland einzigartige Wettbewerb „Der beste Geschäftsbericht" soll börsennotierten oder an die Börse strebenden Unternehmen Anreize bieten, ihre Geschäftsberichterstattung an den Erwartungen und Anforderungen von Aktionären auszurichten. Vergleicht man die Wettbewerbsergebnisse der letzten Jahre miteinander – und dies wird in Abschnitt 7.5 dieses Buches deutlich werden –, so stellt man fest, daß dieses Ziel wenigstens in Ansätzen erreicht wurde: Die Qualität der Ge-

schäftsberichte hat sich nämlich auch im Durchschnitt aller Unternehmen deutlich verbessert.
Seit Ende der achtziger Jahre ist das Institut für Revisionswesen der Westfälischen Wilhelms-Universität Münster im Rahmen des Wettbewerbs „Der beste Geschäftsbericht“ für die wissenschaftliche Beurteilung der inhaltlichen Aussagekraft von Geschäftsberichten verantwortlich. Zu diesem Zweck wurde ein Kriterienkatalog entwickelt, mit dem inhaltliche Anforderungen an die Geschäftsberichterstattung formuliert werden. Dieser Kriterienkatalog ist allerdings insofern flexibel, als er in den vergangenen Jahren regelmäßig an aktuelle Entwicklungen in der Rechnungslegung angepaßt wurde. Beispielsweise wurde die zunehmende Ausrichtung der Bilanzierung deutscher Unternehmen an internationalen Bilanzierungsgepflogenheiten (IAS, US-GAAP) im vergangenen Jahr ausdrücklich im Kriterienkatalog berücksichtigt.
Bilanz, Gewinn- und Verlustrechnung, Anhang und Lagebericht sind die wichtigsten Elemente des Kriterienkataloges zur Beurteilung von Geschäftsberichten. Diese Informationselemente gehören aufgrund zwingender handelsgesetzlicher Vorschriften in jeden Geschäftsbericht von publizitätspflichtigen Gesellschaften. Darüber hinaus ist es jedem Unternehmen aber freigestellt, über die gesetzlich vorgesehenen Angaben hinaus auch freiwillige Angaben in den Geschäftsbericht, und zwar in den Lagebericht, in den Anhang oder in sonstige Teile des Geschäftsberichts, aufzunehmen.
Für die Beurteilung von Geschäftsberichten ist es sinnvoll, die vielfältigen Angaben im Geschäftsbericht bestimmten Teilbereichen zuzuordnen. Bilanz und Gewinn- und Verlustrechnung als Elemente des Jahresabschlusses werden beim Wettbewerb „Der beste Geschäftsbericht“ nicht mit zur Beurteilung herangezogen, da diese weitgehend gesetzlich vorgeschrieben sind und die Abschlußprüfer diese untersucht und geprüft haben. Zweckgerecht ist daher eine Unterscheidung in die drei verbleibenden Teilbereiche des Geschäftsberichts:

- Lagebericht (vor allem Angaben zur wirtschaftlichen Lage und zur künftigen Entwicklung des Unternehmens),
- Anhang (Erläuterungen zu einzelnen Posten der Bilanz und der Gewinn- und Verlustrechnung) und
- sonstige Angaben.

Den sonstigen Angaben werden in diesem Zusammenhang alle Angaben zugeordnet, die zu keinem der beiden anderen Teilbereiche gehören. Aufbauend auf den gesetzlich geforderten Teilbereichen des Geschäftsberichts (Lagebericht und Anhang) und den sonstigen Angaben gilt im Wettbewerb folgende Grob-Struktur des Kriterienkataloges:

Teilbereich innerhalb des Geschäftsberichts	**Bedeutung des Teilbereichs innerhalb des Geschäftsberichts**
A. Lagebericht	65%
B. Anhang	25%
C. Sonstige Angaben	10%

Übersicht 7-1: Die Grob-Struktur des Kriterienkataloges zur Beurteilung des Inhalts von Geschäftsberichten

Aus *Übersicht 7-1* geht hervor, daß die drei Teilbereiche des Geschäftsberichts für den Leser unterschiedlich bedeutend sind. Die in der rechten Spalte von *Übersicht 7-1* ausgewiesenen Gewichte wurden allerdings nicht subjektiv vergeben, sondern empirisch durch Befragung von Wirtschaftsprüfern und Finanzanalysten ermittelt. Wirtschaftsprüfer und Finanzanalysten wurden nach ihrer Einschätzung der einzelnen Teilbereiche des Geschäftsberichts gefragt, weil sie einerseits fachkundig sind und als Repräsentanten von Geschäftsberichtadressaten andererseits die Aufgabe haben, deren Interessen zu wahren. Die befragten Fachleute messen dem Lagebericht innerhalb des Geschäftsberichts die höchste Bedeutung von 65% bei; aber auch die Erläuterungen im Anhang tragen noch mit 25% zum Verständnis des Geschäftsberichts bei. Die nicht eindeutig zuordenbaren sonstigen Angaben im Geschäftsbericht haben noch ein Gewicht von 10%.
Selbstverständlich bedarf es weiterer Kriterien für Lagebericht, Anhang und sonstige Angaben, damit die Anforderungen an den optimalen Inhalt von Geschäftsberichten konkretisiert werden können.

7.1.2 Die Anforderungskriterien im Lagebericht

Die einzelnen Elemente, zu denen im Lagebericht berichtet werden sollte, ergeben sich vor allem aus den Anforderungen, die der Gesetzgeber an die Berichterstattung im Lagebericht stellt.

Übersicht 7-2 gibt einen Überblick über die einzelnen Teilberichte im Lagebericht:

Teilbericht innerhalb des Lageberichts (=Teilbereich A. des Geschäftsberichts)	Bedeutung des Teilberichts innerhalb des Lageberichts
A.I. Wirtschaftsbericht	28,57%
A.II. Nachtragsbericht	14,29%
A.III. Prognosebericht	21,42%
A.IV. F&E-Bericht	14,29%
A.V. Zweigniederlassungsbericht	7,14%
A.VI. Zusatzbericht	14,29%

Übersicht 7-2: Die Struktur des Kriterienkataloges im Lagebericht von Geschäftsberichten

Bei den Teilberichten A.I. bis A.IV. handelt es sich um die gesetzlich vorgeschriebenen Pflichtbestandteile des Lageberichts (§ 289 für den Lagebericht eines Einzelunternehmens und § 313 HGB für den Lagebericht eines Konzerns). Teilbericht A.V. (Zweigniederlassungsbericht) braucht von einem Konzern grundsätzlich nicht aufgestellt zu werden. Der Zusatzbericht (Teilbericht A.VI.) enthält Anforderungskriterien, die der Gesetzgeber für den Lagebericht nicht ausdrücklich vorgeschrieben hat, die also freiwilliger Natur sind (etwa die Veröffentlichung von Mehrjahresübersichten oder die Veröffentlichung einer Kapitalflußrechnung).

In der rechten Spalte von *Übersicht 7-2* wird zusätzlich ausgewiesen, welches Gewicht die einzelnen Teilberichte innerhalb des Lageberichts für den Leser eines Geschäftsberichts haben. Auch diese Gewichte wurden nicht subjektiv vorgegeben, sondern in einer repräsentativen Umfrage unter Wirtschaftsprüfern und Finanzanalysten ermittelt. Auf diese Weise können Angaben im Geschäftsbericht objektiviert, d. h. intersubjektiv nachprüfbar gemacht werden. Aus *Übersicht 7-2* geht hervor, daß die sechs Teilberichte des Lageberichts nach Meinung der befragten Fachleute nicht gleichgewichtig sind: Von besonderer Bedeutung sind etwa die Angaben und Erläuterungen im Wirtschaftsbericht (Gewicht von 28,57%), während die Angaben im Zweigniederlassungsbericht nur von geringer Bedeutung für Geschäftsberichtadressaten sind (Gewicht von 7,14%).

Die in *Übersicht 7-2* ausgewiesenen sechs Teilberichte des Lageberichts fassen die detaillierten Anforderungen an die optimale Berichterstattung in diesem Teil des Geschäftsberichts zusammen. In einem weiteren Schritt werden die einzelnen Teilberichte konkretisiert: Das einschlägige betriebswirtschaftliche und Kommentar-Schrifttum wurde systematisch ausgewertet. Die Auswertungsergebnisse wurden Wirtschaftsprüfern und Finanzanalysten mit der Bitte vorgelegt, den Kriterienkatalog zu prüfen (Anforderungskriterien zu ergänzen, zu verändern oder zu streichen) und die Anforderungskriterien gemäß ihrer Bedeutung für den Geschäftsberichtadressaten zu gewichten. Dadurch ergaben sich konkrete Anforderungen an die Berichterstattung im Lagebericht – in gleicher Weise wurde auch für die Berichterstattung im Anhang verfahren.
Zentrales Element des Lageberichts sind die Angaben nach § 289 Abs. 1 HGB, wonach im sogenannten Wirtschaftsbericht (Teilbericht A.I. des Lageberichts) der Geschäftsverlauf und die Lage der Gesellschaft darzustellen sind. Die Berichterstattung im Wirtschaftsbericht sollte vor allem auf die folgenden Berichtspunkte eingehen (*vgl. Übersicht 7-3*):

Anforderungskriterium	**Bedeutung des Anforderungskriteriums**
1. Rahmenbedingungen	
1.1. Gesamtwirtschaftliche Situation	6,67%
1.2. Branchensituation	10,00%
2. Unternehmenssituation	
2.1. Investitionen	10,00%
2.2. Finanzierung	10,00%
2.3. Beschaffung	6,67%
2.4. Produktion, Produkte	6,67%
2.5. Umsatz	10,00%
2.6. Absatz/Auftragslage	10,00%
2.7. Organisation/Verwaltung	3,33%
2.8. Rechtliche Unternehmensstruktur	6,67%
2.9. Personal- und Sozialbereich	3,33%
2.10. Umweltschutz	6,67%
2.11. Ergebnisbereich	10,00%

Übersicht 7-3: Inhaltliche Anforderungen an die Berichterstattung im Wirtschaftsbericht

Wie bereits jeder einzelne Teilbericht (A.I. bis A.VI.) des Lageberichts sind auch die in einem Teilbericht angegebenen konkreten Anforderungskriterien jeweils entsprechend ihrer Bedeutung für den Geschäftsberichtadressaten von Wirtschaftsprüfern und von Finanzanalysten gewichtet worden. In *Übersicht 7-3* und in den folgenden *Übersichten 7-4* bis *7-8* wird für jeden der sechs Teilberichte des Lageberichts gezeigt, welche Anforderungskriterien den jeweiligen Teilbericht konkretisieren und welches Gewicht die befragten Fachleute dem jeweiligen Anforderungskriterium innerhalb des Teilberichts beimessen.

Für den Leser des Geschäftsberichts sind im Wirtschaftsbericht vor allem Angaben zu den Bereichen Branchensituation, Investitionen, Finanzierung, Umsatz, Absatz und Ergebnisse von Bedeutung. Demgegenüber haben die Anforderungskriterien Organisation/Verwaltung und Personal nur eine unterdurchschnittliche Bedeutung. Detaillierte Angaben zum Personalbereich werden deshalb häufig auch nicht im Geschäftsbericht veröffentlicht, sondern sind Gegenstand eigenständiger Publikationen (Personalbericht, Mitarbeiterzeitschrift etc.).

Mit Angaben nach § 289 Abs. 2 Nr. 1 HGB erhält der Leser eines Geschäftsberichts im sogenannten Nachtragsbericht (Teilbericht A.II. des Lageberichts) Informationen über Vorgänge von besonderer Bedeutung, die nach Schluß des Geschäftsjahres eingetreten sind. Wurden beispielsweise nach Schluß des Geschäftsjahres – aber noch vor Drucklegung des Geschäftsberichts – bedeutende Investitionen getätigt, oder haben sich für das berichtende Unternehmen bedeutsame Währungskurse in diesem Zeitraum erheblich verändert, so ist hierüber im Nachtragsbericht zu berichten. Wie *Übersicht 7-4* zeigt, fallen unter Teilbericht A.II. zum einen Änderungen in den wirtschaftlichen Rahmenbedingungen und zum anderen Änderungen in der Unternehmenssituation.

Anforderungskriterium	Bedeutung des Anforderungskriteriums
1. Änderungen in den wirtschaftlichen Rahmenbedingungen	40,00%
2. Änderungen in der Unternehmenssituation	60,00%

Übersicht 7-4: Inhaltliche Anforderungen an die Berichterstattung im Nachtragsbericht

Geschäftsberichtadressaten erwarten vom berichterstattenden Unternehmen nicht nur, daß es seine wirtschaftliche Lage am Abschlußstichtag darstellt (Wirtschaftsbericht) und daß es darüber hinaus im Nachtragsbericht auf wichtige (eingetretene) Ereignisse nach Schluß des Geschäftsjahres eingeht. Für die Entscheidung, Aktien des Unternehmens zu kaufen, zu halten oder gegebenenfalls zu verkaufen, sind vielmehr auch Informationen über die geplante, künftige Entwicklung des Unternehmens unerläßlich. Wenn ein Unternehmen sich auch in dieser Hinsicht publizitätsfreudig zeigt, wird es Aktionäre leichter für sich gewinnen können. Im Prognosebericht gemäß § 289 Abs. 2 Nr. 2 HGB hat ein Unternehmen deshalb darzustellen, welchen Geschäftsverlauf es in der nächsten Zukunft erwartet. Das Kommentar-Schrifttum geht hier von einem Prognosehorizont von zwei Jahren aus. *Übersicht 7-5* zeigt, welche Berichterstattungspunkte einen optimalen Prognosebericht auszeichnen:

Anforderungskriterium	**Bedeutung des Anforderungskriteriums**
1. Rahmenbedingungen	
1.1. Künftige gesamtwirtschaftliche Situation	6,67%
1.2. Künftige Branchensituation	10,00%
2. Unternehmenssituation	
2.1. Künftige Investitionen	10,00%
2.2. Künftige Finanzierung	6,67%
2.3. Künftige Beschaffung	6,67%
2.4. Künftige Produktion, Produkte	6,67%
2.5. Künftiger Umsatz/Absatz	10,00%
2.6. Künftige Organisation/Verwaltung	3,33%
2.7. Künftige rechtl. Unternehmensstruktur	6,67%
2.8. Personal- u. Sozialbereich in der Zukunft	3,33%
2.9. Künftige Forschung und Entwicklung	6,67%
2.10. Künftiger Umweltschutz	6,67%
2.11. Ergebnisbereich in der Zukunft	10,00%
2.12. Künftige Dividende	6,67%

Übersicht 7-5: Inhaltliche Anforderungen an die Berichterstattung im Prognosebericht

Die künftige Situation in der Branche, geplante Investitionsvorhaben, der in den kommenden beiden Geschäftsjahren angestrebte Umsatz/Absatz sowie die Ergebniszahlen, mit denen das Unternehmen in den nächsten beiden Jahren rechnet, sind Faktoren, die die Anlageentscheidung eines Investors nicht unerheblich beeinflussen und die als Berichterstattungspunkte deshalb in jeden guten Geschäftsbericht gehören.
Gemäß § 289 Abs. 2 Nr. 3 HGB sind im Lagebericht auch Angaben zum Bereich Forschung und Entwicklung zu machen. Anstrengungen im Bereich Forschung und Entwicklung beeinflussen die künftige Entwicklung eines Unternehmens ebenfalls nicht unerheblich; werden – umgekehrt – derartige Anstrengungen unterlassen, sinkt die Wettbewerbsfähigkeit eines Unternehmens nachhaltig. Angaben zum Bereich F&E sind deshalb unerläßlicher Bestandteil eines guten Geschäftsberichts. Die Berichtspflicht zu Teilbericht A.IV. umfaßt grundsätzlich die folgenden Angaben:

Anforderungskriterium	**Bedeutung des Anforderungskriteriums**
1. Ziele, Schwerpunkte von F&E	25,00%
2. F&E-Aufwendungen, -investitionen	25,00%
3. Mitarbeiter im Bereich F&E	25,00%
4. F&E-Ergebnisse	25,00%

Übersicht 7-6: Inhaltliche Anforderungen an die Berichterstattung im F&E-Bericht

Neu in das Handelsgesetzbuch aufgenommen wurde 1993 die Pflicht, gemäß § 289 Abs. 2 Nr. 4 HGB über bestehende Zweigniederlassungen des Unternehmens zu berichten. Diese Berichterstattungspflicht gilt indes nicht für den Lagebericht eines Konzerns: Im Konzernlagebericht braucht also grundsätzlich nicht über Zweigniederlassungen berichtet zu werden. Werden allerdings der Lagebericht des Mutterunternehmens und der Lagebericht des Konzerns zusammengefaßt, darf die Berichterstattung des Mutterunternehmens hierüber nicht unterbleiben. Teilbericht A.V. wird dann durch die in *Übersicht 7-7* genannten folgenden Anforderungskriterien konkretisiert.
Während sich die Anforderungskriterien der Teilberichte A.I. bis A.V. aus der gesetzlichen Vorschrift des § 289 HGB ergeben, nimmt der als Zusatzbericht bezeichnete Teilbericht A.VI. Anforderungskriterien auf, die gesetzlich zwar nicht gefordert werden, allerdings freiwillig im Geschäftsbericht ge-

Anforderungskriterium	Bedeutung des Anforderungskriteriums
1. Ort der Zweigniederlassung	28,57%
2. Tätigkeitsbereich der Zweigniederlassung	28,57%
3. Gegebenenfalls abweichende Firmierung der Zweigniederlassung	14,29%
4. Wesentliche Änderungen gegenüber dem Vorjahr	28,57%

Übersicht 7-7: Inhaltliche Anforderungen an die Berichterstattung im Zweigniederlassungsbericht

macht werden dürfen und vor allem für Zwecke der Bilanzanalyse von großem Nutzen für Geschäftsberichtadressaten sind. Im einzelnen wurden durch Auswertung des einschlägigen Fach-Schrifttums die in *Übersicht 7-8* dargestellten Anforderungskriterien zur Beurteilung von Geschäftsberichten ermittelt und von Wirtschaftsprüfern und Finanzanalysten bei der Befragung bestätigt.

Unternehmen, die ihre Geschäftsberichterstattung an den Erwartungen von Kapitalanlegern ausrichten wollen, sollten im Zusatzbericht vor allem die bisherige Ergebnisentwicklung in einer Mehrjahresübersicht darstellen sowie das Ergebnis nach DVFA/SG im Geschäftsbericht ausweisen. Hierbei handelt es sich um eine Ergebnis-Kennzahl, die vom Ergebnis laut GuV ausgeht und dieses nach einem einheitlichen Schema um Sondereinflüsse bereinigt. Die Ergebnisse verschiedener Unternehmen werden auf diese Weise vergleichbar gemacht. Auch bei ausländischen Finanzanalysten, denen das handelsrechtliche Schema der Ergebnisermittlung oft nicht unmittelbar zugänglich ist, genießt diese Kennzahl zwischenzeitlich einen hohen Stellenwert.
Im Ergebnis bleibt an dieser Stelle festzuhalten: Unternehmen, die ihre Berichterstattung im Lagebericht optimieren wollen, sollten sich an dem soeben vorgestellten, 51 Anforderungskriterien umfassenden Kriterienkatalog orientieren. Weil alle Anforderungskriterien zugleich auch aus Adressatensicht – also aus Sicht des Lesers eines Geschäftsberichts – gewichtet wurden, kann zwischen wichtigen und weniger wichtigen Kriterien unterschieden werden; mögliche Schwerpunkte in der Berichterstattung im Lagebericht können auf diese Weise gebildet werden.

Anforderungskriterium	**Bedeutung des Anforderungskriteriums**
1. Mehrjahresübersichten	
1.1. Bilanzdaten	6,67%
1.2. Ergebnisdaten	10,00%
1.3. Kennzahlen	6,67%
1.4. Dividende	6,67%
1.5. Aktienkurs	6,67%
2. Bilanzstruktur	
2.1. Vermögensstruktur	6,67%
2.2. Kapitalstruktur	6,67%
2.3. Deckungsgrade	6,67%
3. Finanzierungsrechnungen	
3.1. Cash-flow-Rechnung	6,67%
3.2. Kapitalflußrechnung	6,67%
4. Ergebniskennzahlen	
4.1. Ergebnisstruktur	6,67%
4.2. Rentabilität	6,67%
4.3. Wertschöpfungsrechnung	6,67%
4.4. Ergebnis nach DVFA/SG	10,00%

Übersicht 7-8: Inhaltliche Anforderungen an die Berichterstattung im Zusatzbericht

7.1.3 Die Anforderungskriterien im Anhang

Die Berichterstattung im Lagebericht verdichtet und ergänzt die Angaben in Bilanz und Gewinn- und Verlustrechnung in sachlicher und zeitlicher Hinsicht: Einerseits sind im Lagebericht beispielsweise Angaben zum Bereich Forschung und Entwicklung zu machen, oder größere Investitionsprojekte sind zu erläutern (Ergänzung des Jahresabschlusses in sachlicher Hinsicht). Andererseits ist im Prognosebericht auch über die voraussichtliche Entwicklung des Unternehmens zu berichten: Diese Angaben ergänzen den Jahresabschluß in zeitlicher Hinsicht. Demgegenüber hat der Anhang (Teilbereich B. des Geschäftsberichts) vor allem die Aufgabe, das Zahlenwerk in Bilanz und Gewinn- und Verlustrechnung zu erläutern. Wesentliche Anhangangaben, die der Gesetzgeber ausdrücklich vorsieht, wurden für den Kriterienkatalog acht verschiedenen Teilberichten zugeordnet. *Übersicht 7-9* gibt einen Überblick über die einzelnen Teilberichte im Anhang:

Teilbericht innerhalb des Anhangs (=Teilbereich B. des Geschäftsberichts)		Bedeutung des Teilberichts innerhalb des Anhangs
B.I.	Allgemeine Angaben zu Inhalt und Gliederung des Einzel- bzw. Konzernabschlusses	10,61%
B.II.	Grundsätze der Bilanzierung und Bewertung, Währungsumrechnung	15,41%
B.III.	Erläuterungen zu einzelnen Posten der Bilanz bzw. Konzernbilanz	16,60%
B.IV.	Erläuterungen zu einzelnen Posten der Gewinn- u. Verlustrechnung bzw. Konzern-Gewinn- u. Verlustrechnung	17,92%
B.V.	Angaben zum Konsolidierungskreis	10,03%
B.VI.	Angaben zu den Konsolidierungsmethoden	10,01%
B.VII.	Sonstige, vor allem rechtsformspezifische Angaben	9,27%
B.VIII.	Freiwillige Anhangangaben	10,15%

Übersicht 7-9: Die Struktur des Kriterienkataloges im Anhang von Geschäftsberichten

Die einzelnen Teilberichte des Anhangs sind für den Leser eines Geschäftsberichts nicht gleich bedeutend. Wirtschaftsprüfer und Finanzanalysten, die stellvertretend für Geschäftsberichtadressaten nach ihrer Einschätzung der einzelnen Teilberichte gefragt wurden, messen vor allem den Erläuterungen zu den Bilanzierungs- und Bewertungsmethoden (Teilbericht B.II.), den Erläuterungen der Bilanzposten (Teilbericht B.III.) und den Erläuterungen zu einzelnen Posten der Gewinn- und Verlustrechnung in Teilbericht B.IV. eine überdurchschnittliche Bedeutung bei. Demgegenüber haben beispielsweise konzernspezifische Angaben zum Konsolidierungskreis (Teilbericht B.V.) und zu den Konsolidierungsmethoden (Teilbericht B.VI.) nur eine unterdurchschnittliche Bedeutung von jeweils rund 10%.

Die in *Übersicht 7-9* ausgewiesenen acht Teilberichte des Anhangs stellen zunächst nur sehr grobe Anforderungen an die optimale Berichterstattung in diesem Teil des Geschäftsberichts. In einem weiteren Schritt werden die einzelnen Teilberichte deshalb konkretisiert: Durch systematische Auswertung des Schrifttums ergeben sich konkrete Anforderungen an die Berichterstattung im Anhang. Im folgenden werden diese Anforderungen an die Berichterstattung für jeden der acht Teilberichte des Anhangs formuliert.

Ebenso wie Bilanz und Gewinn- und Verlustrechnung ist auch der Anhang klar und übersichtlich aufzustellen *(Übersicht 7-10)*. Mit den Anforderungs-

Anforderungskriterium	**Bedeutung des Anforderungskriteriums**
1. Gliederung des Anhangs nach sachlichen Gesichtspunkten	32,13%
2. Verknüpfung von Bilanz und Gewinn- und Verlustrechnung mit dem Anhang durch Fußnoten	16,38%
3. Angabe und Erläuterung nicht vergleichbarer Vorjahresbeträge *A. Angabe der nicht vergleichbaren Posten im Anhang* *B. Angabe der Gründe für die Nicht-Vergleichbarkeit der Vorjahresbeträge* *C. Freiwillige betragsgenaue Angaben zur Herstellung der Vergleichbarkeit*	27,31%
4. Angabe und Erläuterung angepaßter Vorjahresbeträge *A. Angabe der angepaßten Posten im Anhang* *B. Angabe der Gründe für die abweichende Ermittlung der Vorjahresbeträge* *C. Freiwillige Überleitungsrechnung*	24,18%

Übersicht 7-10: Inhaltliche Anforderungen an die allgemeinen Angaben zu Inhalt und Gliederung des Einzel- bzw. Konzernabschlusses

kriterien in Teilbericht B.I. des Anhangs wird deshalb einerseits abgefragt, ob der Anhang klar und übersichtlich gegliedert ist, ob die Posten in Bilanz und Gewinn- und Verlustrechnung mit den korrespondierenden Angaben im Anhang durch Fußnoten verknüpft sind und ob die im Jahresabschluß ausgewiesenen Beträge mit den Vorjahresbeträgen vergleichbar sind. *Übersicht 7-10* faßt diese Anforderungskriterien und die zugehörigen Gewichte dieser Anforderungskriterien zusammen. Aus *Übersicht 7-10* wie auch aus den folgenden *Übersichten 7-11 bis 7-17* wird zugleich deutlich, daß bestimmte Anforderungskriterien gegebenenfalls durch weitere (*kursiv gedruckte*) Kriterien konkretisiert wurden.

Von zentraler Bedeutung für das Verständnis von Bilanz und Gewinn- und Verlustrechnung sind die Erläuterungen zu den Bilanzierungs- und Bewertungsmethoden. In diesem Zusammenhang sind etwa Angaben zu planmäßigen und außerplanmäßigen Abschreibungen, zu Herstellungskosten, zur Bewertung von Rückstellungen und zu den Methoden der Währungsumrechnung im Konzernabschluß zu machen. Sollten die Bilanzierungs- und Bewertungsmethoden gegenüber dem Vorjahr geändert worden sein, so ist auch hierüber zu berichten. *Übersicht 7-11* faßt alle Anforderungskriterien in Teilbericht B.II. des Anhangs zusammen:

Übersicht 7-11:
Inhaltliche Anforderungen an die Berichterstattung zu den Grundsätzen der Bilanzierung und Bewertung und zur Währungsumrechnung

Anforderungskriterium	**Bedeutung des Anforderungs-kriteriums**
1. Angabe der angewandten Bilanzierungs- und Bewertungsmethoden *A. Erläuterung der planmäßigen Abschreibungen auf Gegenstände des Anlagevermögens* *A.1. Angaben zur Abschreibungsmethode* *A.2. Angaben zu Nutzungsdauern bzw. Abschreibungssätzen* *B. Bewertungsmethoden für Gegenstände des Umlaufvermögens* *B.1. Erläuterung der Zusammensetzung der Herstellungskosten bei Gegenständen des Umlaufvermögens* *B.1.1. Angabe der Bestandteile der Herstellungskosten* *B.1.2. Angabe des zugrunde gelegten Beschäftigungsgrades* *B.1.3. Angabe, welche Kostenstellen in die Ermittlung der Herstellungskosten einbezogen werden* *B.2. Angabe der Abschreibungen auf das Umlaufvermögen (strenge Niederstwertvorschrift)* *B.2.1. Betragsangabe* *B.2.2. Erläuterung des zur Abschreibung führenden Sachverhalts* *B.2.3. Erläuterung der Vorgehensweise bei der Ermittlung des niedrigeren Wertes* *C. Erläuterung der Bewertung von Rückstellungen* *C.1. Wertfindung bei Pensionsrückstellungen* *C.1.1. Angabe des zugrunde gelegten Rechnungszinsfußes* *C.1.2. Hinweis auf versicherungsmathematische Grundsätze* *C.2. Wertfindung bei sonstigen Rückstellungen* *C.2.1. Angabe der wesentlichen Schätzparameter (z. B. Reklamationsquote und Schadenshöhe bei Garantierückstellungen)*	15,38%

Anforderungskriterium	**Bedeutung des Anforderungskriteriums**
C.2.2. Hinweis, ob Saldierung mit positiven Erfolgsbeiträgen *C.2.3. Angabe, ob Ermittlung auf Teilkostenbasis oder auf Vollkostenbasis* *C.2.4. Ausmaß der Inanspruchnahme von Wahlrechten zur Bildung von Rückstellungen* *C.2.5. Angaben über die Abzinsung von Rückstellungen* *C.2.6. Angaben über die Berücksichtigung von Preissteigerungen*	
2. Angabe der Grundlagen der Währungsumrechnung im Konzernabschluß *A. Angewandte Methode der Währungsumrechnung* *B. Angaben über die Art der Umrechnungskurse (z. B. historischer Kurs)* *C. Angaben über Ausweis der Umrechnungsdifferenzen in der GuV* *D. Angaben über Ausweis der Umrechnungsdifferenzen in der Bilanz* *E. Angaben über Auswirkungen der Währungsumrechnung auf das Konzernergebnis* *F. Berichterstattung über Behandlung der Unterschiedsbeträge aus den Vorjahren* *G. Gegebenenfalls Berichterstattung über das Ausmaß, in dem wesentliche Wechselkursänderungen einzelne Abschlußposten beeinflußt haben* *H. Gegebenenfalls Hinweis auf Besonderheiten bei der Umrechnung von Jahresabschlüssen aus Hochinflationsländern*	13,41%
3. Angabe und Begründung der Abweichungen von Bilanzierungs- und Bewertungsmethoden *A. Angabe, worin die Abweichung besteht* *B. Angabe, auf welche Einzelposten sich die Abweichung bezieht* *C. Angabe der Gründe für die Abweichung*	15,43%

Anforderungskriterium	**Bedeutung des Anforderungs-kriteriums**
4. Gesonderte Darstellung des Einflusses von Abweichungen auf die Vermögens-, Finanz- und Ertragslage *A. Verbale Angabe, wenn Methodenänderung das Bild der wirtschaftlichen Lage nur unwesentlich beeinflußt hat* *B. Zusätzliche Zahlenangabe, wenn das Bild der wirtschaftlichen Lage wesentlich beeinflußt wurde* *C. Darstellung des Saldos der jeweiligen Abweichungen für Teilbereiche der wirtschaftlichen Lage*	14,39%
5. Angabe, wie das Ergebnis durch Anwendung steuerrechtlicher Abschreibungen oder Bildung von Sonderposten mit Rücklageanteil im Geschäftsjahr oder in Vorjahren beeinflußt wurde *A. Offenlegung, durch welche Bilanzierungs- und Bewertungsmaßnahmen das Ergebnis beeinflußt worden ist* *B. Angabe eines Betrages, der das Ausmaß der Ergebnisbeeinflussung erkennen läßt* *C. Angabe, ob bei der Ermittlung Steuern berücksichtigt werden* *D. Hinweis, ob sich die Angabe auf das Ergebnis vor oder auf das Ergebnis nach Steuern bezieht* *E. Angabe des zugrunde gelegten Steuersatzes*	14,21%
6. Angabe, welche künftigen Belastungen aus der Inanspruchnahme steuerlicher Vergünstigungen resultieren *A. Angabe der Art der Belastung* *B. Angabe der Höhe der Belastung*	13,64%
7. Gesonderte Angabe der außerplanmäßigen Abschreibungen auf das Anlagevermögen nach § 253 Abs. 2 Satz 3 in einem Betrag *A. Angabe des Betrages der außerplanmäßigen Abschreibung* *B. Erläuterung des der Abschreibung zugrunde liegenden Sachverhaltes*	13,54%

Im Anhang zum Jahresabschluß sollen auch die Posten der Bilanz erläutert werden. Von wesentlicher Bedeutung sind hier Angaben zum Anlagengitter, zum Verbindlichkeitenspiegel, zur Beteiligungsliste, zu Rückstellungen sowie Angaben, die die Entwicklung wesentlicher Posten des Eigenkapitals (Kapitalrücklage, Gewinnrücklagen) darstellen – vgl. *Übersicht 7-12*:

Anforderungskriterium	**Bedeutung des Anforderungs-kriteriums**
1. Darstellung des Anlagengitters *A. Mindestangaben* *B. Abschreibungsgitter* *C. Zuschreibungsgitter* *Im Falle eines Konzernanlagengitters zusätzlich:* *D.1. Angabe, wie sich Änderungen des Konsolidierungskreises auf die historischen Anschaffungs- oder Herstellungskosten ausgewirkt haben* *D.2. Angabe, wie sich Änderungen des Konsolidierungskreises auf die kumulierten Abschreibungen ausgewirkt haben* *E.1. Angabe, wie sich Änderungen von Wechselkursen auf die historischen Anschaffungs- oder Herstellungskosten ausgewirkt haben* *E.2. Angabe, wie sich Änderungen von Wechselkursen auf die kumulierten Abschreibungen ausgewirkt haben*	17,46%
2. Ausweis eines Verbindlichkeitenspiegels *A. Mindestangaben* *A.1. Angabe des Gesamtbetrages der Verbindlichkeiten mit einer Restlaufzeit von mehr als fünf Jahren* *A.2. Angabe des Gesamtbetrages der gesicherten Verbindlichkeiten* *A.3. Aufgliederung der Angaben für jeden Posten der Verbindlichkeiten* *A.3.1. Gesamtbetrag der Verbindlichkeit* *A.3.2. Art und Form der Sicherheit*	14,16%

Anforderungskriterium	**Bedeutung des Anforderungs-kriteriums**
B. Freiwillige Angabe der mittelfristigen Verbindlichk. *B.1. Gesamtbetrag* *B.2. Aufgliederung* *C. Übersichtliche Darstellung in einem Verbindlichkeitenspiegel*	
3. Ausweis einer Beteiligungsliste *A. Name und Sitz des Unternehmens* *B. Anteil am Kapital des Unternehmens* *C. Höhe des Eigenkapitals des Unternehmens* *D. Letztes Abschlußergebnis des Unternehmens*	18,60%
4. Erläuterung wesentlicher sonstiger Rückstellungen *A. Angabe der Sachverhalte, die einzelnen Rückstellungen zugrunde liegen* *B. Angabe von Fristigkeiten einzelner Teil-Rückstellungen* *C. Angabe von Beträgen pro Teil-Rückstellung*	18,79%
5. Darstellung der Bewegung der Kapitalrücklage *A. Bewegung der Kapitalrücklage insgesamt* *B. Bewegung einzelner Posten der Kapitalrücklage* *C. Darstellung in Form eines Rücklagenspiegels*	15,56%
6. Darstellung der Bewegung der Gewinnrücklagen *A. Bewegung einzelner Posten der Gewinnrücklagen* *B. Darstellung in Form eines Rücklagenspiegels*	15,43%

Übersicht 7-12: Inhaltliche Anforderungen an die Erläuterungen zu einzelnen Posten der Bilanz bzw. Konzernbilanz

Korrespondierend mit den Erläuterungen einzelner Posten der Bilanz sind auch die Posten der Gewinn- und Verlustrechnung zu erläutern. Hierbei handelt es sich vor allem um die Aufgliederung der Umsatzerlöse, um die Erläuterung der sonstigen betrieblichen Aufwendungen und Erträge sowie um die Erläuterung des außerordentlichen Ergebnisses. *Übersicht 7-13* stellt die einzelnen Anforderungskriterien in Teilbericht B.IV. im einzelnen dar:

Anforderungskriterium	Bedeutung des Anforderungskriteriums
1. Aufgliederung der Umsatzerlöse nach Tätigkeitsbereichen und geographisch bestimmten Märkten *A. Aufgliederung der Umsatzerlöse* *B. Angabe des Abgrenzungskriteriums* *C. Angabe von Innenumsätzen* *D. Angabe von Vorjahreszahlen*	18,40%
2. Aufgliederung der sonstigen betrieblichen Aufwendungen	19,23%
3. Aufgliederung der sonstigen betrieblichen Erträge	19,23%
4. Erläuterung des Betrages und der Art von wesentlichen außerordentlichen Aufwendungen	21,57%
5. Erläuterung des Betrages und der Art von wesentlichen außerordentlichen Erträgen	21,57%

Übersicht 7-13: Inhaltliche Anforderungen an die Erläuterungen zu einzelnen Posten der Gewinn- und Verlustrechnung bzw. Konzern-Gewinn- und Verlustrechnung

Bei den Teilberichten B.V. und B.VI. handelt es sich um Teilberichte, in denen Anforderungskriterien, die den Konzernabschluß betreffen, zusammengefaßt werden. So ist in Teilbericht B.V. einerseits darzulegen, welche Unternehmen als Tochterunternehmen in den Konzernabschluß einbezogen wurden. Andererseits sind für den Fall, daß sich der Konsolidierungskreis gegenüber dem Vorjahr wesentlich geändert hat, bestimmte Angaben zu machen, die die Vergleichbarkeit aufeinanderfolgender Konzernabschlüsse in dieser Hinsicht wieder herstellen – vgl. im einzelnen *Übersicht 7-14.*
Im Konzernanhang sind auch die im Konzernabschluß angewandten Konsolidierungsmethoden zu erläutern. Darzustellen ist in diesem Zusammenhang zum einen, welche Methode für die Kapitalkonsolidierung von Tochterunternehmen angewandt wurde. Zum anderen ist für den Fall, daß – verglichen mit dem Vorjahr – die Konsolidierungsmethoden geändert wurden, darzustellen, worin die Änderung der Konsolidierungsmethoden besteht und wie sich die-

Anforderungskriterium	Bedeutung des Anforderungskriteriums
1. Angaben zu konsolidierten Tochterunternehmen *A. Name und Sitz des Tochterunternehmens* *B. Anteil am Kapital des Tochterunternehmens* *C. Angabe des Sachverhaltes, der zur Einbeziehung in den Konsolidierungskreis verpflichtet* *D. Weiterführende Angaben zu einzelnen Tochterunternehmen*	43,83%
2. Angaben, die einen Vergleich mit vorhergehenden Abschlüssen erlauben, wenn sich der Konsolidierungskreis wesentlich geändert hat *Alternative 1:* *A. Angabe, welche oder wieviele Unternehmen erstmals bzw. erstmals nicht mehr in den Konsolidierungskreis einbezogen worden sind* *B. Angabe, wie Änderungen im Konsolidierungskreis einzelne Konzernabschlußposten beeinflußt haben* *Alternative 2:* *A. Angabe, welche oder wieviele Unternehmen erstmals bzw. erstmals nicht mehr in den Konsolidierungskreis einbezogen worden sind* *B. Ausweis der angepaßten Vorjahreszahlen bzw. Ausweis der Veränderung der Vorjahreszahlen* *C. Drei-Spalten-Ausweis*	56,17%

Übersicht 7-14: Inhaltliche Anforderungen an die Angaben zum Konsolidierungskreis

ser Wechsel auf die Vermögens-, Finanz- und Ertragslage des Konzerns (VFE-Lage) ausgewirkt hat. *Übersicht 7-15* faßt alle Kriterien zusammen:

Anforderungskriterium	**Bedeutung des Anforderungskriteriums**
1. Methode der Kapitalkonsolidierung *A. Angabe der gewählten Kapitalkonsolidierungsmethode* *B. Angabe des Zeitpunkts, der für die Wertansätze der Kapitalkonsolidierung grundlegend ist* *C. Erläuterung des Unterschiedsbetrages aus der Kapitalkonsolidierung sowie dessen wesentliche Änderung gegenüber dem Vorjahr* *C.1. Erläuterung der Zusammensetzung des Postens* *C.2. Erläuterung von Veränderungen des Postens* *D. Angabe der gegeneinander verrechneten aktivischen und passivischen Unterschiedsbeträge* *E. Angaben zur Abschreibung des Unterschiedsbetrages*	30,87%
2. Angabe und Begründung der Abweichungen von den auf den vorhergehenden Abschluß angewandten Konsolidierungsmethoden *A. Angabe der bisher angewandten und der jetzt angewandten Konsolidierungsmethode* *B. Begründung für Unstetigkeit der Konsolidierungsmethoden*	34,62%
3. Gesonderte Darstellung des Einflusses abweichender Konsolidierungsmethoden auf die VFE-Lage des Konzerns	34,51%

Übersicht 7-15: Inhaltliche Anforderungen an die Angaben zu den Konsolidierungsmethoden

Mit Teilbericht B.VII. des Anhangs werden Anforderungskriterien an die Anhangberichterstattung formuliert, die keinem der bisher genannten Teilberichte zugeordnet werden können, gleichwohl aber aufgrund gesetzlicher Vorschriften im Anhang gemacht werden müssen. Hierbei handelt es sich einerseits um die Erläuterung der nicht in der Bilanz ausgewiesenen sonstigen finanziellen Verpflichtungen des Unternehmens sowie um die Darstellung, in welcher Höhe und zu welchen Bedingungen Kredite oder ähnliches an Organmitglieder – also an Mitglieder des Vorstands odes des Aufsichtsrats – gewährt wurden – vgl. *Übersicht 7-16:*

Anforderungskriterium	Bedeutung des Anforderungskriteriums
1. Angabe des Gesamtbetrages der nicht aus der Bilanz ersichtlichen sonstigen finanziellen Verpflichtungen, soweit sie für die Finanzlage von Bedeutung sind *A. Angabe des Gesamtbetrages* *B. Aufgliederung des Gesamtbetrages* *C. Erläuterung einzelner Arten sonstiger finanzieller Verpflichtungen* *D. Angabe, ob es sich um Barwerte oder um Nominalwerte handelt* *E. Angabe der im künftigen Geschäftsjahr fälligen sonstigen finanziellen Verpflichtungen* *F. Angabe der in den darauf folgenden Geschäftsjahren fälligen sonstigen finanziellen Verpflichtungen*	63,56%
2. Angaben zu Krediten o. ä. an Organmitglieder *A. Angabe der Höhe der an Organmitglieder gewährten Kredite* *B. Zinssätze der Kredite* *C. Wesentliche Bedingungen der Kredite* *D. Im Geschäftsjahr zurückgezahlte Beträge* *E. Eingegangene Haftungsverhältnisse*	36,44%

Übersicht 7-16: Inhaltliche Anforderungen an die sonstigen, vor allem rechtsformspezifischen Angaben

Wurden in den Teilberichten B.I. bis B.VII. des Anhangs Anforderungen an die Berichterstattung im Anhang formuliert, die sich aus gesetzlichen Vorschriften ergeben, so umfaßt Teilbericht B.VIII. Anhangangaben freiwilliger Art. Ebenso wie in den Lagebericht – und dort in den Zusatzbericht – dürfen auch in den Anhang freiwillige Angaben aufgenommen werden, solange die Klarheit und Übersichtlichkeit der Darstellung nicht beeinträchtigt wird. Bei den freiwilligen Angaben im Anhang handelt es sich um die in *Übersicht 7-17* ausgewiesenen Angaben:

Anforderungskriterium	**Bedeutung des Anforderungskriteriums**
1. Ausführliche Segmentberichterstattung *A. Segmentangaben* *A.1. Abschreibungen* *A.2. F&E-Aufwendungen* *A.3. Investitionen* *A.4. Arbeitnehmer* *A.5. Ergebnisse/Cash-flow* *A.6. Vermögen* *B. Überleitungsrechnung* *C. Angaben zu Verrechnungspreisen*	49,65%
2. Berichterstattung über derivative Finanzinstrumente *A. Nominal-Volumen der Derivate* *B. Marktwerte der Derivate* *C. Buchwerte der Derivate* *D. Differenzierung der Angaben zu A., B. und C. nach einzelnen Derivaten* *E. Angabe von Fristigkeiten (Restlaufzeiten) einzelner Derivate* *F. Angaben zu Bewertungsmethoden bei Derivaten:* *F.1. Allgemeine Angaben zur Abbildung von Derivaten im Jahresabschluß (Verweis auf zugrunde gelegtes Bewertungskonzept)*	50,35%

Anforderungskriterium	Bedeutung des Anforderungskriteriums
F.2. Konkrete Angaben zur Abbildung einzelner Derivate im Jahresabschluß *F.3. Erläuterung der Bedingungen für die Bildung von Bewertungseinheiten* *F.4. Angaben zur Abbildung von Bewertungseinheiten im Jahresabschluß (Hedge-Accounting)* *G. Angaben zu Zielen und Strategien des Einsatzes von Derivaten* *H. Angaben zum Volumen von Deckungs- und Spekulationsgeschäften* *I. Erläuterung der zur Risikoüberwachung und -kontrolle getroffenen Maßnahmen (Internes Risikomanagement von operativen Risiken)* *J. Angaben zu wesentlichen Bonitätsrisiken* *K. Angaben zum Preisrisiko/Marktrisiko der Derivate (Angabe des value-at-risk von Handelsgeschäften, Zinsbindungsfristen etc.)*	

Übersicht 7-17: Inhaltliche Anforderungen an die freiwilligen Anhangangaben

7.1.4 Die Anforderungskriterien bei den sonstigen Angaben

Mit Teilbereich C. des Geschäftsberichts werden Anforderungen an einen optimalen Geschäftsbericht gestellt, die über die bereits formulierten Anforderungen an Lagebericht und Anhang hinausgehen. In diesem Bereich stellen elf Kriterien – vgl. hierzu *Übersicht 7-18* – weitere Anforderungen an einen guten Geschäftsbericht. Für Geschäftsberichtadressaten sind hier vor allem Angaben zur finanziellen Zielsetzung/Strategie des Unternehmens sowie – vor dem Hintergrund spektakulärer Unternehmenszusammenbrüche der vergangenen Jahre – der Bericht des Kontrollorgans „Aufsichtsrat“ von besonderer Bedeutung.

Anforderungskriterium	**Bedeutung des Anforderungskriteriums**
1. Formale Abgrenzung und Struktur des Lageberichts	7,50%
2. Vollständigkeit des Lageberichts bzw. Verlagerung wesentlicher Informationen in sonstige Teile des Geschäftsberichts	10,00%
3. Aktivitäten im Bereich Kommunikation und Werbung	7,50%
4. Aufgliederung von Marketingausgaben in Ausgaben für Markteinführung neuer Produkte und Werbeausgaben für Marktbehauptung	10,00%
5. Finanzielle Zielsetzung und daraus abgeleitete strategische Zielsetzung	25,00%
6. Bericht des Aufsichtsrats	15,00%
7. Vorlagezeitpunkt des Geschäftsberichts	5,00%
8. Glossarium	5,00%
9. Stichwortverzeichnis	5,00%
10. Liste mit wichtigen Finanzdaten/-terminen	5,00%
11. Vorlage auch des Einzelabschlusses durch ein konzernabschluß-aufstellendes Mutterunternehmen	5,00%

Übersicht 7-18: Inhaltliche Anforderungen an die sonstigen Angaben im Geschäftsbericht

Im Ergebnis liegt damit ein Anforderungskatalog mit

- 51 Anforderungskriterien im Lagebericht (Teilbereich A.),
- 31 Anforderungskriterien im Anhang (Teilbereich B.) und
- 11 sonstigen Anforderungskriterien (Teilbereich C.)

vor, mit dem die Qualität des Inhalts von Geschäftsberichten entsprechend den Informationsbedürfnissen der Geschäftsberichtadressaten beurteilt werden kann.

Nachdem das Institut für Revisionswesen der Westfälischen Wilhelms-Universität Münster die Qualität des Inhalts der Geschäftsberichte der 500 größten börsennotierten deutschen Kapitalgesellschaften, aller deutschen Börsenneulinge des jeweiligen Jahres und der 20 größten europäischen Industrieunternehmen entsprechend den oben genannten 93 Anforderungskriterien vor-begutachtet hat, untersucht eine Inhalts-Jury die Geschäftsberichte der zehn besten Industrie- und Handelsunternehmen und der besten fünf Banken, Versicherungen, Börsenneulinge und europäischen Unternehmen nach drei weiteren Anforderungskriterien, für die die betreffenden Unternehmen Bonuspunkte bzw. Maluspunkte erzielen können:

Anforderungskriterium	**Bedeutung des Anforderungskriteriums**
1. Shareholder-Value-Aspekte im Geschäftsbericht	42,50%
2. Kurzfassung des Geschäftsjahres im Bericht des Vorstandsvorsitzenden	25,00%
3. Umgang mit außergewöhnlichen Sachverhalten im Geschäftsjahr (Glaubwürdigkeit der Berichterstattung)	32,50%

Übersicht 7-19: Jury-Bogen für das Bonus-Malus-System der Arbeitsgruppe „Inhalt" beim Wettbewerb „Der beste Geschäftsbericht"

Bei Anforderungskriterium 1. des Inhalts-Jury-Bogens „Shareholder-Value-Aspekte im Geschäftsbericht" wäre etwa zu folgenden Punkten zu berichten:

- Wie wird der Shareholder Value vom Unternehmen interpretiert?
- Welche Unternehmensziele/Bereichsziele werden aus dieser Interpretation abgeleitet?
- Welche Entscheidungen werden aus den Zielen abgeleitet?
- Wird zu Shareholder-Value-Aspekten zusammengefaßt an einer Stelle im Geschäftsbericht berichtet?
- Wird der Shareholder Value (alternativ auch der Economic Value Added) berechnet und ausgewiesen?

Beispielhaft berichtet hier die Schwarz Pharma AG:

> Von großer Bedeutung ist die Operationalisierung des Shareholder Value-Konzepts. Wir bedienen uns dabei der folgenden Mittel:
>
> - Basis für die Steuerung des operativen Geschäfts ist die Rendite auf das eingesetzte Kapital. Wir verwenden hier als Meßgröße den „Cash flow Return on Assets" (CFROA). Unsere Zielsetzung sind hier mindestens 16 %.
> - Der CFROA ist auch Basis für die variable Vergütung unserer Führungskräfte. Ergänzt werden soll dieses System durch Auflegung eines Aktien-Optionsprogramms, über das die nächste Hauptversammlung entscheiden soll.
> - Auch unsere Informationspolitik wird verbessert. In diesem Bericht werden zum ersten Mal die wesentlichen Abweichungen des deutschen handelsrechtlichen Jahresabschlusses zu den internationalen Rechnungslegungsvorschriften (IAS) dargestellt. Darüber hinaus beginnen wir in diesem Jahr mit der quartalsweisen Berichterstattung.
>
> Für 1997 rechnen wir mit einem Wachstum von 6 bis 8 Prozent. Aus heutiger Sicht dürfte sich der Jahresüberschuß überproportional entwickeln.

Beispiel 7-1: Geschäftsbericht der Schwarz Pharma AG 1996, S. 3

Diese Angaben werden auf den Seiten 22 f. des Geschäftsberichts der Schwarz Pharma AG vertieft.

Die Kurzfassung des Geschäftsjahres im Bericht des Vorstandsvorsitzenden an die Aktionäre (Anforderungskriterium 2. des Inhalts-Jury-Bogens) könnte etwa auf die folgenden Punkte eingehen:

- Werden Vision, Philosophie und Strategie des Unternehmens sichtbar?
- Ist der Stil persönlich gehalten?
- Geht der Vorstandsvorsitzende in seinem Vorwort auf die wesentlichen Eckdaten des Lageberichts ein?

Beispielhafte Angaben zu diesem Anforderungskriterium des Jury-Bogens sind etwa dem Geschäftsbericht der Mannesmann AG zu entnehmen:

Sehr geehrte Mannesmann-Aktionäre!

Das operative Ergebnis von Mannesmann haben wir 1996 um gut 10 Prozent auf über 1 Milliarde DM steigern können. Das Ergebnis je Aktie nahm auf 22 DM zu. Für die Dividende können wir Ihnen eine Anhebung auf 9 DM je Aktie zur Beschlußfassung auf der Hauptversammlung vorschlagen.

Das Niveau des Ergebnisses bleibt noch deutlich hinter dem zurück, was wir mit den Potentialen von Mannesmann erreichen können und erreichen wollen. Wir führen für Sie das Unternehmen Mannesmann orientiert an Wertsteigerung und Rentabilität. Diese Aussage haben wir im vergangenen Jahr konkretisiert: Wir wollen für Sie bei Mannesmann mittelfristig eine Rentabilität von 15 Prozent auf das Bruttobetriebsvermögen erreichen.
1996 haben wir eine Rendite von 8 Prozent erzielt.

Diese Kennzahl messen wir für Mannesmann insgesamt und intern für jede Unternehmensgruppe und für jeden Geschäftsbereich. In diesem Geschäftsbericht erläutern wir Ihnen im Abschnitt „Kennzahlen und Analyse" auf Seite 55 näher, wie wir diese Maßgröße ermitteln.

Wir vermitteln Ihnen Transparenz, indem wir Ihnen unser Ziel für die Zukunft nennen und darstellen, was wir erreicht haben. Wir geben damit unseren Aktionären und dem Kapitalmarkt die Möglichkeit, selbst zu verfolgen, wie wir uns dem gesteckten Ziel annähern.

Das System der strategischen Steuerung bei Mannesmann haben wir 1996 fortentwickelt, indem für alle Geschäftsbereiche mit den operativen Leitungen mittelfristige Zielrenditen vereinbart wurden. Diese Zielrenditen sind unterschiedlich, da sie sich an den jeweiligen Potentialen orientieren. In der Summe bestätigen die einzelnen Vereinbarungen, daß wir für Mannesmann insgesamt die genannten 15 Prozent erreichen werden. Wir haben die Lücken, die zwischen heutiger Rentabilität und mittelfristigem Rentabilitätsziel bestehen, analysiert und mit den operativen Leitungen der einzelnen Bereiche Maßnahmen verabredet, um sie zu beseitigen.

Der Controlling-Prozeß, mit dem wir unser Ziel der Wertsteigerung und Verbesserung der Rentabilität ansteuern, ist kontinuierlich. Wir nennen das System „Value Increase Process" – kurz: „VIP". Ein integraler Bestandteil des Systems ist der für 1997 neu eingeführte Performance-Bonus. Er gilt in diesem Jahr für die Leitungen unserer Unternehmensgruppen und soll ab 1998 breitere Anwendung finden.
Er ist so konzipiert, daß er gezielt das auf Wertsteigerung und Rentabilitätsverbesserung orientierte Controlling-System unterstützt.

Bedeutende Schwächen, und daher beim Ergebnis hohe Verluste, hatten wir 1996 in den Geschäftsbereichen Demag Hüttentechnik, Haustechnik-Handel und bei der Rohrgesellschaft in Brasilien. Für diese drei Bereiche wurden 1996 Maßnahmen eingeleitet, die die Schwächen beseitigen werden.
Ihr Erfolg wird sich aber 1997 erst zum Teil im Ergebnis der Bereiche zeigen.

Das Portfolio der Bereiche Engineering und Automotive müssen wir verbessern, um die 15prozentige Rentabilität zu erreichen. Dies haben wir 1995 eingeleitet und 1996 fortgeführt.
Hieran arbeiten wir auch 1997 weiter. Im Lagebericht dieses Geschäftsberichts stellen wir Ihnen dies dar.
Das 1996 verbesserte Ergebnis bei Mannesmann Automotive ist im wesentlichen eine Folge der Portfolio-Optimierungen, die schon 1995 abgeschlossen werden konnten.

Unsere Wachstumsstrategie im Bereich Telecommunications haben wir 1996 mit noch größeren Schritten als in den letzten Jahren fortgesetzt.

Bei Mannesmann D2 stieg der Umsatz auf über 4 Milliarden DM und die Zahl der Kunden auf über 2 Millionen.
Auf dem Weg vom Spezialisten für den Mobilfunk im deutschen Markt zum Anbieter für Telekommunikationsdienste in voller Breite gewann Mannesmann den Wettbewerb um das Telekommuni-

4

Beispiel 7-2a: Geschäftsbericht der Mannesmann AG 1996, S. 4

kationsnetz der Deutschen Bahn. 1992 hat Mannesmann den Wettbewerb im Telekommunikationsmarkt in Deutschland eingeführt – damals nur im Teilbereich des Mobilfunks. Wenn der Wettbewerb bei Telekommunikationsdienstleistungen in Deutschland – die meisten Kunden werden sagen: endlich! – in vollem Umfang gestattet ist, finden die Kunden die Alternative zum bisherigen Alleinanbieter wieder in Mannesmann – wie 1992 beim Mobilfunk.

Über die Hälfte aller Investitionen von Mannesmann floß 1996 in den Bereich Telecommunications. Wir planen, daß dies auch 1997 so bleibt. Die Chancen für hohe Wertsteigerungen unserer Aktivitäten in diesem Bereich sind nach unserem Eindruck weiterhin gut. 1996 haben wir grundsätzlich ein Engagement in der Telekommunikation im Nachbarmarkt Frankreich vereinbart und werden es 1997 durchführen. Wir erwarten, daß Cegetel im französischen Markt für alle Telekommunikationsdienste ebenso die Nummer 2 hinter dem bisherigen Monopolisten wird, wie Mannesmann dies mit D2 und Mannesmann Arcor in Deutschland ist. Führender Gesellschafter bei Cegetel ist die Compagnie Générale des Eaux; neben einem britischen und einem US-amerikanischen Gesellschafter wird Mannesmann mit 15 Prozent beteiligt sein.

Das nahtlose Stahlrohr wurde 1886 von Mannesmann erfunden. Über Jahrzehnte waren Rohre das Hauptprodukt von Mannesmann. Daraus ergab sich das Ergebnispotential des Konzerns Mannesmann, das die Basis für die 1969 eingeleitete und seitdem konsequent umgesetzte Diversifikationsstrategie bildete. Die weltwirtschaftlichen Rahmen- und Produktbedingungen lassen schon seit Jahren eine auf Wachstum und Größe ausgerichtete Strategie beim Stahlrohr für Mannesmann allein nicht mehr zu. 1997 wollen wir daher zusammen mit unserem bedeutenden französischen Wettbewerber Vallourec ein Joint-venture für nahtlose Stahlrohre

Dr. Joachim Funk, Vorsitzender des Vorstands

bilden, wenn wir die erforderlichen Genehmigungen, insbesondere von den Wettbewerbsbehörden, erhalten. Es wird die Wettbewerbsfähigkeit beider Partner auf diesem Arbeitsgebiet deutlich erhöhen und die Kunden in aller Welt effizient bedienen.

Die Bindung von Vermögen von Mannesmann im Unternehmensbereich Tubes & Trading wird wegen des Wachstums der anderen Bereiche in der Tendenz relativ absinken.

Technische Spitzenleistungen, Systemfähigkeit und innovative Lösungsangebote, die den Anforderungen unserer Kunden entsprechen, begründen die produktwirtschaftlich durchweg hervorragende Position unserer Gesellschaften auf dem Weltmarkt. Um sie auszubauen, haben wir 1996 den Entwicklungsaufwand im Konzern auf über 900 Millionen DM gesteigert. Über die Ergebnisse unserer Innovationsanstrengungen unterrichten wir Sie im Kapitel „Forschung und Entwicklung" auf Seite 17.

Die weitere Internationalisierung unserer Unternehmensaktivitäten und der scharfe Wettbewerb auf globalen Märkten verändern kontinuierlich die strategischen Orientierungslinien für unser unternehmerisches Handeln und damit auch für das Management der Human-Ressourcen.

In der Aus- und Weiterbildung unserer Mitarbeiterinnen und Mitarbeiter sowie der Personalentwicklung des Konzerns bildet die Internationalisierung daher einen Schwerpunkt.

Ihnen, sehr geehrte Mannesmann-Aktionäre, danke ich, zugleich auch im Namen aller Mannesmann-Mitarbeiter, die ihr Können und ihr Engagement auch 1996 wieder in den Dienst unseres Unternehmens gestellt haben, für Ihr Vertrauen, das Sie in uns alle setzen.

Mit freundlichen Grüßen

Dr. Joachim Funk

5

Beispiel 7-2b: Geschäftsbericht der Mannesmann AG 1996, S. 5

Besonders sensibel ist die Frage, wie der Vorstand mit außergewöhnlichen Sachverhalten im Geschäftsjahr umgeht (Anforderungskriterium 3. des Jury-Bogens):

- Wie werden Unternehmenskrisen, Bestechungsaffären, Störfälle etc. im Geschäftsbericht behandelt?
- Werden wichtige bilanzpolitische Maßnahmen erläutert?
- Wie werden Firmenwerte nach Akquisitionen behandelt und dargestellt?

Zu diesem Anforderungskriterium macht die Klöckner-Humboldt-Deutz AG in ihrem Geschäftsbericht des Jahres 1995 beispielhafte Angaben *(Beispiel 7-3)*. Die im Vorwort des Vorstandsvorsitzenden an die Aktionäre geschilderten besonderen Ereignisse werden auf den Seiten 5 bis 8 des Geschäftsberichts ausführlich ergänzt *(vgl. Klöckner-Humboldt-Deutz AG, GB 1995, S. 5–8)*.

Die genannten drei Inhalts-Jury-Kriterien können die inhaltliche Vor-Beurteilung der Geschäftsberichte durch das Institut für Revisionswesen (IRW) um maximal 10% verändern. Mit anderen Worten: Unternehmen, die zu den drei in *Übersicht 7-19* gezeigten Bonus-Malus-Punkten optimal berichten, können die Vor-Beurteilung ihres Geschäftsberichts um maximal 10%, also beispielsweise von 60% auf 66%, steigern. Vergeben die Juroren anderenfalls etwa nur 40% der Bonus-Malus-Punkte, so würde die Vorbewertung des IRW im Beispielfall nur um 4% auf 62,4% erhöht. Im Falle der Nicht-Erfüllung der Bonus-Malus-Punkte würde die Vor-Beurteilung durch das Institut für Revisionswesen nicht verändert.
Fraglich und im folgenden Abschnitt kurz zu schildern bleibt, wie die Berichterstattung zu einzelnen Bewertungskriterien beurteilt werden kann und wie sich die Vor-Beurteilung der Geschäftsberichte durch das IRW ergibt.

7.1.5 Zur Beurteilung der Qualität von Angaben im Geschäftsbericht

In diesem Abschnitt wird kurz auf die Frage eingegangen, wie beim Wettbewerb „Der beste Geschäftsbericht“ die Qualität von Angaben etwa zum Kriterium „Investitionen“ im Wirtschaftsbericht oder zum Kriterium „Ausweis eines Verbindlichkeitenspiegels“ im Anhang beurteilt wird. Hinsichtlich der Frage der Bewertungsskala ist einerseits zwischen den Teilbereichen A.

Vorwort

Sehr geehrte Aktionärinnen und Aktionäre,

schon einmal hat der Vorstand in einer Pressekonferenz am 23. April 1996 auf der Grundlage des damals vorliegenden, von unserem Wirtschaftsprüfer geprüften und testierten Jahresabschlusses über den Verlauf des Geschäftsjahres 1995 berichtet.

Unser Berichterstattungstenor war positiv: Ziele erreicht, 1995 war ein wichtiger Schritt auf dem Weg zur Wiedererlangung der Profitabilität und zur Zukunftssicherung der KHD-Gruppe, den Sie uns, sehr geehrte Aktionärinnen und Aktionäre, durch Ihre Zustimmung zu dem finanziellen Restrukturierungsprogramm zusammen mit unserem Großaktionär und den wichtigsten Partnerbanken ermöglicht haben. Die umfangreiche Berichterstattung in der Wirtschaftspresse haben Sie sicherlich zur Kenntnis genommen.

Inzwischen sind Ereignisse eingetreten, durch die der bisherige Jahresabschluß 1995 nichtig wurde und sich die Notwendigkeit für die Aufstellung eines berichtigten Jahresabschlusses ergab, den wir Ihnen heute vorlegen.

Ende Mai 1996 mußten wir zur Kenntnis nehmen und bekanntgeben, daß im Zusammenhang mit drei Großaufträgen aus Saudi-Arabien über schlüsselfertige Zementwerke bei unserer Tochtergesellschaft KHD Humboldt Wedag AG erhebliche, die Existenz der gesamten KHD-Gruppe gefährdende und außerhalb der KHD Humboldt Wedag AG bisher unbekannte Verluste anfallen. Diese Verluste wurden uns vom Vorstand der KHD Humboldt Wedag AG am 24. Mai 1996 offenbart. Unsere Recherchen haben ergeben, daß Vorstandsmitglieder der KHD Humboldt Wedag AG, mit der Projektabwicklung betraute Mitarbeiter und das Controlling der KHD Humboldt Wedag AG Buchführung und Rechnungswesen manipulierten und Informationen über zukünftig anfallende Kosten systematisch unterdrückten. Wir sind entsetzt darüber, daß Personen, denen wir vertrauten, zu solchen Handlungen fähig waren. Wir haben am 28. Mai 1996 gegen drei von vier Vorstandsmitgliedern der KHD Humboldt Wedag AG sowie gegen weitere Personen, die im Verdacht stehen, an den Manipulationen beteiligt gewesen zu sein, Strafanzeige bei der Staatsanwaltschaft in Köln gestellt. Die drei Vorstandsmitglieder wurden von den zuständigen Aufsichtsräten fristlos entlassen.

Zusammen mit unserem Großaktionär haben wir sofort nach Bekanntwerden dieser Vorfälle und nach einer ersten Analyse über ein Konzept zur Vermeidung des Zusammenbruchs von KHD beraten. Glücklicherweise gelang es schnell, Partner für die Rettung von KHD zu finden. Diesen Sanierungspartnern danken wir sehr herzlich, auch im Namen aller Beschäftigten, für ihre schnelle und faire Unterstützung. Insbesondere danken wir unseren Kunden, die uns trotz der schlechten Nachrichten die Treue gehalten haben.

Zu unserem Sanierungkonzept gehört, die Gesellschaften des Industrieanlagenbereiches zunächst so weiterzuführen, daß sie verläßliche Partner ihrer Kunden bleiben, sie aber so bald wie möglich an kompetente industrielle Interessenten zu veräußern, um dadurch alle Ressourcen auf das Antriebsgeschäft konzentrieren zu können. Die Zukunftsperspektiven beider Unternehmensbereiche, Antriebe und Industrieanlagen, werden dadurch verbessert.

Aus diesem Grunde bitten wir Sie, in der nächsten Hauptversammlung der Namensänderung unserer Gesellschaft zuzustimmen: Wir möchten als DEUTZ AG mit Dieselmotoren und damit in unserer Kernkompetenz erfolgreich unsere Geschäfte betreiben. Dafür haben wir gute Voraussetzungen: Moderne Produkte, gute Marktpositionen, Wachstumschancen, engagierte und tüchtige Mitarbeiter und genügend Potentiale zur Erreichung eines wettbewerbsfähigen Kostenniveaus.

Wir bitten Sie, unsere Aktionäre, aber auch alle übrigen Geschäftspartner und Freunde des Hauses KHD, uns weiterhin Ihr Wohlwollen und Ihr Vertrauen zu schenken. Bitte, lassen Sie sich dabei durch die dramatischen Ereignisse der letzten Zeit nicht irritieren. Wir sind sicher, es lohnt sich!

2

Beispiel 7-3: Geschäftsbericht der Klöckner-Humboldt-Deutz AG 1995, S. 2

„Lagebericht" und C. „Sonstige Angaben" und Teilbereich B. „Anhang" andererseits zu unterscheiden.
Zur Bewertung der Qualität von Angaben in Teilbereich A. (Lagebericht) und in Teilbereich C. (Sonstige Angaben) wird eine Bewertungsskala verwendet, mit der denkbare Ausprägungen von Angaben differenziert beurteilt werden können. Grundsätzlich haben verbale (qualitative) Angaben einen wesentlich geringeren Aussagegehalt als etwa genaue Punktangaben. Denkbar sind aber auch vergleichende (komparative) Angaben und Intervall- bzw. Bandbreitenangaben. Bei der Bewertung erhalten Unternehmen für zusätzliche Begründungen, Erläuterungen, Aufgliederungen oder grafische Darstellungen zusätzliche Punkte.
Für die Beurteilung von Geschäftsberichtangaben wird grundsätzlich eine Skala von 0% bis 100% verwendet, auf der die oben genannten Ausprägungen der Anforderungskriterien bewertet werden:

- Keine Angabe: 0%,
- Verbale, qualitative Angabe: 10%,
- Komparative Angabe: 20%,
- Intervallangabe: 30%,
- Punktangabe: 40%.

Weitere 30% erzielt ein Unternehmen bei einem Anforderungskriterium, wenn eine der obigen Angaben zusätzlich aufgegliedert oder erläutert wird. Werden Sachverhalte begründet oder durch grafische Darstellungen unterstützt, werden nochmals 30% vergeben. Der Maximalwert von 100% wird im Lagebericht und bei den sonstigen Angaben also für eine Punktangabe erzielt, die aufgegliedert oder erläutert und zusätzlich begründet oder grafisch unterstützt wird.
Abweichend von diesen Bewertungsregeln wird für den Prognosebericht (Teilbericht A.III. des Lageberichts) festgelegt, daß eine Intervallprognose mit 40% höher zu bewerten ist als eine Punktprognose (30%). Intervallprognosen sind zwar weniger genau als Punktprognosen, allerdings wesentlich sicherer als Punktprognosen. Die grundsätzlich genannten übrigen Abstufungen gelten auch für den Prognosebericht.

Schließlich wird für den Zusatzbericht (Teilbericht A.VI. des Lageberichts) eine modifizierte Bewertungsskala festgelegt, deren Abstufungen sich wie folgt ergeben:

- Keine Angabe: 0%,
- Angabe: 50%,
- Angabe und Erläuterung oder Angabe und Darstellung: 100%.

Im Gegensatz zum Vorgehen bei Teilbereich A. und Teilbereich C. existiert für die Anforderungskriterien des Anhangs (Teilbereich B.) keine einheitliche Bewertungsskala. Vielmehr wird in diesem Teilbereich des Geschäftsberichts das Spektrum der Anhangberichterstattung mit verfeinerten Anforderungskriterien erfaßt. Jedes der oben genannten 31 Anforderungskriterien im Anhang (vgl. *Übersichten 7-10* bis *7-17*) wird durch detaillierte, hierarchisch abgestufte Unterkriterien so weit konkretisiert, daß auf der untersten Kriterienebene allein mit „ja" oder „nein" darüber entschieden werden kann, ob das Anforderungskriterium erfüllt wird oder nicht erfüllt wird.
Beispielsweise wird das Anforderungskriterium „Ausweis eines Verbindlichkeitenspiegels" in Teilbericht B.III. des Anhangs wie in *Übersicht 7-20* ausgewiesen konkretisiert.

Ähnlich wird auch für alle anderen Anforderungskriterien im Anhang vorgegangen.

Zu klären bleibt schließlich noch die Frage, wie

(1) für den Fall zu verfahren ist, daß ein Unternehmen zu einem Anforderungskriterium grundsätzlich keine Angaben machen kann, und wie
(2) ein Fall zu bewerten ist, bei dem ein bestimmter Sachverhalt bei dem betreffenden Unternehmen im Geschäftsjahr bzw. am Bilanzstichtag nicht vorgelegen hat.

Fall (1) tritt z. B. im F&E-Bericht bei Unternehmen ein, die grundsätzlich keine Forschung und Entwicklung betreiben können, wie bei Handelsunternehmen. Fall (2) liegt beispielsweise beim Nachtragsbericht vor, wenn keine bedeutenden Ereignisse nach Schluß des Geschäftsjahres eingetreten sind oder wenn die Bilanzierungs- und Bewertungsmethoden im Vergleich zum Vorjahr beibehalten wurden und insofern nicht über Unstetigkeiten in der Bilanzierung berichtet zu werden braucht. Für die Fälle (1) und (2) wird für den

Ausweis eines Verbindlichkeitenspiegels		
Anforderungskriterium	**Bedeutung des Anforderungskriteriums**	
A. Gesetzlich vorgeschriebene Mindestangaben	**34,88%**	
A.1. Angabe des Gesamtbetrages der Verbindlichkeiten mit einer Restlaufzeit von mehr als fünf Jahren	37,22%	
A.2. Angabe des Gesamtbetrages der durch Pfandrechte und ähnliche Rechte gesicherten Verbindlichkeiten unter Angabe von Art und Form der Sicherheit	32,44%	
A.3. Aufgliederung der Angaben nach A.1. und A.2. für jeden Posten der Verbindlichkeiten	30,34%	
A.3.1. Gesamtbetrag d. Verbindlichkeit		*61,46%*
A.3.2. Art und Form der Sicherheit		*39,54%*
B. Freiwillige Angabe der mittelfristigen Verbindlichkeiten	**30,62%**	
B.1. Gesamtbetrag	61,90%	
B.2. Aufgliederung	38,10%	
C. Freiwillige, übersichtliche Darstellung der Verbindlichkeiten in einem tabellarischen Verbindlichkeitenspiegel	**34,50%**	

Übersicht 7-20: Beispiel für die Konkretisierung des Anforderungskriteriums „Verbindlichkeitenspiegel"

Wettbewerb festgelegt, daß das betreffende Anforderungskriterium nicht bewertet und sein Gewicht aus der Basis der Gewichtspunkte herausgenommen wird. Dies hat zur Folge, daß dieses Anforderungskriterium implizit mit dem Durchschnitt der bei den übrigen Anforderungskriterien erzielten Prozentpunkte bewertet wird. Betreibt beispielsweise ein Handelsunternehmen keine Forschung und erreicht es bei den übrigen fünf Teilberichten im Lagebericht 50% der maximal erzielbaren Prozentpunkte, so wird der F&E-Bericht explizit aus der Wertung herausgenommen; implizit werden damit beim F&E-Be-

richt ebenfalls 50% der dort erzielbaren Prozentpunkte angesetzt. Auf diese Weise wird ein Unternehmen, das über einen bestimmten Bereich nicht berichten kann, gegenüber anderen Unternehmen nicht schlechter gestellt.
Sind alle Anforderungskriterien entsprechend der jeweils maßgeblichen Bewertungsskala bewertet bzw. gestrichen worden, so werden die bei einzelnen Anforderungskriterien erzielten Prozentpunkte mit dem Gewicht des jeweiligen Anforderungskriteriums multipliziert und pro Teilbericht zu einem Teil-Qualitätswert addiert. Auf der nächsthöheren Ebene werden die Teil-Qualitätswerte der Teilberichte mit dem Gewicht des jeweiligen Teilberichts multipliziert und über alle Teilberichte zu einem Qualitätswert pro Teilbereich addiert. Schließlich ergibt die Summe der gewichteten Qualitätswerte der Teilbereiche den Gesamt-Qualitätswert eines Geschäftsberichts. Der Gesamt-Qualitätswert ist hierbei ein Maß für die Güte der Berichterstattung im Geschäftsbericht.

7.2 Der Lagebericht

7.2.1 Aufgaben und Bedeutung des Lageberichts

Neben dem Jahresabschluß bzw. Konzernabschluß haben die gesetzlichen Vertreter von Kapitalgesellschaften auch einen **Lagebericht** bzw. einen Konzernlagebericht zu erstellen. Der Lagebericht ist ein Instrument der Rechenschaftslegung und vermittelt zusammen mit dem Jahresabschluß die von den Adressaten des Geschäftsberichts benötigten Informationen. Der Inhalt des Lageberichts ist in § 289 HGB bzw. für Konzerne in § 315 HGB geregelt. Da die Vorschrift des § 315 HGB für den Konzernlagebericht – mit Ausnahme des Zweigniederlassungsberichts – analog zur Vorschrift für den Lagebericht nach § 289 HGB gestaltet wurde, beziehen sich die folgenden Erläuterungen auf den Lagebericht nach § 289 HGB und gelten im wesentlichen auch für den Konzernlagebericht nach § 315 HGB. Im Lagebericht ist danach zumindest der Geschäftsverlauf und die Lage des Unternehmens so darzustellen, daß ein den tatsächlichen Verhältnissen entsprechendes Bild vermittelt wird (sogenannter **Wirtschaftsbericht** gemäß § 289 Abs. 1 HGB).
Darüber hinaus sind im Lagebericht gemäß § 289 Abs. 2 HGB weitere Angaben zu machen zu Ereignissen von besonderer Bedeutung nach Schluß des Geschäftsjahres (**Nachtragsbericht**), zur künftigen Entwicklung des Unter-

nehmens (**Prognosebericht**), zum Bereich Forschung und Entwicklung (**F&E-Bericht**) und zu bestehenden Zweigniederlassungen (**Zweigniederlassungsbericht**; dieser Teilbericht ist gemäß § 315 HGB für den Konzernlagebericht grundsätzlich nicht vorgeschrieben).
Zweck des Lageberichts ist die **Informationsvermittlung**, d. h. die Berichterstattung über bereits realisierte Sachverhalte und die Berichterstattung über Künftiges. Im Zusammenhang mit dem Jahresabschluß hat der Lagebericht die gesamte wirtschaftliche Situation des Unternehmens darzulegen, für die neben Aspekten aus dem Bereich der Betriebswirtschaftslehre auch rechtliche, technische, politische, soziale und volkswirtschaftliche Gesichtspunkte bedeutsam sein können. Im Verhältnis zum Jahresabschluß hat der Lagebericht also die Aufgabe, (1) die Angaben im Jahresabschluß zu verdichten sowie (2) in sachlicher und zeitlicher Hinsicht zu ergänzen. Die **Verdichtungsaufgabe** des Konzernlageberichts bezeichnet die Aufgabe, das Bild der Vermögens-, Finanz- und Ertragslage des Konzerns zu einem Bild der wirtschaftlichen Gesamtlage des Unternehmens zusammenzufassen, d. h., das wirtschaftliche Gesamtgeschehen im Unternehmen darzustellen. Eine Möglichkeit, die wirtschaftliche Lage zusammengefaßt und objektiv darzustellen, wird in Abschnitt 7.6 behandelt. Der Lagebericht ergänzt den **Jahresabschluß darüber hinaus in sachlicher Hinsicht**, da über bestimmte Sachverhalte, die im Jahresabschluß nicht abgebildet werden, im Lagebericht informiert werden muß. Hierzu zählen beispielsweise Angaben über Forschung und Entwicklung, z. B. über selbstentwickelte Patente, schwebende Geschäfte, Vertragsverhandlungen, die Marktstellung des Unternehmens, den Bereich Aus- und Weiterbildung sowie über bestehende Zweigniederlassungen. Die in § 289 Abs. 2 Nr. 1 bis 3 HGB vorgesehenen Angaben **ergänzen den Jahresabschluß in zeitlicher Hinsicht** insofern, als der Jahresabschluß grundsätzlich nur ein Bild der wirtschaftlichen Lage bis zum Abschlußstichtag des Unternehmens vermittelt. Demgegenüber wird durch die Angaben im Nachtragsbericht, im Prognosebericht und im F&E-Bericht auch über die Zukunftsaussichten und Risiken des Unternehmens bei der künftigen Erfüllung seiner Aufgaben informiert.

7.2.2 Struktur des Lageberichts

Der Inhalt des Lageberichts wird einerseits durch die Vorschrift des § 289 HGB festgelegt. Andererseits dürfen auch solche Angaben in den Lagebericht aufgenommen werden, die der Gesetzgeber für den Lagebericht nicht

ausdrücklich vorgeschrieben hat, die also freiwilliger Natur sind. Hieraus ergibt sich die Strukturierung des Lageberichts in einen Pflichtteil und in einen freiwilligen Teil.
Zusammenfassend lassen sich die vom Gesetzgeber im Lagebericht geforderten Angaben in folgende Teilberichte klassifizieren:

I. Wirtschaftsbericht (§ 289 Abs. 1 HGB),
II. Nachtragsbericht (§ 289 Abs. 2 Nr. 1 HGB),
III. Prognosebericht (§ 289 Abs. 2 Nr. 2 HGB),
IV. F&E-Bericht (§ 289 Abs. 2 Nr. 3 HGB),
V. Zweigniederlassungsbericht (§ 289 Abs. 2 Nr. 4 HGB),
VI. Zusatzbericht (freiwillig).

Während es sich bei den Teilberichten I. bis V. um die gesetzlich vorgeschriebenen Pflichtbestandteile des Lageberichts handelt, enthält der **Zusatzbericht** (Teilbericht VI.) die freiwilligen Angaben. Bei den freiwilligen Angaben im Zusatzbericht handelt es sich um Informationen, die für Zwecke der Bilanzanalyse von großem Nutzen für Geschäftsberichtadressaten sein können (etwa die Veröffentlichung einer Kapitalflußrechnung).
Damit Leser des Geschäftsberichts Informationen schnell und sachlich zusammenhängend finden können, sollte der Lagebericht innerhalb des Geschäftsberichts in Anlehnung an die vorstehende Systematisierung in entsprechende Abschnitte gegliedert werden.

7.2.3 Anforderungen an die Berichterstattung im Lagebericht

7.2.3.1 Anforderungen an die Berichterstattung im Wirtschaftsbericht

Der sogenannte Wirtschaftsbericht hat nach § 289 Abs. 1 HGB den Geschäftsverlauf und die Lage des lageberichterstattenden Unternehmens so darzustellen, daß ein den tatsächlichen Verhältnissen entsprechendes Bild vermittelt wird. Da Geschäftsverlauf und Lage eng miteinander verknüpft sind, ist es zweckmäßig, Geschäftsverlauf und Lage des Unternehmens zusammenzufassen. Während sich der Geschäftsverlauf rückblickend auf das vergangene Geschäftsjahr bezieht und die Ursachen kennzeichnet, die zu der Lage des Unternehmens am Ende des Geschäftsjahres geführt haben, charak-

terisiert die Darstellung der Lage die wirtschaftlichen Verhältnisse des Unternehmens zum Abschlußstichtag.
Die im Lagebericht darzustellende wirtschaftliche Lage wird zum einen durch vom Unternehmen nicht beeinflußbare Faktoren geprägt. Diese Faktoren werden als (1) **Rahmenbedingungen** eines Unternehmens bezeichnet. Die Rahmenbedingungen eines Unternehmens sind vor allem durch die beiden folgende Aspekte gekennzeichnet:

1.1. Gesamtwirtschaftliche Situation sowie
1.2. Branchensituation.

Daneben prägen zum anderen betriebsspezifische Faktoren die wirtschaftliche Lage eines Unternehmens. Damit der Lagebericht den Adressaten neben den Rahmenbedingungen (1) die **Unternehmenssituation** (2) verdeutlichen kann, muß der Wirtschaftsbericht im einzelnen auf die folgenden Bereiche eingehen:

2.1. Investitionen,
2.2. Finanzierung,
2.3. Beschaffung,
2.4. Produktion und Produkte,
2.5. Umsatz,
2.6. Absatz und Auftragslage,
2.7. Organisation und Verwaltung,
2.8. Rechtliche Unternehmensstruktur,
2.9. Personal- und Sozialbereich,
2.10. Umweltschutz sowie
2.11. Ergebnisbereich.

Ad 1.1.: Gesamtwirtschaftliche Situation
Die Berichterstattung über die **gesamtwirtschaftliche Situation** dient dazu, solche Umweltfaktoren zu beschreiben, auf die das Unternehmen keinen Einfluß nehmen kann, von denen der wirtschaftliche Erfolg des Unternehmens aber maßgeblich beeinflußt wird. Zu den relevanten Umweltfaktoren, die die gesamtwirtschaftliche Situation bestimmen, gehören im wesentlichen:

- Konjunkturelle Entwicklung,
- Konjunkturpolitische Maßnahmen,
- Gesellschaftspolitische Ereignisse sowie
- Wechselkursentwicklungen.

Die **konjunkturelle Entwicklung** bzw. die Konjunkturschwankungen kennzeichnen das Verhältnis der gesamtwirtschaftlichen Nachfrage zur gesamtwirtschaftlichen Produktionskapazität. Hierbei sind vor allem Angaben relevant, die darüber informieren, ob und wieweit die wirtschaftliche Lage eines Unternehmens von der gesamtwirtschaftlichen Nachfrage abhängt.
Die gesamtwirtschaftliche Nachfrage wird ferner beeinflußt durch **konjunkturpolitische Maßnahmen**. Die Konjunkturpolitik umfaßt im einzelnen die Finanzpolitik mit ausgaben- und steuerpolitischen Maßnahmen, die Geldpolitik mit zinspolitischen Maßnahmen sowie die Außenwirtschaftspolitik mit handels- und wechselkurspolitischen Maßnahmen. Für Geschäftsberichtadressaten sind vor allem Angaben interessant, die die Konsequenzen konjunkturpolitischer Maßnahmen für das berichterstattende Unternehmen offenlegen, sofern das Unternehmen davon unmittelbar bzw. wesentlich betroffen ist. Die Angaben sollten so konkret sein, daß die Konsequenzen für das Unternehmen deutlich werden.
Gesellschaftspolitische Ereignisse umfassen politische und soziale Umweltkomponenten, zum Beispiel Wirtschaftsreformen, Deregulierungen oder Handelskonflikte. Sofern aus gesellschaftspolitischen Ereignissen Chancen oder Risiken für das Unternehmen resultieren, sollte es diese im Lagebericht erläutern.
Unternehmen sollten – sofern Wechselkursrisiken bestehen – zudem berichten, in welchem Maße sie **Wechselkursentwicklungen** ausgesetzt sind und ob bzw. wieweit diese Wechselkursrisiken durch risikokompensierende Gegengeschäfte begrenzt wurden.

Eine sehr gute Berichterstattung zur gesamtwirtschaftlichen Situation zeigt *Beispiel 7-4* aus dem Geschäftsbericht des Automobilherstellers BMW *(BMW AG, GB 1996, S. 32–34)*. Im Geschäftsbericht 1996 von BMW wird der gesamtwirtschaftlichen Situation sowie der Branchensituation auf den Seiten 31–34 ein eigener Abschnitt im Geschäftsbericht gewidmet. Der Geschäftsbericht der BMW AG enthält sehr differenzierte Angaben zur gesamtwirtschaftlichen Situation. Die Entwicklung verschiedener gesamtwirtschaftlicher Größen wird quantitativ angegeben und ausführlich erläutert. So berichtet BMW unter anderem zu folgenden Bereichen:

- Weltwirtschaftswachstum,
- Welthandel,
- Wirtschaftliche Entwicklung in den Regionalmärkten Nordamerika, Japan und Asien, Europa, Deutschland sowie Großbritannien.

Wirtschaft, Politik, Industrie und Märkte

Weltweite Automobilproduktion mit geringem Zuwachs
Im Jahr 1996 bestimmte der Ersatzbedarf die Nachfrage in den traditionellen Automobilmärkten. Die Produktion von Personenwagen wuchs weltweit um rund 3% auf 37,3 Mio. Einheiten. Damit setzte sich die insgesamt schwache Entwicklung aus dem Vorjahr fort.

Während die Fertigung in Westeuropa um weitere 4% auf 13,8 Mio. Einheiten anstieg, fiel sie in Nordamerika erneut zurück, und zwar um 4% auf 7,4 Mio. Einheiten. In Japan nahm die Automobilproduktion nach Rückgängen in den Vorjahren um 3% auf 7,9 Mio. Einheiten zu.

Die Automobilindustrie Lateinamerikas hat deutlich an Fahrt gewonnen; die Produktion stieg um 12% auf 2,5 Mio. Personenwagen. In Mexiko konnte der Einbruch des Vorjahres zum Teil wieder ausgeglichen werden, und in Brasilien wurde mit 1,5 Mio. Einheiten ein Höchstwert erreicht.

Auch in Südostasien wurden hohe Zuwachsraten erzielt. So übertraf die Automobilproduktion in Südkorea das Vorjahr um 12%. Innerhalb von zehn Jahren hat sie sich dort auf 2,2 Mio. Einheiten nahezu verdreifacht; die Exporte nahmen sogar um 21% auf 1,1 Mio. Personenwagen zu. In Indien spiegelt die Produktionssteigerung um 19% auf 460 000 Einheiten die wachsende heimische Nachfrage nach Personenwagen.

Die Fertigungskapazitäten für Automobile wurden vor allem außerhalb der Triademärkte weiter ausgebaut. In Südamerika und Südostasien wuchs die Produktion mit zweistelligen Zuwachsraten; in Mittel- und Osteuropa entstehen neue Automobilwerke. Da die neuen Kapazitäten auch für die Exportproduktion bestimmt sind, wird sich auch das Angebot auf den traditionellen Automobilmärkten weiter erhöhen.

Nordamerika – weiteres Wachstum
Nach einer gelungenen Konsolidierung der Wirtschaft entwickelten die USA neue konjunkturelle Dynamik. Die US-Wirtschaft wuchs um 2,5%, und zwar bei einer geringen Inflationsrate von 2,1%. Der Aufschwung hält damit im sechsten Jahr an.

Die Programme zur Ausgabenbeschränkung und das hohe Wirtschaftswachstum verringerten die staatlichen Budgetdefizite. Mit einem Anteil von 1,6% am Bruttoinlandsprodukt war die öffentliche Neuverschuldung niedriger als in den meisten anderen Industrieländern.

Das Außenhandelsdefizit der USA nahm demgegenüber weiter zu. Dies spiegelt vor allem das konjunkturelle Gefälle zwischen den USA und deren wichtigsten Handelspartnern.

Während die Nachfrage nach Personenwagen in den USA bei 8,5 Mio. Einheiten stagnierte, weitete sich das Segment der geländegängigen Fahrzeuge, Minivans und Pick ups weiter um 8% auf 6,6 Mio. Einheiten aus. Japanische Hersteller steigerten ihre US-Produktion erneut zu Lasten von Importen. Vor allem deshalb hat sich der Importanteil im US-Markt gegenüber dem Höchststand von 1987 auf 16% nahezu halbiert. Deutsche Marken erreichten im Berichtsjahr einen Zuwachs um 20% auf 368 000 Einheiten; ihr Marktanteil betrug 4%.

Die Pkw-Produktion nahm um 4% auf 6,1 Mio. Einheiten ab; ausschlaggebend dafür waren Rückgänge bei zwei großen US-Herstellern. Japanische Hersteller hielten einen Anteil von rund 30%.

In Kanada blieb das Wirtschaftswachstum mit 1,5% hinter demjenigen der USA zurück. Allerdings ist es gelungen, die Staatsverschuldung einzudämmen und so die Voraussetzung für eine nachhaltige wirtschaftliche Entwicklung zu schaffen. Bei stagnierendem Gesamtmarkt konnten deutsche Fabrikate um 17% zulegen; ihr Marktanteil stieg auf 5,7%.

32

Beispiel 7-4a: Geschäftsbericht der BMW AG 1996, S. 32

Japan und Asien – differenzierte Entwicklung

Das sechste staatliche Konjunkturprogramm seit Anfang der 90er Jahre führte Japan Anfang 1996 aus der längsten Stagnationsphase nach dem Krieg. Zunächst bestimmten vor allem die staatliche Nachfrage und eine öffentlich geförderte Bautätigkeit den Aufschwung. In Verbindung mit niedrigen Zinsen und verbesserten Exportaussichten durch die Abwertung des Yen belebte sich im Jahresverlauf auch die Investitionstätigkeit der Unternehmen. Der private Konsum blieb jedoch hinter der rasch wachsenden Gesamtwirtschaft zurück.

Der Automobilmarkt hat sich in Japan weiter erholt. Die Zulassungen stiegen insgesamt um 5% auf 4,7 Mio. Einheiten.

In den asiatischen Schwellenländern verlangsamte sich das Wachstum auf hohem Niveau. Aufgrund des verstärkten Handels dieser Länder untereinander wirkte sich die zunächst noch schleppende Nachfrage der Industrieländer aber nur vergleichsweise wenig aus. Die Automobilmärkte dieser Länder stagnierten jedoch bei insgesamt 1 Mio. Einheiten.

Europa – vor der Währungsunion

Die Finanz-, Wirtschafts- und Sozialpolitik der EU-Staaten Kontinentaleuropas stand 1996 im Zeichen der Konsolidierung der öffentlichen Haushalte. Nur unter dieser Voraussetzung können sich die meisten Staaten für die angestrebte Europäische Wirtschafts- und Währungsunion (EWWU) qualifizieren. Die abnehmenden Zinsdiffe-

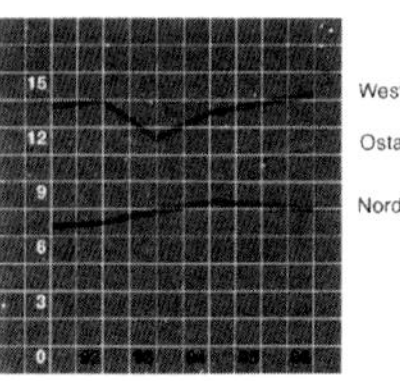

Automobilproduktion
in Mio. Einheiten

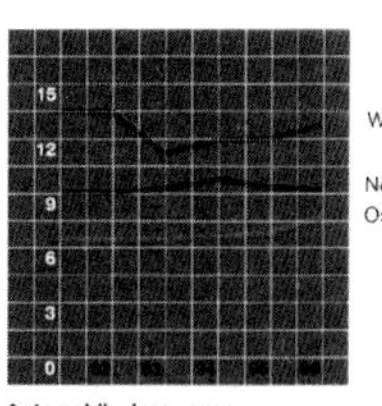

Automobilzulassungen
in Mio. Einheiten

Importfahrzeuge legten um 9% auf 390 000 Einheiten zu; ihr Marktanteil erreichte 8,4%. Besonders erfolgreich waren wiederum europäische Hersteller. Dagegen ging der Anteil von im Ausland hergestellten Automobilen japanischer Marken deutlich zurück; sie stellten aber noch immer jedes fünfte neu zugelassene Importfahrzeug.

Die Automobilexporte Japans gingen innerhalb von drei Jahren um mehr als ein Viertel auf 2,9 Mio. Einheiten zurück. Im Jahresverlauf wurde allerdings die Talsohle dieser Entwicklung erreicht.

renzen in Europa deuten darauf hin, daß sich die Finanzmärkte bereits auf das Inkrafttreten der Wirtschafts- und Währungsunion zum 1. Januar 1999 einstellen.

Der Anteil des Staatsdefizits am Bruttoinlandsprodukt ging in der EU zum dritten Mal in Folge zurück. Zwar dämpften die Sparmaßnahmen zur Rückführung der öffentlichen Verschuldung erneut die konjunkturelle Entwicklung; sie eröffnen aber mittelfristig die dringend notwendigen Wachstumsspielräume.

33

Beispiel 7-4b: Geschäftsbericht der BMW AG 1996, S. 33

Wirtschaft, Politik, Industrie und Märkte

Nach der wirtschaftlichen Stagnation im Winterhalbjahr 1995/96 zog die Konjunktur in den meisten europäischen Ländern wieder an. Getragen wurde sie vom Export; die Investitionstätigkeit hat dazu nur wenig beigetragen. Auch der private Verbrauch entwickelte sich angesichts der hohen Arbeitslosigkeit und kaum steigender Realeinkommen nur schwach.

Die Automobilnachfrage konnte sich mit einem Anstieg um 7% auf 12,8 Mio. Einheiten unerwartet deutlich aus der Stagnation des Vorjahres lösen. Dabei lagen alle Länder im Aufwärtstrend. Bei überdurchschnittlichem Wachstum in Frankreich und Spanien nahmen die Verkäufe in Italien nur geringfügig zu.

Auf japanische Marken entfielen erneut 11% der Nachfrage; rund 600 000 Fahrzeuge mit japanischem Markenzeichen wurden in Europa produziert. Automobile aus Korea erreichten einen Anteil von 2%.

Der Anteil von Dieselfahrzeugen blieb mit rund 23% insgesamt unverändert; die einzelnen Märkte zeigten allerdings sehr unterschiedliche Entwicklungen.

Deutschland – moderater Aufschwung im Gange

In Deutschland entwickelten sich 1996 die Wirtschaft und ihre Rahmenbedingungen spiegelbildlich zum Vorjahr. So führten rückläufige DM-Kurse, niedrigere Tarifabschlüsse und die vorangegangene Lockerung der Geldpolitik zu einer Belebung des Wirtschaftswachstums.

Eine Schlüsselrolle kam dabei erneut den Exporten zu, die von Ende 1995 an deutlich anstiegen. Erste Erleichterungen bei Steuern und Abgaben belebten zudem den privaten Konsum. Die Ausrüstungsinvestitionen sprangen aber auch 1996 nicht in dem erhofften Maße an.

Höhere Ausgaben für die sozialen Sicherungssysteme ließen die Staatsquote trotz verschiedener Einsparungen erneut auf über 50% steigen. Der zunehmende öffentliche Konsens über die Entlastung des Staatshaushaltes durch Stärkung der Eigenverantwortung im privaten und öffentlichen Bereich, auch in der Wirtschaft, haben die Wachstumsaussichten in Deutschland auf mittlere Sicht aber deutlich verbessert.

Die Zulassungen neuer Automobile erhöhten sich 1996 in Deutschland um 5% auf 3,5 Mio. Einheiten. Jedes dritte Fahrzeug trug ein ausländisches Markenzeichen. Die Automobilproduktion konnte um 4% auf 4,5 Mio. Einheiten gesteigert werden. Dazu hat das Exportgeschäft mit einem Zuwachs von 8% auf 2,7 Mio. Einheiten erheblich beigetragen; dies ist der höchste Wert seit 1989. Die Exportquote stieg um 2%-Punkte auf 58%.

Zwei Drittel der Exportfahrzeuge gingen in andere Länder der Europäischen Union. Die Ausfuhren nach Asien gingen um 6% und nach Lateinamerika, aufgrund der neuerlichen Einfuhrbeschränkungen in Brasilien, sogar um 67% zurück.

In Deutschland hat sich die Zahl der Arbeitsplätze in der Automobilindustrie gegenüber dem Vorjahr wieder leicht auf 662 000 erhöht.

Großbritannien – Wachstumsmotor in Europa

In Großbritannien wuchs die Wirtschaftsleistung 1996 um 2,4% und damit stärker als in den meisten anderen europäischen Ländern. Trotz der Aufwertung des britischen Pfundes gegenüber der D-Mark von rund 4% im Jahresdurchschnitt blieb der Export die Stütze der Konjunktur. Die sinkende Arbeitslosigkeit belebte auch den privaten Konsum, an dem der 1992 einsetzende Aufschwung zuvor vorübergegangen war.

Erstmals seit 1990 wurden wieder mehr als zwei Millionen neue Automobile zugelassen. Deutsche, italienische und japanische Marken erreichten jeweils zweistellige Zuwachsraten. Die Automobilproduktion stieg um 10% auf 1,7 Mio. Einheiten; davon trugen rund 26% ein japanisches Markenzeichen.

34

Beispiel 7-4c: Geschäftsbericht der BMW AG 1996, S. 34

Die bei dem Anforderungskriterium „Gesamtwirtschaftliche Situation" geforderten Angaben sollten durch Diagramme und Grafiken unterstützt werden (beispielsweise Entwicklung von Bruttosozialprodukt, Bruttoinlandsprodukt, Zinsen, Inflationsrate, Arbeitslosenzahl, Konsumgüternachfrage, Investitionen, wirtschaftliche Entwicklung einzelner Wirtschaftssektoren, Wechselkursentwicklung etc.).

Ad 1.2.: Branchensituation

Die Angaben zur allgemeinen gesamtwirtschaftlichen Situation sollten durch Angaben zur **Branchensituation** im Geschäftsbericht ergänzt werden. Im einzelnen kennzeichnen folgende Angaben die Branchensituation:

- Branchenkonjunktur: die Branchenkonjunktur wird primär gekennzeichnet durch den Branchenumsatz bzw. -absatz, die Branchenrentabilität und die Preis- und Lohnentwicklung innerhalb einer Branche;
- Branchenstruktur: die Branchenstruktur wird vor allem bestimmt durch den Marktauftritt neuer Wettbewerber, durch Ersatzprodukte bzw. durch Ersatzdienstleistungen sowie durch die Konkurrenz zwischen vorhandenen Wettbewerbern;
- Position des Unternehmens innerhalb einer Branche: die Position des Unternehmens in der Branche hängt vor allem ab von der gewählten Strategie, vom Branchensegment (nach Produkten/Dienstleistungsarten bzw. Geschäftsbereichen oder nach Regionen segmentierter Bereich innerhalb einer Branche, in dem das Unternehmen aktiv ist) und vom Marktanteil des Unternehmens.

Unternehmen sollten im Geschäftsbericht in erster Linie die wirtschaftliche Situation und die Entwicklung wesentlicher Eckdaten und gesellschaftlicher Rahmenbedingungen der für das Unternehmen relevanten Märkte benennen (Zinsniveau, demographische Entwicklung, Kriminalitätsentwicklung, Konzentrations- bzw. Spezialisierungsprozesse auf den für das Unternehmen relevanten Märkten), erläutern und in Charts bzw. tabellarisch aufbereiten.
Ein positives Beispiel für eine Berichterstattung zur Branchensituation zeigt *Beispiel 7-4* aus dem Geschäftsbericht der BMW AG (Seiten 133–135 dieses Buches). Die Entwicklung wesentlicher Branchendaten wird quantitativ angegeben und detailliert erläutert sowie grafisch unterstützt. BMW berichtet dabei unter anderem zu folgenden Bereichen:

- Automobilproduktion weltweit mit Angaben zu Produktionszahlen aller wesentlichen Herstellerregionen,
- Automobilnachfrage weltweit, differenziert nach wesentlichen Regionalmärkten.

Ad 2.1.: Investitionen

Ein wesentlicher betriebsspezifischer Faktor zur Beurteilung der wirtschaftlichen Lage eines Unternehmens sind seine **Investitionen**. Investitionen lassen wegen ihres in der Regel langfristigen Charakters auf die Erwartungen und die Geschäftspolitik der Unternehmensleitung schließen. Die Investitionsmotive sind aber nur dann erkennbar, wenn im Lagebericht die Investitionstätigkeit, vor allem das Investitionsvolumen und die Investitionsstruktur, differenziert nach leistungswirtschaftlich motivierten Sachinvestitionen, Finanzinvestitionen und Direktinvestitionen, dargestellt wird. Wünschenswert wäre z. B. auch eine Segmentierung der Investitionen nach Geschäftsfeldern oder Regionen.

Damit der Wirtschaftsbericht ein differenziertes Bild über die künftigen Kapazitäten vermitteln kann, sind ferner Investitionen in die Betriebs- und Geschäftsausstattung sowie in Grundstücke und Gebäude gesondert auszuweisen. Für größere Investitionsobjekte sollte deren Volumen angegeben werden; der Verwendungszweck und die an das Investitionsobjekt geknüpften Erwartungen könnten erläutert und begründet werden.

Mit Finanzinvestitionen werden finanzwirtschaftliche Ziele verfolgt. Im Geschäftsbericht sind daher neben der Art und dem Zweck der Finanzinvestition vor allem das Volumen, die erwartete Rendite sowie das erwartete Risiko anzugeben und zu erläutern.

Unternehmen sollten diese Angaben idealerweise im Geschäftsbericht durch Diagramme und Grafiken unterstützen (z. B. zeitliche Entwicklung der Höhe der Investitionen differenziert nach ihrer Art, zeitliche Entwicklung der Abschreibungen, zeitliche Entwicklung des Cash-flow etc.).

Das nachstehende *Beispiel 7-5* zeigt die Berichterstattung des Chemiekonzerns Hoechst zum Anforderungskriterium „Investitionen“ *(vgl. Hoechst AG, GB 1996, S. 15)*. In einer detaillierten Segmentberichterstattung gliedert Hoechst ergänzend die Gesamtinvestitionen nach den Kriterien Geschäftsbereiche, Beteiligungsgesellschaften und Regionen und stellt die segmentierten Investitionen den jeweiligen Vorjahreswerten gegenüber *(vgl. Hoechst AG, GB 1996, S. 74 f.)*.

sehr gute Markt- und Technologiepositionen hält und von dem wir ein erfolgreiches Wachstum in den kommenden Jahren erwarten.

Trevira mußte bei Polyester-Vorprodukten für Verpackungen eine Halbierung der Preise hinnehmen; der Markt für Textilfasern steht weiterhin unter Druck.

Für das Geschäft mit dem Standardkunststoff Polypropylen, das weitgehend auf Europa konzentriert ist und bei dem wir über keine eigene Rohstoffversorgung verfügen, haben wir mit BASF ein 50 / 50 Joint Venture vereinbart, das Anfang Juli wirksam werden soll. Auch für das Arbeitsgebiet Polyethylen führen wir Gespräche über eine mögliche Zusammenarbeit mit einem Partner. Das Polyethylen- und Polypropylen-Geschäft von Hoechst in Australien wurde Anfang 1997 an das Unternehmen Kemcor, ein Joint Venture zwischen Mobil und Exxon, veräußert. Eine kleine Anlage für Polypropylen in Oberhausen (Deutschland) wird 1997 geschlossen.

Investitionen

Investitionen auf Niveau des Vorjahres

Wir haben 1996 im Hoechst Konzern 3,8 Milliarden DM in Sachanlagen investiert (Vorjahr 3,4 Milliarden DM); davon entfallen 350 Millionen DM auf den Erwerb von Immobilien aus der Pensionskasse der Hoechst AG. Rund 40 % der Sachinvestitionen dienen der Umsatzsteigerung, knapp 30 % entfielen auf Wartung und Reparatur, weitere 20 % auf Rationalisierungsmaßnahmen, und 10 % wurden für Umwelt-, Gesundheitsschutz und Sicherheit eingesetzt. Investitionsschwerpunkte lagen auf den Arbeitsgebieten Pharma, Chemikalien, Fasern und Technische Gase.

Hoechst Marion Roussel hat die Produktionsprozesse in zahlreichen Betrieben modernisiert. Eines der größeren Projekte ist eine Anlage für Antibiotika-Vorprodukte, die in Frankfurt in Betrieb ging; aufgrund biotechnologischer Verfahrensschritte ist der Wasserverbrauch gegenüber den herkömmlichen Methoden erheblich reduziert.

Die Kapazitäten für organische Chemikalien werden erhöht, so mit dem Bau einer Anlage für Vinylacetat in Singapur, der Erweiterung der Acrylsäureproduktion in Clear Lake (USA) und der Erweiterung der Oxo-Produkte in Oberhausen (Deutschland).

Trevira baut die Kapazität auf dem Wachstumsmarkt Polyester-Flaschenrohstoff an bestehenden Standorten in Deutschland, Kanada, den USA und Mexiko aus; gleichzeitig wird die Produktionsstruktur gestrafft und kostengünstiger gestaltet. Angesichts des weltweiten Kapazitätsausbaus im Feld der Wettbewerber stehen weitere Investitionsprojekte für Polyester auf dem Prüfstand. Messer setzt das Investitionsprogramm für Luftzerlegungsanlagen weltweit fort.

Investitionen nach Arbeitsgebieten*

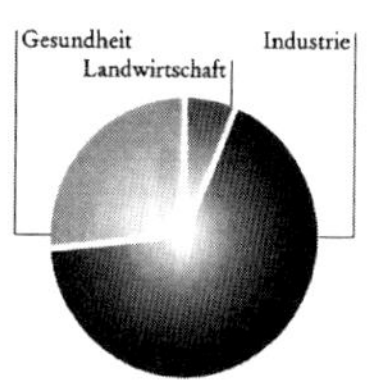

Gesundheit	
Hoechst Marion Roussel	23 %
Behring Diagnostics	4 %
Landwirtschaft	
AgrEvo	4 %
Hoechst Roussel Vet	1 %
Industrie	
Celanese	15 %
Spezialchemikalien	18 %
Trevira	15 %
Kunststoffe	4 %
Ticona	2 %
Messer	10 %
Herberts	4 %

Investitionen nach Regionen

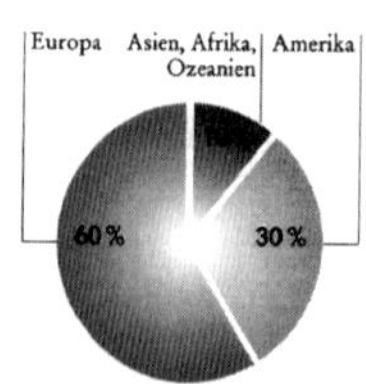

**ohne Weitere Arbeitsgebiete und Aufwendungen auf Konzernebene*

15

Beispiel 7-5: Geschäftsbericht der Hoechst AG 1996, S. 15

Ad 2.2.: Finanzierung

In engem Zusammenhang mit den Investitionen steht die **Finanzierung** eines Unternehmens. Die bei diesem Kriterium erforderlichen Angaben, die den Leser des Geschäftsberichts auf die Finanzlage und damit auch auf die Sicherheit des Unternehmens schließen lassen, betreffen erstens den Kapitalbereich und zweitens den Liquiditätsbereich.

Zum Kapitalbereich gehören Angaben über die realisierten Investitions- und Finanzierungsmaßnahmen des vergangenen Geschäftsjahres, etwa:

- Einzelne Zwecke der Kapitalverwendung und deren Volumen,
- Höhe des Kapitalbedarfs,
- Herkunft und Fristigkeit des Kapitals,
- Zinsaufwand,
- Finanzierungsstrategie sowie
- Verschuldungsgrad.

Unternehmen können die Angaben zu Investitionen und Finanzierung erweitern und veranschaulichen, indem sie die Höhe der Investitionen den Abschreibungen oder dem Cash-flow in einer Grafik gegenüberstellen.

Angaben zum Liquiditätsbereich sind dann von Interesse, wenn im vergangenen Geschäftsjahr ein zu hoher Bestand an liquiden Mitteln gehalten wurde, der unter Rentabilitätsaspekten besser für Investitionen (oder Ausschüttungen) hätte genutzt werden können. Unter dem Aspekt der Sicherheit ist auch der umgekehrte, kritischer zu beurteilende Fall von Interesse, in dem Liquiditätsengpässe auszugleichen waren. Im einzelnen sollten daher die

- Höhe der Über- oder Unterdeckung der Liquidität sowie
- Getroffene Ausgleichsmaßnahmen

im Lagebericht angegeben und erläutert werden. Angaben zur vergangenen Liquiditätssituation sowie stichtagsbezogene Angaben zum Liquiditätsbereich sind allerdings insofern wenig aussagekräftig, als von ihnen kaum auf die künftige Zahlungsfähigkeit geschlossen werden kann. Dazu sind künftige Ein- und Auszahlungen einzubeziehen. Diesem Ziel dient unter anderem die Angabe der sonstigen finanziellen Verpflichtungen (gemäß § 285 Nr. 3 HGB), gegliedert nach Fälligkeiten, sowie die Angabe der Haftungsverhältnisse (gemäß § 251 HGB).

Die Angaben des Chemiekonzerns Bayer zum Anforderungskriterium „Finanzierung“ zeigt *Beispiel 7-6 (vgl. Bayer AG, GB 1996, S. 11).*

Die Finanzlage hat sich weiter erfreulich entwickelt. Den Cash-flow nach DVFA/SG haben wir um 0,4 auf 5,8 Mrd DM gesteigert. Die Innenfinanzierungskraft als Quotient aus Cash-flow und Nettoinvestitionen beträgt 171 Prozent.
Der Einnahmenüberschuß aus der operativen Geschäftstätigkeit, in dem die Mittelbindung im Working Capital bereits berücksichtigt ist, beträgt 4,5 Mrd DM. Das sind 0,7 Mrd DM bzw. 20 Prozent mehr als im Vorjahr. Hierin zeigen sich die Erfolge unseres straffen Wertmanagements, bei dem wir den Cash-flow und die Cash-flow-Rendite (CFRoI) zur Unternehmenssteuerung nutzen.
Die starke Geschäftsausweitung konnte aus dem operativen Einnahmenüberschuß finanziert werden. Der Mittelabfluß für Sachinvestitionen und Akquisitionen lag unter Berücksichtigung der Anlagenverkäufe mit 4,5 Mrd DM auf derselben Höhe wie der Cash-flow.
Dem Mittelabfluß für die Dividende von 1,1 Mrd DM und Zinsen von 0,7 Mrd DM standen Mittelzuflüsse aus erhaltenen Zinsen sowie Einlösungen und Verkauf von Wertpapieren von 1,9 Mrd DM gegenüber. Weitere Einnahmen resultieren aus der Ausübung von Optionsrechten in Höhe von 0,6 Mrd DM und aus der Nettokreditaufnahme in Höhe von 0,1 Mrd DM. Dabei standen Kreditaufnahmen in Höhe von 2 Mrd DM Rückzahlungen in Höhe von 1,9 Mrd DM gegenüber.
Bedeutende Kapitalmaßnahmen waren die Tilgung der Anleihen der Sterling Winthrop Inc. über 100 Mio US$ und der Bayer Corporation über 150 Mio US$ und die Begebung zweier Anleihen durch die Bayer Corporation über 375 Mio DM bzw. über 250 Mio US$. Der dynamische Verschuldungsgrad als Quotient aus Nettofinanzierung und Jahres-Cash-flow gemäß DVFA/SG lag bei 37 Prozent.
Insgesamt belief sich der Zufluß von Zahlungsmitteln aus Geschäftstätigkeit auf 0,9 Mrd DM. Damit beträgt der Zahlungsmittelbestand zum Ende des Jahres 3 Mrd DM.

Beispiel 7-6: Geschäftsbericht der Bayer AG 1996, S. 11

Darüber hinaus informiert Bayer in einer dem internationalen Rechnungslegungsstandard IAS 7 entsprechenden Kapitalflußrechnung zur Finanzlage des Bayer-Konzerns *(vgl. Bayer AG, GB 1996, S. 60).*

Ad 2.3.: Beschaffung

Angaben zur **Beschaffung** sind für die Leser des Geschäftsberichts wichtig, da viele betriebliche Ziele von der Beschaffungssituation oder von Beschaffungsentscheidungen beeinflußt werden. So beeinflußt die Qualität der eingesetzten Güter oder Rohstoffe maßgeblich die erreichbare Qualität der Absatzprodukte und damit den Markterfolg. Die Lagerung von Einsatzgütern bindet finanzielle Mittel, die die Liquidität des Unternehmens belasten. Der gesamte Produktionsablauf hängt von der termingerechten Bereitstellung benötigter Güter ab, womit die Sicherheit der Produktion betroffen ist. Die Beschaffung von Einsatzgütern verursacht Kosten, vor allem Bezugs-, Lager- und Transportkosten. Unternehmen sollten bzw. könnten in ihrem Geschäftsbericht daher folgende Angaben zum Bereich Beschaffung machen:

- Maßnahmen zur Qualitätssicherung von Einsatzgütern,
- Güterlagerung, etwa die Lagerausstattung oder die Lagerdauer,
- Güterbezug, zum Beispiel das Beschaffungsprogramm, die Beschaffungspreise und die Beschaffungskonditionen, die Beschaffungspartner, die Beschaffungsmarktstruktur, Beschaffungsengpässe oder Lieferfristen.

Die Berichterstattungspraxis zur „Beschaffung“ ist in deutschen Geschäftsberichten äußerst dürftig. Als eines von wenigen Unternehmen berichtet Daimler-Benz in nennenswertem Umfang zu diesem Anforderungskriterium. *Beispiel 7-7* zeigt einen Auszug aus dem Geschäftsbericht der Daimler-Benz AG *(vgl. Daimler-Benz AG, GB 1996, S. 9 f.).*

Ad 2.4.: Produktion und Produkte

Angaben über die **Produktpolitik** bzw. über die angebotenen Dienstleistungen ermöglichen es Geschäftsberichtslesern, sofern diese auch über die Marktstruktur informiert sind, die Marktchancen eines Unternehmens zu beurteilen. Um die Marktchancen treffend beurteilen zu können, sind Angaben über jene Produkteigenschaften wichtig, die geeignet sind, Vorteile im Vergleich zur Konkurrenz aufzubauen. Damit dem Geschäftsberichtsleser eine vergleichende Analyse der Produkte mit Wettbewerbsprodukten ermöglicht wird, bietet sich im einzelnen an, über folgende Aspekte zu berichten:

- Neukonzeption von Produkten/Dienstleistungen,
- Variation von Produkten/Dienstleistungen,
- Produkt-/Dienstleistungsdifferenzierung,
- Produkt-/Dienstleistungsvereinheitlichung (-standardisierung) sowie

> *Der Daimler-Benz-Konzern hat 1996 weltweit Güter und Dienstleistungen im Wert von 66,9 Mrd. DM eingekauft. Knapp drei Viertel der Bezüge entfielen auf das Fahrzeuggeschäft, 10% betrafen die Daimler-Benz Aerospace, 8% die Daimler-Benz InterServices sowie ebenfalls 8% die direkt geführten industriellen Beteiligungen.*
> *Die weitere Erschließung der internationalen Beschaffungsmärkte hat bei unseren Aktionären einen hohen Stellenwert. Damit wollen wir einerseits Kostenvorteile nutzen, andererseits die Währungsrisiken verringern. Ein Schwerpunkt liegt hier insbesondere in den asiatischen und pazifischen Wachstumsmärkten.*
> *Unverändert pflegen wir die Zusammenarbeit mit unseren deutschen Partnern, deren Qualitätsbewußtsein und Innovationspotential auf der ganzen Welt geschätzt werden.*
> *Die Einkaufsoffensive Neue Bundesländer führen wir weiter, wobei nunmehr die Stabilisierung angebahnter Geschäftsbeziehungen im Vordergrund steht.*

Beispiel 7-7: Geschäftsbericht der Daimler-Benz AG 1996, S. 9 f.

- Elimination von Produkten/Dienstleistungen,
- Kapazität bzw. Alter der Produktionsanlagen,
- Produktionsausfälle und deren Ursachen,
- Kapazitätsauslastungen der Anlagen,
- Umfang und Entwicklung von Materialkosten.

Ad 2.5.: Umsatz

Aus der Gruppe der Anforderungskriterien an den Wirtschaftsbericht ist der **Umsatz** eine der bedeutendsten Größen zur Beurteilung der wirtschaftlichen Lage und der Entwicklung von Unternehmen. Für Adressaten des Lageberichts sind vor allem Angaben darüber wichtig, in welcher Höhe und warum die Umsätze in einzelnen Märkten oder Marktsegmenten von denen des Vorjahres abweichen. Vor allem bei stark diversifizierten Unternehmen ist eine Segmentierung der Umsätze wichtig, da eine Analyse bzw. Beurteilung der Entwicklung der wirtschaftlichen Lage anhand einer einzigen, zusammengefaßten Umsatzzahl kaum möglich ist.

Der Wert von Segmentangaben liegt darin, daß mit ihrer Hilfe Unternehmensprognosen verbessert werden können. Segmentierte Umsätze – nach Tätig-

keitsbereichen und nach Regionen – erlauben es den Lesern des Geschäftsberichts, die Risiken für die Entwicklung der Ertragslage vor dem Hintergrund der unterschiedlichen wirtschaftlichen Bedingungen einzelner Segmente differenziert zu beurteilen.
Bei der Abgrenzung der Segmente nach den Tätigkeitsbereichen eines Unternehmens bietet sich eine produkt- und/oder marktorientierte Abgrenzung an. Hierbei werden die Segmente nach Produkten, Produktgruppen oder Technologiebereichen oder nach Kundengruppen abgegrenzt. Bei der Abgrenzung der Segmente nach Regionen ist es häufig zweckmäßig, Regionen mit gleichartigen wirtschaftlichen, sozialen und politischen Bedingungen zusammenzufassen, damit die Adressaten des Lageberichts die Abhängigkeit des Unternehmens von länderspezifischen Entwicklungen, d. h. den dort bestehenden Chancen und Risiken, beurteilen können.
Angaben über den Umsatz dienen ferner häufig als Grundlage für wichtige Kennzahlen, die Anhaltspunkte über die Wirtschaftlichkeit der Leistungserstellung geben. So lassen sich Kennzahlen wie Umsatzrentabilität, Kapitalumschlaghäufigkeit, Umschlagdauer des Vorratsvermögens oder Umsatz-Aufwand-Relationen erst berechnen, wenn der Umsatz bekannt ist.
Die Berichterstattung des Versorgers Veba zum Anforderungskriterium „Umsatz“ zeigt *Beispiel 7-8 (vgl. Veba AG, GB 1996, S. 18).*

In einer aussagekräftigen Segmentberichterstattung schlüsselt Veba ergänzend den Gesamtumsatz, den Außenumsatz und den Innenumsatz nach Bereichen sowie nach Regionen auf und stellt die segmentierten Umsätze den jeweiligen Vorjahreswerten gegenüber. *Beispiel 7-9* zeigt die Segmentinformationen im Geschäftsbericht der Veba AG *(vgl. Veba AG, GB 1996, S. 75).*

Ad 2.6.: Absatz und Auftragslage

In direktem Zusammenhang mit dem Umsatz ist die Absatzsituation eines Unternehmens zu sehen. Die **Absatzsituation** ist vor allem durch die Auftragslage gekennzeichnet. Die **Auftragslage** läßt sich allerdings erst dann fundiert beurteilen, wenn die Angaben bezüglich des Auftragsbestandes um Angaben über die Auftragseingänge im vergangenen Geschäftsjahr ergänzt werden. Der aktuelle Auftragsbestand kann dann den Auftragseingängen vergangener Jahre gegenübergestellt werden. Ein weiterer Indikator der Auftragslage ist die Auftragsreichweite. Die Auftragsreichweite gibt an, für welchen Zeitraum die Produktionskapazitäten durch den Auftragsbestand ausgelastet sind.

Geschäftsentwicklung 1996

LAGEBERICHT

Eine Reihe von Geschäftsfeldern – vor allem in den Bereichen Chemie, Öl und Handel/Verkehr/Dienstleistungen – ist noch stark konjunkturabhängig. Dies machte sich 1996 negativ bemerkbar. Die aktuelle Markt- und Preisentwicklung zehrte einen Teil der Einsparungen aus den Kostensenkungsmaßnahmen der letzten fünf Jahre (rd. DM 2 Mrd p. a.) auf. Wir geben uns daher mit dem erreichten Ergebnis nicht zufrieden. Unser Ziel ist es, den Ergebnistrend der letzten Jahre zu verstetigen und die Konjunkturabhängigkeit unserer Geschäftsfelder weiter zu verringern.

Konzernumsatz

in Mio DM	1996 Mio DM	1995	Veränderung %
Strom	15.297	15.738	– 2,8
Chemie	10.303	10.770	– 4,3
Öl	17.714	15.406	+ 15,0
Handel/Verkehr/ Dienstleistungen	30.876	30.119	+ 2,5
Telekommunikation	351	339	+ 3,5
Außenumsatz insgesamt	**74.541**	**72.372**	**+ 3,0**
davon Ausland	23.386	21.683	+ 7,9

Anstieg des Konzernumsatzes auf DM 74,5 Mrd

Der Konzernumsatz stieg 1996 um 3,0 % auf DM 74,5 Mrd. Absatzmengen- und Preisentwicklung verliefen hierbei in den einzelnen Unternehmensbereichen recht unterschiedlich. Bereinigt um Desinvestitionen beträgt der Umsatzzuwachs 4,5 %.

Der Absatz im Strombereich nahm deutlich um 6,9 % zu. Ausschlaggebend waren die kalte Witterung sowie gestiegene Stromexporte nach Skandinavien und in die Niederlande. Trotz des weit über dem Bundesdurchschnitt von 1,6 % liegenden Absatzzuwachses sank der Umsatz um 2,8 % auf DM 15,3 Mrd. Die Ursache hierfür waren Strompreissenkungen nach Wegfall des Kohlepfennigs ab 1.1.1996. Außerdem schied die in der Abfallentsorgung tätige WESTAB-Gruppe (Umsatz 1995: DM 153 Mio) aus dem Konsolidierungskreis aus.

Im Chemiebereich erhöhte sich der Absatz leicht um 1 %, gleichwohl sank der Umsatz um 4,3 %. Einem deutlichen Umsatzwachstum bei Siliciumwafern standen Umsatzrückgänge in den übrigen Geschäftsfeldern gegenüber. Der Grund für diese Rückgänge war insbesondere ein starker Preisdruck. HÜLS bildete zudem 1996 gemeinsam mit Partnern drei Gemeinschaftsunternehmen in den Bereichen Ledertechnik, Dispersionen und Schmierstoffadditive (Anteil HÜLS: je 50 %). Der Umsatz dieser Bereiche ist daher nur zeitanteilig in den Konzernzahlen enthalten.

Der Ölbereich steigerte den Umsatz deutlich um 15,0 % auf DM 17,7 Mrd. Mineralöl und Erdgas konnten vor allem aufgrund gestiegener Absatzmengen, aber auch höherer Durchschnittserlöse um rd. 33 % auf DM 9,0 Mrd zulegen (ohne Mineralölsteuer). Der Umsatz der Petrochemie sank bedingt durch geringeren Absatz bei niedrigen Preisen deutlich.

Bei Handel/Verkehr/Dienstleistungen nahm der Umsatz um 2,5 % zu. STINNES konnte das Niveau des Vorjahres mit DM 19,4 Mrd halten. Bereinigt um den zum 1.1.1996 erfolgten Verkauf der Kohleaktivitäten liegt der Umsatz um rd. 4 % über dem Vorjahreswert. Zu dem Anstieg hat insbesondere der Handelsbereich beigetragen. RAAB KARCHER steigerte den Umsatz um 7,6 % auf DM 10,4 Mrd; ohne die Mineralölspedition, die 1996 veräußert wurde, beträgt der Anstieg 9,5 %. Hohe Zuwächse erzielten die Bereiche Electronic Components, vor allem aufgrund der Einbeziehung der EBV-ELEKTRONIK GmbH, und Electronic Systems. VEBA IMMOBILIEN erhöhte den Umsatz um 5,2 % auf DM 1,1 Mrd.

In der Telekommunikation lag der Umsatz mit DM 351 Mio um 3,5 % über dem Vorjahreswert. Während der Preisverfall im Geschäft mit Unternehmensnetzen unseren Planungen entsprach, fiel der Mengenzuwachs geringer als erwartet aus. Die Unsicherheit über die künftige Tarifentwicklung bei der Deutschen Telekom erschwerte die Akquisition neuer Kunden. Trotzdem gelang auch in diesem Bereich ein Umsatzanstieg um rd. 10 %.

Im Inland lag der Konzernumsatz mit DM 51,2 Mrd auf Vorjahresniveau. Im Ausland stieg er um 7,9 % auf DM 23,4 Mrd. Zuwächse erzielten wir vor allem in Europa und Nordamerika.

Deutliche Gewinnsteigerung um 18 %

Das Ergebnis nach DVFA/SG ist 1996 deutlich um 17,9 % auf DM 2.491 Mio gestiegen, obwohl konjunkturelle Impulse weitgehend ausblieben. Der erneute Ergebniszuwachs ist in erster Linie auf den Strombereich zurückzuführen. Er glich konjunkturell bedingte Rückgänge in den Bereichen Chemie und Handel/Verkehr/Dienstleistungen sowie erhöhte Anlaufverluste in der Telekommunikation mehr als aus.

Der Strombereich erzielte mit DM 1.451 Mio ein um 41,7 % höheres Ergebnis als im Vorjahr. Die starke Absatzzunahme, weiter verbesserte Aufwandsstrukturen sowie geringere erforderliche Zuführungen zu Entsorgungsrückstellungen wirkten sich überaus positiv aus.

18

Beispiel 7-8: Geschäftsbericht der Veba AG 1996, S. 18

(26) Segmentinformationen

Segmentinformationen nach Bereichen in Mio DM		Strom	Chemie	Öl	Handel/ Verkehr/Dienst- leistungen	Tele- kommuni- kation	Sonstige/ Konso- lidierung	Insgesamt
Außenumsatz	1996	15.297	10.303	17.714	30.876	351	-	74.541
	1995	15.738	10.770	15.406	30.119	339	-	72.372
Innenumsatz	1996	3.860	2.190	5.948	3.482	111	-	15.591
	1995	4.047	2.353	4.916	3.791	44	-	15.151
Gesamtumsatz	1996	19.157	12.493	23.662	34.358	462	-	90.132
	1995	19.785	13.123	20.322	33.910	383	-	87.523
Abschreibungen[1]	1996	2.032	890	161	878	269	16	4.246
	1995	2.192	958	161	819	188	30	4.348
Betriebliches Ergebnis	1996	2.079	567	187	675	- 125	- 13	3.370
	1995	1.092	596	147	843	- 104	112	2.686
Cash-flow nach DVFA/SG	1996	5.070	1.443	449	1.295	61	220	8.538
	1995	5.141	1.574	365	1.347	158	- 15	8.570
Investitionen	1996	3.448	2.101	293	1.539	1.376	26	8.783
	1995	3.904	1.162	258	1.257	3.095	46	9.722
Bilanzsumme	1996	36.315	9.600	4.939	15.978	4.347	738	71.917
	1995	34.254	9.450	4.383	15.416	4.475	- 227	67.751

[1] auf immaterielle Vermögensgegenstände und Sachanlagen

Segmentinformationen nach Regionen in Mio DM		Deutsch- land	Übriges Europa	Nord- amerika	Sonstige	Insgesamt
Außenumsatz nach Sitz der Kunden	1996	51.155	12.792	6.346	4.248	74.541
	1995	50.689	11.853	5.024	4.806	72.372
nach Sitz der Gesellschaften	1996	60.648	6.690	6.090	1.113	74.541
	1995	59.628	6.439	5.208	1.097	72.372
Betriebliches Ergebnis	1996	2.816	302	216	36	3.370
	1995	2.210	210	257	9	2.686
Bilanzsumme	1996	61.910	4.677	4.186	1.144	71.917
	1995	60.671	2.885	3.097	1.098	67.751

Beispiel 7-9: Geschäftsbericht der Veba AG 1996, S. 75

Einzelne Großaufträge sind dann im Lagebericht zu erläutern, wenn sie einen nicht unerheblichen Anteil am gesamten Auftragsvolumen des Auftragnehmers haben. In diesem Fall sollten explizit das Auftragsvolumen, die vereinbarte Abwicklungsdauer sowie mit dem Auftrag zusammenhängende Risiken angegeben und erläutert werden.

Zur Berichterstattung über die Absatzsituation gehören auch Angaben über die Entwicklung von Absatzpreisen und Absatzmengen. Erst Angaben über die Entwicklung von Absatzpreisen und Absatzmengen erlauben es, die Umsatzentwicklung differenziert zu analysieren.

In den Geschäftsbericht sollten zudem konsequent tabellarische Übersichten oder Säulendiagramme, in denen die Entwicklung der Absatzmengen verdeutlicht wird, in die Darstellung der einzelnen Arbeitsgebiete integriert werden.

Beispielhafte Angaben zur Auftragsentwicklung macht die Siemens AG. Im Siemens-Geschäftsbericht wird für sämtliche Arbeitsgebiete des Konzerns jeweils der Auftragseingang des Geschäftsjahres angegeben und anschließend

	Auftragseingang in Mrd. DM		Umsatz in Mrd. DM		Ergebnis vor Ertragsteuern in Mio. DM		Sachanlageinvestitionen in Mio. DM	
	95/96	94/95	95/96	94/95	95/96	94/95	95/96	94/95
Energieerzeugung (KWU)	9,1	9,0	8,0	8,4	410	79	256	253
Energieübertragung und -verteilung (EV)	6,0	6,1	5,8	5,9	42	– 15	160	151
Anlagentechnik (ANL)	9,8	9,7	9,4	9,2	– 102	75	98	94
Antriebs-, Schalt- und Installationstechnik (ASI)	8,9	7,8	8,7	7,4	117	212	296	240
Automatisierungstechnik (AUT)	6,9	6,5	6,6	6,9	509	415	151	141
Öffentliche Kommunikationsnetze (ÖN)	13,4	10,8	11,8	10,4	354	206	379	339
Private Kommunikationssysteme (PN)	8,7	7,0	8,6	7,0	503	479	520	475
Sicherungstechnik (SI)	1,8	1,3	1,6	1,3	63	43	32	26
Vernetzungssysteme (VS)	1,2	1,0	1,1	0,9	– 88	– 83	16	14
Siemens Nixdorf Informationssysteme (SNI)	13,9	13,0	13,6	12,8	52	62	609	426
Verkehrstechnik (VT)	6,5	5,9	4,3	4,6	19	– 128	143	122
Automobiltechnik (AT)	4,0	3,2	4,0	3,2	111	110	334	295
Medizinische Technik (Med)	7,2	6,9	7,1	6,8	30	100	152	238
Halbleiter (HL)	4,8	4,9	4,7	4,2	603	793	2201	1295
Passive Bauelemente und Röhren (PR)	2,1	2,1	2,0	1,9	239	198	196	175
Elektromechanische Komponenten (EC)	1,4	1,2	1,3	1,1	34	27	108	93
Osram	5,7	5,4	5,7	5,4	369	340	396	366

Beispiel 7-10: Geschäftsbericht der Siemens AG 1996, S. 29

erläutert *(vgl. Siemens AG, GB 1996, S. 16–22)*. Die zusammenfassende Darstellung dieser Angaben zeigt *Beispiel 7-10* aus dem Siemens-Geschäftsbericht *(vgl. Siemens AG, GB 1996, S. 29)*.

Ad 2.7.: Organisation und Verwaltung

Grundsätzlich sollte an hervorgehobener Stelle im Geschäftsbericht die Organisationsstruktur des Unternehmens mittels eines Organigramms erläutert werden.

Zur Beurteilung der Wirtschaftlichkeit einer **Organisation** sind die Leistungen, die eine Organisationsform ermöglicht, den für diese Organisationsform spezifischen Kosten gegenüberzustellen. Ersatzkriterien, die auf die Leistungen einer Organisationsform schließen lassen, sind im einzelnen:

- Umsatzzunahmen durch eine verbesserte Verkaufsorganisation oder durch eine erhöhte Flexibilität, sich an wandelnde Kundenwünsche schneller und besser anpassen zu können
- Kosteneinsparungen durch zusammengelegte Teileinheiten
- Kosteneinsparungen durch produktivere Arbeitsabläufe

- Kosteneinsparungen durch beseitigte Arbeitshemmnisse oder Mißstände, z. B. lange Informations- und Entscheidungswege oder Doppelarbeiten.

Demgegenüber bestimmen vor allem folgende Größen die Organisationskosten:

- Koordinationskosten und Kommunikationskosten, etwa Verwaltungskosten für Personal, Material und für EDV, Kosten für Informationsversorgung und für Kontrollen
- Zahl der Mitarbeiter in der Organisationsabteilung und in der Verwaltung;
- Kosten der Organisationsabteilung und der Verwaltung für Gebäude, Räume, Transportmittel und sonstige Anlagen sowie Kosten, die entstehen, wenn Organisationsmaßnahmen umgesetzt werden
- Zahl der Beanstandungen, Beschwerden und Konflikte.

Bayer legt zum Anforderungskriterium „Organisation, Verwaltung“ im Geschäftsbericht 1996 eine detaillierte Organisationsübersicht vor. Wie *Beispiel 7-11* zeigt, wird durch anschauliche Charts die Aufbauorganisation des Bayer-Konzerns sowie die Personalzuordnung zu den Vorstandsausschüssen, den Arbeitsgebieten sowie zu den Geschäftsbereichen und den Stabs- bzw. Servicebereichen verdeutlicht *(vgl. Bayer, GB 1996, S. 88).*

Ad 2.8.: Rechtliche Unternehmensstruktur

Angaben zum Anforderungskriterium „**Rechtliche Unternehmensstruktur**“ sollen dem Geschäftsberichtsleser offenlegen, ob und wieweit das berichtende Unternehmen wirtschaftlich von anderen Unternehmen abhängig ist. Sachverhalte, die auf ein Abhängigkeitsverhältnis hinweisen, sind zum Beispiel:

- Verteilung der Kapitalanteile (Aktionärsstruktur),
- Verteilung der Stimmrechte und Stimmrechtsbeschränkungen,
- Gewinnabführungs- und Beherrschungsverträge (§ 291 AktG).

Sofern tatsächlich ein Abhängigkeitsverhältnis besteht (aber kein Beherrschungsvertrag geschlossen wurde), muß der Vorstand einer Aktiengesellschaft die sogenannte Schlußerklärung aus dem Bericht über die Beziehung zu verbundenen Unternehmen nach § 312 Abs. 3 AktG in den Lagebericht aufnehmen.
Ferner sollte der Geschäftsbericht eines Konzerns möglichst umfassende Angaben zum Konsolidierungskreis enthalten. Dazu zählen neben Angaben zu

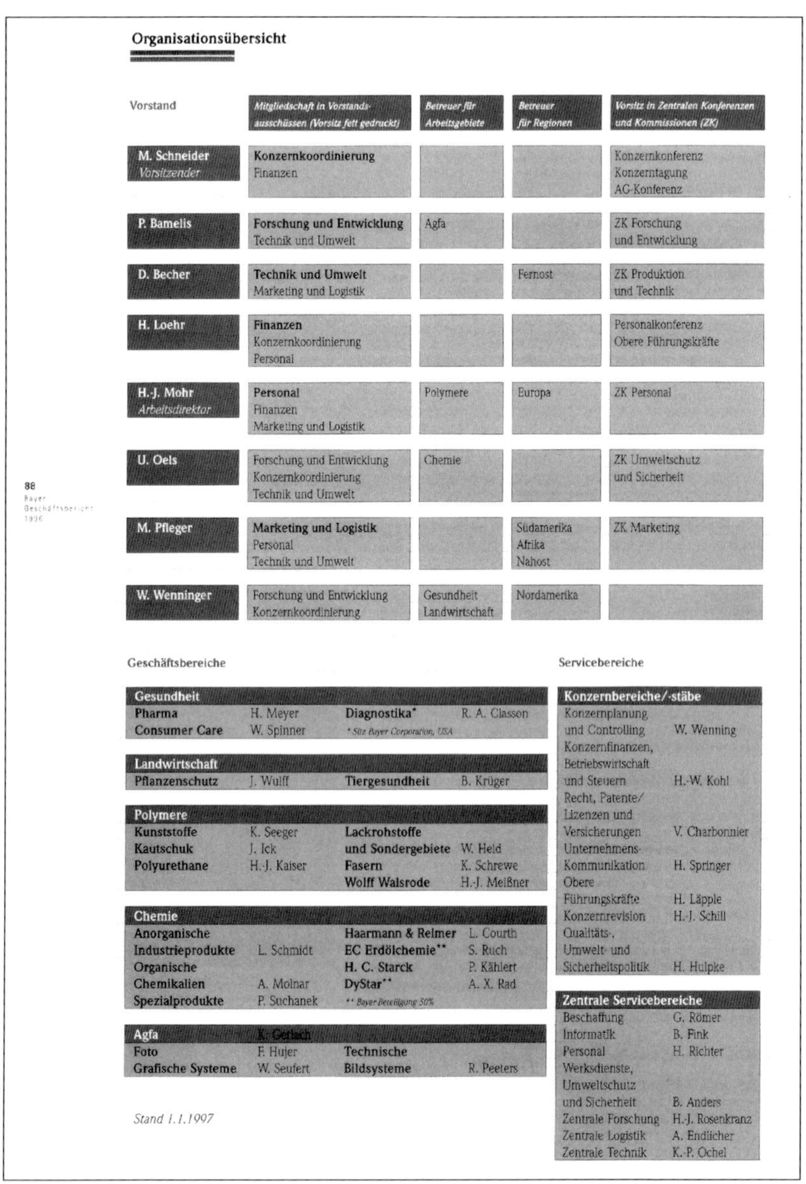

Organisationsübersicht

Vorstand	*Mitgliedschaft in Vorstandsausschüssen (Vorsitz fett gedruckt)*	*Betreuer für Arbeitsgebiete*	*Betreuer für Regionen*	*Vorsitz in Zentralen Konferenzen und Kommissionen (ZK)*
M. Schneider *Vorsitzender*	**Konzernkoordinierung** Finanzen			Konzernkonferenz Konzerntagung AG-Konferenz
P. Bamelis	**Forschung und Entwicklung** Technik und Umwelt	Agfa		ZK Forschung und Entwicklung
D. Becher	**Technik und Umwelt** Marketing und Logistik		Fernost	ZK Produktion und Technik
H. Loehr	**Finanzen** Konzernkoordinierung Personal			Personalkonferenz Obere Führungskräfte
H.-J. Mohr *Arbeitsdirektor*	**Personal** Finanzen Marketing und Logistik	Polymere	Europa	ZK Personal
U. Oels	Forschung und Entwicklung Konzernkoordinierung Technik und Umwelt	Chemie		ZK Umweltschutz und Sicherheit
M. Pfleger	**Marketing und Logistik** Personal Technik und Umwelt		Südamerika Afrika Nahost	ZK Marketing
W. Wenninger	Forschung und Entwicklung Konzernkoordinierung	Gesundheit Landwirtschaft	Nordamerika	

88
Bayer
Geschäftsbericht
1996

Geschäftsbereiche

Gesundheit			
Pharma	H. Meyer	**Diagnostika***	R. A. Classon
Consumer Care	W. Spinner	* Sitz Bayer Corporation, USA	

Landwirtschaft			
Pflanzenschutz	J. Wulff	**Tiergesundheit**	B. Krüger

Polymere			
Kunststoffe	K. Seeger	**Lackrohstoffe**	
Kautschuk	J. Ick	**und Sondergebiete**	W. Held
Polyurethane	H.-J. Kaiser	**Fasern**	K. Schrewe
		Wolff Walsrode	H.-J. Meißner

Chemie			
Anorganische		**Haarmann & Reimer**	L. Courth
Industrieprodukte	L. Schmidt	**EC Erdölchemie****	S. Ruch
Organische		**H. C. Starck**	P. Kählert
Chemikalien	A. Molnar	**DyStar****	A. X. Rad
Spezialprodukte	P. Suchanek	** Bayer-Beteiligung 50%	

Agfa	K. Gerlach		
Foto	F. Hujer	**Technische**	
Grafische Systeme	W. Seufert	**Bildsysteme**	R. Peeters

Stand 1.1.1997

Servicebereiche

Konzernbereiche/-stäbe	
Konzernplanung und Controlling	W. Wenning
Konzernfinanzen, Betriebswirtschaft und Steuern	H.-W. Kohl
Recht, Patente/ Lizenzen und Versicherungen	V. Charbonnier
Unternehmens-Kommunikation	H. Springer
Obere Führungskräfte	H. Läpple
Konzernrevision	H.-J. Schill
Qualitäts-, Umwelt- und Sicherheitspolitik	H. Hulpke

Zentrale Servicebereiche	
Beschaffung	G. Römer
Informatik	B. Fink
Personal	H. Richter
Werksdienste, Umweltschutz und Sicherheit	B. Anders
Zentrale Forschung	H.-J. Rosenkranz
Zentrale Logistik	A. Endlicher
Zentrale Technik	K.-P. Ochel

Beispiel 7-11: Geschäftsbericht der Bayer AG 1996, S. 88

Tochterunternehmen auch Angaben zu Gemeinschaftsunternehmen und zu assoziierten Unternehmen. Im einzelnen könnte zu jedem dieser Unternehmen bezüglich folgender Aspekte berichtet werden (vgl. auch Abschnitt 7.3.3.5 dieses Buches):

- Kapitalanteil,
- Stimmrechtsanteil,
- Eigenkapital,
- Ergebnis.

Eine gelungene Übersicht zur rechtlichen Unternehmensstruktur zeigt *Beispiel 7-12* aus dem 96er-Vossloh-Geschäftsbericht *(vgl. Vossloh AG, GB 1996, S. 4).*

Ad 2.9.: Personal- und Sozialbereich

Angaben zum **Personal- und Sozialbereich** können in einem gesonderten Abschnitt im Lagebericht, dem sogenannten Mitarbeiterbericht, zusammengefaßt werden. Auch der Mitarbeiterbericht dient als Teil der Lageberichterstattung dem Zweck, die wirtschaftliche Lage des Unternehmens hinsichtlich des Personal- und Sozialbereichs darzustellen.

Im Personal- und Sozialbereich haben vor allem die Personal- und Sozialaufwendungen einen erheblichen Einfluß einerseits auf die Ertrags- und Liquiditätslage des Unternehmens; andererseits stehen sie grundsätzlich in unmittelbarem Zusammenhang mit der Motivation und Leistungsbereitschaft der Mitarbeiter. Im Mitarbeiterbericht sollten die Gesamtaufwendungen des Personal- und Sozialbereichs angegeben werden, damit deren Einfluß auf die wirtschaftliche Lage richtig beurteilt werden kann. Vor allem die Entwicklung stetig steigender Sozialleistungen verlangt darüber hinaus, die Sozialaufwendungen weitergehend zu gliedern, etwa in:

- Gesetzliche Sozialaufwendungen,
- Tarifliche Sozialaufwendungen und
- Freiwillige Sozialaufwendungen.

Neben den Personal- und Sozialaufwendungen beeinflußt auch die Zahl der Mitarbeiter sowie deren Qualifikation die wirtschaftliche Lage. Im einzelnen sind folgende Angaben zur Mitarbeiterzahl sowie deren Qualifikation denkbar:

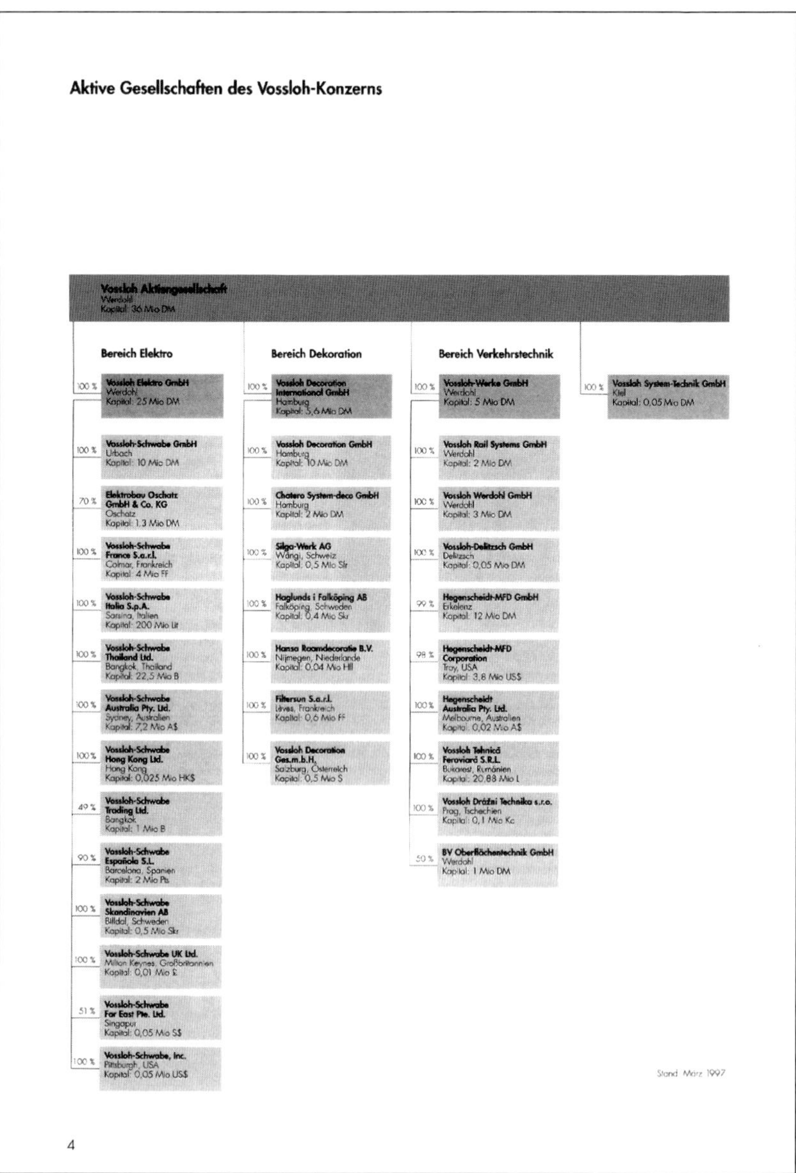

Aktive Gesellschaften des Vossloh-Konzerns

Vossloh Aktiengesellschaft
Werdohl
Kapital: 36 Mio DM

Bereich Elektro

100 % **Vossloh Elektro GmbH**
Werdohl
Kapital: 25 Mio DM

100 % **Vossloh-Schwabe GmbH**
Urbach
Kapital: 10 Mio DM

70 % **Elektrobau Oschatz GmbH & Co. KG**
Oschatz
Kapital: 1,3 Mio DM

100 % **Vossloh-Schwabe France S.a.r.l.**
Colmar, Frankreich
Kapital: 4 Mio FF

100 % **Vossloh-Schwabe Italia S.p.A.**
Sarsina, Italien
Kapital: 200 Mio Lit

100 % **Vossloh-Schwabe Thailand Ltd.**
Bangkok, Thailand
Kapital: 22,5 Mio B

100 % **Vossloh-Schwabe Australia Pty. Ltd.**
Sydney, Australien
Kapital: 7,2 Mio A$

100 % **Vossloh-Schwabe Hong Kong Ltd.**
Hong Kong
Kapital: 0,025 Mio HK$

49 % **Vossloh-Schwabe Trading Ltd.**
Bangkok
Kapital: 1 Mio B

90 % **Vossloh-Schwabe Española S.L.**
Barcelona, Spanien
Kapital: 2 Mio Pts

100 % **Vossloh-Schwabe Skandinavien AB**
Billdal, Schweden
Kapital: 0,5 Mio Skr

100 % **Vossloh-Schwabe UK Ltd.**
Milton Keynes, Großbritannien
Kapital: 0,01 Mio £

51 % **Vossloh-Schwabe Far East Pte. Ltd.**
Singapur
Kapital: 0,05 Mio S$

100 % **Vossloh-Schwabe, Inc.**
Pittsburgh, USA
Kapital: 0,05 Mio US$

Bereich Dekoration

100 % **Vossloh Decoration International GmbH**
Hamburg
Kapital: 5,6 Mio DM

100 % **Vossloh Decoration GmbH**
Hamburg
Kapital: 10 Mio DM

100 % **Chatero System-deco GmbH**
Hamburg
Kapital: 2 Mio DM

100 % **Silga-Werk AG**
Wängi, Schweiz
Kapital: 0,5 Mio Sfr

100 % **Haglunds i Falköping AB**
Falköping, Schweden
Kapital: 0,4 Mio Skr

100 % **Hansa Roamdecoratie B.V.**
Nijmegen, Niederlande
Kapital: 0,04 Mio Hfl

100 % **Filtersun S.a.r.l.**
Lèves, Frankreich
Kapital: 0,6 Mio FF

100 % **Vossloh Decoration Ges.m.b.H.**
Salzburg, Österreich
Kapital: 0,5 Mio S

Bereich Verkehrstechnik

100 % **Vossloh-Werke GmbH**
Werdohl
Kapital: 5 Mio DM

100 % **Vossloh Rail Systems GmbH**
Werdohl
Kapital: 2 Mio DM

100 % **Vossloh Werdohl GmbH**
Werdohl
Kapital: 3 Mio DM

100 % **Vossloh-Delitzsch GmbH**
Delitzsch
Kapital: 0,05 Mio DM

99 % **Hegenscheidt-MFD GmbH**
Erkelenz
Kapital: 12 Mio DM

98 % **Hegenscheidt-MFD Corporation**
Troy, USA
Kapital: 3,8 Mio US$

100 % **Hegenscheidt Australia Pty. Ltd.**
Melbourne, Australien
Kapital: 0,02 Mio A$

100 % **Vossloh Tehnică Feroviară S.R.L.**
Bukarest, Rumänien
Kapital: 20,88 Mio L

100 % **Vossloh Drážni Technika s.r.o.**
Prag, Tschechien
Kapital: 0,1 Mio Kc

50 % **BV Oberflächentechnik GmbH**
Werdohl
Kapital: 1 Mio DM

100 % **Vossloh System-Technik GmbH**
Kiel
Kapital: 0,05 Mio DM

Stand: März 1997

4

Beispiel 7-12: Geschäftsbericht der Vossloh AG 1996, S. 4

- Zahl der Mitarbeiter und ihre Veränderung gegenüber dem Vorjahr, gegliedert nach ihrer Qualifikation in: Akademiker (Kaufleute, Ingenieure), Facharbeiter, Hilfsarbeiter, Auszubildende,
- Aus- und Weiterbildung (Angebot an Aus- und Weiterbildungsmaßnahmen, Anteil der Belegschaft, der an Aus- und Weiterbildungsmaßnahmen teilgenommen hat).

Ferner sind etwa Angaben zu Kosten und Nutzen des betrieblichen Vorschlagswesens für die Leser des Geschäftsberichts von Interesse. Zudem sollte über besondere Ereignisse und Entwicklungen im Personal- und Sozialbereich während des Geschäftsjahres ausführlich berichtet werden.
Die Angaben im Mitarbeiterbericht sollten – soweit möglich – auch grafisch, z. B. mit Säulen- oder Tortendiagrammen, unterstützt werden.

Ad 2.10.: Umweltschutz
Der Geschäftsbericht sollte grundsätzlich möglichst konkret darüber berichten, welche **Umweltschutzmaßnahmen** von dem Unternehmen getroffen wurden. Kennzeichnend für Umweltschutzaufwendungen und Umweltschutzinvestitionen ist, daß sie das Ergebnis von Unternehmen belasten, aber nicht notwendigerweise die Unternehmensleistung steigern oder die Produktionskosten senken. Damit der Einfluß von Umweltschutzmaßnahmen auf die wirtschaftliche Lage des Unternehmens deutlich wird, sollte der Aufwand für Umweltschutzaktivitäten sowie das Volumen von Umweltschutzinvestitionen angegeben und erläutert werden. Um diese Angaben richtig interpretieren zu können, sollten sie vor allem auch offenlegen, wie sich diese Umweltschutzaufwendungen oder Umweltschutzinvestitionen zusammensetzen und wie ihr Einfluß auf die Liquidität und das Ergebnis von der Unternehmensleitung beurteilt wird. Den Angaben sollte auch zu entnehmen sein, ob die Umweltschutzinvestitionen auf gesetzlich vorgeschriebenen Verpflichtungen beruhen oder freiwilliger Natur sind.
Neben Umweltschutzaufwendungen und Umweltschutzinvestitionen sollten auch Umweltrisiken Objekt der Geschäftsberichterstattung sein.
Sofern sich Unternehmen außerhalb ihrer gewöhnlichen Geschäftstätigkeit für den Umweltschutz engagieren (Umweltpreise, Sponsoring etc.), so sollten sie in ihrem Geschäftsbericht auch darüber berichten.
Der Pharma-Konzern Schering berichtet im Geschäftsbericht 1996 relativ ausführlich zum Umweltschutz. Die Erläuterungen werden zudem durch anschauliche Charts unterstützt. Ferner werden wesentliche Umweltschutzmaßnahmen

ausführlich erläutert. Das *Beispiel 7-13* zeigt Auszüge aus der Umweltberichterstattung des Schering-Konzerns *(vgl. Schering AG, GB 1996, S. 9)*.

Veröffentlicht ein Unternehmen einen gesonderten Umweltbericht, so sollten im Geschäftsbericht zumindest die wesentlichen Umweltschutzmaßnahmen genannt und die Höhe der Umweltschutzaufwendungen sowie der Umweltschutzinvestitionen angegeben werden. Zudem sollte auf den gesonderten Umweltbericht hingewiesen werden.

Ad 2.11.: Ergebnisbereich

Die Lageberichterstattung über den **Ergebnisbereich** der Geschäftstätigkeit sollte neben dem Ergebnis und der Ergebnisverwendung alle das Ergebnis wesentlich beeinflussenden Faktoren umfassen und vor allem die Ertragslage des berichterstattenden Unternehmens verdeutlichen. Da der Lagebericht insgesamt eine „wirtschaftliche Gesamtbeurteilung der Gesellschaft" ermöglichen soll, sind in erster Linie jene Einflußfaktoren im Lagebericht darzustellen, ohne die das durch den Jahresabschluß vermittelte Bild von der wirtschaftlichen Lage des Unternehmens zu positiv oder zu negativ gegenüber der tatsächlichen wirtschaftlichen Lage dargestellt werden würde. Solche zusätzlichen Angaben sind etwa erforderlich, wenn z. B. im Jahresabschluß aufgrund der zunächst sehr positiven Ertragsentwicklung ein Ertragseinbruch am Ende des Geschäftsjahres nicht ersichtlich wird.
Beispiel 7-14 zeigt einen Auszug aus der Berichterstattung des Daimler-Benz-Konzerns zum Anforderungskriterium „Ergebnisbereich". Hervorzuheben ist hier, daß Daimler-Benz neben dem Konzernergebnis auch den Erfolg der betrieblichen Tätigkeit für die jeweiligen Geschäftsfelder erläutert *(vgl. Daimler-Benz AG, GB 1996, S. 6)*.

7.2.3.2 Anforderungen an die Berichterstattung im Nachtragsbericht

Der sogenannte Nachtragsbericht hat nach § 289 Abs. 2 Nr. 1 HGB auf Vorgänge von besonderer Bedeutung, die nach dem Schluß des Geschäftsjahres eingetreten sind, einzugehen. Die Aufgabe des Nachtragsberichts besteht darin, das vom Jahresabschluß und vom Lagebericht gezeichnete Bild von der Lage des Unternehmens zum Abschlußstichtag zu aktualisieren und gegebenenfalls zu korrigieren. Der Nachtragsbericht hat alle bedeutenden Vorgänge zu berücksichtigen, die in der Zeit zwischen dem Abschlußstichtag und der Erstellung des Geschäftsberichts eingetreten sind.

Lagebericht

SICHERHEIT UND UMWELTSCHUTZ

Zukunftsverträgliche Entwicklung durch Verantwortliches Handeln

Schering bekennt sich zu einer zukunftsverträglichen Entwicklung, Sustainable Development. Das bedeutet, daß wir unsere unternehmerischen Ziele umsetzen, indem wir wirtschaftliche, gesellschaftliche und ökologische Belange in einem ausgewogenen Verhältnis berücksichtigen. So handeln wir bei der Erforschung, Entwicklung und Herstellung unserer Produkte sicherheits- und umweltbewußt. Wir nutzen die Ressourcen sparsam und wirkungsvoll und leisten damit unseren Beitrag zur Sicherung unserer Lebensgrundlagen sowie der der nachfolgenden Generationen.

Sicherheit, Umweltschutz und Gesundheit ständig zu verbessern, ist das Ziel der weltweiten Initiative für Verantwortliches Handeln, Responsible Care. Sie wurde von der chemischen Industrie entwickelt und dient der praktischen Umsetzung des Sustainable Development-Leitbildes in den Bereichen Produktverantwortung, Anlagensicherheit und Gefahrenabwehr, Arbeits- und Transportsicherheit, Umweltschutz und Dialog mit der Öffentlichkeit.

Schering beteiligt sich an dieser Initiative und verpflichtet sich, Sicherheit und Umweltschutz kontinuierlich und systematisch zu verbessern. Die Schwerpunkte unserer Arbeit werden in den nächsten Jahren in den Bereichen Produktverantwortung, Stoffstrommanagement[1], Ressourcenschonung und öffentlicher Dialog liegen.

1996 haben wir unseren ersten Umweltbericht veröffentlicht. Er dokumentiert die vorrangigen Umweltschutz- und Sicherheitsmaßnahmen an unseren deutschen Standorten und belegt mit Beispielen aus Forschung, Technik und Produktion die bisher erzielten Fortschritte.

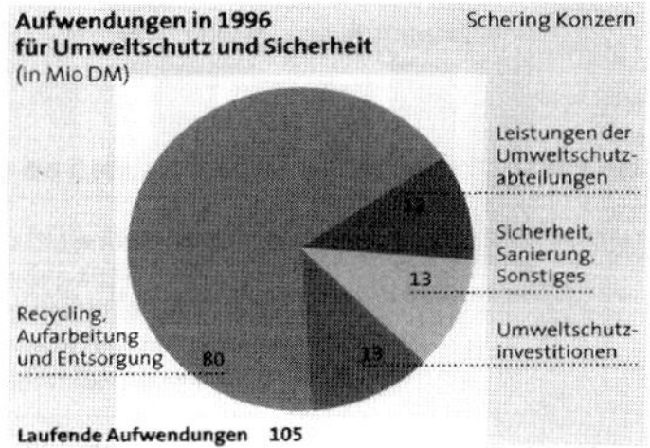

Umweltschutz-Investitionen
(in Mio DM)

	1992	1993	1994	1995	1996
Schering AG	49,2	41,9	27,5	22,8	12,4
Tochtergesellschaften	1,2	0,5	0,8	2,4	0,8
Gesamt	**50,4**	**42,4**	**28,3**	**25,2**	**13,2**

118 Mio DM für Sicherheit und Umweltschutz aufgewendet

1996 haben wir im Konzern 13 Mio DM in Umweltschutzeinrichtungen zur Verbesserung bestehender Anlagen und die Ausstattung neuer Anlagen investiert. Die laufenden Aufwendungen für Recycling, Aufarbeitung und Entsorgung und für andere Aufgaben des Umweltschutzes sowie der Anlagen- und Arbeitssicherheit betrugen 105 Mio DM. Durch das Recycling von 11.700 t Lösemitteln haben wir Beschaffungskosten in Höhe von 20 Mio DM eingespart.

Die Zahl der meldepflichtigen Arbeitsunfälle in der Schering AG konnte aufgrund unserer Unfallverhütungsprogramme und des Engagements aller Mitarbeiter um rund 10 % verringert werden.

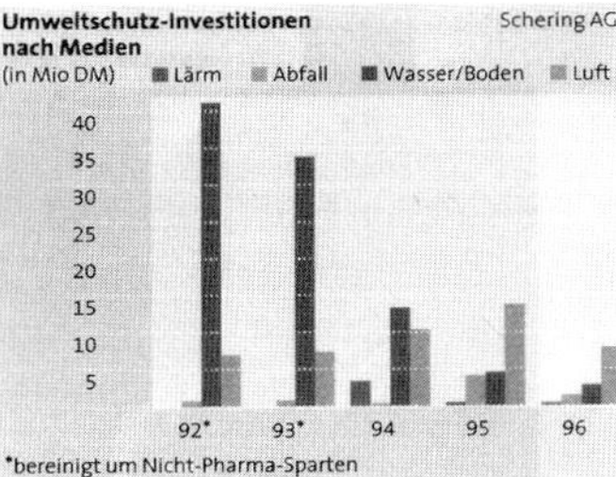

[1] Stoffstrommanagement: umwelt- und kostenentlastendes Steuern von Rohstoff- und Abfallströmen

9

Beispiel 7-13: Geschäftsbericht der Schering AG 1996, S. 9

Das nach den Regeln der US-amerikanischen Rechnungslegung ermittelte Konzernergebnis (Net Income) erreichte im Berichtsjahr 2,8 Mrd. DM, nachdem im Vorjahr ein empfindlicher Verlust von –5,7 Mrd. DM ausgewiesen werden mußte.
Auch den Operating Profit, die Kennziffer für den Erfolg unserer betrieblichen Tätigkeit, konnten wir spürbar auf 2,4 Mrd. DM verbessern. Ausschlaggebend für diese erfreuliche Ergebnisentwicklung war die in den Vorjahren eingeleitete und im Berichtsjahr fortgeführte Bereinigung unseres Konzernportfolios, mit der wir Verlustquellen beseitigt und die Ertragskraft gesteigert haben. In diesem Zusammenhang mußten im Abschluß des Jahres 1995 umfangreiche Einmalaufwendungen berücksichtigt werden, die das Ergebnis erheblich belasteten. Aber nicht nur der Wegfall dieser Aufwendungen, sondern gerade der positive Verlauf des operativen Geschäfts aufgrund des Markterfolgs unserer neuen Produkte, der Effizienzsteigerungsprogramme in allen Geschäftsbereichen sowie die günstigen Wechselkurse haben zu diesem Ergebnisanstieg geführt.
Unser Fahrzeuggeschäft hat mit 2,7 Mrd. DM den Operating Profit des Konzerns wie in den Jahren zuvor wesentlich bestimmt. Der Beitrag des Geschäftsfeldes Luft- und Raumfahrt blieb zwar mit –0,2 Mrd. DM noch negativ, hat sich gegenüber dem Vorjahreswert jedoch ganz entscheidend verbessert. Die Dienstleistungen konnten mit 0,3 Mrd. DM ihren Beitrag deutlich steigern. Die direkt geführten industriellen Beteiligungen belasteten den Operating Profit des Konzerns mit insgesamt –0,6 Mrd. DM.

Beispiel 7-14: Geschäftsbericht der Daimler Benz AG 1996, S. 6

Unternehmen haben nach § 289 Abs. 2 Nr. 1 HGB über solche Vorgänge zu berichten, die das durch den Jahresabschluß gezeichnete Bild wesentlich beeinflussen und damit zu einer anderen Beurteilung des berichterstattenden Unternehmens führen, als dies auf Grundlage von Jahresabschluß und Wirtschaftsbericht möglich ist. Im Nachtragsbericht ist grundsätzlich nur im Einzelfall zu berichten. Es werden daher nur zwei Anforderungskriterien unterschieden, zu denen Unternehmen im Nachtragsbericht informieren sollten:

1. Geänderte Rahmenbedingungen nach Schluß des Geschäftsjahres und
2. Geänderte Unternehmenssituation nach Schluß des Geschäftsjahres.

Ad 1.: Geänderte Rahmenbedingungen nach Schluß des Geschäftsjahres
Zu den **Rahmenbedingungen**, die zu einer anderen Beurteilung des Unternehmens führen können, als dies durch den Jahresabschluß und den Wirtschaftsbericht möglich ist, zählen Daten und Datenänderungen nach Schluß des Geschäftsjahres, die vor allem die gesamtwirtschaftliche Situation und die Branchensituation betreffen, im einzelnen etwa:

- Gesamtwirtschaftliche Situation nach Schluß des Geschäftsjahres: die aktuelle konjunkturelle Entwicklung, bedeutende konjunkturpolitische Maßnahmen, bedeutende gesellschaftspolitische Ereignisse, Veränderungen von Wechselkursparitäten nach Ablauf des Geschäftsjahres;
- Branchensituation nach Schluß des Geschäftsjahres: die aktuelle Branchenkonjunktur, stark schwankende Marktpreise, Überkapazitäten, Streiks, Kurzarbeit, Entlassungen.

Sollten sich die Rahmenbedingungen der wirtschaftlichen Tätigkeit nicht geändert haben, so ist dies durch einen **Fehlbericht** zu dokumentieren. *Beispiel 7-15* aus dem 96er-Geschäftsbericht der Metro AG zeigt, wie ein solcher Fehlbericht aussehen könnte *(vgl. Metro AG, GB 1996, S. 16).*

> *Vorgänge, die für die Beurteilung der Vermögens-, Finanz- und Ertragslage der Metro AG und des Metro-AG-Konzerns von besonderer Bedeutung wären, sind nach Schluß des Geschäftsjahres nicht eingetreten.*

Beispiel 7-15: Geschäftsbericht der Metro AG 1996, S. 16

Ad 2.: Geänderte Unternehmenssituation nach Schluß des Geschäftsjahres
Damit der Nachtragsbericht ein aktuelles Bild von der wirtschaftlichen Lage des Unternehmens vermitteln und gegebenenfalls den Jahresabschluß korrigieren kann, sollte der Nachtragsbericht zum einen auf wichtige unternehmenspolitische Maßnahmen eingehen und zum anderen auf den Geschäftsverlauf in den ersten Monaten des neuen Geschäftsjahres. Dabei sind die entsprechenden Vorjahreswerte zum Geschäftsverlauf in den ersten Monaten des neuen Geschäftsjahres anzugeben. Leser des Geschäftsberichts können so eine sich abzeichnende Entwicklung frühzeitig erkennen.
Zu folgenden unternehmenspolitischen Maßnahmen könnte im einzelnen berichtet werden:

- Abschluß oder Kündigung bedeutender Unternehmensverträge,

Besondere Ereignisse nach Schluß des Geschäftsjahres

- PREUSSENELEKTRA erwarb Mitte Januar 1997 für rd. DM 650 Mio eine Beteiligung von 12,5 % und eine Aktie an der HAMBURGISCHEN ELECTRICITÄTS-WERKE AG (HEW). Die Freie und Hansestadt Hamburg hatte 1996 im Rahmen eines Ausschreibungs- und Bietverfahrens 25 % und zwei Aktien des Kapitalanteils der HEW zum Verkauf angeboten. Die andere 12,5%ige Beteiligung und eine Aktie hat SYDKRAFT erworben.

- VEBA und CABLE & WIRELESS kamen Anfang 1997 überein, ihre Partnerschaft aufgrund unterschiedlicher strategischer Prioritäten zu beenden. Im Zuge der Trennung hat VEBA die 45%ige Beteiligung von CABLE & WIRELESS an VEBACOM zu einem Kaufpreis von DM 2,21 Mrd erworben. CABLE & WIRELESS hat für die 50%ige Beteiligung von VEBA an CABLE & WIRELESS EUROPE einen Preis von DM 90 Mio gezahlt.

- VEBA und RWE schlossen ihre Vertragsverhandlungen über das im Oktober 1996 angekündigte, weitreichende Joint-venture in der Telekommunikation erfolgreich ab. Das neue Unternehmen tritt unter dem Namen O.TEL.O am Markt auf. O.TEL.O wird als Vollanbieter von Telekommunikationsdienstleistungen in Deutschland tätig sein. Die Partner VEBA und RWE halten durchgerechnet Beteiligungen von 40 % bzw. 37,5 % am Joint-venture. Der durch den Ausstieg von CABLE & WIRELESS freigewordene Anteil von 22,5 % wird treuhänderisch von einer Bank für einen neuen internationalen Partner bereitgehalten.

- Die VEBA KRAFTWERKE RUHR (VKR) hat im Februar 1997 über die WWB WASSERWERKS-BETEILIGUNGS-GmbH (VKR-Anteil: 100 %) ihre Beteiligung an der GELSENWASSER AG auf 50,01 % aufgestockt, um ihre bisher schon hohe Beteiligung an dieser Gesellschaft verstärkt unternehmerisch zu nutzen. WWB hat den übrigen Aktionären der GELSENWASSER gemäß dem Übernahmekodex der Börsensachverständigenkommission angeboten, ihre Aktien zum Preis von DM 415,- je DM 50,- Aktie zu erwerben.

Beispiel 7-16: Geschäftsbericht der Veba AG 1996, S. 23

- Akquisition von Großkunden,
- Kapitalerhöhungen oder Kapitalherabsetzungen,
- Erwerb oder Verkauf von Beteiligungen und Betriebsteilen,
- Angebot neuer Produkte und Dienstleistungen.

Zu den Angaben über den Geschäftsverlauf in den ersten Monaten des neuen Geschäftsjahres können im einzelnen z. B. Angaben über Erträge, Leistungen und Ergebnisse gehören.

Das nebenstehende *Beispiel 7-16* zeigt die Berichterstattung des Versorgers Veba zu wichtigen unternehmenspolitischen Maßnahmen – Abschluß bedeutender Unternehmensverträge sowie Erwerb von Beteiligungen – nach Schluß des Geschäftsjahres *(vgl. Veba AG, GB 1996, S. 23)*.

Beispiel 7-17 aus dem Geschäftsbericht 1996 des Handelskonzerns Spar zeigt neben detaillierten Angaben zu wichtigen unternehmenspolitischen Maßnahmen nach Schluß des Geschäftsjahres auch vorbildliche Angaben zum Geschäftsverlauf in den ersten Monaten des neuen Geschäftsjahres *(vgl. Spar Handels-AG, GB 1996, S. 34 f.).*

Auch zu diesem Anforderungskriterium ist für den Fall, daß keine wesentlichen Vorgänge nach dem Abschlußstichtag eingetreten sind, unbedingt ein Fehlbericht zu empfehlen, damit der Leser des Geschäftsberichts sicher sein kann, daß tatsächlich keine wesentlichen Ereignisse nach dem Abschlußstichtag eingetreten sind.

7.2.3.3 Anforderungen an die Berichterstattung im Prognosebericht

Der sogenannte Prognosebericht soll nach § 289 Abs. 2 Nr. 2 HGB auf die voraussichtliche Entwicklung des Unternehmens eingehen. Aktionäre und andere Adressaten des Geschäftsberichts sollen bei ihren (Anlage-)Entscheidungen in bezug auf das berichterstattende Unternehmen nicht allein auf vergangenheitsbezogene Daten angewiesen sein. Vielmehr sollen sie auch entscheidungsrelevante Prognosen berücksichtigen können. Die im Prognosebericht anzugebenden Sachverhalte stimmen daher grundsätzlich mit denen des Wirtschaftsberichts überein. Danach haben Unternehmen in ihrem Prognosebericht zum einen einzugehen auf (1) die **voraussichtlichen Rahmenbedingungen**, d. h. auf die:

1.1. künftige gesamtwirtschaftliche Situation sowie auf die
1.2. künftige Branchensituation.

Damit der Lagebericht den Adressaten (2) die **voraussichtliche Unternehmenssituation** verdeutlichen kann, muß im Prognosebericht zum anderen auf folgende Bereiche eingegangen werden:

2.1. Künftige Investitionen,
2.2. Künftige Finanzierung,
2.3. Künftige Beschaffung,
2.4. Künftige Produktion und Produkte,
2.5. Künftiger Umsatz, Absatz,
2.6. Künftige Organisation und Verwaltung,
2.7. Künftige rechtliche Unternehmensstruktur,

Lagebericht

BESONDERE EREIGNISSE NACH SCHLUSS DES GESCHÄFTSJAHRES

34

Holzer-Parkkauf

Übernahme von 8 SB-Warenhäusern

Anfang Mai 1997 hat die SPAR Handels-Aktiengesellschaft 8 SB-Warenhäuser und einen Cash & Carry-Markt der Holzer-Parkkauf GmbH, Augsburg, mit einem Umsatzvolumen von zusammen rund DM 163 Mio. übernommen.

Die Übernahme der 8 „Parkkauf" SB-Warenhäuser wird das Großflächenengagement der SPAR im bayerischen Raum erheblich verstärken. Die im Raum Augsburg-Freising gelegenen Parkkauf-Märkte ergänzen ideal die in diesem Gebiet noch ausbaufähige Position der INTERSPAR SB-Warenhäuser.

Die Verkaufsfläche der 8 SB-Warenhäuser beträgt 32.300 m², die Fläche des in Augsburg betriebenen C + C-Marktes beträgt 3.600 m². Die SPAR Handels-AG wird den C + C-Markt ihrem als SB-Großmarkt firmierenden Cash & Carry-Bereich anschließen. Die übernommenen SB-Warenhäuser sollen zügig der Vertriebsschiene INTERSPAR angegliedert werden. Die logistische Versorgung der Häuser wird über das SPAR Logistikzentrum in Poing abgewickelt.

Einschließlich der von Holzer-Parkkauf übernommenen Häuser wird die SPAR Handels-AG bundesweit insgesamt 102 SB-Warenhäuser betreiben. Sie gehört mit einem Umsatzvolumen von rd. DM 3,7 Mrd. (mit Umsatzsteuer) zu den führenden Betreibern von SB-Warenhäusern in Deutschland.

Baumärkte

Verkauf der verbliebenen Baumärkte

Von den restlichen fünf bei der SPAR Handels-AG verbliebenen Baumärkten wurden vier zum 01.06.1997 an die Firma Götzen veräußert.

Die Fläche des fünften in Rosenheim gelegenen Baumarktes wurde mit der Fläche des dortigen INTERSPAR SB-Warenhauses zusammengelegt.

Als Ergebnis steht demnach die endgültige Trennung von den Aktivitäten im Baumarkt-Bereich, die im Geschäftsjahr 1996 mit dem Verkauf der SPAR Bau- und Heimwerkermärkte GmbH begonnen worden war.

Beispiel 7-17a: Geschäftsbericht der Spar Handels-AG 1996, S. 34

35

ERSTES QUARTAL 1997

Allgemeine Entwicklung

Auch im ersten Quartal 1997 gab es keine Aussichten für eine konjunkturelle Erholung. So entwickelten sich die Umsätze stagnierend bzw. rückläufig.

Konzernumsatz

Gegen den allgemeinen Trend hat sich der Konzernumsatz der SPAR Handels-Aktiengesellschaft im ersten Quartal 1997 um 16,5 % auf DM 3,4 Mrd. (ohne Umsatzsteuer) kräftig erhöht. Die im Vorjahr noch nicht erfaßten Umsätze der Continent und BOLLE Märkte haben zu dieser Steigerung beigetragen. Demzufolge wird sich das Umsatzwachstum am Jahresende um die geplante Zielmarke von 10 % bewegen.

Der Großhandelsbereich blieb gegenüber dem Vorjahr nahezu unverändert.

Die Verbrauchermärkte mußten ein Umsatzminus von 2,4 % hinnehmen.

Die enorme Umsatzsteigerung der SB-Warenhäuser beruht zwar in erster Linie auf der erstmaligen Konsolidierung der Continent Umsätze im ersten Quartal, reflektiert aber auch die durch gezielte Maßnahmen erreichten Umsatzsteigerungen im Altbereich INTERSPAR.

Discountmärkte mit erneut starkem Wachstum

Erfreulich konnten sich die Lebensmittel-Discountmärkte entwickeln, die wiederum aus eigener Kraft eine Umsatzsteigerung von 9,7 % erreichten.

Umsatzwachstum von 10 % in 1997 geplant

Im einzelnen entwickelten sich die Umsätze wie folgt:

Nettoumsatz im ersten Quartal 1997

	Januar–März 1996		Januar–März 1997		Veränderungen	
	Mio. DM	%	Mio. DM	%	Mio. DM	%
Großhandel insgesamt	**1.333,3**	**46,2**	**1.330,2**	**39,6**	**– 3,1**	**– 0,2**
Verbrauchermärkte	551,9	19,1	538,7	16,0	– 13,2	– 2,4
SB-Warenhäuser	360,4	12,5	793,1	23,6	+ 432,7	+ 120,1
Lebensmittel-Discountmärkte	583,5	20,2	640,0	19,0	+ 56,5	+ 9,7
Sonstiger Einzelhandel	56,4	2,0	58,7	1,8	+ 2,3	+ 4,1
Einzelhandel insgesamt	**1.552,2**	**53,8**	**2.030,5**	**60,4**	**+ 478,3**	**+ 30,8**
Konzernumsatz	**2.885,5**	**100,0**	**3.360,7**	**100,0**	**+ 475,2**	**+ 16,5**

SPAR

Beispiel 7-17b: Geschäftsbericht der Spar Handels-AG 1996, S. 35

2.8. Geplante Änderungen im Personal- und Sozialbereich,
2.9. Künftige Forschung und Entwicklung,
2.10. Künftiger Umweltschutz,
2.11. Ergebnisbereich in der Zukunft sowie
2.12. Künftige Dividende.

Aktionäre, Banken und andere Adressaten des Geschäftsberichts sind grundsätzlich an mittel- oder langfristigen Geschäftsbeziehungen zu dem berichterstattenden Unternehmen interessiert. Daraus folgt ein **mehrjähriger Prognosezeitraum**. Der Prognosehorizont sollte zumindest **zwei Jahre** betragen, gerechnet vom Bilanzstichtag. Bei einem einjährigen Prognosehorizont sind Prognosen zum Zeitpunkt ihrer Veröffentlichung als Entscheidungshilfe praktisch wertlos, da zwischen Veröffentlichung des Geschäftsberichts und dem Ende des Prognosezeitraums dann regelmäßig nur noch wenige Monate liegen.
Es liegt in der Natur der Sache, daß Prognosen – unabhängig vom Prognoseverfahren – immer einen subjektiven Charakter haben. Bei den Angaben zu den Anforderungskriterien des Prognoseberichts sollte es sich daher möglichst um **bedingte Prognosen** handeln. Unternehmen sollten im Prognosebericht also die den Prognosen zugrundeliegenden Prämissen angeben und erläutern.
Ferner sollten alle Prognosen Zahlenangaben enthalten und entweder in einer Punktschätzung oder besser in einer Intervallschätzung vorgelegt werden.

Ad 1.1.: Künftige gesamtwirtschaftliche Situation
Kennzeichnend für die voraussichtlichen Rahmenbedingungen des Unternehmens sind vor allem die **voraussichtliche gesamtwirtschaftliche Situation** sowie die voraussichtliche Branchensituation. Zur voraussichtlichen gesamtwirtschaftlichen Situation sind im Prognosebericht vor allem folgende Einflußfaktoren darzulegen:

- Künftiger Konjunkturverlauf,
- Absehbare konjunkturpolitische Maßnahmen,
- Absehbare gesellschaftspolitische Ereignisse,
- Erwartete Wechselkursentwicklungen sowie
- Absehbare umweltpolitische Maßnahmen.

Prognosen über gesamtwirtschaftliche Größen sollten im Interesse der Überprüfbarkeit und Willkürfreiheit auf veröffentlichten Schätzungen der Wirtschaftsforschungsinstitute, der Deutschen Bundesbank oder der Statistischen

Ämter basieren. Die entsprechenden Quellen (Institutionen) sollten im Prognosebericht angegeben werden.
Beispiel 7-18 aus dem 96er-VEW-Geschäftsbericht und *Beispiel 7-19* aus dem Geschäftsbericht der Merck KGaA 1996 zeigen, wie eine gute Berichterstattung zur künftigen gesamtwirtschaftlichen Situation aussehen könnte. Der Geschäftsbericht der VEW AG enthält eine Intervallprognose über das Wirtschaftswachstum, die kurz erläutert und begründet wird *(vgl. VEW AG, GB 1996, S. 17)*. Merck macht Punktangaben zu künftigen gesamtwirtschaftlichen Größen und erläutert diese relativ ausführlich *(vgl. Merck KGaA, GB 1996, S. 19)*.

> *Die moderate Aufwärtsentwicklung der deutschen Wirtschaft wird sich auch 1997 fortsetzen. Dafür sprechen vor allem die günstigen Rahmenbedingungen wie stabile Preise, ein niedriges Zinsniveau, angemessene Lohnabschlüsse und verbesserte Wechselkursrelationen. Nach den derzeitigen Prognosen wird im Jahresmittel ein wirtschaftliches Wachstum von 2% bis 2,5% erwartet.*

Beispiel 7-18: Geschäftsbericht der VEW AG 1996, S. 17

> *Die Voraussagen der Experten zur weiteren wirtschaftlichen Entwicklung in Deutschland sind verhalten optimistisch. Die Konjunktur hat 1996 mit einer Steigerung des Bruttoinlandsproduktes um nur 1,4% an Schwung verloren. Für 1997 wird im Jahreswirtschaftsbericht der Bundesregierung mit einem Wirtschaftswachstum von 2,5% gerechnet. Dies beruht in erster Linie auf verbesserten internationalen Rahmenbedingungen: Steigerung des Welthandels um 7,5% und verbesserte Wechselkursrelationen der deutschen Mark gegenüber den Währungen wichtiger Außenhandelspartner, insbesondere der USA und europäischen Ländern. Dort wird auch mit steigenden Wachstumsraten für die Wirtschaft gerechnet. Demgegenüber zeigen die binnenwirtschaftlichen Faktoren wie Konsumnachfrage und Investitionen, hohe Arbeitslosigkeit und verminderte Nachfrage des Staates noch keine nachhaltige Verbesserung. So wird auch in diesem Jahr der Export der Motor der deutschen Konjunktur bleiben.*

Beispiel 7-19: Geschäftsbericht der Merck KGaA 1996, S. 19

Ad 1.2.: Künftige Branchensituation

Faktoren, die die **künftige Branchensituation** beeinflussen, sind vor allem die erwartete Branchenkonjunktur, die künftige Branchenstruktur sowie die künftige Position des Unternehmens in der Branche. So könnten Unternehmen in ihrem Geschäftsbericht auf mögliche neu in die Branche eintretende Mitbewerber hinweisen und die eigene Wettbewerbssituation vor diesem Hintergrund darstellen.

Die voraussichtliche **Branchenkonjunktur** ist vor allem dann im Prognosebericht zu erläutern, wenn sie von der Gesamtkonjunktur voraussichtlich abweicht.

Angaben über die künftige **Branchenstruktur** oder über die künftige Position des Unternehmens in der Branche sind vor allem dann im Geschäftsbericht zu veröffentlichen, wenn mit negativen Entwicklungen oder drohenden Risiken zu rechnen ist.

In dieser Hinsicht vorbildlich ist die Berichterstattung der Hapag-Lloyd AG. Auszüge aus dem Hapag-Lloyd-Geschäftsbericht 1996 zeigt *Beispiel 7-20 (vgl. Hapag-Lloyd AG, GB 1996, S. 20 f.).*

Der globale deregulierte Markt der Container-Linienschiffahrt ist 1997 durch weiter steigende Überkapazitäten gekennzeichnet, die in nahezu allen Fahrgebieten die Frachtraten belasten. ... Der Touristik-Markt wird 1997 durch intensiven Wettbewerb und ausgeprägtes Preisbewußtsein der Reisenden geprägt sein. Darüber hinaus dürfte die Konzentrationstendenz im deutschen Touristik-Markt, speziell bei den Reisebüros und den Reiseveranstaltern, zunehmen. ... In der Spedition gehen wir von unverändert schwierigen Rahmenbedingungen aus.

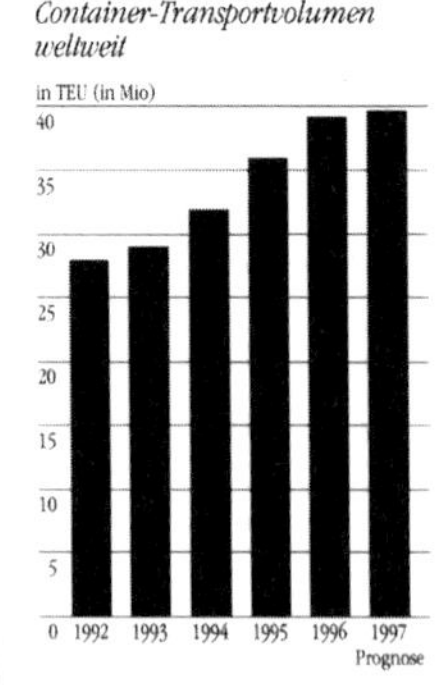

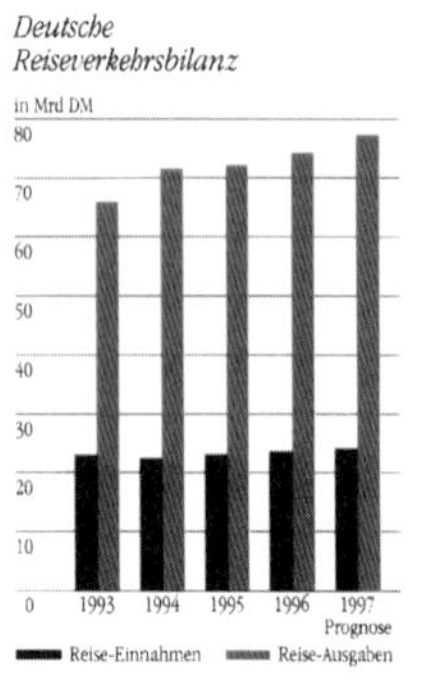

Beispiel 7-20: Geschäftsbericht der Hapag-Lloyd AG 1996, S. 20 f.

Ad 2.1.: Künftige Investitionen

Prognosen über **geplante Investitionen** lassen auf die Erwartungen und die Geschäftspolitik der Geschäftsführung schließen. Hierzu sollten im Prognosebericht neben den geplanten Investitionsvorhaben zumindest das geplante Investitionsvolumen, die Struktur der geplanten Investitionen, die an die Investitionsvorhaben geknüpften Erwartungen sowie die mit den Investitionen verbundenen Risiken angegeben und erläutert werden.

Nachstehendes *Beispiel 7-21* zeigt die Berichterstattung der Veba AG zum Anforderungskriterium „Künftige Investitionen" *(vgl. Veba AG, GB 1996, S. 26 f.)*. Besonders hervorzuheben sind hier zum einen der ausgedehnte Prognosezeitraum von fünf Jahren und zum anderen die Segmentierung der geplanten Investitionen nach Regionen und nach Geschäftsbereichen.

Ad 2.2.: Künftige Finanzierung

Die **voraussichtliche Finanzlage** kann von Unternehmen intern mittels eines langfristigen Finanzplans systematisch dargestellt werden. Abhängig von der Genauigkeit der Finanzplanung könnte im Geschäftsbericht einerseits der Umfang und die Art von geplanten kapitalbindenden und kapitalentziehenden Maßnahmen – hier wird die enge Verbindung zum Anforderungskriterium „Künftige Investitionen" deutlich – angegeben und erläutert werden. Andererseits könnten auch die künftigen Finanzierungsquellen angegeben werden. Hierzu gehören der voraussichtliche Umsatzüberschuß, geplante Kapitalerhöhungen sowie eine geplante Kreditaufnahme.

Angaben zur **künftigen Liquidität** sind für die Empfänger eines Geschäftsberichts vor allem unter dem Aspekt der Sicherheit bedeutend. Prognosen über die Liquidität können auf der Basis eines Liquiditätsplans getroffen werden. Da die Liquiditätsplanung in der Regel nur wenige Monate weit reicht, könnten im Prognosebericht vor allem die verschiedenen Arten sowie der Umfang potentieller Ausgleichsmaßnahmen (potentielle Liquidität) mit Hinweis auf Kreditlinien oder ähnliches angegeben werden, mit denen ein möglicher Liquiditätsengpaß ausgeglichen werden kann.

Angaben zur **voraussichtlichen Finanzlage** zeigen *Beispiel 7-22* aus dem Geschäftsbericht der VEW AG *(vgl. VEW AG, GB 1996, S. 19)* und *Beispiel 7-23* aus dem Geschäftsbericht der Veba AG *(vgl. Veba AG, GB 1996, S. 23)*.

Weitere Informationen

STRATEGIE UND GEPLANTE INVESTITIONEN

Investitionen VEBA-Konzern

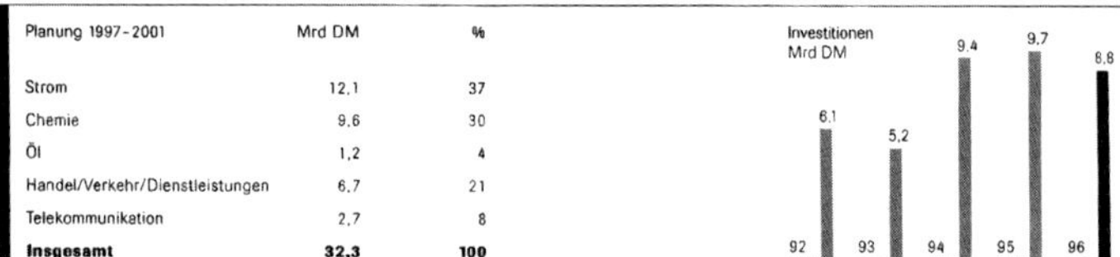

Planung 1997-2001	Mrd DM	%
Strom	12,1	37
Chemie	9,6	30
Öl	1,2	4
Handel/Verkehr/Dienstleistungen	6,7	21
Telekommunikation	2,7	8
Insgesamt	**32,3**	**100**

Erschließung neuer Wertpotentiale

Neue Informationstechnologien, Globalisierung sowie der ungebrochene Trend zu höherwertigen Dienstleistungen verändern das Wettbewerbsumfeld. Traditionelle Branchengrenzen werden sich auflösen. In Osteuropa und Asien öffnen sich neue attraktive Märkte. Unsere Konzernstrategie zielt darauf ab, in diesem Umfeld neue Wertpotentiale zu erschließen sowie die Wettbewerbsfähigkeit der bestehenden Geschäfte nachhaltig zu sichern.

Wertsteigerung des Konzernportfolios

Die Renditeerwartung unserer Aktionäre, die Ansprüche unserer Kunden und Mitarbeiter sowie die Kompetenzen unserer Wettbewerber setzen Maßstäbe für unser Handeln. In diesem Rahmen wollen wir den Wert des Unternehmens steigern durch

- Konzentration auf Kernaktivitäten, in denen VEBA kompetent und international wettbewerbsfähig ist;
- verstärkte internationale Ausrichtung der Kerngeschäfte;
- Ausbau von wachstumsstarken Geschäften mit höherer Wertschöpfung, insbesondere Dienstleistungen;
- Trennung von Randaktivitäten und Geschäftsfeldern mit nachhaltig unzureichender Wertentwicklung.

Wertorientiertes Controlling

Die stärkere Ausrichtung des Unternehmens auf die Anforderungen des Kapitalmarkts wird durch ein wertorientiertes Controlling unterstützt. Die rund 50 strategischen Geschäftsfelder der VEBA sind in einen geschlossenen Zyklus aus Strategieentwicklung, Mittelfristplanung, Budgetierung und monatlicher Berichterstattung eingebunden und berichten konzernweit einheitlich über Ergebnisse, Investitionen und Wertentwicklung. Für jedes Geschäftsfeld bestimmen wir die geschäftsspezifischen Kapitalkosten. Nur solche Geschäftsfelder, die ihre Kapitalkosten eigenständig und nachhaltig erwirtschaften, können auf Dauer im Konzernportfolio verbleiben.

Strom: Kundenorientierung und Kostenmanagement

Im liberalisierten Strommarkt stehen Kundenorientierung und Kostenmanagement im Vordergrund. Durch neue Energiedienstleistungen wollen wir unseren Service weiter verbessern und die Kundenbindung erhöhen. Die Senkung der Strombereitstellungskosten wird durch Produktivitätssteigerungen und die Erschließung neuer Bezugsmöglichkeiten weiter vorangetrieben. Von besonderer Bedeutung ist der Ausbau der stromwirtschaftlichen Zusammenarbeit mit den Anrainerstaaten der Ostsee.

Chemie: Konzentration auf Kerngeschäfte und internationaler Ausbau

Der Chemiebereich wird sein Portfolio weiter straffen und Kerngeschäfte mit führender Marktposition ausbauen. Gestützt auf Kosten- und Technologieführerschaft im europäischen Markt sollen ausgewählte Geschäfte im Bereich Basischemikalien in Nordamerika und Asien etabliert werden. Der Ausbau der margenstarken Spezialchemikalien wird konsequent fortgesetzt. Das Siliciumwafer-Geschäft wird weiter weltweit expandieren und damit die globale Spitzenposition absichern.

Öl: Ausrichtung auf attraktive Märkte

In der Exploration und Produktion werden neue attraktive Fördergebiete erschlossen, insbesondere in Südamerika und den GUS-Staaten. Im Raffineriebereich werden wir zur Verbesserung der Wettbewerbsfähigkeit die Kostenmanagementmaßnahmen fortsetzen. Der Vertrieb konzentriert seine Aktivitäten auf die Festigung der Marktführerschaft von ARAL und den Ausbau des Heizöl-Endkundengeschäfts. Die Petrochemie wird weiter auf Kerngeschäfte ausgerichtet.

Handel/Verkehr/Dienstleistungen: Konsequentes Portfoliomanagement

Die Konzentration auf größere Unternehmenseinheiten mit führender Position in attraktiven Märkten werden wir konse-

26

Beispiel 7-21a: Geschäftsbericht der Veba AG 1996, S. 26

Weitere Informationen

STRATEGIE UND GEPLANTE INVESTITIONEN

quent fortsetzen. Im Handels- und Dienstleistungsbereich werden wir unsere Wettbewerbsfähigkeit durch nationale Standortoptimierung und gezieltes internationales Wachstum sichern. Im Verkehrsbereich stehen Rationalisierung, Netzoptimierung und die Entwicklung innovativer Logistikdienste im Vordergrund. Im Immobilienbereich werden wir den Wohnungsbestand weiter verbessern und integrierte Dienstleistungen aufbauen.

Telekommunikation: Geschäftsaufbau im In- und Ausland

Der Telekommunikationsbereich wird in Deutschland gemeinsam mit unserem neuen Partner RWE weiter ausgebaut. Über ein technologisch führendes Festnetz sollen in Verbindung mit Mobilfunk- und Kabelfernsehnetzen Dienstleistungen aus einer Hand angeboten werden; ab 1998 werden wir auch Telefondienste für Privatkunden offerieren. Unser Ziel ist es, führender privater Anbieter im deutschen Telekommunikationsmarkt zu werden. In ausgewählten europäischen Märkten wollen wir mit Partnern umsatz- und ertragsstarke Positionen aufbauen.

Investitionsplanung: DM 32,3 Mrd

Im VEBA-Konzern planen wir für den Zeitraum 1997 bis 2001 Investitionen in Höhe von DM 32,3 Mrd. Mit - gegenüber der Vorjahresplanung - verdoppelten Auslandsinvestitionen auf DM 12,4 Mrd stellt VEBA die Weichen für eine stärkere internationale Ausrichtung des Konzerns.

Der Strombereich zielt mit einem Investitionsvolumen von DM 12,1 Mrd darauf ab, seine Wettbewerbsfähigkeit durch fortgesetzte Produktivitätssteigerungen sowie nationale und internationale Kooperationen weiter zu verbessern. Insbesondere die Zusammenarbeit mit Skandinavien werden wir weiter ausbauen. Ab 1998 wird eine Verbindung nach Norwegen via Dänemark genutzt, und ab 2003 soll das deutsch-norwegische Viking Cable in Betrieb gehen.

Der Chemiebereich setzt mit einer deutlichen Erhöhung der Investitionen auf DM 9,6 Mrd seine international ausgerichtete Wachstumsstrategie fort. Einen Investitionsschwerpunkt bildet der weltweite Ausbau der Waferproduktion bei MEMC. Daneben stärken wir die Spezialchemikalien mit hoher Wertschöpfung weiter und festigen die globale Marktführerschaft der Phenolchemie.

Im Ölbereich planen wir Investitionen von DM 1,2 Mrd. Zusätzliche DM 2,7 Mrd sind anteilig bei den nichtkonsolidierten Gemeinschaftsunternehmen DEMINEX, RUHR OEL und ARAL vorgesehen. Im Bereich Upstream wollen wir ausgeförderte

Investitionsplanung VEBA-Konzern 1997–2001 nach Regionen DM 32,3 Mrd

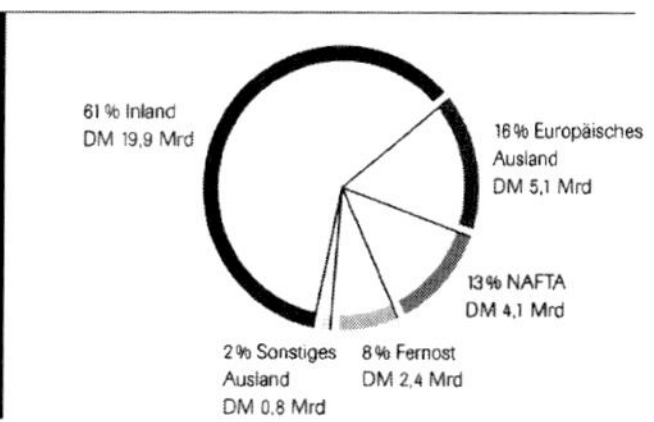

Reserven kostengünstig ersetzen und die Produktion von Öl und Gas weiter steigern. Die Investitionen in der Mineralölverarbeitung werden deutlich zurückgefahren und dienen vor allem der Ergebnisverbesserung. Im Vertrieb konzentrieren sich die geplanten Maßnahmen auf ARAL: Das Tankstellennetz wird in Deutschland qualitativ verbessert und in Osteuropa weiter ausgebaut.

Im Bereich Handel/Verkehr/Dienstleistungen einschließlich Immobilien setzen wir mit Investitionen von DM 6,7 Mrd insbesondere die Internationalisierung ausgewählter Geschäftsfelder fort. Im Handel expandieren vor allem die Geschäftsfelder Chemie-Distribution, Baumärkte, Baustoffhandel sowie Electronic Components. Im Verkehrsbereich fließen die Investitionen vornehmlich in die Verdichtung der Infrastruktur und in wettbewerbsentscheidende Informations- und Kommunikationssysteme. Bei den Dienstleistungen werden wir verstärkt in die Geschäftsfelder Energieservice und Sicherheit investieren. Im Immobilienbereich werden wir den Wohnungsbestand durch Zukäufe und Modernisierungen weiter aufwerten.

In der Telekommunikation beabsichtigen wir Investitionen in Höhe von DM 2,7 Mrd. Auswirkungen unserer strategischen Partnerschaft mit RWE auf diese Planung sind allerdings noch nicht berücksichtigt. Ein wesentlicher Teil der geplanten Investitionen betrifft die zukünftigen Festnetzaktivitäten in Deutschland: Im Service-Bereich vor allem Dienste und Abrechnungssysteme und im Netz-Bereich den Ausbau des Transportnetzes und der Vermittlungstechnik. Darüber hinaus bauen wir im In- und Ausland die vorhandenen Mobilfunk-Aktivitäten weiter aus und bereiten die Kabelfernsehnetze für ein breiteres Diensteangebot vor.

27

Beispiel 7-21b: Geschäftsbericht der Veba AG 1996, S. 27

> *In den nächsten fünf Jahren soll mit rd. 4,1 Mrd DM der größte Teil des Investitionsbudgets auf den Konzernbereich Energie entfallen;...*
> *EDELHOFF plant Investitionen von rd. 480 Mio DM,...*
> *Im Konzernbereich Dienstleistungen wird Harpen rd. 360 Mio DM ... investieren.*
> *Die Finanzierung des mittelfristigen Investitionsprogramms kann ausschließlich aus dem Cash-flow erfolgen.*

Beispiel 7-22: Geschäftsbericht der VEW AG 1996, S. 19

> *Wir planen 1997 Investitionen in Höhe von rd. DM 8,0 Mrd, davon 40% im Ausland. Die Finanzierung ist aus dem Cash-flow und den liquiden Mitteln möglich. Eine Kapitalerhöhung ist weder 1997 noch in absehbarer Zukunft vorgesehen.*

Beispiel 7-23: Geschäftsbericht der Veba AG 1996, S. 23

Angaben zur **künftigen Liquidität** zeigt *Beispiel 7-24* aus dem Siemens-Geschäftsbericht (vgl. Siemens AG, GB 1996, S. 33).

> *Zur Flexibilisierung unseres Finanzierungsrahmens haben wir im November 1995 das bestehende Commercial Paper-Programm mit einer fest zugesagten Kreditlinie einer Gruppe bedeutender Banken (sog. „backstop facility") über 2,0 Mrd. US-Dollar unterlegt und ein Medium Term Note-Programm über 1,5 Mrd. US-Dollar abgeschlossen; in dessen Rahmen haben wir unter anderem eine Anleihe zu nominal 250 Mio. DM mit einer Laufzeit von fünf Jahren aufgelegt.*

Beispiel 7-24: Geschäftsbericht der Siemens AG 1996, S. 33

Ad 2.3.: Künftige Beschaffung

Prognosen zur Beschaffung sollen dem Leser des Geschäftsberichts vor allem zeigen, ob und wieweit die Versorgung des Unternehmens mit Rohstoffen und Vorprodukten künftig – etwa durch langfristige Verträge, in denen Beschaffungsmengen und Beschaffungspreise festgelegt sind – gesichert ist und wieweit in der Zukunft die Liquidität des Unternehmens durch die Beschaffung belastet wird. Kennzeichnend für die künftige Sicherheit der

Beschaffung sind vor allem:

- Das geplante Verhältnis von Eigenfertigung zu Fremdbezug von Vorprodukten
- Die erwartete Preissituation auf den Beschaffungsmärkten
- Die Lieferbereitschaft und die Lieferfähigkeit der Beschaffungspartner.

Die künftige Liquiditätsbelastung des Unternehmens durch Beschaffungsmaßnahmen wird dagegen von den geplanten Beschaffungsmengen und dem geplanten Umfang gelagerter Vorprodukte bestimmt.
Beispiel 7-25 zeigt Angaben zur künftigen Beschaffung aus dem 96er-Veba-Geschäftsbericht *(vgl. Veba AG, GB 1996, S. 31 und 39).*

> *Ein verstärkter Stromhandel mit anderen Energieversorgern trägt darüber hinaus zur Kostenminimierung bei der Strombeschaffung bei. ...*
> *Eine Gesamtbewertung aller Einflußfaktoren läßt uns im Jahresdurchschnitt 1997 einen Rohölpreis in einer Bandbreite zwischen 18 $/b und 20 $/b erwarten.*

Beispiel 7-25: Geschäftsbericht der Veba AG 1996, S. 31 und 39

Ad 2.4.: Künftige Produktion und Produkte

Prognosen über die **Produktion** sollen den Leser des Geschäftsberichts darüber informieren, ob und wieweit künftig die Produkte/Dienstleistungen termingerecht sowie in der gewünschten Qualität und Menge produziert werden können. Darauf weisen vor allem Angaben über geplante Veränderungen von Produktionskapazitäten und von Produktionsverfahren, aber auch Angaben über Risiken durch mögliche Streiks bei Lieferanten hin. Ferner geben Zahlenangaben zur geplanten Kapazitätsauslastung bzw. zum geplanten Produktionsvolumen im Geschäftsbericht einen Hinweis darauf, ob bzw. wieweit künftig wirtschaftlich produziert wird.
Prognosen über die **Produkte** und Produkteigenschaften sollen es Lesern des Geschäftsberichts ermöglichen, künftige Absatzchancen eines Unternehmens auf den Absatzmärkten im Vergleich zu den Wettbewerbern zu beurteilen.
Angaben des Automobilherstellers BMW sowie des Deutz-Konzerns zum Anforderungskriterium „Künftige Produktion und Produkte" zeigen *Beispiel 7-26 (vgl. BMW AG, GB 1996, S. 15)* und *Beispiel 7-27 (vgl. Deutz AG, GB 1996, S. 15).*

> *Die neue 5er-Reihe steht nunmehr ganzjährig zur Verfügung; deren touring-Variante sowie die besonders leistungsstarken Roadster Z3 2.8 und M roadster werden ab Frühjahr 1997 an die Kunden ausgeliefert.*
> *Die Rover Group wird mit neuen Modellen sowie dem quantitativen und qualitativen Ausbau der Vertriebsorganisation ihre Position auf dem internationalen Automobilmarkt ausbauen. ...*
> *Beginnend in 1997 werden im BMW Konzern in den nächsten Jahren jährlich mindestens zwei völlig neue Produkte auf den Markt kommen.*

Beispiel 7-26: Geschäftsbericht der BMW AG 1996, S. 15

> *Wir werden in den nächsten Jahren weiterentwickelte, leistungsgesteigerte und neue Motoren in die Märkte einführen. Damit werden wir eine einzigartige, von 4 bis 7.400 kW durchgehende und vor allem technisch herausragende Produktpalette anbieten, welche die Basis für das angestrebte Absatz- und Umsatzwachstum ist.*

Beispiel 7-27: Geschäftsbericht der Deutz AG 1996, S. 15

Ad 2.5.: Künftiger Umsatz, Absatz

Prognosen über den **Umsatz** informieren unmittelbar über die (erwartete) künftige Geschäftsentwicklung eines Unternehmens und sollten demzufolge im Geschäftsbericht veröffentlicht werden.

Prognosen über die **Absatzsituation** gestatten den Adressaten des Jahresabschlusses, die künftigen Absatzchancen eines Unternehmens zu beurteilen. Gegenstand von Absatzprognosen sind vor allem Prognosen über das

- Marktpotential,
- Absatzpotential,
- Marktvolumen,
- Absatzvolumen und den
- Marktanteil.

Ferner sollte – soweit möglich – im Geschäftsbericht das geplante bzw. erwartete Preisniveau auf den relevanten Märkten angegeben und erläutert werden.

Im Hinblick auf den künftigen Umsatz ist die Berichterstattung der Vossloh AG vorbildlich. Hervorzuheben sind hier vor allem die Umsatzprognosen auf Bereichsebene. Diese Prognosen werden an anderer Stelle im Geschäftsbericht noch näher erläutert und begründet *(vgl. Vossloh AG, GB 1996, S. 15, 19 und 24 f.)*. Auszüge aus dem Vossloh-Geschäftsbericht 1996 zeigt *Beispiel 7-28 (vgl. Vossloh AG, GB 1996, S. 35)*.

Lagebericht
Ausblick

Nach aktuellen Prognosen wird die deutsche Wirtschaft 1997 etwas mehr als 2 % wachsen. Das Wachstum der Industrieländer soll mit gut 2,5 % und das der Weltwirtschaft mit über 3 % noch darüber hinausgehen. Die für unsere Geschäftsbereiche relevanten Absatzmärkte werden sich demgegenüber voraussichtlich weniger günstig entwickeln. Gleichwohl strebt Vossloh auch für 1997 eine deutliche Steigerung von Umsatz und Ergebnis an. Dabei erwarten wir für unsere drei Bereiche erneut eine recht unterschiedliche Entwicklung.

Der Elektro-Bereich hat sich für 1997 ein Umsatzwachstum von 10 % auf 400 Mio DM als Ziel gesetzt. Er ist zuversichtlich, dabei ein Ergebnis vor Ertragsteuern zumindest auf dem Niveau von 1996 (31 Mio DM) erreichen zu können. Dies setzt jedoch voraus, daß der deutsche Markt nur noch begrenzt weiter schrumpft und die derzeitige Währungssituation in etwa konstant bleibt, d.h. die DM keine wesentliche Aufwertung erfährt.

Der Bereich Dekoration wird 1997 von den Auswirkungen im Vorjahr durchgeführter bzw. eingeleiteter Restrukturierungsmaßnahmen profitieren können. Das Baumarktgeschäft sollte stabil bleiben, während wir im Fachhandel mit einem weiter schrumpfenden Markt rechnen. Insgesamt plant der Bereich Dekoration für 1997 einen Umsatz von 157 Mio DM. Das sind noch einmal rund 10 Mio DM weniger als in dem bereits schwachen Jahr 1996. Die deutliche Absenkung der Gewinnschwelle durch die Restrukturierung im Berichtsjahr sollte es aber diesem Bereich ermöglichen, 1997 wieder ein positives Ergebnis vor Ertragsteuern von rund 4 Mio DM zu erzielen.

Der Bereich Verkehrstechnik erwartet für 1997 einen Umsatz von 270 Mio DM. Davon sollen etwa 130 Mio DM auf den Maschinenbau entfallen. Dabei verlagert sich das Geschäft der Verkehrstechnik zunehmend auf das Ausland. Als Ergebnis vor Ertragsteuern erwarten wir, insbesondere durch einen abrechnungsbedingten Überhang im Maschinenbau aus 1996, etwa 50 Mio DM erreichen zu können.

Die Vossloh System-Technik GmbH hat für 1997, dem ersten Jahr nach der Übernahme der Aktivitäten Verkehr und Industrie von der Deutschen System-Technik GmbH, einen Umsatz von 26 Mio DM sowie ein positives Ergebnis geplant, das die Kapitalkosten dieser Gesellschaft decken sollte.

Für den Vossloh-Konzern insgesamt erwarten wir für 1997 einen Umsatz von 850 Mio DM nach 772 Mio DM in 1996 sowie einen Konzernjahresüberschuß von 39 Mio DM. Das DVFA/SG-Ergebnis sollte dabei um mehr als 10 % auf 5,40 DM je 5-DM-Aktie verbessert werden können.

Der Vossloh-Konzern sollte auch 1998 sein Wachstum fortsetzen können. Geplant ist eine Steigerung von Umsatz und Konzernjahresüberschuß von mehr als 10 %.

Werdohl, den 10. März 1997

Vossloh Aktiengesellschaft
Der Vorstand

Schuchmann Dr. Bacher

35

Beispiel 7-28: Geschäftsbericht der Vossloh AG 1996, S. 35

Ad 2.6.: Künftige Organisation, Verwaltung

Prognosen zum Bereich Organisation und Verwaltung betreffen vor allem geplante Restrukturierungsmaßnahmen sowie die damit verbundenen Kosten.
Den geplanten Kosten sollten die geplanten, durch die neue Organisationsstruktur verbesserten Leistungen gegenübergestellt werden, damit der Leser des Geschäftsberichts die Wirtschaftlichkeit der geplanten Restrukturierungsmaßnahmen beurteilen kann.

In dieser Hinsicht ist die Berichterstattung der Deutz AG und der Hoechst AG vorbildlich. Auszüge aus dem Deutz-Geschäftsbericht 1996 zeigt *Beispiel 7-29 (vgl. Deutz AG, GB 1996, S. 35).*

> *Die seit Bekanntwerden der hohen Verluste der KHD Humboldt Wedag AG eingeleitete Reorganisation wird 1997 fortgesetzt. Neben einer Vielzahl von Maßnahmen zur Neustrukturierung und Straffung der Abläufe sowie zur Verbesserung der Schnittstellen werden auch verschiedene Arbeitsgebiete von Tochtergesellschaften in die KHD Humboldt Wedag AG reintegriert. Mit der sukzessiven Abarbeitung und Fertigstellung der zwei saudi-arabischen Großaufträge werden die Kapazitäten angepaßt. Die Wettbewerbsfähigkeit wird zudem durch weitere Kostensenkungen durch z. B. fokussierten Einkauf und Standardisierung der Produkte erhöht.*
>
> *Auf der Marktseite erfolgt eine Konzentration auf wertschöpfungsintensive Schlüsselkomponenten, Maschinen, Teilanlagen und Ersatzteile. Im internationalen Umfeld wird die Zusammenarbeit mit Generalunternehmen, Finanzierungs- und Consultingfirmen verstärkt.*

Beispiel 7-29: Geschäftsbericht der Deutz AG 1996, S. 35

Beispiel 7-30 zeigt Auszüge aus dem 96er-Hoechst-Geschäftsbericht *(vgl. Hoechst AG, GB 1996, S. 24 f.).*

Sind keine Änderungen im Bereich Organisation und Verwaltung geplant, so sollte dies durch einen Fehlbericht dokumentiert werden.

Neuordnung des Hoechst Konzerns

Strategische Management Holding Hoechst

Wir werden der Hauptversammlung 1997 vorschlagen, die Organisation von Hoechst zu einer Strategischen Management Holding weiterzuentwickeln. Die Hoechst AG wird eine Gruppe von Beteiligungen steuern, aber kein operatives Geschäft mehr direkt führen. Der Hoechst Vorstand trägt die Verantwortung für eine langfristige, wertsteigernde Gestaltung der Hoechst Gruppe; er wird bei seinen Aufgaben unterstützt durch einen kleinen Konzernstab. Die Verantwortung für das operative Geschäft liegt bei den einzelnen Beteili-

Beispiel 7-30a: Geschäftsbericht der Hoechst AG 1996, S. 24

Ad 2.7.: Künftige rechtliche Unternehmensstruktur

Über die rechtliche Unternehmensstruktur ist vor allem dann im Prognosebericht zu berichten, wenn geänderte Abhängigkeitsverhältnisse zu erwarten oder geplant sind. Angaben zu geplanten Änderungen der rechtlichen Unternehmensstruktur umfassen aber auch Prognosen über Unternehmenseingliederungen oder Unternehmenskäufe, die Synergieeffekte oder leistungssteigernde Restrukturierungsmaßnahmen erwarten lassen.
Die Angaben der Metallgesellschaft zur künftigen rechtlichen Unternehmensstruktur zeigt *Beispiel 7-31 (vgl. Metallgesellschaft AG, GB 1995/96, S. 42)*. Positiv fällt hier die Nennung der Voraussetzungen des Anteilserwerbs auf.

gungsgesellschaften, die rückwirkend zum 1. Januar 1997 gegliedert sein werden in Hoechst Marion Roussel, Behring Diagnostics, AgrEvo, Hoechst Roussel Vet, Celanese, Trevira, Ticona, Messer sowie Herberts. Auch Dienstleistungs-Einheiten und Werke werden im Laufe des Jahres 1997 oder Anfang 1998 rechtlich eigenständig; Einzelheiten sind in einem ausführlichen Ausgliederungsbericht beschrieben, der gemeinsam mit dem Geschäftsbericht zur Hauptversammlung vorliegt. Damit haben wir nach einem tiefgreifenden Veränderungsprozess eine Organisationsform gefunden, die Mitarbeitern und Führungskräften Gestaltungsspielraum gibt, Geschäfte stärker dem Wettbewerb aussetzt, Verantwortlichkeiten klar zuordnet, unternehmerische Flexibilität erhöht und unseren Aktionären eine bessere Transparenz bietet. In diesem Rahmen konzentrieren wir uns auf das weitere erfolgreiche Wachstum von Hoechst.

Die neue Konzernstruktur

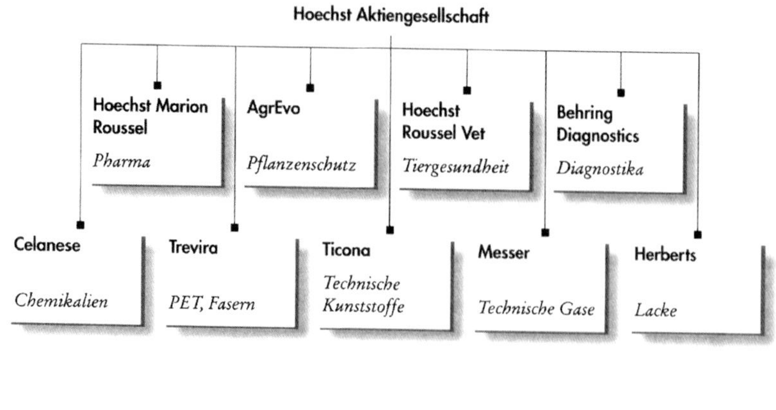

Beispiel 7-30b: Geschäftsbericht der Hoechst AG 1996, S. 25

> *Die Metallgesellschaft AG beabsichtigt, 49,99% des Grundkapitals der AGIV Aktiengesellschaft für Industrie und Verkehrswesen, Frankfurt am Main, von der BHF-Bank Aktiengesellschaft, Frankfurt am Main, zu erwerben. Eine entsprechende Vereinbarung trafen die BHF-Bank und die Metallgesellschaft. Der geplante Erwerb steht unter Gremien-Vorbehalt, bedarf der Zustimmung der zuständigen Kartellbehörde und ist abhängig von einem positiven Ergebnis der „Due-diligence"-Prüfung.*

Beispiel 7-31: Geschäftsbericht der Metallgesellschaft AG 1995/96, S. 42

Sind keine Änderungen in der rechtlichen Unternehmensstruktur geplant, so sollte auch dies durch einen Fehlbericht angezeigt werden.

Ad 2.8.: Geplante Änderungen im Personal- und Sozialbereich

Zum Kriterium „Geplante Änderungen im Personal- und Sozialbereich" könnten Unternehmen in ihrem Geschäftsbericht z. B. berichten über:

- Geplante Rationalisierungsvorhaben
- Geplante Einführung neuer Arbeitsmethoden
- Geplante Einschränkung oder Stillegung von Betrieben und Betriebsteilen
- Geplante Verlegung oder geplanter Zusammenschluß von Betriebsteilen
- Geplante Änderung der Betriebsorganisation oder des Betriebszweckes.

Der Prognosebericht sollte auch konkrete Angaben über die Personalplanung enthalten, d. h., es sollte angegeben werden, ob bzw. wieviel Personal neu einzustellen oder zu kündigen ist. Falls Kündigungen geplant sind, sollte der Geschäftsbericht Angaben darüber enthalten, ob bzw. in welcher Höhe mit künftigen Sozialplanaufwendungen für zu entlassendes Personal zu rechnen ist und wie diese Sozialplanverpflichtungen finanziert werden sollen.
Beispiel 7-32 zeigt die Berichterstattung der Dyckerhoff AG zu geplanten Änderungen im Personal- und Sozialbereich *(vgl. Dyckerhoff AG, GB 1996, S. 16)*.

> *Die Zahl der Mitarbeiter wird im Jahr 1997 durch die neuen Aktivitäten, u. a. durch die erstmalige Einbeziehung der tschechischen Zementwerke, um mehr als 5% ansteigen.*

Beispiel 7-32: Geschäftsbericht der Dyckerhoff AG 1996, S. 16

Ad 2.9.: Künftige Forschung und Entwicklung

Prognosen über Forschung und Entwicklung sind vor allem dann im Geschäftsbericht anzugeben, wenn die Forschungs- und Entwicklungstätigkeit künftig drastisch eingeschränkt oder forciert werden soll. Im einzelnen könnten insofern folgende Angaben in den Geschäftsbericht aufgenommen werden:

- Künftige Ziele und Schwerpunkte der Forschung und Entwicklung
- Künftige Faktoreinsätze in der Forschung und Entwicklung
  - geplante Aufwendungen und Investitionen,
  - geplante Zahl und Qualifikation der Mitarbeiter
- Erwartete bzw. geplante Ergebnisse der Forschung und Entwicklung.

Die nachstehenden *Beispiele 7-33* und *7-34* zeigen Auszüge aus den 96er-Geschäftsberichten von Bayer und Schering zur künftigen Forschung und Entwicklung.

> *Im Jahr 1996 haben wir für Forschung und Entwicklung 3,6 Mrd DM bzw. 7,4 Prozent vom Umsatz ausgegeben. Damit liegen wir international in der Spitzengruppe unserer Branche. Für 1997 planen wir eine Steigerung auf 3,7 Mrd DM. Wir setzen dabei schwerpunktmäßig auf die Life Sciences, aber auch in den Bereichen Polymere, Chemie und Informationstechnologie sehen wir große Chancen. Um neue Möglichkeiten für das Unternehmen zu erschließen, werden wir unsere Forschungsaktivitäten weiter internationalisieren.*

Beispiel 7-33: Geschäftsbericht der Bayer AG 1996, S. 15

> *Die Aufwendungen für Forschung und Entwicklung werden in 1997 voraussichtlich auf über eine Milliarde DM steigen, insbesondere auch aufgrund der erwähnten Konsolidierungen von Jenapharm und Leiras.*

Beispiel 7-34: Geschäftsbericht der Schering AG 1996, S. 10

Ad 2.10.: Künftiger Umweltschutz

Zum Kriterium „**Künftiger Umweltschutz**“ sollten folgende Aspekte in den Geschäftsbericht aufgenommen werden:

- Geplante Umweltschutzaktivitäten im Unternehmen

- Künftiges Sponsoring von Umweltschutzaktivitäten
- Künftige Berücksichtigung von Aspekten des Umweltschutzes bei der Energieversorgung.

Aus den Prognosen zum Bereich Umweltschutz sollte hervorgehen, welche finanziellen Belastungen künftig aus Umweltschutzmaßnahmen resultieren. Hierzu sollten im Geschäftsbericht neben absehbaren Umweltschutzauflagen und geplanten Umweltschutzmaßnahmen vor allem die geplanten Umweltschutzaufwendungen und die geplanten Umweltschutzinvestitionen angegeben und erläutert werden.
Das nachstehende *Beispiel 7-35* zeigt die Berichterstattung des Schwarz-Pharma-Konzerns zum künftigen Umweltschutz *(vgl. Schwarz Pharma AG, GB 1996, S. 17 f.).*

> *Für 1997 ist der Einbau einer Abwasserbehandlungsanlage bei der Chemietochter SIFA mit einem Investitionsvolumen von ca. 2 Mio. DM vorgesehen. ...*
> *Nächstes Ziel ist es, ein Umweltmanagementsystem einzuführen, welches nicht nur im europäischen Raum Gültigkeit besitzt, sondern weltweit. Deshalb soll, beginnend an den Chemiestandorten, das Umweltmanagementsystem nach der DIN ISO 14001 Serie eingeführt werden.*

Beispiel 7-35: Geschäftsbericht der Schwarz Pharma AG 1996, S. 17 f.

Eine gelungene grafische Umsetzung des künftigen Umweltschutzes zeigt ferner *Beispiel 7-36* aus dem 96er-Bayer-Geschäftsbericht *(vgl. Bayer AG, GB 1996, S. 27).*

Ad 2.11.: Ergebnisbereich in der Zukunft

Prognosen über den Ergebnisbereich sollen die Leser des Geschäftsberichts unmittelbar über die (erwartete) künftige Geschäftsentwicklung informieren. Hierzu können neben dem erwarteten bzw. geplanten Ergebnis selbst alle Faktoren, die das künftige Ergebnis wesentlich beeinflussen, im Geschäftsbericht erläutert werden. In diesem Zusammenhang sollten berichterstattende Unternehmen auch Risiken der künftigen Entwicklung gemäß Referentenentwurf eines KonTraG aufführen. Hierzu gehören z. B. auch Risiken, die im eigenen Unternehmen oder bei Zulieferern drohen.

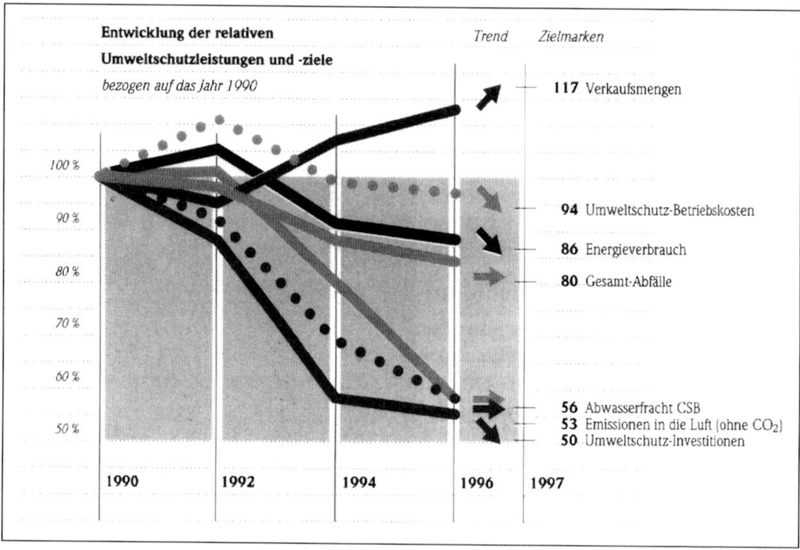

Beispiel 7-36: Geschäftsbericht der Bayer AG 1996, S. 27

Im Hinblick auf das künftige Ergebnis ist die Berichterstattung der Vossloh AG vorbildlich. Hervorragend sind hier vor allem die Ergebnisprognosen auf Bereichsebene. Diese Prognosen werden an anderer Stelle im Geschäftsbericht noch näher erläutert und begründet *(vgl. Vossloh AG, GB 1996, S. 15, 19 und 24 f.)*. Ferner macht Vossloh Zahlenangaben zum geplanten künftigen Konzernjahresüberschuß sowie zum geplanten DVFA/SG-Ergebnis je Aktie. Auszüge aus dem Vossloh-Geschäftsbericht 1996 zeigt bereits *Beispiel 7-28* auf Seite 169 dieses Buches *(vgl. Vossloh AG, GB 1996, S. 35)*.

Ad 2.12.: Künftige Dividende

Prognosen über die Dividendenausschüttungen betreffen die Ziele von Aktionären bzw. von Gesellschaftern sowie die Ziele des Unternehmens hinsichtlich mehrerer Aspekte. Zum einen sind die Ziele der Aktionäre und des Unternehmens unmittelbar betroffen. Während vorrangige ökonomische Ziele aktueller und potentieller Aktionäre bzw. Gesellschafter darin bestehen, ihr Vermögen durch laufende Dividendenerträge (und durch Veräußerungsgewinne) zu vermehren, belastet die Dividendenausschüttung die Liquidität des Unternehmens. Darüber hinaus kann ein Unternehmen in Höhe der ausgeschütteten Gewinne keine Rücklagen bilden. Zum anderen betrifft die künftige Dividendenausschüttung die Ziele der Aktionäre und die Ziele des Unternehmens auch mittelbar. Mit wesentlichen Ausschüttungserhöhungen bzw. Ausschüttungsverringerungen sind grundsätzlich steigende bzw. fallende Aktienkurse verbunden. Für einen Aktionär ist dabei der gegenwärtig erzielbare Verkaufserlös einer Aktie um so höher, je höher die künftige Dividendenausschüttung ist.

Unternehmen sollten daher detaillierte Aussagen zur erwarteten Dividende machen und die Prämissen der Prognose offenlegen.

Unter der künftigen Dividende wird hier nicht die Dividende des laufenden Geschäftsjahres verstanden. Vielmehr sollen Unternehmen beispielsweise im 96er-Geschäftsbericht die für 1998 erwartete Dividendenausschüttung angeben.

Die Berichterstattungspraxis zur künftigen Dividende ist in deutschen Geschäftsberichten äußerst dürftig. Als eines von wenigen Unternehmen berichtet Bertelsmann zu diesem Anforderungskriterium. *Beispiel 7-37* zeigt einen Auszug aus dem Geschäftsbericht der Bertelsmann AG *(vgl. Bertelsmann AG, GB 1995/96, S. 15).*

> *Die Geschäftspolitik des Unternehmens ist darauf angelegt, wie in der Vergangenheit auch für das Geschäftsjahr 1996/97 wieder eine Genußscheinverzinsung von 15% zu erwirtschaften.*

Beispiel 7-37: Geschäftsbericht der Bertelsmann AG 1995/96, S. 15

7.2.3.4 Anforderungen an die Berichterstattung im Forschungs- und Entwicklungsbericht

Im Lagebericht soll nach § 289 Abs. 2 Nr. 3 HGB der Bereich Forschung und Entwicklung erläutert werden. Der F&E-Bericht soll die Adressaten darüber informieren, ob und wieweit das Unternehmen durch Forschung und Entwicklung für die Zukunft vorsorgt. Empirische Untersuchungen belegen, daß Forschungs- und Entwicklungsaktivitäten wesentlich die Marktposition und die Wettbewerbsfähigkeit und damit den Zukunftserfolg eines Unternehmens prägen.

Für den Leser eines Geschäftsberichts ist es allerdings nicht ohne weiteres möglich, den Einfluß von Forschungs- und Entwicklungsaktivitäten auf den künftigen Unternehmenserfolg zu beurteilen. Anhaltspunkte können dem interessierten Leser aber folgende Angaben zur Forschung und Entwicklung geben:

1. Ziele und Schwerpunkte der Forschung und Entwicklung,
2. Aufwendungen und Investitionen in der Forschung und Entwicklung,
3. Mitarbeiter in der Forschung und Entwicklung und
4. Ergebnisse des Bereichs Forschung und Entwicklung.

Ad 1.: Ziele und Schwerpunkte der Forschung und Entwicklung
Angaben über die Ziele und die Schwerpunkte der Forschung und Entwicklung erläutern die Rahmenbedingungen und ergänzen Zahlenangaben zur Forschung und Entwicklung. Diese Informationen erlauben es, über die wirtschaftliche Verwertbarkeit von neu entwickelten Produkten und Dienstleistungen zu urteilen. Zwar lassen sich aus den Zielen und den Schwerpunkten der Forschung und Entwicklung keine konkreten Ergebnisse voraussagen; sie weisen aber auf künftiges Leistungspotential und künftigen wirtschaftlichen Erfolg hin, sofern dadurch die geplante Produktpolitik und damit die voraussichtlichen Marktchancen und -risiken aufgedeckt werden. Angaben zu den Zielen und den Schwerpunkten der Forschung und Entwicklung sind zum Beispiel:

- Einzelne Forschungsprojekte,
- Organisation der Forschung und Entwicklung,
- Kooperationen mit anderen Forschungs- und Entwicklungsorganisationen, etwa mit Universitäten, (Markt-)Forschungsinstituten oder mit anderen Unternehmen.

Vorbildliche Angaben zu den **Zielen der Forschung und Entwicklung** zeigt *Beispiel 7-38* aus dem Geschäftsbericht der Bayer AG *(vgl. Bayer AG, GB 1996, S. 16 f.)*; *Beispiel 7-39* zeigt ferner sehr gute Angaben zu **Schwerpunkten der Forschung und Entwicklung** aus dem Geschäftsbericht der BASF AG *(vgl. BASF AG, GB 1996, S. 30 f.)*.

Ad 2.: Aufwendungen und Investitionen in der Forschung und Entwicklung
Zu den Forschungs- und Entwicklungsaufwendungen zählen vor allem Personalaufwendungen, Sachaufwendungen sowie Investitionen. Folgende Angaben über Forschungs- und Entwicklungsaufwendungen sind im Lagebericht denkbar:

- Absoluter Betrag der Aufwendungen für Forschung und Entwicklung
- Prozentsatz der Aufwendungen für Forschung und Entwicklung vom Umsatz
- Prozentsatz der Aufwendungen für Forschung und Entwicklung vom Gesamtaufwand
- Struktur des Forschungs- und Entwicklungsaufwands
- Aufwendungen für Forschungsaufträge an oder für Dritte
- Aufwendungen, die durch Zuschüsse von staatlichen Stellen gedeckt sind
- Erläuterungen zum Forschungs- und Entwicklungsaufwand.

> *Im Mittelpunkt steht die Erforschung von neuen innovativen Arzneimitteln gegen lebensbedrohliche Krankheiten. Unsere „Pipeline" ist gut gefüllt, mit neuen Wirkstoffen in den Indikationen Alzheimer, Herz-Kreislauf, Antiinfektiva, Zentrales Nervensystem, Krebs und Asthma. ...*
> *Unser Ziel ist es, mit hochwirksamen, umweltfreundlichen und noch wirtschaftlicheren Produkten zu der weltweit notwendigen Steigerung der landwirtschaftlichen Produktivität beizutragen. ...*
> *Beispielsweise sehen wir für hochspezifische Wirkstoffvorprodukte, aber auch für Spezialchemikalien für die Elektronik ein erhebliches Potential, etwa bei der Herstellung von Leiterplatten, antistatischen Beschichtungen oder Mikrochips.*

Beispiel 7-38: Geschäftsbericht der Bayer AG 1996, S. 16 f.

Für den Vergleich Forschungs- und Entwicklungsaufwendungen im Zeitablauf eignet sich vor allem der absolute Betrag der Forschungs- und Entwicklungsaufwendungen. Neben dem Aufwand des Berichtsjahres sollte daher zumindest der Aufwand des Vorjahres angegeben werden. Für den Vergleich des Unternehmens mit anderen Unternehmen – beispielsweise mit Mitbewerbern – ist dagegen die Angabe der Aufwendungen in Relation zum Umsatz oder in Relation zum gesamten Aufwand des Unternehmens aussagefähiger.
Entsprechend den Angaben zu den Aufwendungen sind folgende Angaben zu den **Investitionen** im Bereich Forschung und Entwicklung im Lagebericht möglich:

- Absoluter Betrag für Forschungs- und Entwicklungsinvestitionen
- Prozentsatz der Forschungs- und Entwicklungsinvestitionen von den Gesamtinvestitionen

Forschung und Entwicklung

Forschung und Entwicklung

Wir setzen wissenschaftlich-technische Erkenntnisse und Erfahrungen sowie zukunftsweisende Ideen zügig in neue Produkte, Verfahren und Anwendungen um. Forschung und Entwicklung sind der Schlüssel zur Innovation und ein wesentliches Element zur Gestaltung unserer Zukunft.

Wir verfügen über einen leistungsfähigen chemisch-technischen Wissensverbund, in dem wir konsequent Synergien nutzen, um die gestiegenen Anforderungen unserer Kunden – auch in bezug auf die Ökologie – zu erfüllen. Einige Beispiele aus der Vielzahl unserer Projekte machen dies deutlich.

Innovative Verfahren verbessern unsere Wettbewerbsposition
Ein neues, wirtschaftlich attraktives Verfahren zur Herstellung von Caprolactam auf Basis Adipodinitril wollen wir in einem Joint-venture mit der Firma DuPont technisch verwirklichen. Caprolactam wird hauptsächlich als Ausgangsprodukt für unsere Ultramid®-Marken sowie für Polyamid-6-Fasern verwendet.
Caprolactam ist ein wichtiges Glied in unserem Produktionsverbund. Es dient auch als Rohstoff für spezielle Vinylmonomere, aus denen Spezialchemikalien wie Klebstoffe, Haarfestiger oder Waschmittel hergestellt werden. Diese Vinylmonomere produzieren wir nach einem neuen effizienten Verfahren, das unsere Position als Marktführer in diesem Segment stärkt.

Wir erschließen auch biotechnologische Verfahren, um höher veredelte Produkte herzustellen. So wird beispielsweise Vitamin B_2 in einem fermentativen Prozeß hergestellt. Vom eingesetzten Pflanzenöl gelangen wir in einem einstufigen Verfahren direkt zum gewünschten Produkt. Durch Optimierung der eingesetzten Mikroorganismen konnte unsere Produktionskapazität erweitert werden.

Katalysatoren stärken Technologieführerschaft
Katalysatoren beschleunigen chemische Prozesse und verringern die Bildung von Nebenprodukten. Neue, selektive katalytische Verfahren nutzen die eingesetzten Rohstoffe effizienter und sind damit ein wichtiger Beitrag zum Sustainable Development.
Beispielsweise verbessert ein neuer Katalysator die Herstellung von Phthalsäureanhydrid, einem Vorprodukt für Weichmacher. Voraussetzung für diesen Erfolg war die interdisziplinäre Zusammenarbeit an unserem Verbundstandort Ludwigshafen.
Ein wesentlicher Fortschritt gelang uns bei den Katalysatoren zur Herstellung von Polyolefinen. Durch gezielte Weiterentwicklung erhöhten wir die Produktivität der Herstel-

Endlose DNA-Sequenzen werden von der Genforschung entschlüsselt und genutzt. Dr. Burkhard Kröger von der Herz-Kreislauf-Forschung in Ludwigshafen begutachtet einen Auszug aus der Genomdatenbank Lifeseq. Mit der 1996 von der BASF lizenzierten Datenbank des kalifornischen Spezialisten Incyte sucht er nach Angriffsstellen für neue Therapeutika. Genforschung hat Zukunft, weil sie neue Wege in der Erforschung von Wirkstoffen und Therapiemöglichkeiten für die Behandlung schwerer Krankheiten bietet.

30

Beispiel 7-39a: Geschäftsbericht der BASF AG 1996, S. 30

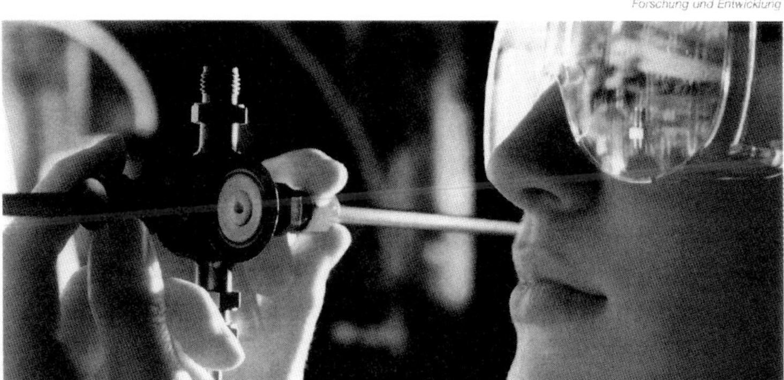

Optimale chemische Reaktionen ohne unerwünschte Nebenprodukte sind das Ziel der Experimente mit dem Mikroreaktor. In ihm laufen die gleichen Reaktionen ab wie in den großen Anlagen der BASF, lassen sich hier aber viel einfacher erforschen und verbessern. So kann man den Reaktor für jede einzelne Reaktion optimieren. Verfahrenstechniker haben einen Mikroreaktor entwickelt, in dem die Reaktionen in haarfeinen, mit Diamanten geritzten Kanälen stattfinden.

lung und die Produktqualität von Novolen®, das zu Folien und Fasern weiterverarbeitet wird.

Neue Problemlösungen für unsere Kunden

Mit modernen wissenschaftlichen Methoden erarbeiten wir innovative Problemlösungen für unsere Kunden. Durch Computer-Simulation lassen sich Eigenschaften von Feststoffen auf molekularer Ebene verstehen. Mit Hilfe des Crystal Design gelang es, neue Pigmente für moderne Lacke zu entwickeln. Ein Beispiel ist Paliogen® Rot, ein transparentes Pigment, das sich hervorragend für Wasserbasislacke eignet.

Das Zusammenwirken von Chemie und Molekül-Simulation war auch der Schlüssel zu unserem neuen biologisch abbaubaren Komplexbildner. Erstmals konnten ökologische Produkteigenschaften durch den Einsatz von Computermodellen vorhergesagt werden. Der neue, leicht abbaubare Komplexbildner Methylglycindiessigsäure bindet störende Metallionen und zeigt eine breite Wirkung in Wasch- und Reinigungsmitteln.

Ebenfalls für Waschmittel haben wir mit den Sokalan®-HP-Marken Polymere entwickelt, die das Ablösen von Schmutz erleichtern und das Waschgut vor dem Wiederablagern von Schmutz besser schützen.

Innovative Wirkstoffe mit neuen Methoden

Neue Einsichten in Wechselwirkungen zwischen Wirkstoffen und biologischen Systemen sowie neue Erkenntnisse aus der Molekularbiologie haben uns den Weg zu innovativen Produkten geebnet.

Ein neuer Wirkstoff zur Behandlung der Schizophrenie beruht auf der selektiven Blockierung eines bestimmten Dopamin-Rezeptors im Gehirn. Das Neuroleptikum kann die Symptome der Schizophrenie ohne die sonst starken Nebenwirkungen lindern.

Neben weiter vorangeschrittenen Projekten befindet sich ein Endothelin-Rezeptor-Antagonist in einer frühen Phase der klinischen Entwicklung. Er wird zur Behandlung von verschiedenen Erkrankungen des Herz-Kreislauf-Systems erprobt.

Zur Beschleunigung der Innovation setzen wir auf moderne Technologien in der Wirkstoff-Suchforschung. Eine neue Synthesestrategie, die „kombinatorische Chemie", ermöglicht die rasche automatisierte Synthese einer sehr großen Anzahl von Testsubstanzen. In einem anschließenden Massenscreening lassen sich sehr schnell erfolgversprechende Wirkstoff-Leitstrukturen identifizieren.

Kooperationen bei zukunftsweisenden Technologien

Mit der amerikanischen Biotech-Firma Lynx Therapeutics haben wir ein Gemeinschaftsunternehmen auf dem Gebiet der Molekularbiologie gegründet. Lynx stellt eine neue DNA-Sequenzierungstechnik zur Verfügung, die es erlaubt, dynamische Prozesse auf molekularer Ebene zu verfolgen. Damit eröffnen sich neue Wege zur Erforschung von Wirkstoffen.

Das Unternehmen hat seinen Sitz in Heidelberg. Wir sehen darin einen wichtigen Schritt zur Stärkung und zum Ausbau der bio- und gentechnologischen Forschung in Deutschland und im Rhein-Neckar-Dreieck, einer der ausgezeichneten Regionen im „BioRegio"-Förderprogramm der Bundesregierung.

Beispiel 7-39b: Geschäftsbericht der BASF AG 1996, S. 31

- Struktur der Forschungs- und Entwicklungsinvestitionen
- Erläuterungen zu den Forschungs- und Entwicklungsinvestitionen.

Die Angaben der Merck KGaA zu diesem Kriterium zeigt *Beispiel 7-40 (vgl. Merck KGaA, GB 1996, S. 24–27).*

> *Merck hat im Berichtsjahr die Aufwendungen für Forschung und Entwicklung wieder deutlich erhöht. Die Ausgaben stiegen um 94 Mio DM auf 659 Mio DM, das entspricht einer Steigerung um 17%. ...*
> *Etwa vier Fünftel der gesamten Ausgaben der Merck-Gruppe für Forschung und Entwicklung entfielen auf den Unternehmensbereich Pharma. Hier wurden 532 Mio DM aufgewendet, fast 19% mehr als im Vorjahr. Der Anteil dieser Aufwendungen am Umsatz, d. h. die Forschungsquote lag bei 14%, wobei die Quote bei den Originalpräparaten fast 20% beträgt. Auch die im Generika-Geschäft tätigen Pharma-Gesellschaften wandten beachtliche Beträge für Forschung und Entwicklung auf. Der Hauptanteil der Forschungsmittel, nämlich 266 Mio DM, wurden bei den inländischen Gesellschaften ausgegeben. Die Lipha-Gruppe setzte weitere 154 Mio DM ein.*

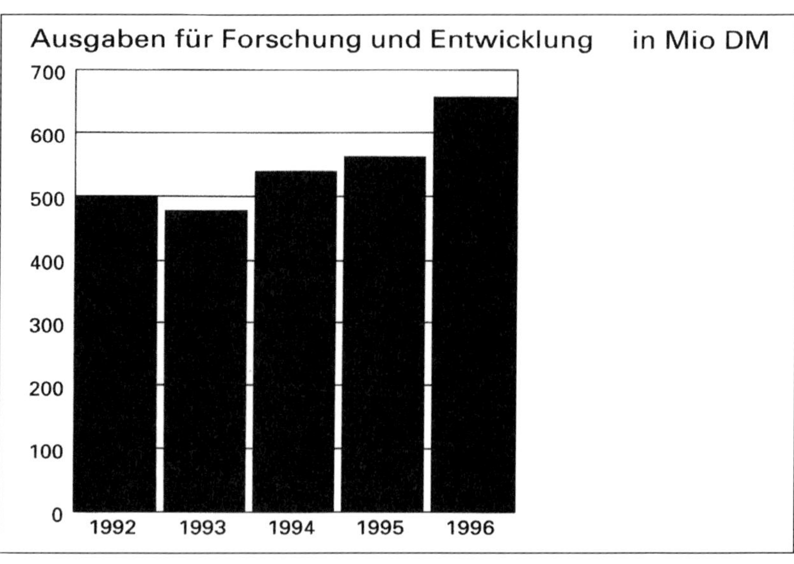

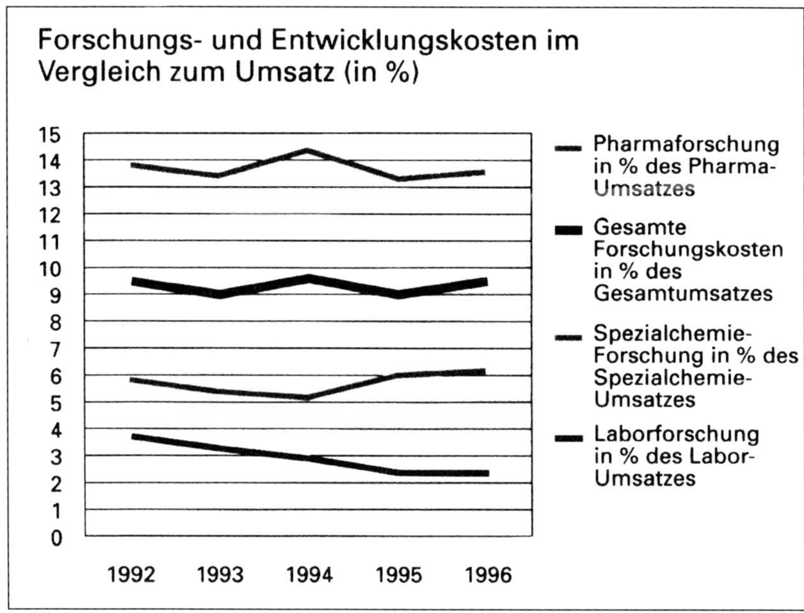

Beispiel 7-40: Geschäftsbericht der Merck KGaA 1996, S. 24–27.

Ad 3.: Mitarbeiter in der Forschung und Entwicklung

Zum Forschungs- und Entwicklungspersonal zählen alle Mitarbeiter, die unmittelbar in der Forschung und Entwicklung tätig sind sowie diejenigen, die unmittelbar Dienste für den Bereich Forschung und Entwicklung leisten. Informationen zur Qualifikation des Forschungs- und Entwicklungspersonals können dabei die Zahlenangaben um einen qualitativen Aspekt erweitern.
Im einzelnen sind folgende Angaben über das Forschungs- und Entwicklungspersonal im Lagebericht denkbar:

- Zahl der Mitarbeiter in der Forschung und Entwicklung
- Zahl der Mitarbeiter in der Forschung und Entwicklung in Relation zu allen beschäftigten Mitarbeitern im Unternehmen
- Struktur des Mitarbeiterpersonals, klassifiziert nach ihrer Qualifikation.

Die Angaben der BASF und der Merck KGaA zu diesem Kriterium zeigen *Beispiel 7-41 (vgl. BASF AG, GB 1996, S. 11)* und *Beispiel 7-42 (vgl. Merck KGaA, GB 1996, S. 18).*

In den Laboratorien der BASF-Gruppe arbeiten 10091 Mitarbeiter, davon 2393 mit abgeschlossenem Hochschulstudium.

Beispiel 7-41: Geschäftsbericht der BASF AG 1996, S. 11

In der Merck-Gruppe waren insgesamt 2790 Mitarbeiter mit Forschungs- und Entwicklungsaufgaben beschäftigt, davon 1567 oder 56% in Deutschland.

Beispiel 7-42: Geschäftsbericht der Merck KGaA 1996, S. 18

Ad 4.: Ergebnisse des Bereichs Forschung und Entwicklung

Die Lageberichterstattung über die Ergebnisse der Forschung und Entwicklung soll die Frage beantworten, ob und wieweit die Forschungs- und Entwicklungsergebnisse die künftige wirtschaftliche Entwicklung des Unternehmens beeinflussen. Zu den bezifferbaren Ergebnissen der Forschung und Entwicklung zählen zum Beispiel:

- Umsatz neu entwickelter Produkte/Dienstleistungen
- Anteil des Umsatzes neuer Produkte/Dienstleistungen am Gesamtumsatz
- Auf neue Produkte/Dienstleistungen entfallender Gewinn
- Durch neue Systeme reduzierte Kosten.

Weitere Angaben zu Forschungs- und Entwicklungsergebnissen, die künftigen wirtschaftlichen Erfolg vermuten lassen, sind zum Beispiel:

- Zahl erworbener Verwertungsrechte (Patente, Lizenzen)
- Zahl und Art neuer Produkte/Dienstleistungen und Verfahren
- Lizenzeinnahmen.

Vorbildliche Angaben zu den **Ergebnissen des Bereichs Forschung und Entwicklung** zeigen *Beispiel 7-43* aus dem Geschäftsbericht der Siemens AG *(vgl. Siemens AG, GB 1996, S. 33)*, *Beispiel 7-44* aus dem Geschäftsbericht der Hoechst AG *(vgl. Hoechst AG, GB 1996, S. 32)* sowie *Beispiel 7-45* aus dem Geschäftsbericht der Preussag AG *(vgl. Preussag AG, GB 1996, S. 29)*.

> *Innovationen stehen im Mittelpunkt unserer Geschäftsstrategie. Ziel ist es, Technologieführer in den traditionellen Produktgebieten zu bleiben und gleichzeitig neue Marktsegmente zu erschließen. Gemessen am Alter der Produkte und Leistungen erzielte Siemens bereits 74% seines Umsatzes mit Produkten, die nicht älter als fünf Jahre sind. 1979/80 waren es nur 48%.*

Beispiel 7-43: Geschäftsbericht der Siemens AG 1996, S. 33

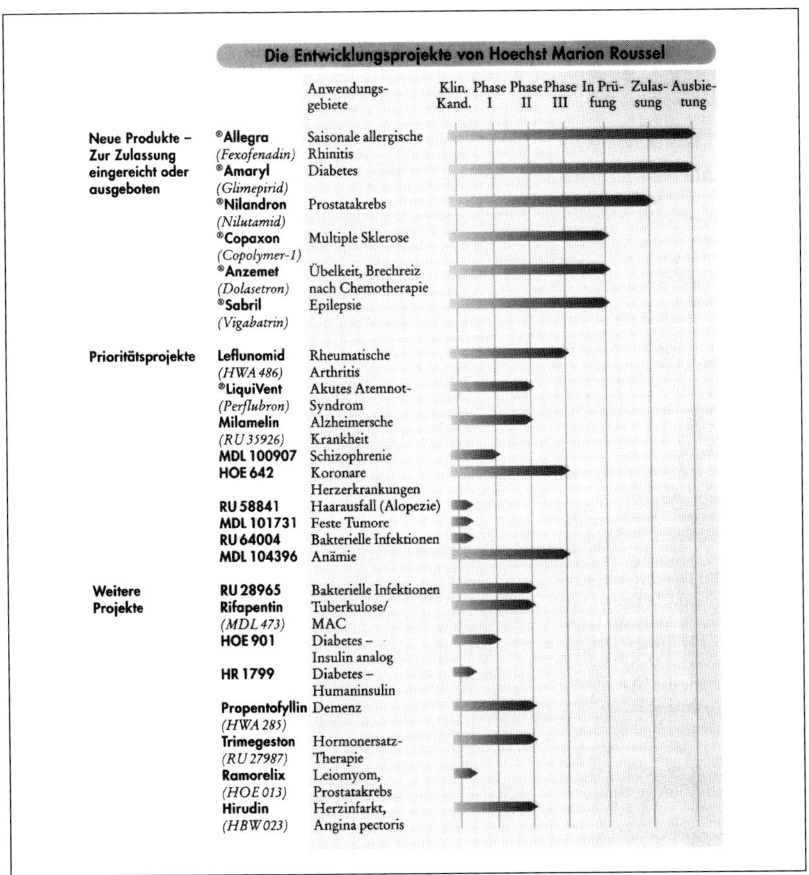

Beispiel 7-44: Geschäftsbericht der Hoechst AG 1996, S. 32

> *Der Innovationsprozeß umfaßt Forschung, Entwicklung, Konstruktion, Umsetzung und Markteinführung. Ein Indikator für seine Effizienz und damit Ausdruck der Innovationspotentiale ist der Anstieg der erteilten Schutzrechte auf einen Bestand von 1158 am Ende des Geschäftsjahres. ... Mit mehreren Innovationen hat die Preussag Stahl AG ihre Position unter den leistungsfähigen Stahlerzeugern Europas gefestigt. Hierzu zählt im Produktionsbereich die Umstellung auf die Elektro-Metallurgie für die Profilstahlproduktion, mit der auch eine deutliche Reduzierung der Umweltbelastung verbunden ist.*

Beispiel 7-45: Geschäftsbericht der Preussag AG 1996, S. 29

7.2.3.5 Anforderungen an die Berichterstattung im Zweigniederlassungsbericht

Im sogenannten Zweigniederlassungsbericht haben Unternehmen nach § 289 Abs. 2 Nr. 1 HGB auf bestehende Zweigniederlassungen einzugehen. Diese Berichterstattungspflicht gilt nicht für den Lagebericht eines Konzerns: Im Konzernlagebericht braucht somit in der Regel nicht über Zweigniederlassungen berichtet zu werden. Werden aber der Lagebericht des Mutterunternehmens und der Lagebericht des Konzerns zusammengefaßt, darf die Berichterstattung des Mutterunternehmens nicht unterbleiben.
Sofern geschäftsberichterstattende Unternehmen berichtspflichtige Zweigniederlassungen im In- oder Ausland unterhalten, wären dementsprechend folgende Angaben im Geschäftsbericht erforderlich:

- Orte, an denen Zweigniederlassungen im In- und Ausland bestehen;
- Tätigkeitsfelder der Zweigniederlassungen, sofern abweichend vom Tätigkeitsfeld der Hauptniederlassung (anderenfalls Hinweis auf gleiches Tätigkeitsfeld);
- Geschäftliche Entwicklung der wesentlichen Niederlassungen;
- Abweichende Firmierung der Niederlassungen (anderenfalls Hinweis auf gleiche Firmierung);
- Wesentliche Veränderungen gegenüber dem Vorjahr.

Wie *Beispiel 7-46* aus dem 95er-Geschäftsbericht der Henkel KGaA zeigt, können die Angaben zu Zweigniederlassungen grundsätzlich relativ knapp gehalten werden *(vgl. Henkel KGaA, GB 1995, S. 12)*.

> *In Genthin, wo neben der Henkel Genthin GmbH die einzige Zweigniederlassung der Henkel KGaA ihren Sitz hat, konnte die neue Produktionsanlage für flüssige Wasch- und Reinigungsmittel, die in Teilen schon im Vorjahr genutzt worden war, in vollem Umfang den Betrieb aufnehmen.*

Beispiel 7-46: Geschäftsbericht der Henkel KGaA 1995, S. 12

Bestehen keine Zweigniederlassungen, so sollte dies durch einen Fehlbericht angezeigt werden. Im Konzernlagebericht ist aus guten Gründen (aus Sicht des Konzerns gibt es keine Zweigniederlassungen) kein Zweigniederlassungsbericht gefordert.

7.2.3.6 Anforderungen an die Berichterstattung im Zusatzbericht

Der Zusatzbericht enthält als Teil des Lageberichts jene Angaben, die über die „zumindest" erforderlichen Angaben zum Geschäftsverlauf und zur Lage der Kapitalgesellschaft nach § 289 Abs. 1 und 2 HGB hinausgehen. Der Zusatzbericht enthält dementsprechend **freiwillige Angaben**.
Da es im Einzelfall problematisch ist, freiwillig veröffentlichte Lageberichtangaben von nicht freiwillig veröffentlichten Angaben im Lagebericht abzugrenzen, gelten grundsätzlich solche Angaben als freiwillig veröffentlicht, die überwiegend dem Bereich der Bilanzanalyse zuzuordnen sind, d. h., die an anderer Stelle des Geschäftsberichts gegebene Informationen bilanzanalytisch aufbereiten. Als freiwillig veröffentlicht gelten auch vom deutschen Gesetzgeber nicht explizit geforderte Angaben zur Dividende sowie Zusatzrechnungen wie Wertschöpfungsrechnungen oder Kapitalflußrechnungen.
Die Kriterien zur Beurteilung von Zusatzberichten werden für den Wettbewerb „Der beste Geschäftsbericht" vier Gruppen zugeordnet. Die Kriterien lauten im einzelnen:

1. Mehrjahresübersichten
1.1. Bilanzdaten in Mehrjahresübersichten,
1.2. Ergebnisdaten in Mehrjahresübersichten,
1.3. Kennzahlen in Mehrjahresübersichten,
1.4. Dividende in Mehrjahresübersichten sowie
1.5. Aktienkurs in Mehrjahresübersichten.

2. Bilanzstrukturkennzahlen
2.1. Vermögensstruktur,
2.2. Kapitalstruktur sowie
2.3. Deckungsgrade.

3. Finanzierungsrechnungen
3.1. Cash-flow-Rechnung und
3.2. Kapitalflußrechnung.

4. Ergebniskennzahlen
4.1. Ergebnisstruktur,
4.2. Rentabilität,
4.3. Wertschöpfungsrechnung sowie
4.4. Ergebnis nach DVFA/SG.

Die Kriterien 1. bis 4. sind nicht redundanzenfrei und auch nicht überschneidungsfrei. Die im Unterkriterium 1.3. geforderten Verhältniszahlen in Mehrjahresübersichten werden beispielsweise im Kriterium 2. „Bilanzstrukturkennzahlen" und im Kriterium 4. „Ergebniskennzahlen" konkretisiert. Das gleiche gilt bezüglich des Unterkriteriums 1.2. „Ergebnisdaten in Mehrjahresübersichten" und 4. „ Ergebniskennzahlen".
Im Lagebericht freiwillig angegebene Mehrjahresübersichten eignen sich dazu, das Bild über die wirtschaftliche Lage und die Entwicklung eines Unternehmens transparenter zu machen und helfen somit den Geschäftsberichtsadressaten, die wirtschaftliche Lage und die Entwicklung des Unternehmens zu beurteilen.
Der Berichtszeitraum in den Mehrjahresübersichten sollte grundsätzlich mindestens sieben Jahre, nach Möglichkeit aber zehn Jahre umfassen. Zudem wäre die Angabe prozentualer Veränderungen zum Vorjahr für alle berichteten Daten in Mehrjahresübersichten wünschenswert.

Ad 1.1.: Bilanzdaten in Mehrjahresübersichten
Mehrjahresübersichten über Bilanzdaten bieten die Möglichkeit, einen schnellen Überblick über die Entwicklung bedeutender Bilanzposten, z. B. des Anlagevermögens, des Umlaufvermögens, des Eigenkapitals sowie des Fremdkapitals, der letzten Jahre zu gewinnen. Damit erhält der Leser des Geschäftsberichts einen ersten Überblick über die Entwicklung der wirtschaftlichen Lage des berichtenden Unternehmens. So läßt sich schnell feststellen, ob eine betrachtete Größe im Zeitablauf konstant ist, wächst oder abnimmt.

Absolute Zahlen ohne Bezug zu anderen Zahlen lassen zwar keine wirtschaftlich aussagekräftige Beurteilung zu, doch können im Geschäftsbericht veröffentlichte Bilanzdaten als Ursprungsdaten für Verhältniszahlen dienen.
In Geschäftsberichten wären folgende Angaben denkbar:

- Mehrjahresübersichten der Bilanzsumme sowie wesentlicher Aktivgrößen (Sachanlagevermögen, immaterielles Anlagevermögen, Kapitalanlagen, Umlaufvermögen) und Passivgrößen (Eigenkapital, Rückstellungen, langfristiges/kurzfristiges Fremdkapital),
- Davon-Vermerk wesentlicher Bestandteile innerhalb der Mehrjahresübersichten (z. B. Namensschuldverschreibungen, Wertpapiere und Anteile bei den Kapitalanlagen),
- Angabe prozentualer Veränderungen zum Vorjahr für alle berichteten Bilanzdaten in Mehrjahresübersichten.

In dieser Hinsicht ist die Berichterstattung der Bewag vorbildlich. Im Geschäftsbericht der Bewag AG wird der Leser in einer Zehnjahresübersicht über alle wesentlichen – teilweise sogar bilanzanalytisch aufbereiteten – Bilanzdaten informiert. Auszüge aus dem Bewag-Geschäftsbericht 1996 zeigt *Beispiel 7-47 (vgl. Bewag AG, GB 1996, S. 78).*

Ad 1.2.: Ergebnisdaten in Mehrjahresübersichten

Mehrjahresübersichten über Ergebnisdaten bieten die Möglichkeit, einen schnellen Überblick über die Entwicklung bedeutender Teilergebnisse und Ergebnisdaten (inkl. Ergebniskomponenten, etwa: Umsatzerlöse, sonstige Erträge, Materialaufwand, Personalaufwand, Abschreibungen, Jahresüberschuß, Cash-flow) der letzten Jahre zu gewinnen.
Beispielhaft ist auch hier die Berichterstattung der Bewag. In einer Zehnjahresübersicht werden alle wesentlichen Ergebnisdaten angegeben. *Beispiel 7-48* zeigt Auszüge aus dem Bewag-Geschäftsbericht 1996 *(vgl. Bewag AG, GB 1996, S. 79).*

Ad 1.3.: Kennzahlen in Mehrjahresübersichten

Der Begriff „Kennzahlen" bezeichnet hier Verhältniszahlen (z. B. Rentabilitäten) und zusammengesetzte Größen (z. B. Cash-flow oder Ergebnis nach DVFA/SG) und unterscheidet sich insofern von originären Bilanz- und GuV-Daten.
Die Zusammensetzung/Definition von Kennzahlen ist grundsätzlich zu erläutern; dabei sollte aus den Erläuterungen auch hervorgehen, ob ein

Bewag
im Geschäftsjahr
1995/96

Aufbereitete
Bilanzen

Aufbereitete Bilanzen der letzten 10 Jahre (in Millionen DM)

Seite 78

Aktiva

Stand zum 30.6.	1987	1988	1989	1990	1991[1]	1992[2]	1993	1994[3]	1995	1996
Immaterielle Vermögensgegenstände	15	45	57	104	137	179	173	170	391	375
Sachanlagen	4.252	4.863	5.236	5.244	5.010	6.394[5]	6.369[5]	6.480[5]	6.689[5]	6.682
Finanzanlagen	12	13	13	14	114	16	44	294	428	478
Anlagevermögen	**4.279**	**4.921**	**5.306**	**5.362**	**5.261**	**6.589**	**6.586**	**6.944**	**7.508**	**7.535**
Vorräte	277	268	297	303	336	356	375	307	246	216
Forderungen und sonstige Vermögensgegenstände	527	525	480	446	578	1.701	1.474	1.276	1.037	1.225
Wertpapiere	36	35	–	–	50	159	52	–	10	–
Schecks, Kassenbestand, Bundesbank- und Postbankguthaben, Guthaben bei Kreditinstituten, Posten der Rechnungsabgrenzung (PdR)	143	138	74	98	181	241	265	103	290	317
Umlaufvermögen	**983**	**966**	**851**	**847**	**1.145**	**2.457**	**2.166**	**1.686**	**1.583**	**1.758**
Bilanzsumme	**5.262**	**5.887**	**6.157**	**6.209**	**6.406**	**9.046**	**8.752**	**8.630**	**9.091**	**9.293**

Passiva

	1987	1988	1989	1990	1991	1992	1993	1994	1995	1996
Gezeichnetes Kapital	560	560	560	560	560	560	560	560	560	560
Kapitalrücklage	57	57	57	57	57	57	57	57	57	57
Gewinnrücklagen	791	847	903	944	996	2.747[4,5]	2.706[4,5]	2.472[5]	2.550[5]	2.629
Bilanzgewinn	67	56	56	56	56	55	58	67	78	90
1/2 des Sonderp. mit Rücklageanteil	637	682	522	424	354	476	492	612	677	716
2/3 des Sonderp. für Investitionszulagen	–	–	174	323	417	452	424	394	371	333
2/3 der Baukostenzuschüsse	247	256	258	262	263	267	279	310	354	394
Sonderverlustkonto	–	–	–	–	–	-517[5]	-509[5]	-493[5]	-484	-474
Wirtschaftliches Eigenkapital	**2.359**	**2.458**	**2.530**	**2.626**	**2.703**	**4.097**	**4.067**	**3.979**	**4.163**	**4.305**
1/2 des Sonderp. mit Rücklageanteil	637	682	522	424	354	476	491	612	677	717
1/3 des Sonderp. für Investitionszulagen	–	–	87	161	209	226	212	197	185	166
1/3 der Baukostenzuschüsse	124	128	129	131	132	134	140	155	177	197
Pensionsrückstellungen	314	327	383	317	289	313	330	349	385	375
sonstige Rückstellungen	53	91	93	85	70	736[5]	780[5]	871[5]	1.398[5]	1.420
Kredite und langfristige Verbindlichkeiten	1.131	1.402	1.502	1.711	1.842	1.831	1.590	1.301	1.086	1.151
Mittel- und Langfristiges Fremdkapital	**2.259**	**2.630**	**2.716**	**2.829**	**2.896**	**3.716**	**3.543**	**3.485**	**3.908**	**4.026**
Steuerrückstellungen	49	21	52	21	36	26	36	33	58	29
sonstige Rückstellungen	150	128	119	127	128	152	219	285	242	241
erhaltene Anzahlungen	39	40	46	41	34	56	77	107	94	114
Verbindlichkeiten aus Lieferungen und Leistungen	234	410	497	320	309	328	386	292	246	249
übrige Verbindlichkeiten, PdR	172	200	197	245	300	671	424	449	380	329
Kurzfristiges Fremdkapital	**644**	**799**	**911**	**754**	**807**	**1.233**	**1.142**	**1.166**	**1.020**	**962**
Bilanzsumme	**5.262**	**5.887**	**6.157**	**6.209**	**6.406**	**9.046**	**8.752**	**8.630**	**9.091**	**9.293**

[1] Bis 1991 Bewag AG
[2] Konzern (konsolidiert: EBAG)
[3] Bewag AG verschmolzen mit ehemals EBAG
[4] Einschließlich Unterschiedsbetrag aus der Kapitalkonsolidierung von 300 Mio. DM
[5] Nach Berichtigung gemäß § 36 DMBilG

Die Bilanzsummen wurden um das Sonderverlustkonto bereinigt.

Beispiel 7-47: Geschäftsbericht der Bewag AG 1996, S. 78

Aufbereitete Gewinn- und Verlustrechnungen der letzten 10 Jahre (in Millionen DM)

Aufbereitete
Gewinn- und Verlust-
rechnungen

Seite 79

Geschäftsjahr	86/87	87/88	88/89	89/90	90/91[1]	91/92[2]	92/93	93/94[3]	94/95	95/96
Stromerlöse	2.090	2.088	2.117	2.246	2.378	3.256	3.230	3.315	3.261	3.264
Wärmeerlöse	290	293	306	307	321	994	930	905	869	925
Öffentliche Beleuchtung	29	30	25	30	33	49	57	64	77	59
Umsatzerlöse	**2.409**	**2.411**	**2.448**	**2.583**	**2.732**	**4.299**	**4.217**	**4.284**	**4.207**	**4.248**
Bestandsveränderungen und andere aktivierte Eigenleistungen	**97**	**106**	**95**	**55**	**40**	**49**	**83**	**77**	**52**	**49**
Erträge aus der Auflösung von Sonderposten										
mit Rücklageanteil	138	166	321	227	140	112	105	117	110	92
für Investitionszulagen	–	–	15	32	47	52	58	56	60	55
Erträge aus Investitionszulagen	122	207	–	–	–	–	–	–	–	–
Zuschüsse aus den Verstromungsgesetzen	173	231	201	216	233	304	250	271	223	150
übrige betriebliche Erträge	47	47	95	90	52	146	163	475	146	196
Sonstige Betriebliche Erträge	**480**	**651**	**632**	**565**	**472**	**614**	**576**	**919**	**539**	**493**
Summe der Erträge	**2.986**	**3.168**	**3.175**	**3.203**	**3.244**	**4.962**	**4.876**	**5.280**	**4.798**	**4.790**
Aufwendungen für Roh-, Hilfs- und Betriebsstoffe und für bezogene Waren	910	969	910	1.065	1.125	1.856	1.835	1.858	1.578	1.364
Aufwendungen für bezogene Leistungen	179	234	259	245	262	309	379	362	308	315
Materialaufwand	**1.089**	**1.203**	**1.169**	**1.310**	**1.387**	**2.165**	**2.214**	**2.220**	**1.886**	**1.679**
Löhne und Gehälter	422	467	473	478	498	718	829	887	843	898
soziale Abgaben und Aufwendungen für Altersversorgung und für Unterstützung	138	149	192	109	115	190	219	311	276	267
Personalaufwand	**560**	**616**	**665**	**587**	**613**	**908**	**1.048**	**1.198**	**1.119**	**1.165**
Abschreibungen	**334**	**501**	**679**	**717**	**676**	**937**	**817**	**715**	**634**	**619**
Einstellungen in Sonderposten mit Rücklageanteil	436	257	–	31	–	295	136	357	239	171
Konzessionsabgabe	45	34	34	34	34	34	34	45	87	162
übrige betriebliche Aufwendungen	254	309	339	242	246	415	383	483	494	638
Sonstige betriebliche Aufwendungen	**735**	**600**	**373**	**307**	**280**	**744**	**553**	**885**	**820**	**971**
Summe der Aufwendungen	**2.718**	**2.920**	**2.886**	**2.921**	**2.956**	**4.754**	**4.632**	**5.018**	**4.459**	**4.434**
Finanzergebnis	**-68**	**-83**	**-92**	**-114**	**-101**	**-95**	**-49**	**-76**	**-76**	**-74**
Ergebnis der gewöhnlichen Geschäftstätigkeit	**200**	**165**	**197**	**168**	**187**	**113**	**195**	**186**	**263**	**282**
Steuern	**66**	**53**	**85**	**71**	**78**	**63**	**80**	**52**	**106**	**113**
Jahresüberschuß	**134**	**112**	**112**	**97**	**109**	**50**	**115**	**134**	**157**	**169**
Gewinnvortrag	–	–	–	–	–	**56**	–	–	–	–
Einstellungen in andere Gewinnrücklagen	**67**	**56**	**56**	**41**	**53**	**51**	**57**	**67**	**79**	**79**
Bilanzgewinn	**67**	**56**	**56**	**56**	**56**	**55**	**58**	**67**	**78**	**90**

[1] Bis 90/91 Bewag AG
[2] Konzern (konsolidiert: EBAG)
[3] Bewag AG verschmolzen mit ehemals EBAG

Beispiel 7-48: Geschäftsbericht der Bewag AG 1996, S. 79

hoher/niedriger Kennzahlenwert positiv oder negativ zu beurteilen ist. Berichterstattende Unternehmen sollten in Mehrjahresübersichten Kennzahlen zur Vermögensstruktur, zur Kapitalstruktur, zur horizontalen Bilanzstruktur (Deckungsgrade) sowie erfolgswirtschaftliche Kennzahlen (Kriterium 4. „Ergebniskennzahlen“) angeben. Der Arbeitskreis „Externe Unternehmensrechnung“ der Schmalenbach-Gesellschaft (AKEU) empfiehlt, zur Vereinheitlichung von Kennzahlen in Geschäftsberichten die folgenden Kennzahlen anzugeben:

- Sachanlagenintensität,
- Umschlaghäufigkeit der Vorräte,
- Umschlaghäufigkeit der Forderungen,
- Kapitalumschlaghäufigkeit,
- Eigenkapitalquote,
- Innenfinanzierungskraft,
- Dynamischer Verschuldungsgrad,
- Umsatzrentabilität,
- Eigenkapitalrentabilität,
- Gesamtkapitalrentabilität,
- Materialintensität/-struktur,
- Personalintensität/-struktur,
- Finanzierungsquote.

Das nebenstehende *Beispiel 7-49* zeigt eine gelungene Zehnjahresübersicht aus dem 96er-Geschäftsbericht des Chemiekonzerns Bayer *(vgl. Bayer AG, GB 1996, S. 89 f.)*. Bayer hat hier neben Bilanzdaten unter anderem die Anlagenintensität, die Eigenkapital- bzw. Fremdkapitalquote, die Umsatzrentabilität sowie die Eigenkapitalrentabilität und die Finanzierungsquote des Konzerns in die Mehrjahresübersicht aufgenommen.

Ad 1.4.: Dividende in Mehrjahresübersichten

Aktionäre können anhand einer Mehrjahresübersicht über die Dividendenausschüttungen erkennen, in welchem Maße ihr Vermögen durch laufende Dividendenerträge gestiegen ist. Die in Lageberichten börsennotierter Unternehmen dargestellte Dividendenentwicklung erlaubt den Lesern des Geschäftsberichts auch, auf die Dividendenpolitik des Unternehmens zu schließen. Die Dividendenpolitik kann allerdings nicht ohne Kenntnis der Rücklagenpolitik beurteilt werden.

Zehnjahresübersicht

Bayer-Konzern	1987	1988	1989	1990	1991	1992	1993	1994	1995	1996	Bayer Konzern
Umsatz	37.143	40.468	43.299	41.643	42.401	41.195	41.007	43.420	44.580	48.608	Umsatz
Auslandsgeschäft	77,9%	78,6%	76,6%	78,3%	78,3%	78,7%	81,0%	81,0%	80,5%	82,2%	Auslandsgeschäft
Anteil ausländischer Gesellschaften	55,3%	57,3%	58,3%	58,1%	60,1%	61,2%	64,5%	65,3%	63,4%	65,4%	Anteil ausländischer Gesellschaften
Gewinn vor Ertragsteuern	3.066	3.776	4.105	3.366	3.206	2.693	2.354	3.293	4.185	4.464	Gewinn vor Ertragsteuern
Ertragsteuern	1.522	1.867	1.989	1.463	1.353	1.130	982	1.281	1.764	1.717	Ertragsteuern
Gewinn nach Steuern	1.544	1.909	2.116	1.903	1.853	1.563	1.372	2.012	2.421	2.747	Gewinn nach Steuern
Anlagevermögen	**11.313**	**12.062**	**13.239**	**15.552**	**15.383**	**15.621**	**16.147**	**16.748**	**18.458**	**20.907**	**Anlagevermögen**
Immaterielle Vermögensgegenstände	118	128	220	282	322	314	321	756	955	1.426	Immaterielle Vermögensgegenstände
Sachanlagen	10.346	11.170	12.182	13.959	14.112	14.203	14.681	14.762	15.580	17.553	Sachanlagen
Finanzanlagen	849	764	837	1.311	949	1.104	1.145	1.230	1.923	1.928	Finanzanlagen
Umlaufvermögen	**20.840**	**22.283**	**22.897**	**22.395**	**22.534**	**22.707**	**24.024**	**25.615**	**26.385**	**28.541**	**Umlaufvermögen**
Vorräte	7.220	7.892	8.235	8.419	8.345	8.517	8.167	8.333	9.314	10.060	Vorräte
Forderungen	8.520	9.905	10.656	10.767	10.724	10.436	10.615	11.502	11.865	13.746	Forderungen
Flüssige Mittel	5.100	4.486	4.006	3.209	3.465	3.754	5.242	5.780	5.206	4.735	Flüssige Mittel
Eigenkapital	**14.081**	**15.284**	**16.033**	**16.052**	**16.743**	**17.545**	**18.206**	**17.055**	**18.301**	**21.056**	**Eigenkapital**
Gezeichnetes Kapital	3.089	3.171	3.195	3.195	3.225	3.287	3.354	3.465	3.527	3.621	Gezeichnetes Kapital
Rücklagen	9.020	9.766	10.284	10.569	11.308	12.328	13.094	11.167	11.895	14.253	Rücklagen
Konzerngewinn	1.498	1.855	2.083	1.881	1.824	1.516	1.327	1.970	2.394	2.725	Konzerngewinn
Anteile anderer Gesellschafter	474	492	471	407	386	414	431	453	485	457	Anteile anderer Gesellschafter
Fremdkapital	**18.072**	**19.061**	**20.103**	**21.895**	**21.174**	**20.783**	**21.965**	**25.308**	**26.542**	**28.392**	**Fremdkapital**
Rückstellungen	8.822	10.034	11.028	10.946	11.276	11.065	11.741	13.276	13.540	13.802	Rückstellungen
Verbindlichkeiten	9.250	9.027	9.075	10.949	9.898	9.718	10.224	12.032	13.002	14.590	Verbindlichkeiten
Bilanzsumme	**32.153**	**34.345**	**36.136**	**37.947**	**37.917**	**38.328**	**40.171**	**42.363**	**44.843**	**49.448**	**Bilanzsumme**
Anteil an der Bilanzsumme											**Anteil an der Bilanzsumme**
Anlagevermögen	35,2%	35,1%	36,6%	41,0%	40,6%	40,8%	40,2%	39,5%	41,2%	42,3%	Anlagevermögen
Umlaufvermögen	64,8%	64,9%	63,4%	59,0%	59,4%	59,2%	59,8%	60,5%	58,8%	57,7%	Umlaufvermögen
Eigenkapital	43,8%	44,5%	44,4%	42,3%	44,2%	45,8%	45,3%	40,3%	40,8%	42,6%	Eigenkapital
Fremdkapital	56,2%	55,5%	55,6%	57,7%	55,8%	54,2%	54,7%	59,7%	59,2%	57,4%	Fremdkapital
Finanzschulden	**5.214**	**4.439**	**4.487**	**6.014**	**5.132**	**4.945**	**5.264**	**6.276**	**6.268**	**6.883**	**Finanzschulden**
• Langfristig	3.302	3.084	3.066	3.433	3.216	3.068	2.580	2.463	2.809	3.158	• Langfristig
• Kurzfristig	1.912	1.355	1.421	2.581	1.916	1.877	2.684	3.813	3.459	3.725	• Kurzfristig
Zinsergebnis	−339	−270	−185	−236	−251	−180	−51	+ 88	−11	− 87	Zinsergebnis
Anlagevermögen finanziert durch Eigenkapital	124,5%	126,7%	121,1%	103,2%	108,8%	112,3%	112,8%	101,8%	99,1%	100,7%	Anlagevermögen finanziert durch Eigenkapital
Anlagevermögen und Vorräte finanziert durch Eigenkapital und langfristiges Fremdkapital	130,6%	130,3%	127,0%	116,0%	119,1%	122,1%	124,7%	116,7%	114,3%	112,2%	Anlagevermögen und Vorräte finanziert durch Eigenkapital und langfristiges Fremdkapital
Umsatzrendite	8,8%	9,9%	9,9%	8,5%	7,5%	6,7%	5,7%	7,5%	9,2%	9,3%	Umsatzrendite
Eigenkapitalrendite	11,7%	13,0%	13,5%	11,9%	11,3%	9,1%	7,7%	11,4%	13,7%	14,0%	Eigenkapitalrendite
Cash-flow	4.202	5.273	5.836	5.366	5.050	4.696	4.852	5.006	5.424	5.820	Cash-flow
Investitionen in Sachanlagen und immaterielle Vermögensgegenstände	2.565	3.145	3.447	3.687	3.074	2.859	3.156	3.509	3.169	3.777	Investitionen in Sachanlagen und immaterielle Vermögensgegenstände
Abschreibungen auf Sachanlagen und immaterielle Vermögensgegenstände	2.014	2.327	2.437	2.574	2.683	2.552	2.688	2.431	2.315	2.594	Abschreibungen auf Sachanlagen und immaterielle Vermögensgegenstände
Finanzierungsquote	78,5%	74,0%	70,7%	69,8%	87,3%	89,3%	85,2%	69,3%	73,1%	68,7%	Finanzierungsquote
Personalaufwand (einschl. Altersversorgung)	11.833	12.616	13.228	13.386	14.604	14.434	14.306	14.457	14.624	15.096	Personalaufwand (einschl. Altersversorgung)
Mitarbeiter (Jahresende)	164.400	165.700	170.200	171.000	164.200	156.400	150.400	146.700	142.900	142.200	Mitarbeiter (Jahresende)
Forschungskosten	2.343	2.460	2.695	2.738	3.007	3.096	3.157	3.177	3.259	3.608	Forschungskosten
Bayer AG											**Bayer AG**
Gewinn nach Steuern	895	1.011	1.221	1.041	1.038	873	818	931	1.158	1.361	Gewinn nach Steuern
Rücklagenzuweisung	215	250	390	210	200	150	80	30	100	130	Rücklagenzuweisung
Ausschüttung	680	761	831	831	838	723	738	901	1.058	1.231	Ausschüttung
Dividende je Aktie von DM 5,-	DM 1,10	DM 1,20	DM 1,30	DM 1,30	DM 1,30	DM 1,10	DM 1,10	DM 1,30	DM 1,50	DM 1,70	Dividende je Aktie von DM 5,-

Beispiel 7-49: Geschäftsbericht der Bayer AG 1996, S. 89 f.

Aufgrund der Wechselbeziehungen zwischen Dividendenpolitik und Rücklagenpolitik sollte der Mehrjahresübersicht über die Dividendenausschüttung eine Mehrjahresübersicht über die Rücklagenbildung/-auflösung gegenübergestellt werden. Eine wertvolle Zusatzinformation für Aktionäre stellt auch die Angabe dar, wie sich der Wertpapierbestand eines einzelnen Aktionärs durch reinvestierte Dividenden und Bezugsrechte entwickelt hat. Weitere Angaben, die der Leser zur Abschätzung des Abflusses liquider Mittel für Dividenden im folgenden Jahr benötigt, sind zum Beispiel:

- Zahl der voll dividendenberechtigten Aktien,
- Zahl der teilweise dividendenberechtigten Aktien mit der Angabe des Dividendenanspruchs,
- Dividendengarantien, die außenstehenden (Minderheits-)Aktionären aufgrund von Beherrschungs- und Gewinnabführungsverträgen zugesichert wurden.

Vorbildliche Angaben zur **Dividendenentwicklung** zeigt *Beispiel 7-50* aus dem Geschäftsbericht der Henkel KGaA *(vgl. Henkel KGaA, GB 1996, S. 65)*. Hervorzuheben ist vor allem die Angabe der Dividendensumme. Die Angaben hätten noch um die Dividende einschließlich Steuergutschrift sowie um die Entwicklung der Rücklagen ergänzt werden können.

Henkel KGaA

	1987	1988	1989	1990	1991	1992	1993	1994	1995	1996
Umsatz	4.040	4.190	4.649	4.953	5.250	5.464	5.460	5.599	5.640	5.175
Betriebliches Ergebnis	116	139	125	174	214	114	33	89[6)]	132	68
Jahresüberschuß	152	153	161	174	141	126	116	161	160	254
Dividende je										
DM 5 – Stammaktie in DM	0,50	0,55	0,60	0,65	0,70	0,70	0,70	0,90	1,05	1,20[8)]
Dividende je										
DM 5 – Vorzugsaktie in DM	0,80	0,85	0,90	0,95	1,00	1,00	1,00	1,10	1,15	1,30[8)]
Dividendensumme	68,0	78,6	102,5	109,5	116,5	116,5	116,5	144,6	159,9	181,1[8)]
Grundkapital	575	632,5	702,5	702,5	702,5	702,5	702,5	730	730	730
– Stammaktien	400	400	400	400	400	400	400	400	400	433
– Vorzugsaktien	175	232,5	302,5	302,5	302,5	302,5	302,5	330	330	297

Vorschlag[8)]

Beispiel 7-50: Geschäftsbericht der Henkel KGaA 1996, S. 65

Ad 1.5.: Aktienkurs in Mehrjahresübersichten

Eine Mehrjahresübersicht über die Wertentwicklung der Aktie soll den Lesern des Geschäftsberichts einer börsennotierten Kapitalgesellschaft die Vermögensmehrung oder die Vermögensminderung eines Aktienengagements durch Wertsteigerungen oder durch Wertminderungen der Aktien verdeutlichen. Eine Mehrjahresübersicht über die Wertentwicklung der Aktie ist vor allem für Vertreter der Technischen Wertpapieranalyse unter den Lesern des Geschäftsberichts interessant. Dazu werden neben historischen Aktienkursen auch folgende Angaben benötigt:

- Börsenumsatz einer Aktie,
- Entwicklung des gesamten Aktienmarktes (repräsentiert durch einen Index, zum Beispiel Deutscher Aktienindex – DAX, Deutscher Midcap Aktienindex – M-DAX, FAZ-Index),
- Entwicklung des einschlägigen Börsen-Marktsegments (repräsentiert durch einen der 16 Composite-Dax (C-DAX) – Branchenindizes),
- Höchst-, Tiefst- und Jahresschlußkurse,
- Gleitende Durchschnittskurse (zum Beispiel gleitende 30- oder 200-Tage-Durchschnittskurse).

Dem Leser des Geschäftsberichts bleiben aufwendige Recherchen erspart, wenn im Lagebericht des betreffenden Unternehmens eine Mehrjahresübersicht enthalten ist, der man direkt die um Bezugsrechts-Abschläge bereinigte Aktienkursentwicklung entnehmen kann.
In Deutschland war der Versorger Veba Vorreiter im Bereich aktionärs-orientierter Berichterstattung. *Beispiel 7-51* zeigt vorbildliche Angaben zur Aktie aus dem 96er-Veba-Geschäftsbericht *(vgl. Veba AG, GB 1996, S. 24 f.)*.

Ad 2.1.: Vermögensstruktur

Kennzahlen zur Vermögensstruktur sollen die Art und die Zusammensetzung der Aktiva sowie die Dauer der Vermögensbindung verdeutlichen. Vertikale Vermögensstrukturkennzahlen, sogenannte Intensitäten, informieren den Geschäftsberichtleser über das Verhältnis einzelner Gruppen von Aktiva zum Gesamtvermögen. Dabei ist die Liquiditätssituation um so besser zu beurteilen, je geringer die Anlagenintensität (Anlagevermögen/Gesamtvermögen • 100) bzw. je höher die Arbeitsintensität (Umlaufvermögen/Gesamtvermögen • 100) ist, da ein hohes, sich schnell umschlagendes Umlaufvermögen kontinuierlich Liquidität freisetzt.

Weitere Informationen

DIE VEBA-AKTIE

Die VEBA-Aktie

in DM je Aktie	1996	1995	Veränderung %
Jahresendkurs	88,50	61,40	+ 44,1
Ergebnis nach DVFA/SG	5,04	4,33	+ 16,4
Dividende	1,90	1,70	+ 11,8
Cash-flow nach DVFA/SG*	15,86	15,92	- 0,4
Bilanzielles Eigenkapital*	39,47	35,83	+ 10,2

* ohne Anteile Konzernfremder

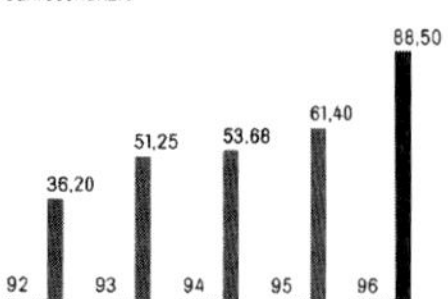

Erneut Überperformance der VEBA-Aktie

Der Kurs der VEBA-Aktie erreichte am Jahresende 1996 mit DM 88,50 einen neuen Höchststand. VEBA-Aktionäre konnten 1996 bei Wiederanlage der Bardividende eine Verzinsung von 47,1 % erzielen. Mit diesem Anlageergebnis übertraf die VEBA-Aktie deutlich die gute Entwicklung des deutschen Aktienmarkts, gemessen sowohl am DAX-Index der 30 wichtigsten deutschen Aktien (+ 28,2 %) als auch am Branchenindex CDAX-Versorger (+ 23,8 %).

Wertentwicklung in %: VEBA-Aktiendepot, CDAX-Versorger, DAX

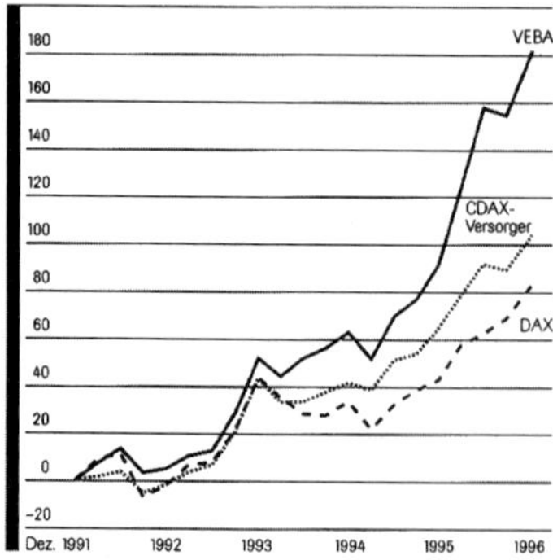

Die VEBA-Aktie erzielte auch im Fünfjahresvergleich ein weit überdurchschnittliches Ergebnis. Ein Investor hätte mit einer Anlage von DM 10.000 in VEBA-Aktien zum Jahresende 1991 und Wiederanlage der Bardividenden bis Ende 1996 ein Vermögen von DM 28.160 aufgebaut. Dies entspricht einer Rendite von 23,0 % p. a. Im gleichen Zeitraum wiesen der DAX bzw. der CDAX-Versorger eine Verzinsung von 12,9 % bzw. 15,3 % p. a. auf. Ein Anleger in festverzinslichen DM-Wertpapieren hätte, gemessen am REX-Performance-Index, in dem Fünfjahreszeitraum eine Rendite von 9,7 % p.a. erzielt.

Dividende auf DM 1,90 erhöht

Mit der Anhebung der Dividende von DM 1,70 auf DM 1,90 je Aktie setzt VEBA ihre ergebnisorientierte Ausschüttungspolitik fort. VEBA hat in den letzten vier Jahren die Dividende in jedem Jahr erhöht. Die Dividende je Aktie einschließlich Körperschaftsteuer-Guthaben ist seit 1992 um 9,6 % p. a. gestiegen.

VEBA-Aktie in den wichtigsten Indizes vertreten

Aktienindizes fassen die Kurs- oder Wertentwicklung mehrerer Aktien zusammen. Dabei werden die einbezogenen Aktien nach unterschiedlichen Kriterien je Index gewichtet. Im Gegensatz zu Kurs-Indizes berücksichtigen Performance-Indizes zusätzlich zur Kursentwicklung auch Dividenden und Bezugsrechte bei Kapitalerhöhungen. Performance-Indizes erfassen somit die gesamte Wertentwicklung der im Index enthaltenen Aktien. Für Performance-Vergleiche wird häufig die Differenz zwischen der Performance der einzelnen Aktie und der des Index verwandt.

Aktienindizes werden nicht nur für Performance-Vergleiche, sondern auch für Anlageentscheidungen selbst genutzt. So wird ein weltweit wachsender Teil der Anlagegelder in sogenannte Indexfonds investiert. Bei diesen Fonds werden nicht einzelne Aktien aktiv ausgewählt, sondern die Fondsmanager versuchen, mit einer passiven Anlagestrategie die Struktur eines Index und damit auch dessen Performance möglichst genau nachzubilden. So besteht für Aktien, die in wichtigen Indizes enthalten sind, eine automatische Nachfrage.

Beispiel 7-51a: Geschäftsbericht der Veba AG 1996, S. 24

Weitere Informationen

DIE VEBA-AKTIE

Kennzahlen zur VEBA-Aktie

		1992	1993	1994	1995	1996
Ergebnis nach DVFA/SG	DM	2,62	2,48	3,13	4,33	5,04
Cash-flow nach DVFA/SG*	DM	13,31	13,42	13,62	15,92	15,86
Dividende	DM	1,20	1,30	1,50	1,70	1,90
einschl. KSt-Guthaben	DM	1,88	1,86	2,14	2,43	2,71
Dividendensumme	Mio DM	555	632	729	830	938
Höchstkurs	DM	41,15	51,95	55,60	61,60	90,35
Tiefstkurs	DM	33,80	35,98	46,30	49,45	61,50
Jahresendkurs	DM	36,20	51,25	53,68	61,40	88,50
Anzahl DM 5-Aktien	Mio	462,9	486,0	486,0	488,2	493,8
Börsenkapitalisierung	Mrd DM	16,8	24,9	26,1	30,0	43,7
Optionsrechte	Mio	23,2	16,8	16,8	14,6	9,0
Bilanzielles Eigenkapital*	DM	30,79	31,04	33,14	35,83	39,47
Marktwert/Buchkurs**	%	118	165	162	171	224
Umsatz in VEBA-Aktien	Mrd DM	56,1	63,2	81,6	71,4	102,9
Umsatz DAX-Werte	Mrd DM	1.125,1	1.533,9	1.572,1	1.349,0	1.880,5
Anteil VEBA	%	5,0	4,1	5,2	5,3	5,5

* ohne Anteile Konzernfremder
**Jahresendkurs in % des bilanziellen Eigenkapitals ohne Anteile Konzernfremder

Auch für aktiv gemanagte Fonds werden häufig Indizes als Maßstab für die Performance-Beurteilung festgelegt. Die Fondsmanager versuchen dann, durch Unter- oder Übergewichtung einzelner Aktientitel gegenüber der Gewichtung dieser Aktien im Index eine Mehrperformance über die Index-Performance hinaus zu erzielen.

Die VEBA-Aktie ist in vielen wichtigen Indizes weltweit vertreten, so z. B.:

Index	Anzahl Aktientitel	Land/ Länder	Anteil VEBA* %
DAX	30	Deutschland	6,13
CDAX-Versorger	20	Deutschland	28,27
FAZ-Aktien-Index	100	Deutschland	3,86
MSCI World	1.560	weltweit	0,27
MSCI EAFE	1.096	Europa, Afrika und Ferner Osten	0,48
MSCI Europe	573	Europa	0,87
Tribune Utilities	18	weltweit	12,94
Euro Top-100	100	Europa	0,86
FT/S&P Actuaries Europe Index	726	Europa	0,76
FT/S&P Actuaries Europe Ex UK Index	515	Europa außer Großbritannien	1,22

* bezogen auf Marktkapitalisierung des jeweiligen Index per 31.12.1996

Kontinuierliche Investor Relations-Aktivitäten

Ziel unserer kontinuierlichen Investor Relations-Aktivitäten ist unverändert, bei unseren Aktionären, potentiellen Anlegern und Finanzanalysten das Vertrauen in VEBA weiter zu festigen und eine angemessene Bewertung der VEBA-Aktie zu ermöglichen. Darum betreiben wir eine offene und umfassende Informationspolitik.

Die Globalisierung des Kapitalmarktes und der zunehmende Wettbewerb um Kapital erhöhen ständig die Ansprüche der Anleger an die Investor Relations-Aktivitäten. 1996 haben wir daher u. a. regelmäßige Telefonkonferenzen mit Analysten und institutionellen Investoren unmittelbar im Anschluß an die Veröffentlichung der Zwischenberichte eingeführt. Seit 1997 stehen die Zwischenberichte zusammen mit weiteren Finanzinformationen auch den Privatanlegern auf der VEBA-Internet-Seite kurzfristig zur Verfügung (http://www.veba.de). Unsere regelmäßigen Präsentationen haben wir auf den Fernen Osten (Japan, Hongkong und Singapur) ausgedehnt.

Wir werden auch in den kommenden Jahren unsere weltweiten Investor Relations-Aktivitäten intensivieren und noch stärker auf die Informationsbedürfnisse unserer Aktionäre eingehen.

Beispiel 7-51b: Geschäftsbericht der Veba AG 1996, S. 25

Allgemeingültige Normen für die Vermögensstruktur sind allerdings kaum begründbar. Ein Geschäftsberichtleser benötigt deshalb weitere Angaben, vor allem über Branchenvergleichszahlen und betriebsindividuelle Gegebenheiten, beispielsweise über die Abschreibungspolitik des berichterstattenden Unternehmens.

Unternehmen sollten ihre Vermögensstruktur für einen längeren Zeitraum, z. B. in einer Mehrjahresübersicht, darstellen und die jeweiligen Einzelbeträge auch als Absolutwerte nennen. Dabei sind für die veröffentlichten Kennzahlen immer auch die Berechnungsvorschriften im Geschäftsbericht anzugeben.

Detaillierte Angaben zur Abschreibungspolitik zeigt *Beispiel 7-52* aus dem Geschäftsbericht 1996 der Hapag-Lloyd AG *(vgl. Hapag-Lloyd AG, GB 1996, S. 19)*.

> *Aufgrund unserer unverändert konservativen Abschreibungspolitik liegt der Restbuchwert des Sachanlagevermögens zum 31.12.1996 mit 24% der ursprünglichen Anschaffungskosten im Branchenvergleich außerordentlich niedrig, was eine entsprechende Entlastung in der Zukunft bedeutet. Die Containerschiffe sind bis auf 18%, die Container auf 21% und die Flugzeuge auf 15% abgeschrieben, wobei das Durchschnittsalter der Containerschiffe 10 Jahre, der Container 5 Jahre und der Flugzeuge 7 Jahre beträgt.*

Beispiel 7-52: Geschäftsbericht der Hapag-Lloyd AG 1996, S. 19

Eine vorbildliche Analyse der Vermögensstruktur zeigt auch *Beispiel 7-53* aus dem 96er-Vossloh-Geschäftsbericht *(vgl. Vossloh AG, GB 1996, S. 8)*. Die Angaben zur Bilanzstruktur hätten indes noch um relative Werte (Anteil in % der Bilanzsumme) ergänzt werden können.

Ad 2.2.: Kapitalstruktur

Kennzahlen zur Kapitalstruktur sollen über die Quellen und die Zusammensetzung der Finanzierungsmittel nach Art, Sicherheit und Fristigkeit informieren; der Geschäftsberichtleser soll damit Finanzierungsrisiken erkennen und beurteilen können. Bei der Analyse der Kapitalstruktur ist vor allem das Eigenkapital von besonderem Interesse.

Kennzeichnend für die Kapitalstruktur ist die Eigenkapitalquote (durchschnittliches Eigenkapital/durchschnittliches Gesamtkapital • 100). Die Ei-

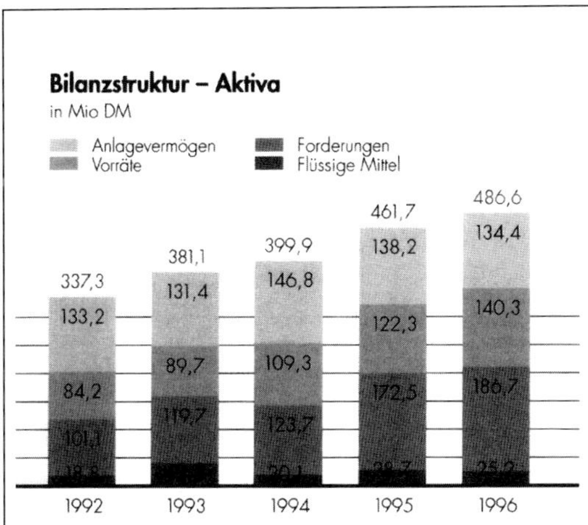

Starke Bilanzrelationen im Konzern stützen das Wachstum

Die Bilanzsumme des Vossloh-Konzerns stieg im Berichtsjahr um 5,4 % auf 486,6 Mio DM. Dabei stand einem um 2,7 % leicht rückläufigen Anlagevermögen ein mit 8,9 % relativ starker Zuwachs des Umlaufvermögens gegenüber. Der Rückgang des Anlagevermögens um 3,8 Mio DM beruht im wesentlichen darauf, daß die Investitionen 1996 hinter den Abschreibungen zurückblieben. Der Anstieg des Umlaufvermögens um 28,4 Mio DM hat seine Ursache vor allem in einer Zunahme der Vorräte und der Forderungen aus Lieferungen und Leistungen im Maschinenbau, der Hegenscheidt-MFD GmbH.

Beispiel 7-53: Geschäftsbericht der Vossloh AG 1996, S. 8

genkapitalquote – möglichst auch in einer Mehrjahresübersicht – sollte daher in keinem Geschäftsbericht fehlen. Ferner sollte in diesem Zusammenhang auch die Fremdkapitalstruktur (kurzfristige Verbindlichkeiten [bis zu einem Jahr]/Bilanzsumme) angegeben werden (vgl. Abschnitt 7.6.2). Vorbildlich sind hier die in *Beispiel 7-54* gezeigten Angaben der Hapag-Lloyd AG zur Kapitalstruktur *(vgl. Hapag-Lloyd AG, GB 1996, S. 18).*

Ad 2.3.: Deckungsgrade

Bilanzstrukturkennzahlen zum Deckungsgrad sollen die Beziehung zwischen Aktiva (Mittelverwendung) und Passiva (Mittelherkunft) verdeutlichen. Horizontale Bilanzstrukturkennziffern erlauben Aussagen über die voraussichtliche Zahlungsfähigkeit des Unternehmens.

Die „Goldene Bilanzregel“ schreibt vor, daß das Anlagevermögen und

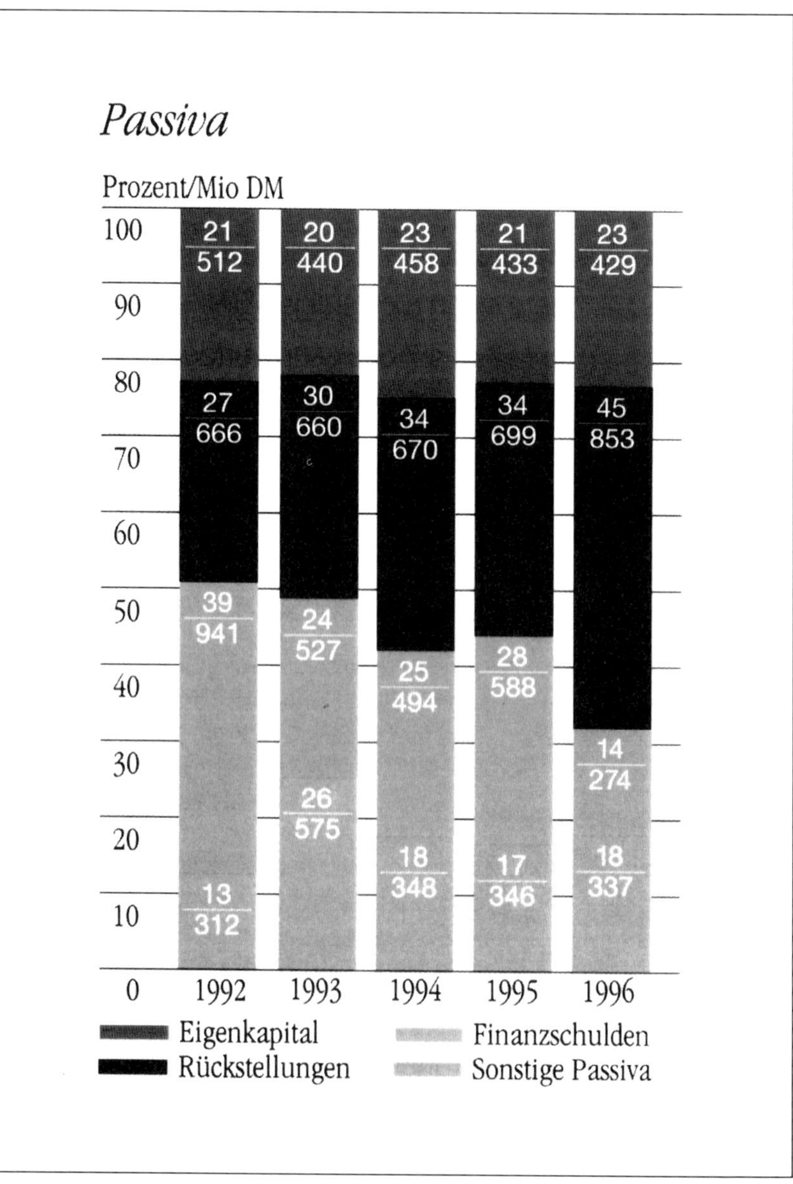

Beispiel 7-54: Geschäftsbericht der Hapag-Lloyd AG 1996, S. 18

langfristig im Unternehmen gebundene Teile des Umlaufvermögens fristenkongruent durch Eigenkapital (sowie gegebenenfalls durch langfristiges Fremdkapital) finanziert werden sollen.
Demgegenüber beziehen kurzfristige Liquiditätsgrade Teile des Umlaufvermögens auf das kurzfristige Fremdkapital. Das Umlaufvermögen hat dem kurzfristigen Fremdkapital mindestens zu entsprechen. Liquiditätsnahe Vermögensgegenstände des Umlaufvermögens können somit kurzfristige Zahlungsverpflichtungen decken. In der Praxis häufig verwandte Liquiditätskennzahlen sind die Liquidität 1. Grades (Liquide Mittel/Kurzfristige Verbindlichkeiten • 100) und die Liquidität 2. Grades (Monetäres Umlaufvermögen/Kurzfristige Verbindlichkeiten • 100). Die liquiden Mittel umfassen den Kassenbestand sowie die Bank- und Postgiroguthaben; das monetäre Umlaufvermögen errechnet sich aus dem Umlaufvermögen abzüglich der Vorräte und sonstigen Vermögensgegenstände.
Der dynamische Verschuldungsgrad gibt die Zahl der Jahre an, die ein Unternehmen benötigt, um seine Schulden aus eigener Kraft zu tilgen. Dazu wird die Effektivverschuldung (Schulden – monetäres Umlaufvermögen) zum Cash-flow ins Verhältnis gesetzt.
Im Geschäftsbericht angegebene Liquiditätskennzahlen sind zu erläutern oder durch weitere Angaben zu ergänzen (z. B. Zahlungsverpflichtungen aufgrund von Miet- und Leasingverträgen oder Lohn- und Gehaltszahlungen).
Beispiel 7-55 aus dem Geschäftsbericht 1996 der Vossloh AG zeigt vorbildlich detaillierte Angaben zur Anlagendeckung des Vossloh-Konzerns *(vgl. Vossloh AG, GB 1996, S. 8).*

Ad 3.1.: Cash-flow-Rechnung

Die Kennzahl Cash-flow ist wichtig für die finanzwirtschaftliche Beurteilung eines Unternehmens. Sie dient zum einen als bereinigte Maßgröße für das tatsächlich erzielte Ergebnis, zum anderen als Indikator für die Nachhaltigkeit der Ertragskraft des Unternehmens. Berichterstattende Unternehmen sollten daher detaillierte Aussagen zur Berechnung und zur Höhe des Cash-flow in ihrem Geschäftsbericht machen und hierbei auf das Arbeitsschema zur Ermittlung des Cash-flow nach DVFA/SG zurückgreifen. Auf diese Weise wird zu einer einheitlichen Berechnung des Cash-flow beigetragen.
Die Cash-Flow-Ermittlung nach DVFA/SG des Vossloh-Konzerns zeigt *Beispiel 7-56 (vgl. Vossloh AG, GB 1996, S. 10).*

Anlagendeckung des Vossloh-Konzerns

	1995		1996		Veränderungen	
	Mio DM	%	Mio DM	%	Mio DM	%
Eigenmittel	203,3	69,8	230,2	76,9	26,9	13,2
Mittel- und langfristige Fremdmittel	87,8	30,2	69,2	23,1	-18,6	-21,2
Mittel- und langfristige Finanzierung	291,1	100,0	299,4	100,0	8,3	2,9
Mittel- und langfristig gebundenes Vermögen	140,9	48,4	134,7	45,0	-6,2	-4,4
Überdeckung	150,2	51,6	164,7	55,0	14,5	9,7

Die gesunde Finanzierungsstruktur der Vossloh-Gruppe wird durch die Anlagendeckung belegt. Das Eigenkapital des Konzerns deckte das Anlagevermögen vollständig und darüber hinaus 67,6 % des Vorratsvermögens. Die gesamte mittel- und langfristige Finanzierung deckte das Anlage- und Vorratsvermögen sowie 15,1 % der Lieferforderungen.

Beispiel 7-55: Geschäftsbericht der Vossloh AG 1996, S. 8

Ad 3.2.: Kapitalflußrechnung

Kapitalflußrechnungen können die Bilanz und die Gewinn- und Verlustrechnung in geeigneter Weise ergänzen, da sie Angaben über die finanzielle Lage des Unternehmens liefern, die aus dem Jahresabschluß selbst nicht oder nur mittelbar entnommen werden können. Die Kapitalflußrechnung stellt die Herkunft und die Verwendung finanzieller Mittel systematisch gegenüber und legt die Ursachen für Vermögens- und für Kapitalveränderungen offen.

Kapitalflußrechnungen mit ausgegliedertem Finanzmittelfonds eignen sich zur Liquiditätsbeurteilung eines Unternehmens besonders gut und sollten daher freiwillig im Geschäftsbericht veröffentlicht werden. Zum Zwecke eines aussagekräftigen Betriebsvergleichs ist der ausgegliederte Finanzmittelfonds

Cash-flow-Ermittlung nach DVFA/SG

	1995		1996	
	TDM	TDM	TDM	TDM
Konzernjahresüberschuß		32.718		31.087
Bereinigung um nicht zahlungswirksame Aufwendungen und Erträge von wesentlicher Bedeutung				
Abschreibungen	33.406		29.687	
Veränderung lang- und mittelfristiger Rückstellungen	743		1.338	
Inanspruchnahme der Rückstellung für Restrukturierungsmaßnahmen	–18.315		0	
Veränderung Sonderposten	–2.285	13.549	–63	30.962
Cash-flow		46.267		62.049
Bereinigung um ungewöhnliche zahlungswirksame Vorgänge von wesentlicher Bedeutung				
Fördermittel	–397		–306	
Vereinnahmung Investitionszuschüsse/-zulagen	264		89	
Gewinne aus dem Abgang von Gegenständen des Sachanlagevermögens	–383		–127	
Aufwand für Strukturmaßnahmen	3.992		0	
Außerordentliches Ergebnis	5.516	8.992	9.428	9.084
Cash-flow nach DVFA/SG		55.259		71.133
Anteile Konzernfremder am Jahresüberschuß		676		785
Cash-flow nach DVFA/SG (ohne Anteile Konzernfremder)		**55.935**		**71.918**
Cash-flow je Aktie nach DVFA/SG in DM bezogen auf 7.200.000 Aktien		**7,77**		**9,99**

Beispiel 7-56: Geschäftsbericht der Vossloh AG 1996, S. 10

einheitlich abzugrenzen. Unternehmen sollten daher in ihrem Geschäftsbericht eine Kapitalflußrechnung gemäß der gemeinsamen Stellungnahme von HFA des IDW und Schmalenbach-Gesellschaft – Deutsche Gesellschaft für

Betriebswirtschaft e.V. (HFA 1/1995) veröffentlichen. Die Stellungnahme trägt zu einer einheitlichen Gestaltung freiwillig erstellter Kapitalflußrechnungen bei. Durch die Anlehnung an internationale Rechnungslegungsgrundsätze (IAS 7 des IASC) führt die Stellungnahme des HFA 1/1995 gleichzeitig zu einer Anpassung an die international übliche Berichterstattung. Die internationale Vergleichbarkeit von Kapitalflußrechnungen deutscher Unternehmen wird so ermöglicht.
Die Kapitalflußrechnung des Harpen-Konzerns zeigt *Beispiel 7-57 (vgl. Harpen AG, GB 1996, S. 20)*. Positiv hervorzuheben ist hier der explizite Hinweis auf die Verlautbarung HFA 1/1995.

Ad 4.1.: Ergebnisstruktur

Kennzahlen zur Ergebnisstruktur geben den Anteil einzelner Teilergebnisse am Gesamtergebnis an. Das Ziel der an den Ergebnisquellen anknüpfenden Ergebnisstrukturanalyse besteht darin, möglichst weitgehend die wesentlichen Komponenten des Ergebnisses und damit auch deren Ursachen zu erkennen und somit die Nachhaltigkeit und die Stabilität der Ergebnisentwicklung zu prüfen. Zum Zeit- und Betriebsvergleich eignen sich besonders Kennzahlen, die den Beitrag einzelner Teilergebnisse zum Jahresüberschuß kennzeichnen. Während der Anteil des ordentlichen Betriebsergebnisses am Jahresüberschuß die auf dem Betriebszweck beruhende Fähigkeit des Unternehmens zeigt, ein nachhaltiges Ergebnis zu erzielen, repräsentiert das Finanz- und Verbundergebnis die betriebsfremden, vergleichsweise unregelmäßigen Aufwendungen und Erträge aus Beteiligungen und Wertpapiergeschäften. Das außerordentliche Ergebnis umfaßt die außerhalb der gewöhnlichen Geschäftstätigkeit und daher untypisch und unregelmäßig anfallenden Aufwendungen und Erträge.
Kennzahlen zur Aufwandsstruktur eignen sich dazu, einzelne Einflußgrößen des ordentlichen Betriebsergebnisses detaillierter zu analysieren. Zu diesem Zweck werden sogenannte Aufwandsintensitäten gebildet. Aufwandsintensitäten geben Anhaltspunkte für den Einfluß von Änderungen des Lohn- und Gehaltsniveaus oder der Materialpreise auf das Betriebsergebnis. Der Leser des Geschäftsberichts hätte somit die Möglichkeit, anhand im Geschäftsbericht publizierter Aufwandsstrukturkennzahlen die Wirtschaftlichkeit des berichtenden Unternehmens im Zeit- und Betriebsvergleich zu beurteilen. Dabei sind für die veröffentlichten Kennzahlen immer auch die Berechnungsvorschriften im Geschäftsbericht anzugeben.

20 Lageberich

Kapitalflußrechnung

Die nachfolgende Kapitalflußrechnung entspricht der gemeinsamen Stellungnahme des Hauptfachausschusses des Instituts der Wirtschaftsprüfer und des Arbeitskreises „Finanzierungsrechnung" der Schmalenbach-Gesellschaft – Deutsche Gesellschaft für Betriebswirtschaft e.V. (HFA 1/1995).

Im Berichtsjahr entfallen auf unsere Investitionstätigkeit 140.091 TDM. Sie wurden in erster Linie durch unsere Geschäftstätigkeit mit per saldo 93.682 TDM sowie durch Abbau der flüssigen Mittel in Höhe von 31.399 TDM aufgebracht.

Konzern-Kapitalflußrechnung

	1996 TDM	Vorjahr TDM
Geschäftstätigkeit		
Cash flow	69.806	67.124
Saldo Zunahme/Abnahme der Rückstellungen	35.408	(3.851)
Saldo Gewinn und Verlust aus dem Abgang von Gegenständen des Anlagevermögens	(11.962)	(22.325)
Saldo Zunahme/Abnahme der übrigen Aktiva	(40.033)	(27.989)
Saldo Zunahme/Abnahme der übrigen Passiva	46.919	49.228
Saldo unbarer Bilanzveränderungen (bereits im Cash flow enthalten)	(6.456)	8.660
	93.682	**70.847**
Investitionstätigkeit		
Einzahlungen aus Abgängen von Gegenständen des Anlagevermögens	36.288	66.203
Auszahlungen für Investitionen des Anlagevermögens	(78.735)	(84.107)
Zugänge aufgrund der Veränderung des Konsolidierungskreises	(97.644)	(37.128)
	(140.091)	**(55.032)**
Finanzierungstätigkeit		
Gewinnausschüttung an Aktionäre	(21.692)	(19.140)
Veränderung der Gewinnrücklagen aufgrund von Konsolidierungsmaßnahmen	(17.054)	(19.089)
Ausgleichsposten für konzernfremde Gesellschafter*	0	319
Aufnahme/Erstkonsolidierung von Krediten	55.908	16.388
Tilgung von Bankdarlehen	(2.152)	(318)
	15.010	**(21.840)**
Finanzmittelbestand		
Flüssige Mittel zu Beginn des Jahres	**96.782**	**102.807**
Zahlungswirksame Veränderungen aufgrund von Mittelzufluß, -abfluß aus: Geschäftstätigkeit	93.682	70.847
Investitionstätigkeit	(140.091)	(55.032)
Finanzierungstätigkeit	15.010	(21.840)
Flüssige Mittel zum Ende des Jahres	**65.383**	**96.782**

* einschließlich Verrechnung mit Gewinnanteilen des laufenden Jahres

Ertragslage

Die Ertragslage des Konzerns ist überwiegend geprägt durch die Ergebnissituation der Harpen AG. Das gilt insbesondere aufgrund der direkten Zuordnung der anteiligen Ergebnisse aus den Beteiligungen, die in der Rechtsform von Personenhandelsgesellschaften geführt werden. So entfallen vom Konzernergebnis in Höhe von 31.588 TDM (Vorjahr: 32.886 TDM) 27.125 TDM (Vorjahr: 28.826 TDM) auf die AG.

Das Konzernmehrergebnis im Verhältnis zur AG in Höhe von 4.463 TDM resultiert in Höhe von 4.229 TDM aus dem thesaurierten Ergebnis der VEW Umwelt GmbH und aus Mehrergebnissen assoziierter Unternehmen bei Anwendung der Equity-Methode.

In den folgenden Erläuterungen wird aus Gründen der besseren Transparenz der Jahresüberschuß der Harpen AG in Höhe von 27.125 TDM nach Bereichen erörtert und insoweit vom Schema der Gewinn- und Verlustrechnung abgewichen. Gegenüber dem Vorjahr werden die Ergebnisse unserer Fondsaktivitäten nicht mehr dem Bereich Kommunal und Umwelt, sondern dem Sonstigen operativen Ergebnis zugeordnet. Die Vorjahreszahlen sind entsprechend angepaßt.

Beispiel 7-57: Geschäftsbericht der Harpen AG 1996, S. 20

Ferner wäre es möglich, die Darstellung der Ergebnisstruktur auch durch Grafiken zu unterstützen.

Als eines von wenigen Unternehmen berichtet Mannesmann vorbildlich zur Konzern-Aufwandsstruktur. *Beispiel 7-58* zeigt Auszüge aus dem 96er-Mannesmann-Geschäftsbericht *(vgl. Mannesmann AG, GB 1996, S. 56).*

Aufwandsstruktur in % der Gesamtleistung

	1996	1995	Veränd.
Materialaufwand	55,3	54,9	+ 0,4
Personalaufwand	27,1	28,8	− 1,7
Abschreibungen	5,7	5,5	+ 0,2
Zinsergebnis	0,7	0,7	–
Übrige Aufwendungen und Erträge	8,4	7,1	+ 1,3
Steuern	1,1	0,9	+ 0,2
Jahresüberschuß	1,7	2,1	− 0,4

Beispiel 7-58: Geschäftsbericht der Mannesmann AG 1996, S. 56

Ad 4.2.: Rentabilität

Rentabilitätskennzahlen geben die Verzinsung des eingesetzten Kapitals an. Rentabilitätskennzahlen relativieren eine Ergebnisgröße zu einer dieses Ergebnis maßgeblich bestimmenden Einflußgröße. Als Ergebnisgröße kommen der Jahresüberschuß, ein um außerordentliche Ergebnisse bereinigtes Ergebnis oder der Cash-flow in Frage.

Die **Eigenkapitalrentabilität** setzt eine der genannten Ergebnisgrößen in Beziehung zum durchschnittlichen Eigenkapital und gibt an, ob und in welchem Maß das betriebliche Ziel „Verdienen" erreicht wurde.

Die **Gesamtkapitalrentabilität** bezieht dagegen eine Ergebnisgröße zuzüglich der Fremdkapitalzinsen auf das durchschnittliche Gesamtkapital und gibt an, in welchem Maß das gesamte eingesetzte Kapital (Eigenkapital und Fremdkapital) verzinst wurde.

Eine für den Vergleich von Unternehmen untereinander und im Zeitablauf geeignete Rentabilitätskennzahl ist auch die **Umsatzrentabilität** (Erfolgsgröße/Umsatz • 100).

Zumindest die genannten Rentabilitätskennzahlen sollten im Geschäftsbericht – möglichst in einer Mehrjahresübersicht – veröffentlicht und interpretiert werden.

Im Hinblick auf die Rentabilität ist die Berichterstattung der Spar Handels-AG vorbildlich. Hervorzuheben sind hier vor allem die Angabe der Kennzahlendefinitionen sowie die grafische Unterstützung der Angaben *(vgl. Spar Handels-AG, GB 1996, S. 40)*. Auszüge aus dem Spar-Geschäftsbericht 1996 zeigt *Beispiel 7-59.*

Ad 4.3.: Wertschöpfungsrechnung

Die Wertschöpfung beziffert die rechnerische Größe des in einer Periode erwirtschafteten Wertzuwachses eines Unternehmens und entspricht seinem Beitrag zum Bruttosozialprodukt. Unternehmen können mit einer Wertschöpfungsrechnung im Geschäftsbericht ihre Position gegenüber externen Unternehmensbeteiligten herausstellen, wenn das Unternehmen über seine Aufgabe als Einkommensquelle für externe Unternehmensbeteiligte berichtet. Dazu sollten Unternehmen vor allem die **Verteilungsseite** und die **Entstehungsseite** der Wertschöpfung tabellarisch segmentieren.

Die Wertschöpfungsrechnung könnte auch übersichtlich z. B. in Form eines Tortendiagramms dargestellt werden.

Sehr gute Angaben zu diesem Kriterium zeigt *Beispiel 7-60* aus dem Geschäftsbericht 1996 der Vossloh AG *(vgl. Vossloh AG, GB 1996, S. 11).*

Ad 4.4.: Ergebnis nach DVFA/SG

Das Ergebnis nach DVFA/SG ist eine international gebräuchliche und akzeptierte Ertragskennziffer für deutsche Unternehmen. Das Ergebnis nach DVFA/SG ist ein um außerordentliche, ungewöhnliche und dispositionsbedingte Aufwendungen und Erträge bereinigter Jahresüberschuß. Das Ergebnis nach DVFA/SG dient zum einen dazu, Unternehmen besser untereinander und im Zeitablauf zu vergleichen, als es auf der Basis des ausgewiesenen Jahresüberschusses möglich wäre. Zum anderen soll damit auch eine Basis geschaffen werden, auf der die künftige Ergebnisentwicklung besser geschätzt werden kann. Für Trendprognosen sind allerdings zusätzliche Angaben unerläßlich, etwa Segmentangaben oder Angaben darüber, warum der Jahresüberschuß vom DVFA/SG-Ergebnis abweicht. Im Geschäftsbericht sollte daher nicht nur das DVFA/SG-Ergebnis selbst, sondern auch die Herleitung des Ergebnisses – ausgehend vom handelsrechtlichen Jahresüberschuß – angegeben werden.

Für Aktiengesellschaften bietet es sich an, das aus dem Ergebnis nach DVFA/SG abgeleitete Ergebnis je Aktie im Geschäftsbericht anzugeben, womit die zwischenbetriebliche Aktienkursbeurteilung erleichtert wird.

Ergänzende Berichte

DIE SPAR AKTIEN

40

Rentabilität	1994[1]	1995	1996
Eigenkapitalrendite			
Jahresüberschuß des Konzerns ohne Ergebnisanteil anderer Gesellschafter, bezogen auf das Eigenkapital des Konzerns am 01.01. ohne Bilanzgewinn und Anteile anderer Gesellschafter am Kapital und am Jahresüberschuß	10,58 %	11,11 %	16,07 %
Jahresüberschuß vor Steuern vom Einkommen und vom Ertrag ohne Ergebnisanteil anderer Gesellschafter, bezogen auf das Eigenkapital des Konzerns am 01.01. ohne Bilanzgewinn und Anteile anderer Gesellschafter am Kapital und am Jahresüberschuß	18,26 %	19,03 %	29,02 %
Cash flow, bezogen auf das Eigenkapital des Konzerns am 01.01. ohne Bilanzgewinn und Ergebnisanteile anderer Gesellschafter	58,44 %	52,04 %	56,34 %
Umsatzrendite			
Jahresüberschuß des Konzerns, bezogen auf den Konzernumsatz	0,50 %	0,60 %	0,82 %
Jahresüberschuß des Konzerns vor Steuern vom Einkommen und vom Ertrag, bezogen auf den Konzernumsatz	0,86 %	1,00 %	1,46 %
Cash flow, bezogen auf den Konzernumsatz	2,80 %	2,64 %	2,83 %
Gesamtrendite			
Jahresüberschuß des Konzerns vor Steuern vom Einkommen und vom Ertrag zzgl. Zinsen, bezogen auf den Jahresdurchschnitt des Gesamtkapitals	6,69 %	7,11 %	8,41 %

1) 1994 vergleichbar zu der 1995 und 1996 angewandten Berechnungsmethode

Rentabilität des Unternehmens gesteigert

Rentabilität des Unternehmens

Im Geschäftsjahr 1996 wurde eine Eigenkapitalrendite von 16,07 % sowie eine Umsatzrendite von 0,82 % erreicht (beide Kennzahlen nach Steuern).
Beide Zahlen beinhalten außerordentliche Erträge und Aufwendungen.

Für das Jahr 2000 hat sich der Vorstand der SPAR Handels-Aktiengesellschaft nachhaltige Zielmarken nach Steuern und vor außerordentlichen Erträgen von 15 % Eigenkapitalrendite und 1 % Umsatzrendite gesetzt.

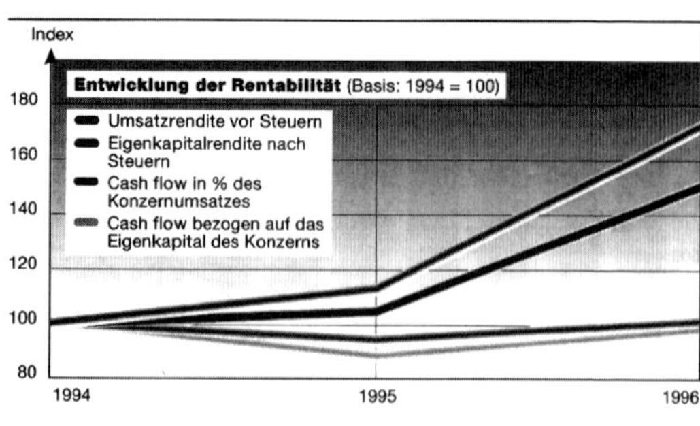

Beispiel 7-59: Geschäftsbericht der Spar Handels-AG 1996, S. 40

Betriebliche Wertschöpfung erneut gestiegen

Auch 1996 konnte die Wertschöpfung, die einen Maßstab für die betriebliche Leistungsfähigkeit eines Unternehmens darstellt, gesteigert werden. Sie weist den Beitrag zur volkswirtschaftlichen Gesamtleistung, dem Sozialprodukt, aus. Die betriebliche Nettowertschöpfung stieg gegenüber dem, im Vorjahr erreichten, bisherigen Höchstwert von 268,4 Mio DM auf 270,0 Mio DM. Davon erhielten die Mitarbeiter 77,6 % (Vorjahr 81,0 %). Eine wieder erhöhte, wenngleich noch nicht ganz normalisierte Steuerquote führte zu einem Anstieg des Anteils der öffentlichen Hand auf 8,1 % (Vorjahr 4,0 %). Bei einer Dividende von 1,30 DM je 5-DM-Aktie bleibt der Anteil der Aktionäre mit 3,5 % gegenüber dem Vorjahr unverändert. Der Anteil der Kreditgeber sank leicht von 2,6 % im Vorjahr auf 2,4 % im Berichtsjahr.

Beispiel 7-60: Geschäftsbericht der Vossloh AG 1996, S. 11

Beispiel 7-61 zeigt eine vorbildliche Berichterstattung zu diesem Kriterium aus dem 96er Harpen-Geschäftsbericht *(vgl. Harpen AG, GB 1996, S. 23)*

7.3 Der Anhang

7.3.1 Aufgaben und Bedeutung des Anhangs

Bestandteile des handelsrechtlichen Jahresabschlusses sind gemäß § 264 Abs. 1 HGB die Bilanz, die Gewinn- und Verlustrechnung sowie der Anhang. Bilanz, GuV und Anhang bilden eine Einheit und haben gemeinsam ein den tatsächlichen Verhältnissen entsprechendes Bild der wirtschaftlichen Lage des Unternehmens zu vermitteln. Eine parallele Vorschrift findet sich in § 297 HGB auch für den Jahresabschluß des Konzerns.

Die überwiegende Zahl der gesetzlichen Vorschriften, die den Anhang des Jahresabschlusses eines Einzelunternehmens betreffen, gilt auch für den Konzernanhang (§ 298 Abs. 1 HGB). An die Stelle der mit „Anhang" überschrie-

DVFA/SG-Ergebnis

	1996 TDM	Vorjahr TDM
Jahresergebnis lt. Konzern-GuV-Rechnung	**31.588**	**32.886**
Zu- und Absetzungen		
Ungewöhnliche Aufwendungen und Erträge		
Aufwendungen		
aus der Zuführung zu Rückstellungen	3.715	659
für Bergschäden (ohne Zuführung zu Rückstellungen)	748	559
	4.463	1.218
Erträge		
aus der Auflösung von Rückstellungen	0	(6.040)
aus der Auflösung von wertberichtigten Forderungen	(1.492)	0
Veränderung steuerlicher Sonderposten	(1.073)	25.363
Sonstige	(1.055)	(2)
	(3.620)	19.321
Fiktive Ertragsteuern auf Zu- und Absetzungen		
Körperschaftsteuer (Thesaurierungssatz 45 %)	(379)	(9.243)
Solidaritätszuschlag (7,5 %)	(28)	(693)
	(407)	(9.936)
Ergebnis nach DVFA/SG	**32.024**	**43.489**
Gewinnanteile konzernfremder Gesellschafter	35	(13)
Bereinigtes Ergebnis nach DVFA/SG	**32.059**	**43.476**
Ergebnis je Aktie (in DM)	**12,56**	**17,04**

DVFA/SG-Ergebnis

Das Konzernergebnis nach DVFA/SG verringert sich um 11.417 TDM auf 32.059 TDM (siehe nebenstehende Tabelle). Es wirken sich hier die gegenüber dem Vorjahr deutlich niedrigeren Veränderungen der steuerlichen Sonderposten aus.

Beispiel 7-61: Geschäftsbericht der Harpen AG 1996, S. 23

benen, einschlägigen gesetzlichen Vorschriften der §§ 284 und 285 HGB für den Anhang des Einzelabschlusses treten im Konzernabschluß die konzernspezifischen Vorschriften der §§ 313 und 314 HGB. Die folgenden Ausführungen beziehen sich deshalb grundsätzlich auf die gesetzlichen Bestimmungen zum Konzernanhang.

Der Inhalt des Konzernanhangs wird durch eine Vielzahl von gesetzlichen Vorschriften konkretisiert, die unterschiedlichen Zwecken dienen. Dem Konzernanhang werden regelmäßig die folgenden vier **Aufgaben** zugewiesen:

1. Erläuterungs- oder Interpretationsaufgabe,
2. Ergänzungs- oder Informationsaufgabe,
3. Korrekturaufgabe,
4. Entlastungsaufgabe.

Ad 1.: Erläuterungs- oder Interpretationsaufgabe
In der Erläuterungsaufgabe kommt die wichtigste Aufgabe des Konzernanhangs zum Ausdruck, Posten der Konzernbilanz und der Konzern-Gewinn- und Verlustrechnung zu erläutern. Viele handelsrechtliche Vorschriften haben erläuternden Charakter: Erstens enthalten die Regelungen der §§ 313 und 314 HGB detaillierte Angabepflichten; die Erläuterungsaufgabe des Konzernanhangs ergibt sich hier vor allem aus der Vorschrift des § 313 HGB „Erläuterung der Konzernbilanz und der Konzern-Gewinn- und Verlustrechnung, Angaben zum Beteiligungsbesitz". Zweitens bestimmen (auch über die Vorschrift des § 298 Abs. 1 HGB) diverse Einzelvorschriften an weiteren Stellen des HGB, daß erläuternde Angaben in den Konzernanhang aufgenommen werden müssen. Drittens gibt es rechtsformspezifische Vorschriften, die zu bestimmten Erläuterungen im Konzernanhang verpflichten.

Ad 2.: Ergänzungs- oder Informationsaufgabe
Die Ergänzungsaufgabe bezeichnet die Aufgabe des Konzernanhangs, bilanziell nicht erfaßte, aber wichtige finanzielle Sachverhalte zu erläutern. Zu den im Konzernanhang erläuterungspflichtigen Sachverhalten, die aber nicht in der Konzernbilanz oder in der Konzern-GuV erfaßt werden, zählen etwa:

- Angaben über die Zusammensetzung der Arbeitnehmerschaft (§ 314 Abs. 1 Nr. 4 HGB),
- Angaben über die Bedingungen von Krediten an Organmitglieder (§ 314 Abs. 1 Nr. 6 c HGB).

Ad 3.: Korrekturaufgabe
Die Korrekturaufgabe des Konzernanhangs kommt in der Vorschrift des § 297 Abs. 2 Satz 3 HGB zum Ausdruck, wonach nur beim Vorliegen besonderer Umstände (also in Ausnahmefällen) das in § 297 Abs. 2 Satz 2 HGB geforderte Bild der wirtschaftlichen Lage des Konzerns durch zusätzliche Angaben im Konzernanhang herzustellen ist.

Ad 4.: Entlastungsaufgabe
Schließlich weist der Gesetzgeber dem Konzernanhang insofern eine Entlastungsaufgabe zu, als bestimmte Angaben statt in der Konzernbilanz oder in der Konzern-GuV im Konzernanhang gemacht werden dürfen (sogenannte Wahlpflichtangaben). Die Bezeichnung „Wahlpflichtangaben" soll verdeutlichen, daß es sich bei diesen Angaben um Pflichtangaben handelt, die wahl-

weise im Konzernanhang oder in der Konzernbilanz bzw. in der Konzern-GuV gemacht werden dürfen. Dadurch, daß Konzernbilanz und Konzern-GuV von bestimmten Angaben entlastet werden dürfen, wird der Konzernabschluß zugleich klarer und übersichtlicher.

7.3.2 Struktur des Anhangs

Gemäß § 313 Abs. 1 Satz 1 HGB sind in den Konzernanhang erstens diejenigen Angaben aufzunehmen, die zu einzelnen Posten der Konzernbilanz und der Konzern-GuV vorgeschrieben sind (**Pflichtangaben**), und zweitens jene Angaben, die wahlweise nicht in die Konzernbilanz oder in die Konzern-GuV aufgenommen wurden (**Wahlpflichtangaben**). Aus diesen gesetzlichen Vorschriften ergibt sich bereits ein Bündel unterschiedlichster Angaben im Konzernanhang.
Über Pflichtangaben und Wahlpflichtangaben hinaus dürfen auch **freiwillige Angaben** in den Konzernanhang aufgenommen werden. Die Öffnung des Konzernanhangs für freiwillige Angaben bietet dem berichterstattenden Unternehmen die Möglichkeit, dem wachsenden Bedürfnis der Geschäftsberichtadressaten nach entscheidungsrelevanten Informationen, die durch den gesetzlich umschriebenen Inhalt des Konzernanhangs nicht vollständig vermittelt werden, entgegenzukommen. Die Berichterstattungspraxis zeigt, daß viele Unternehmen diese Notwendigkeit erkannt haben und die Chance der (besseren) Unterrichtung der Geschäftsberichtadressaten nutzen. Ein wesentlicher Faktor für die höhere Qualität der Berichterstattung ist zudem der wachsende Einfluß internationaler (und regelmäßig stärker aktionärsorientierter) Rechnungslegungsnormen auf die nationale Rechnungslegung. Im Rahmen der freiwilligen Anhangangaben sind deshalb vor allem Angaben denkbar, die die Qualität der Berichterstattung im Anhang an international übliche Standards angleichen. Beispiele international üblicher, freiwilliger Angaben im Konzernanhang, die in den Geschäftsberichten einiger deutscher Unternehmen bereits zum Standard gehören, sind etwa eine Kapitalflußrechnung gemäß IAS 7 sowie eine ausführliche Segmentberichterstattung gemäß IAS 14. Angesichts der zunehmenden Bedeutung derivativer Finanzierungsinstrumente und des diesen Instrumenten innewohnenden hohen Risikos erlangt auch die Berichterstattung über den Einsatz von Finanzderivaten eine immer größere Bedeutung.

Trotz der Vielzahl der im Konzernanhang zu machenden Angaben und der Möglichkeit, freiwillige Angaben in den Konzernanhang aufzunehmen, hat der Gesetzgeber keine konkrete **Gliederung des Konzernanhangs** vorgegeben, so daß der Bilanzierende die Form der Darstellung im Konzernanhang grundsätzlich frei wählen darf. Die Darstellung muß allerdings einerseits klar und übersichtlich sowie andererseits – für eine einmal gewählte Darstellungsform im Konzernanhang – stetig sein. Die folgende **Struktur des Konzernanhangs** entspricht dem in Abschnitt 7.1 dieses Buches vorgestellten Kriterienkatalog und ist in der Praxis der Geschäftsberichterstattung weit verbreitet:

I. Allgemeine Angaben zu Inhalt und Gliederung des Einzel- bzw. Konzernabschlusses,
II. Grundsätze der Bilanzierung und Bewertung, Währungsumrechnung,
III. Erläuterungen zu einzelnen Posten der Bilanz/Konzernbilanz,
IV. Erläuterungen zu einzelnen Posten der Gewinn- und Verlustrechnung/Konzern-Gewinn- und Verlustrechnung,
V. Angaben zum Konsolidierungskreis,
VI. Angaben zu den Konsolidierungsmethoden,
VII. Sonstige, vor allem rechtsformspezifische Pflichtangaben,
VIII. Freiwillige Angaben.

7.3.3 Anforderungen an die Berichterstattung im Anhang

7.3.3.1 Allgemeine Angaben zu Inhalt und Gliederung des Einzel- bzw. Konzernabschlusses

An die Berichterstattung in Teilbericht B.I. „Allgemeine Angaben zu Inhalt und Gliederung des Einzel- bzw. Konzernabschlusses“ werden die folgenden Anforderungen gestellt:

1. Gliederung des Anhangs nach sachlichen Gesichtspunkten,
2. Verknüpfung von Bilanz und Gewinn- und Verlustrechnung mit dem Anhang durch Fußnoten,
3. Angabe und Erläuterung nicht vergleichbarer Vorjahresbeträge,
4. Angabe und Erläuterung angepaßter Vorjahresbeträge.

Ad 1.: Gliederung des Anhangs nach sachlichen Gesichtspunkten

Der Gesetzgeber schreibt nicht verbindlich vor, wie ein Anhang aufzubauen oder zu gliedern ist. Wegen der großen Zahl von Anhangangaben und ihres heterogenen Inhalts sollte der Anhang klar und übersichtlich gegliedert sein. Notwendig ist daher eine **sachlogische Strukturierung** des Anhangs entsprechend dem hier gemachten Gliederungsvorschlag in acht Teilberichte.

So sollten in einem grundsätzlichen Kapitel Angaben zu den angewandten Bilanzierungs- und Bewertungsmethoden gemacht werden. Diese Angaben können für den Fall, daß ein Konzernabschluß aufgestellt werden muß, um Angaben zum Konsolidierungskreis (Teilbericht B.V. des Anhangs) und zu den Konsolidierungsmethoden (Teilbericht B.VI. des Anhangs) ergänzt werden. Die weitere Struktur der Anhangangaben sollte sich dann an der Gliederung der Bilanz (Teilbericht B.III. des Anhangs) und der Gewinn- und Verlustrechnung (Teilbericht B.IV. des Anhangs) orientieren. In einem abschließenden Teil sind dann jene Angaben, die keinem der genannten Teilberichte eindeutig zugeordnet werden können, zusammenzufassen (Teilbericht B.VII. des Anhangs). Beispielhaft für viele Unternehmen, die ihren Anhang in dieser Weise strukturieren, ist etwa der Anhang der Mannesmann AG *(vgl. Mannesmann AG, GB 1996, S. 60–88).*

Unternehmen, die ihre Bilanzierung an internationalen Standards ausrichten, gehen inzwischen verstärkt dazu über, anglo-amerikanischen Gepflogenheiten entsprechend die Gewinn- und Verlustrechnung vor der Bilanz auszuweisen; in gleicher Weise wird dann auch für die Erläuterungen im Anhang verfahren. Zu diesen Unternehmen zählen etwa die Bayer AG, die Heidelberger Zement AG, die Hoechst AG und neuerdings auch die Mannesmann AG.

In den Geschäftsberichten werden zudem oft optische Hilfsmittel (unterschiedliche Schrifttypen, Farben, Hervorhebungen, Grafiken, Tabellen, Fotos etc.) eingesetzt, die die Lesbarkeit der Texte erleichtern und den Leseanreiz von Anhangangaben erhöhen *(vgl. etwa den Anhang 1996 der Heidelberger Zement AG, S. 54–71).*

Ad 2.: Verknüpfung von Bilanz und Gewinn- und Verlustrechnung mit dem Anhang durch Fußnoten

Bilanz, Gewinn- und Verlustrechnung und Anhang bilden eine Einheit. Während Bilanz und Gewinn- und Verlustrechnung verhältnismäßig selbständig nebeneinander stehen, bestehen zwischen diesen beiden Elementen der Rechnungslegung einerseits und dem Anhang andererseits aber vielfältige Beziehungen, die in den geschilderten Aufgaben des Anhangs (Erläuterungs-,

Ergänzungs-, Korrektur- und Entlastungsaufgabe) zum Ausdruck kommen. Eine Verknüpfung der Angaben in Bilanz und Gewinn- und Verlustrechnung mit den Angaben im Anhang ist daher sinnvoll und stellt die inhaltlichen Beziehungen zwischen Bilanz, Gewinn- und Verlustrechnung und Anhang her. Ein geeignetes Hilfsmittel ist hier die vor allem in anglo-amerikanischen Rechnungslegungskreisen weit verbreitete Technik, Bilanz und Gewinn- und Verlustrechnung durch Fußnoten mit dem Anhang zu verknüpfen. Die Fußnoten sollten aus Gründen der Übersichtlichkeit im Anhang aber geschlossen (als „Block") dargestellt werden: Auf diese Weise wird auch die Bedeutung des Anhangs als selbständiger Teil des Jahresabschlusses zum Ausdruck gebracht. Der Leser erfährt auf diese Weise zum einen, ob ein bestimmter Posten im Anhang erläutert wird und für diesen Fall zum anderen, an welcher Stelle im Anhang (unter welcher Fußnote) er diese Erläuterung finden wird.
In vielen Geschäftsberichten werden die einleitenden Angaben zu den Bilanzierungs- und Bewertungsmethoden – gegebenenfalls ergänzt um Angaben zum Konsolidierungskreis und zu den Konsolidierungsmethoden – sowie die Erläuterungen zu Sachverhalten, die sich nicht unmittelbar auf Posten der Bilanz und der Gewinn- und Verlustrechnung beziehen, nicht mit Fußnotennummern versehen. In diesen Fällen beginnt die Fußnotenzählung erst beim Anlagevermögen und endet etwa mit dem Aufwandsposten „Steuern" oder mit dem Bestätigungsvermerk des Abschlußprüfers *(vgl. etwa IWKA AG, GB 1996, S. 28–41)*. Anders verfährt etwa die BMW AG, die bereits die Erläuterungen zum Konsolidierungskreis mit der Fußnotennummer (1) versieht *(vgl. BMW AG, GB 1996, S. 120)*. Allen Darstellungsvarianten gemein ist aber, daß sie die Klarheit und Übersichtlichkeit des Anhangs verbessern.

Ad 3. und 4.: Angabe und Erläuterung nicht vergleichbarer bzw. angepaßter Vorjahresbeträge

Bisher wurden Möglichkeiten geschildert, wie der Anhang freiwillig klarer und übersichtlicher gestaltet werden kann. In bestimmten Fällen verlangt aber auch der Gesetzgeber Angaben, die die äußere Form und Gestaltung des Anhangs betreffen. Nach § 265 Abs. 2 HGB sind im Anhang zusätzliche Angaben zu machen, wenn die Vorjahreszahlen in Bilanz und Gewinn- und Verlustrechnung nicht ohne weiteres mit den Zahlen des laufenden Geschäftsjahres vergleichbar sind: Beispielsweise kann es sich bei dem abgeschlossenen Geschäftsjahr um ein Rumpfgeschäftsjahr gehandelt haben, wohingegen das Vor-Geschäftsjahr ein volles Kalenderjahr umfaßte; die Vergleichbarkeit etwa der jeweils ausgewiesenen Umsatzerlöse wäre in diesem

Fall gestört. Die Vorschrift des § 265 Abs. 2 HGB ist besonders für bilanzanalytische Zwecke wichtig: Sollen für einen Periodenvergleich aufeinanderfolgende Jahresabschlüsse eines Unternehmens analysiert und miteinander verglichen werden, um die wirtschaftliche Entwicklung des Unternehmens zu beurteilen, muß gewährleistet sein, daß die Jahresabschlußposten in gleicher Weise und nach gleichen Regeln erfaßt worden sind. Falls der Vergleich der Zahlen des vorliegenden Jahresabschlusses mit den Zahlen des Vorjahresabschlusses zu einem Bild der wirtschaftlichen Lage des Unternehmens führen sollte, das den tatsächlichen Verhältnissen widerspricht – Beispiel Rumpfgeschäftsjahr –, sieht der Gesetzgeber in § 265 Abs. 2 HGB zwei Möglichkeiten vor, die Vergleichbarkeit aufeinanderfolgender Jahresabschlüsse herzustellen:

- Angabe und Erläuterung nicht vergleichbarer Vorjahresbeträge (Satz 2),
- Angabe und Erläuterung angepaßter Vorjahresbeträge (Satz 3).

Welche konkreten Angaben der Gesetzgeber im Falle nicht vergleichbarer Vorjahresbeträge im Anhang verlangt, wird durch systematische Auswertung des Schrifttums zur Vorschrift des **§ 265 Abs. 2 Satz 2 HGB** ermittelt; danach ergeben sich die folgenden Anforderungskriterien:

A. Angabe der betroffenen (nicht vergleichbaren) Posten im Anhang,
B. Angabe der Gründe für die Nicht-Vergleichbarkeit der Vorjahresbeträge,
C. Freiwillige betragsgenaue Angaben zur Herstellung der Vergleichbarkeit.

Weil *Änderungen der Bilanzierungs- und Bewertungsmethoden* eine *gesonderte* Berichterstattungspflicht nach § 284 Abs. 2 Nr. 3 HGB auslösen, finden sich in der Praxis der Geschäftsberichterstattung nur sehr wenige Beispiele zu Anforderungskriterien im Zusammenhang mit den hier diskutierten *Ausweisänderungen*. Beispielsweise berichtet die Andreae-Noris Zahn AG unter der Überschrift „Vergleichbarkeit der Vorjahresbeträge" zu den Anforderungskriterien A. und B. wie folgt:

> *Die ausgewiesenen Vorjahreszahlen betreffen das Rumpfgeschäftsjahr vom 1. Januar bis 31. August 1994.*

Beispiel 7-62: Geschäftsbericht der Andreae-Noris Zahn AG 1994/95, S. 44

Ein ähnlicher Fall ist auch dem Geschäftsbericht der Patrizier-Bräu KGaA zu entnehmen *(vgl. Patrizier-Bräu KGaA, GB 1995, S. 14).*

Beide Unternehmen veröffentlichen allerdings keine Vergleichszahlen für vergleichbare Zeiträume (zum Beispiel in Form von Nebenrechnungen); aufeinanderfolgende Jahresabschlüsse – und hier vor allem die zeitraumbezogenen Erfolgsrechnungen – lassen sich deshalb nicht sinnvoll miteinander vergleichen (Anforderungskriterium C.).

Aufeinanderfolgende Jahresabschlüsse können in bestimmten Fällen auch dadurch vergleichbar gemacht werden, daß die zunächst nicht vergleichbaren Vorjahresbeträge an die inzwischen geänderten Umstände angepaßt werden. Die Vorschrift des **§ 265 Abs. 2 Satz 3 HGB** ist deshalb grundsätzlich als Alternative zur soeben dargestellten Vorgehensweise nach Satz 2 dieser Vorschrift zu verstehen.

Beispielsweise können die Vorjahresbeträge angepaßt werden, wenn die Gewinn- und Verlustrechnung vom Gesamtkostenverfahren auf das Umsatzkostenverfahren umgestellt würde. Allerdings sind auch Fälle denkbar, in denen es nicht möglich ist, die Vorjahreszahlen anzupassen, etwa bei der Umstellung der Abrechnungsperiode.

Werden die Vorjahresbeträge angepaßt, ist im Anhang auf diese Anpassung hinzuweisen; zusätzlich ist zu erläutern, worin die Änderung der Vorjahreszahlen gegenüber dem festgestellten Vorjahresabschluß besteht und warum die Vorjahreszahlen angepaßt wurden. Im einzelnen sind hier die folgenden Anforderungskriterien zu erfüllen:

A. Angabe der angepaßten Posten im Anhang,
B. Angabe der Gründe für die abweichende Ermittlung der Vorjahresbeträge,
C. Freiwillige Überleitungsrechnung.

Praktische Beispiele zu diesen Anforderungskriterien sind deutschen Geschäftsberichten nur in seltenen Fällen zu entnehmen. Beispielsweise berichtet die Computer 2000 AG im Geschäftsbericht des Jahres 1994/95 zu den Anforderungskriterien A. und B.:

> *Um die Rechnungslegung des Unternehmens an international vorherrschende Verfahren anzugleichen, wurde bei der Darstellung der Gewinn- und Verlustrechnung auf das Umsatzkostenverfahren übergegangen. Die Vorjahreszahlen wurden entsprechend angepaßt.*

Beispiel 7-63: Geschäftsbericht der Computer 2000 AG 1994/95, S. 46

Eine für bilanzanalytische Zwecke nützliche freiwillige Überleitungsrechnung (Anforderungskriterium C.) von den GuV-Zahlen nach Gesamtkostenverfahren auf die GuV-Zahlen nach Umsatzkostenverfahren ist dem Anhang der Computer 2000 AG allerdings nicht zu entnehmen.

7.3.3.2 Grundsätze der Bilanzierung und Bewertung, Währungsumrechnung

An die Berichterstattung in Teilbericht B.II. des Anhangs „Grundsätze der Bilanzierung und Bewertung, Währungsumrechnung" werden die folgenden Anforderungen gestellt:

1. Angabe der angewandten Bilanzierungs- und Bewertungsmethoden (Abschreibungen, Herstellungskosten, Bewertung von Rückstellungen),
2. Angabe der Grundlagen der Währungsumrechnung im Konzernabschluß,
3. Angabe und Begründung der Abweichungen von Bilanzierungs- und Bewertungsmethoden,
4. Gesonderte Darstellung des Einflusses von Abweichungen auf die Vermögens-, Finanz- und Ertragslage,
5. Angabe, wie das Ergebnis durch Anwendung steuerrechtlicher Abschreibungen oder Bildung von Sonderposten mit Rücklageanteil im Geschäftsjahr oder in Vorjahren beeinflußt wurde,
6. Angabe, welche künftigen Belastungen aus der Inanspruchnahme steuerlicher Vergünstigungen resultieren,
7. Gesonderte Angabe der außerplanmäßigen Abschreibungen auf das Anlagevermögen nach § 253 Abs. 2 Satz 3 HGB in einem Betrag.

Ad 1.: Angabe der angewandten Bilanzierungs- und Bewertungsmethoden

Aus der Fülle der in Frage kommenden Angabepflichten zu den Bilanzierungs- und Bewertungsmethoden werden für den Kriterienkatalog zum Wettbewerb „Der beste Geschäftsbericht" die folgenden vier zentralen Angabepflichten zugrunde gelegt und anhand von praktischen Beispielen illustriert:

(a) Erläuterung der Methode, Gegenstände des Anlagevermögens planmäßig abzuschreiben,
(b) Erläuterung, wie die Herstellungskosten bei Gegenständen des Umlaufvermögens zusammengesetzt sind,

(c) Angabe der Abschreibungen auf das Umlaufvermögen (strenge Niederstwertvorschrift),
(d) Erläuterung der Wertfindung bei Pensionsrückstellungen und bei sonstigen Rückstellungen.

Ad 1. (a): Planmäßige Abschreibungen auf Gegenstände des Anlagevermögens

Die Erläuterung, wie ein Unternehmen Gegenstände des Anlagevermögens planmäßig abschreibt, zählt zu den wichtigsten Informationen innerhalb der Angaben zu den Bilanzierungs- und Bewertungsmethoden. Die hohe Bedeutung dieser Angabe ist auf mehrere Faktoren zurückzuführen: Vor allem anlagenintensive Unternehmen verfügen über ein sehr großes Abschreibungsvolumen bzw. -potential. Darüber hinaus eröffnen die drei Parameter „Abschreibungsmethode" und „Nutzungsdauer bzw. Abschreibungssätze" sowie „Restverkaufserlös" dem bilanzierenden Unternehmen – selbst unter Beachtung des Stetigkeitsgebotes – vielfältige Möglichkeiten, die Höhe der Abschreibungen unter bilanzpolitischen Gesichtspunkten zu steuern. Die Tatsache, daß die Größe „Abschreibungen" auch in viele bilanzanalytische Kennzahlen – etwa zur Vermögensstruktur oder zur finanz- und erfolgswirtschaftlichen Lage des Unternehmens – eingeht, ist vorbehaltlich aller Interpretationsschwierigkeiten daher nur konsequent.
Im folgenden wird gezeigt, welche qualitativen Anforderungen an die beiden wesentlichen abschreibungspolitischen Parameter – (aa) Abschreibungsmethode und (ab) Nutzungsdauer bzw. Abschreibungssätze – zu stellen sind.

Ad 1. (a) (aa): Angaben zur Abschreibungsmethode

So wenig aussagefähige Angaben wie

> *Die Bilanzierung der Sachanlagen erfolgte zu Anschaffungs- bzw. Herstellungskosten, vermindert um planmäßige, nutzungsbedingte Abschreibungen.*

sind noch in vielen deutschen Geschäftsberichten zu finden. Für die externe Beurteilung der Vermögens-, Finanz- und Ertragslage eines Unternehmens sind sie allerdings ohne Nutzen. Die Aussage beschränkt sich hier quasi darauf, die Vorschrift des § 253 Abs. 2 Sätze 1 und 2 HGB wiederzugeben.
Demgegenüber berichtet etwa die Hoechst AG in ihrem Anhang sowohl eindeutig als auch vollständig, wenn sie schreibt:

> *Sachanlagenzugänge werden seit dem 1.1.1995 einheitlich linear abgeschrieben.*

Beispiel 7-64: Geschäftsbericht der Hoechst AG 1996, S. 70

In gleicher Weise eindeutig und vollständig berichtet auch die BMW AG:

> *Betriebs- und Geschäftsgebäude werden linear abgeschrieben. Andere abnutzbare Sachanlagen mit einer Nutzungsdauer von mehr als drei Jahren werden degressiv abgeschrieben. Dabei wird planmäßig auf die lineare Methode übergegangen, sobald diese zu höheren Abschreibungen führt.*

Beispiel 7-65: Geschäftsbericht der BMW AG 1996, S. 121

Ad 1. (a) (ab): Angaben zu Nutzungsdauern bzw. zu Abschreibungssätzen
Der zweite wesentliche Parameter, der den Abschreibungsbetrag bestimmt, ist die Nutzungsdauer eines Anlagegegenstandes bzw. der Abschreibungssatz, mit dem die Anschaffungs- oder Herstellungskosten eines Anlagegegenstandes über die Nutzungsdauer verteilt werden. Die Nutzungsdauern sollten für die einzelnen Gruppen von Anlagegegenständen angegeben werden; aussagefähige Verweise auf die von der Finanzverwaltung oder von Branchenverbänden veröffentlichten Abschreibungstabellen sind allerdings zulässig.

So wenig aussagefähige Angaben wie

> *Die Abschreibungen sind entsprechend der Nutzungsdauer vorgenommen worden.*

sind in deutschen Geschäftsberichten noch häufig anzutreffen und liefern keine Informationen über die Abschreibungspolitik eines Unternehmens.
Demgegenüber geben beispielsweise die Bayer AG *(vgl. Bayer AG, GB 1996, S. 71)* und die Hoechst AG *(vgl. Hoechst AG, GB 1996, S. 70)* detailliert – wenn auch in sehr großen Spannweiten – an, welche Nutzungsdauern sie der Abschreibung der Gegenstände des Sachanlagevermögens zugrunde legen:

Den planmäßigen Abschreibungen liegen konzerneinheitlich folgende Nutzungsdauern zugrunde:				
▪ Gebäude	*20*	*bis*	*50*	*Jahre*
▪ Andere Baulichkeiten	*10*	*bis*	*20*	*Jahre*
▪ Betriebsvorrichtungen	*6*	*bis*	*20*	*Jahre*
▪ Maschinen und Apparate	*6*	*bis*	*12*	*Jahre*
▪ Labor- und Forschungseinrichtungen	*3*	*bis*	*5*	*Jahre*
▪ Tank- und Verteilungsanlagen	*10*	*bis*	*20*	*Jahre*
▪ Fahrzeuge	*4*	*bis*	*8*	*Jahre*
▪ EDV-Anlagen	*3*	*bis*	*5*	*Jahre*
▪ Betriebs- und Geschäftsausstattung	*4*	*bis*	*10*	*Jahre*

Beispiel 7-66: Geschäftsbericht der Bayer AG 1996, S. 71

Den planmäßigen Abschreibungen des Sachanlagevermögens liegen im wesentlichen folgende Nutzungsdauern zugrunde:	
Produktionsgebäude	20 bis 50 Jahre
Sonstige Gebäude	10 bis 30 Jahre
Maschinen und Apparate	6 bis 12 Jahre
Fahrzeuge	4 bis 6 Jahre
Betriebs- und Geschäftsausstattung	5 bis 10 Jahre

Beispiel 7-67: Geschäftsbericht der Hoechst AG 1996, S. 70

Ad 1. (b): Erläuterung, wie die Herstellungskosten bei Gegenständen des Umlaufvermögens zusammengesetzt sind

Bilanzpolitische Möglichkeiten eröffnen sich einem Unternehmen auch bei der Ermittlung der zu aktivierenden Herstellungskosten. Das Bewertungswahlrecht des § 255 Abs. 2 Sätze 3 und 4 HGB, wonach selbsterstellte Erzeugnisse innerhalb einer bestimmten Bandbreite mit ihren Herstellungskosten zu bewerten sind, bietet der Unternehmensleitung – selbst unter Beachtung des Gebots der Bewertungsstetigkeit (§ 252 Abs. 1 Nr. 6 HGB) – erhebliche Möglichkeiten, die Ausschüttung zu gestalten und die Rechenschaft über die wirtschaftliche Lage des Unternehmens zu beeinflussen.

An konkrete Anhangangaben werden deshalb die folgenden qualitativen Anforderungen gestellt:

A. Angabe der Bestandteile der Herstellungskosten, d. h. Angabe, in welcher Weise das gesetzliche Einbeziehungswahlrecht ausgeübt wurde,
B. Angabe des zugrunde gelegten Beschäftigungsgrades,
C. Angabe, welche Kostenstellen in die Ermittlung der Herstellungskosten einbezogen wurden.

Verhältnismäßig eindeutig informiert etwa die Pirelli Deutschland AG zu Anforderungskriterium A.:

In die Herstellungskosten sind gemäß § 255 Abs. 2 HGB neben den direkt zurechenbaren Einzelkosten auch Material- und Fertigungsgemeinkosten sowie Abschreibungen einbezogen.

Beispiel 7-68: Geschäftsbericht der Pirelli Deutschland AG 1995, S. 20

Der Wortlaut dieser Angabe läßt allerdings noch die theoretische Möglichkeit offen, daß über die genannten Kostenbestandteile hinaus weitere Kostenbestandteile in die Herstellungskosten einbezogen werden.

Eindeutige Angaben macht beispielsweise die Augsburger Kammgarn-Spinnerei AG. Sie verweist auf die steuerlichen Bestimmungen zur Ermittlung von Herstellungskosten:

Die Herstellungskosten [...] enthalten Rohstoff- und Fertigungskosten. Es werden nur die nach R 33 EStR aktivierungspflichtigen Bestandteile aktiviert.

Beispiel 7-69: Geschäftsbericht der Augsburger Kammgarn-Spinnerei AG 1995, S. 24

Allerdings reichen Verweise auf die einschlägige Regelung des Steuerrechts dann nicht aus, wenn sie – anders als im vorstehend zitierten Beispiel – den steuerrechtlichen Bewertungsspielraum nicht explizieren. Hierunter fallen zum Beispiel Angaben der folgenden Art:

Erzeugnisse sind zu Herstellungskosten bewertet, die steuerlichen Bestimmungen entsprechen.

Ebensowenig überzeugen Angaben wie:

Die Herstellungskosten umfassen Einzelkosten für Material und Lohn sowie anteilige Gemeinkosten.

Hier wird nicht deutlich, welche Gemeinkosten in die Herstellungskosten eingehen. Auch wenn die Angabe den Eindruck erweckt, sich eng an der gesetzlichen Vorschrift zu orientieren und man insofern unterstellen dürfte, daß es sich bei den (pauschal) erwähnten Gemeinkosten um jene im Gesetz spezifizierten Gemeinkosten handelt, ist eine eindeutige Angabe für den Leser des Geschäftsberichts doch in jedem Fall von Nutzen.

Selbstverständliche Angaben wie

Die unfertigen Erzeugnisse sind zu Herstellungskosten bewertet.

lassen in keiner Weise erkennen, in welchem Umfang Herstellungskosten aktiviert wurden.

Im Anhang ist auch auf den Beschäftigungsgrad hinzuweisen, der der Ermittlung der Herstellungskosten zugrunde gelegt wurde (Anforderungskriterium B.). So berichtet die Hoechst AG:

Die Herstellungskosten enthalten neben den direkt zurechenbaren Kosten auch angemessene Teile der notwendigen Material- und Fertigungsgemeinkosten. Hierin sind auch die anteiligen Kosten für die betriebliche Altersversorgung sowie lineare Abschreibungen auf die Produktionsanlagen unter Annahme einer Normalauslastung enthalten.

Beispiel 7-70: Geschäftsbericht der Hoechst AG 1996, S. 70 f.

Eine ähnliche Aussagekraft besitzt die Angabe der BASF AG:

> *Die Herstellungskosten umfassen die verursachungsgerecht zurechenbaren Kosten [...] bei normaler Auslastung der Produktionsanlagen.*

Beispiel 7-71: Geschäftsbericht der BASF AG 1996, S. 42

Angaben zu Anforderungskriterium C. (Angabe der in die Ermittlung der Herstellungskosten einbezogenen Kostenstellen) sind in deutschen Geschäftsberichten nur sehr selten zu finden. Andeutungsweise berichtet etwa die BASF AG:

> *Die Herstellungskosten umfassen die verursachungsgerecht zurechenbaren Kosten und anteilige Gemeinkosten des Produktionsbereichs bei normaler Auslastung der Produktionsanlagen.*

Beispiel 7-72: Geschäftsbericht der BASF AG 1996, S. 42

Ad 1. (c): Angabe der Abschreibungen auf das Umlaufvermögen (strenge Niederstwertvorschrift)

Gemäß § 277 Abs. 3 Satz 1 HGB sind die Abschreibungen, die gemäß der strengen Niederstwertvorschrift auf Vermögensgegenstände des Umlaufvermögens vorgenommen werden, im Anhang anzugeben. § 253 Abs. 3 Sätze 1 und 2 HGB schreiben vor, daß Vermögensgegenstände des Umlaufvermögens auf den niedrigeren Börsen- oder Marktpreis oder – falls dieser nicht feststellbar ist – auf den am Abschlußstichtag niedrigeren beizulegenden Wert abzuschreiben sind (strenge Niederstwertvorschrift).
Damit die Berichterstattungspflicht im Anhang erfüllt wird, sind die folgenden Angaben zu machen:

A. Angabe des Betrages der außerplanmäßigen Abschreibung von Gegenständen des Umlaufvermögens,
B Erläuterung des zur Abschreibung führenden Sachverhalts,
C. Erläuterung der Vorgehensweise bei der Ermittlung des niedrigeren Wertes.

Zu Anforderungskriterium A. berichtet etwa die Siemens AG:

> *Abwertungen für Bestandsrisiken, die sich aus der Lagerdauer und geminderter Verwertbarkeit ergeben, wurden in Höhe von 3303 (i.V. 3253) Mio. DM vorgenommen.*

Beispiel 7-73: Geschäftsbericht der Siemens AG 1996, S. 43

Die Verseidag AG berichtet ähnlich:

> *Die Abschreibungen auf Vorräte [...] betragen TDM 1.603; sie sind unter dem Posten „Materialaufwand" verrechnet worden.*

Beispiel 7-74: Geschäftsbericht der Verseidag AG 1995, S. 25

Demgegenüber weist die Hoechst AG im Anhang den Buchwert der abgewerteten Vorräte aus (*ähnlich auch die Merck KGaA, GB 1996, S. 94 und die Bayer AG, GB 1996, S. 74*):

> *Der Buchwert der zum niedrigeren realisierbaren Wert angesetzten Vorräte beträgt 1000 Mio DM.*

Beispiel 7-75: Geschäftsbericht der Hoechst AG 1996, S. 81

Zu Anforderungskriterium B. berichtet etwa die Mannesmann AG:

> *Die Bestandsrisiken, die sich aus der Lagerdauer, geminderter Verwendbarkeit usw. ergeben, sind durch Abwertungen berücksichtigt.*

Beispiel 7-76: Geschäftsbericht der Mannesmann AG 1996, S. 61

Die Metro AG macht zu diesem Anforderungskriterium die folgende Angabe:

> *Modischen und sonstigen Risiken wird branchenüblich durch angemessene Abschläge Rechnung getragen. Es erfolgt die verlustfreie Bewertung.*

Beispiel 7-77: Geschäftsbericht der Metro AG 1996, S. 75

Beispiele zu Anforderungskriterium C. sind etwa den Geschäftsberichten der BASF AG und der Küppersbusch AG zu entnehmen:

> *Als niedrigerer Marktpreis werden bei Roh-, Hilfs- und Betriebsstoffen und Waren die Wiederbeschaffungskosten, als niedrigerer beizulegender Wert bei unfertigen und fertigen Erzeugnissen die Wiederherstellungskosten oder die voraussichtlich erzielbaren Verkaufserlöse abzüglich der bis zum Verkauf noch anfallenden Kosten und einer durchschnittlichen Gewinnspanne angesetzt.*

Beispiel 7-78: Geschäftsbericht der BASF AG 1996, S. 42

> *Abwertungen für technische und Gängigkeitsrisiken wurden berücksichtigt. Dabei konnte aufgrund eines neu eingeführten Lagerwirtschaftsprogramms die Reichweitenabwertung in 1995 individuell ermittelt werden. Dem Grundsatz der verlustfreien Bewertung wurde bei fertigen Erzeugnissen sowie bei Waren durch Abschläge Rechnung getragen. Zur Ermittlung des Abschlags für Verluste im Auftragsbestand Großküchentechnik wurden künftig anfallende direkte Kosten einbezogen.*

Beispiel 7-79: Geschäftsbericht der Küppersbusch AG 1995, S. 15

Ad 1. (d): Erläuterung der Wertfindung bei Pensionsrückstellungen und bei sonstigen Rückstellungen

Die Bedeutung von Rückstellungen im Bilanzrecht nimmt – zum Beispiel angesichts vielfältiger Entsorgungs- und Umweltschutzverpflichtungen – ständig zu. Die Bewertung von Rückstellungen beruht regelmäßig auf Schätzungen, wodurch sich für den Bilanzierenden erhebliche Ermessenspielräume ergeben. In welchem Maße diese Ermessenspielräume bei der Bewertung von Rückstellungen ausgefüllt werden, soll der Bilanzierende durch die Angabe nach § 284 Abs. 2 Nr. 1 HGB im Anhang offenlegen.

Auf der Passivseite der Bilanz erlangen vor allem **Rückstellungen für Pensionen und ähnliche Verpflichtungen** eine immer größere Bedeutung. Hinsichtlich der Bewertung von Pensionsrückstellungen ist auf die folgenden Anforderungskriterien einzugehen:

A. Zugrunde gelegter Rechnungszinsfuß,
B. Anwendung versicherungsmathematischer Grundsätze.

In dieser Hinsicht vorbildlich informiert beispielsweise die Hoechst AG *(vgl. Hoechst AG, GB 1996, S. 83 f.)*, die einerseits detaillierte Angaben über die Zusammensetzung und Bewertung ihrer Pensionsrückstellungen gemäß IAS 19 macht und diesen Pensionsrückstellungen andererseits die Höhe der Pensionsrückstellungen nach deutschem Steuer- bzw. Handelsrecht gegenüberstellt *(Beispiel 7-80 auf den Seiten 228 f. dieses Buches)*.

Ähnlich ausführliche Angaben zur Bewertung von Pensionsrückstellungen (nach US-GAAP) sind auch dem Anhang der Daimler-Benz AG zu entnehmen *(vgl. Daimler-Benz AG, GB 1996, S. 70 f.)*.

Nach § 253 Abs. 2 Satz 2 HGB dürfen Rückstellungen nur in Höhe des Betrages angesetzt werden, der nach vernünftiger kaufmännischer Beurteilung notwendig ist. Vor allem bei der Bewertung der **sonstigen Rückstellungen** ergeben sich besondere Bewertungsspielräume. Die erforderliche Anhangangabe darf sich hier nicht auf die sinngemäße Wiedergabe der gesetzlichen Vorschrift beschränken; vielmehr muß die Angabe erkennen lassen, welche Aufwendungen und Erträge auf welche Weise bei der Rückstellungsbildung berücksichtigt werden. Durch Auswertung des Fach-Schrifttums ergeben sich die folgenden konkretisierenden Anforderungskriterien:

A. Angabe der wesentlichen Schätzparameter, die der Rückstellungsbildung zugrunde liegen (z. B. Umsatz bei der Wertfindung für Gewährleistungsrückstellungen),
B. Angabe, ob künftige positive und negative Erfolgsbeiträge miteinander saldiert werden (vor allem bei der Bildung von Drohverlustrückstellungen),
C. Angabe, ob die Höhe der Rückstellungen auf Teilkostenbasis oder auf Vollkostenbasis ermittelt wird,
D. Angabe, ob und wieweit das Wahlrecht zur Bildung von – steuerlich nicht zulässigen – Aufwandsrückstellungen gemäß § 249 Abs. 2 HGB ausgeübt wird,
E. Angaben zur Abzinsung von Rückstellungen (etwa bei Dauerschuldverhältnissen),
F. Angaben über die Berücksichtigung künftiger Preissteigerungen (etwa bei der Wertfindung für Drohverlustrückstellungen bei Absatzgeschäften).

(29) Rückstellungen für Pensionen und ähnliche Verpflichtungen

	31.12.1996	31.12.1995
Pensionsverpflichtungen	5 307	5 110
Ähnliche Verpflichtungen	1 535	1 438
	6 842	6 548

Rückstellungen für Pensionsverpflichtungen werden aufgrund von Versorgungsplänen für Zusagen auf Alters-, Invaliden- und Hinterbliebenenleistungen gebildet. Die Leistungen variieren je nach rechtlichen, steuerlichen und wirtschaftlichen Gegebenheiten des jeweiligen Landes. Es handelt sich um beitrags- und leistungsorientierte Zusagen, die in der Regel auf Beschäftigungsdauer und Entgelt des Mitarbeiters basieren. Die Rückstellungen für ähnliche Verpflichtungen betreffen hauptsächlich die Übernahme von Aufwendungen für die medizinische Versorgung von Pensionären oder deren Angehöriger, betriebliche oder gesetzliche Abgangsentschädigungen und Vereinbarungen über Vorruhestandsleistungen.

Die Pensionspläne in Deutschland bestehen im wesentlichen aus einer beitragsorientierten Grundversorgung, die über eine rechtlich selbständige Pensionskasse im Rahmen der geltenden Geschäftspläne finanziert ist, und aus zusätzlichen leistungsorientierten Direktzusagen, für die Rückstellungen gebildet werden. Über die Pensionskasse finanzierte Verpflichtungen sind gemäß IAS 19 nicht gesondert versicherungsmathematisch bewertet (sogenannter Defined Contribution Plan).

Die Zahlungen des Unternehmens an beitragsorientierte Pensionsfonds wie z. B. die Pensionskasse in Deutschland werden gemäß IAS 19 als laufender Aufwand in der Periode gebucht. Die Verpflichtungen aus leistungsorientierten unmittelbaren Pensionszusagen im In- und Ausland werden grundsätzlich gemäß IAS 19 nach dem Anwartschaftsbarwertverfahren (sogenannte Projected Unit Credit Method) ermittelt, und zwar unter Berücksichtigung zukünftiger Entgelt- und Rentensteigerungen. Außerordentliche Aufwendungen und Erträge im Sinne von IAS 19 wegen Planbeendigung, Kürzung oder Übertragung von Versorgungsleistungen haben sich im Berichtsjahr nicht ergeben. Der noch nicht aufwandsmäßig verrechnete Überleitungsbetrag von insgesamt 52 Mio DM zwischen Netto-Anwartschaftsbarwert und Rückstellung ergibt sich vorwiegend aus versicherungsmathematisch ermittelten Verlusten im Zusammenhang mit Bestands- und Leistungsveränderungen gegenüber den Rechnungslegungsannahmen. Dieser Betrag wird den Regeln von IAS 19 entsprechend über die künftige Restdienstzeit der aktiven Belegschaft aufwandsmäßig verrechnet und bilanziell erfaßt. Internationaler Übung folgend haben wir 1996 die bisher nur versicherungsmathematisch berücksichtigten Verluste aus tatsächlichen gegenüber den angenommenen Vorruhestandsregelungen mit Pensionären aufwandsmäßig in vollem Umfang berücksichtigt. Hieraus resultiert ein einmaliger Amortisationsaufwand für die Jahre 1994 und 1995 von insgesamt 160 Mio DM sowie ein Jahresaufwand 1996 in Höhe von 75 Mio DM, zusammen also 235 Mio DM. Ab 1996 werden versicherungsmathematische Verluste dieser Art nicht mehr auf Folgejahre verteilt, sondern im Entstehungsjahr aufwandsmäßig erfaßt. Der Überleitungsbetrag hat sich gegenüber dem Vorjahr entsprechend verringert.

Beispiel 7-80: Geschäftsbericht der Hoechst AG 1996, S. 83 f. (Fortsetzung nächste Seite)

Die entsprechenden Anhangangaben beschränken sich in den meisten Fällen allerdings nur auf den allgemeinen Hinweis, daß Rückstellungen nach vernünftiger kaufmännischer Beurteilung gebildet werden und allen erkennbaren Risiken in angemessenem Umfang Rechnung tragen.

Für Verpflichtungen in Deutschland werden wie im Vorjahr ein Rechnungszinsfuß von 7 %, ein Lohn- und Gehaltstrend von 3,5 %, ein Rententrend von 2,5 % und eine Fluktuation von durchschnittlich 2 % zugrundegelegt. Für die Bewertung des Vermögens der Unterstützungskassen wird der Marktwert herangezogen.

Verpflichtungen, Vermögenswerte, Rückstellungen der Pensionspläne in Deutschland

	31.12.1996	31.12.1995
Unverfallbare Pensionsansprüche	4 528	4 447
Anwartschaftsbarwert ohne Gehaltstrend	4 586	4 509
Anwartschaftsbarwert	4 722	4 672
Vermögen der Unterstützungskassen zu Marktwerten	230	281
Netto-Anwartschaftsbarwert	**4 492**	**4 391**
Überleitungsbetrag	- 52	- 148
Rückstellung nach IAS 19	**4 440**	**4 243**

Der Rückstellung zum 31.12.1996 nach IAS 19 steht ein entsprechender Wertansatz gemäß § 6a Einkommensteuergesetz, d. h. dem nach deutschem Handelsrecht gebotenen Mindestansatz, von 4 007 (Vorjahr 4 003) Mio DM gegenüber.

Leistungsorientierte Pensionszusagen bestehen außer in Deutschland im wesentlichen bei den großen Tochterunternehmen in Europa und Japan sowie in den USA. Diese Verpflichtungen werden überwiegend durch selbständige Fonds oder Versicherungen abgedeckt.

Verpflichtungen, Vermögenswerte, Rückstellungen der Pensionspläne der **Hoechst Corporation Gruppe**

Nachfolgend wird über die Hoechst Corporation Gruppe berichtet. Im Gegensatz zum Vorjahr ist die Hoechst Marion Roussel Gruppe nicht mehr in den Zahlen der Hoechst Corporation Gruppe enthalten. Sie wurde Ende 1996 auf die Hoechst AG übertragen. Die Vorjahreszahlen sind des besseren Vergleichs wegen angepaßt. Die US-Bewertung wird im Berichtsjahr erstmals zum 30.9. und nicht wie im Vorjahr zum 31.12. vorgenommen. Dieser zulässige, vorverlegte Bewertungsstichtag wurde aus organisatorischen Gründen bestimmt und soll künftig beibehalten werden.

Die Hoechst Corporation Gruppe hat verschiedene steuerlich anerkannte Pensionspläne, die extern finanziert sind. Bei den versicherungsmathematischen Annahmen wird ein Rechnungszinssatz von 7,5 % (Vorjahr 7,25 %), eine im Vergleich zum Vorjahr unveränderte Fondsrendite von 9,0 % und ein Gehaltstrend von 4,25 % angesetzt. Das Fondsvermögen ist in Immobilien, Aktien und festverzinslichen Wertpapieren angelegt. Für eine Gruppe von Mitarbeitern bestehen verschiedene beitragsorientierte Investment-Sparpläne. Nicht steuerlich anerkannte Verpflichtungen gegenüber bestimmten Mitarbeitern, die Ansprüche auf zusätzliche Altersversorgungsleistungen haben, sind intern finanziert.

	31.12.1996	31.12.1995[1]
Unverfallbare Pensionsansprüche	2 390	2 060
Anwartschaftsbarwert ohne Gehaltstrend	2 452	2 138
Anwartschaftsbarwert	2 797	2 527
Vermögen zu Marktwerten	2 360	1 884
Netto-Anwartschaftsbarwert	**437**	**643**
Überleitungsbetrag	42	- 126
Rückstellung nach IAS 19	**479**	**517**

[1]der besseren Vergleichbarkeit wegen angepaßt

Aufwendungen für alle Pensionspläne im **Konzern**

	1996	1995
Aufwendungen für leistungsorientierte Pläne	998	892
Aufwendungen für beitragsorientierte Pläne	318	228
davon Firmenbeiträge an die Pensionskasse	(72)	(69)
	1 316	**1 120**

Die oben beschriebenen Verpflichtungen aus wesentlichen Pensionsplänen sowie die hierfür bestehenden Fonds werden jährlich versicherungsmathematisch bewertet. Für die übrigen Verpflichtungen und Fonds erfolgt die Bewertung mindestens im Turnus von drei Jahren.

Die Verpflichtungen zur Übernahme von Aufwendungen für die medizinische Versorgung von Pensionären oder deren Angehöriger resultieren im wesentlichen aus verschiedenen Versorgungsplänen der Hoechst Corporation Gruppe. Anspruchsberechtigt sind nahezu alle Mitarbeiter, die nach mindestens 10 Dienstjahren in den Ruhestand treten. Die Gesellschaft trägt das Risiko aus diesen Zusagen selbst. Bei der versicherungsmathematischen Bewertung der Verpflichtungen ist ein im Vergleich zum Vorjahr unveränderter Trend für den Kostenanstieg von 8,8 % und ein Rechnungszinsfuß von 7,5% (Vorjahr 7,25 %) angesetzt.

Verpflichtungen und Rückstellungen für medizinische Versorgungspläne der **Hoechst Corporation Gruppe**

	31.12.1996	31.12.1995[1]
Anwartschaftsbarwert / Rentenbarwert	636	599
Überleitungsbetrag	- 22	- 49
Rückstellung nach IAS 19	**614**	**550**

[1]der besseren Vergleichbarkeit wegen angepaßt

Nach den in den USA geltenden Vorschriften kann im Gegensatz zu den Pensionsverpflichtungen noch keine steuerlich anerkannte Fondsbildung für künftige medizinische Versorgungsleistungen vorgenommen werden. Die Aufwendungen für den Versorgungsplan betragen 56 (Vorjahr 58) Mio DM.

Die Verpflichtungen für Abgangsentschädigungen und Vorruhestandsleistungen werden auf der Basis landesüblicher Zinssätze und gegebenenfalls Gehaltstrends nach versicherungsmathematischen Verfahren ermittelt. Für diese pensionsähnlichen Verpflichtungen werden in der Regel keine Fonds gebildet. Der Bilanzansatz erfolgt zum Anwartschaftsbarwert.

Zu Anforderungskriterium A. „Angabe der wesentlichen Schätzparameter, die der Rückstellungsbildung zugrunde liegen“ ist im Geschäftsbericht der Tiptel AG etwa die folgende Angabe zu verzeichnen:

Die Rückstellung für Garantieverpflichtungen wurde mit einem Prozentsatz vom garantiebehafteten Inlandsumsatz berechnet.

Beispiel 7-81: Geschäftsbericht der Tiptel AG 1995, S. 25

Weitere Angaben sind hier denkbar, etwa die Angabe des garantiebehafteten Inlandsumsatzes oder ein Hinweis auf den verwendeten Prozentsatz. Allerdings erlaubt die hier zitierte Angabe einen vergleichsweise besseren Einblick in die Verpflichtungslage des Unternehmens, und zwar verglichen mit Unternehmen, die die entsprechenden Angaben nicht veröffentlichen.

Angaben zu Anforderungskriterium B. sind den Geschäftsberichten in der Regel nicht zu entnehmen.

Zu Anforderungskriterium C. berichtet etwa die Flender ATB-Loher Antriebstechnik AG:

Bei der Beurteilung der Notwendigkeit von Rückstellungen für nicht kostendeckende Kundenaufträge wurden die Teilkosten angesetzt.

Beispiel 7-82: Geschäftsbericht der Flender ATB-Loher Antriebstechnik AG 1994/95, S. 19

Auch zu Anforderungskriterium D. wird nur selten berichtet. Während etwa die Deutsche Babcock AG mittels einer ausdrücklichen Fehlanzeige in ihrem Anhang darauf hinweist, daß keine Aufwandsrückstellungen gebildet werden *(vgl. Deutsche Babcock AG, GB 1994/95, S. 67)*, umschreibt die Leonische Drahtwerke AG die Bildung von Aufwandsrückstellungen wie folgt:

Darüber hinaus bestehen Rückstellungen für Verpflichtungen, die steuerlich nicht anerkannt sind.

Beispiel 7-83: Geschäftsbericht der Leonische Drahtwerke AG 1995, S. 30

Macht ein Unternehmen (vor allem durch konkrete Betragsangaben) deutlich, in welchem Umfang es Aufwandsrückstellungen gebildet hat, eröffnet sich dem externen Analysten die Möglichkeit, das Jahresergebnis um den Einfluß dieser Bewertungsmaßnahme zu bereinigen. Auf diese Weise lassen sich dann – unter sonst gleichen Bedingungen – Unternehmen, die keine Aufwandsrückstellungen gebildet haben, mit Unternehmen vergleichen, die dieses Wahlrecht in Anspruch genommen haben. Betragsangaben über den Umfang von Aufwandsrückstellungen sind etwa den Erläuterungen zur Gewinn- und Verlustrechnung der Gerresheimer Glas AG zu entnehmen:

> *Im Geschäftsjahr wurden im Konzern 20,3 Mio. DM [...] den Aufwandsrückstellungen gemäß § 249 Abs. 1 und 2 HGB zugeführt.*

Beispiel 7-84: Geschäftsbericht der Gerresheimer Glas AG 1995, S. 42

Im Zusammenhang mit Angaben zu Anforderungskriterium E. wird in der Regel auch der verwendete Abzinsungsfaktor veröffentlicht. Beispielsweise berichtet die Spar Handels-AG:

> *Bei den sonstigen Rückstellungen werden erwartete Verluste aus Dauerschuldverhältnissen mit 5,5 % p. a. abgezinst.*

Beispiel 7-85: Geschäftsbericht der Spar Handels-AG 1996, S. 64

Angaben zu Anforderungskriterium F. (Berücksichtigung künftiger Preissteigerungen) sind den Geschäftsberichten in der Regel nicht zu entnehmen.

Ad 2.: Angabe der Grundlagen der Währungsumrechnung im Konzernabschluß

In den Konzernabschluß sind auch Tochterunternehmen mit Sitz im Ausland einzubeziehen. Aus diesem Grunde müssen die Jahresabschlüsse von Unternehmen, die in fremder Währung aufgestellt sind, in Deutsche Mark umgerechnet werden. Gemäß § 313 Abs. 1 Nr. 2 HGB sind dann die Grundlagen für die Umrechnung der Fremdwährungsabschlüsse in Deutsche Mark anzugeben. Im einzelnen sind hier die folgenden Anforderungskriterien zu erfüllen:

A. Angabe der angewandten Methode der Währungsumrechnung,
B. Angaben über die Art der Umrechnungskurse,
C. Angaben über den Ausweis der Umrechnungsdifferenzen in der GuV,
D. Angaben über den Ausweis der Umrechnungsdifferenzen in der Bilanz,
E. Angaben über die Auswirkungen der Währungsumrechnung auf das Konzernergebnis,

F. Berichterstattung über die Behandlung der Unterschiedsbeträge aus den Vorjahren,
G. Gegebenenfalls Berichterstattung über das Ausmaß, in dem wesentliche Wechselkursänderungen einzelne Abschlußposten beeinflußt haben,
H. Gegebenenfalls Hinweis auf Besonderheiten bei der Umrechnung von Jahresabschlüssen aus Hochinflationsländern.

Zu den Anforderungskriterien A. bis F. berichtet die Hoechst AG in ihrem Geschäftsbericht sehr ausführlich *(vgl. Hoechst AG, GB 1996, S. 70)*:

(3) Grundsätze der Währungsumrechnung, Auswirkungen

Die Währungsumrechnung ausländischer Abschlüsse in Deutsche Mark erfolgt gemäß IAS 21 nach dem Konzept der „funktionalen Währung". Die funktionale Währung ist in der Regel die Landeswährung. Unsere Tochterunternehmen in Brasilien und Venezuela stellen davon abweichend Hartwährungsabschlüsse in US$ auf. Die Auswirkungen bei Ansatz der DM als funktionaler Währung wären unwesentlich.

Die Umrechnung der Bilanzposten erfolgt zu Mittelkursen am Bilanzstichtag. Die Posten der Gewinn- und Verlustrechnung rechnen wir mit Jahresdurchschnittskursen um. Währungsdifferenzen aus der Umrechnung des Nettoreinvermögens mit gegenüber dem Vorjahr veränderten Kursen werden erfolgsunwirksam behandelt.

Ausgewählte Währungen	Mittelkurs DM am Bilanzstichtag		Jahresdurchschnittskurs DM	
	31.12.1996	31.12.1995	**1996**	1995
1 US $	**1,55**	1,43	**1,50**	1,43
100 Yen	**1,34**	1,39	**1,38**	1,53
1 £	**2,63**	2,21	**2,35**	2,26
100 FF	**29,64**	29,25	**29,41**	28,75
100 Ptas	**1,19**	1,18	**1,19**	1,15
1000 Lit	**1,02**	0,90	**0,98**	0,88

Aus den gegenüber 1995 mehrheitlich höheren Kursen, insbesondere für den US$ und das britische £, resultieren höhere Wertansätze, die sich wie folgt auswirken (Mio DM gerundet):

Anlagevermögen	+ 1 400
Umlaufvermögen	+ 800
Vermögen	**+ 2 200**
Eigenkapital	+ 660
Fremdkapital	+ 1 540
Eigen- und Fremdkapital	**+ 2 200**
Umsatzerlöse	**+ 900**
Betriebsergebnis	**+ 50**
Gewinn vor Ertragsteuern	**+ 30**

Beispiel 7-86: Geschäftsbericht der Hoechst AG 1996, S. 70

Sollten geänderte Wechselkurse einzelne Abschlußposten wesentlich beeinflußt haben, so ist hierüber im Anhang zu berichten (Anforderungskriterium G.). Auch in diesem Punkt ist die Berichterstattung der Hoechst AG vorbildlich. Wie bereits aus vorstehendem Beispiel hervorgeht, zeigt die Hoechst AG, wie Änderungen des $-Kurses und des Pfund-Kurses wesentliche Posten des Vermögens und der Schulden sowie wesentliche GuV-Posten beeinflußt haben.
Auf Besonderheiten bei der Umrechnung von Jahresabschlüssen aus Hochinflationsländern (Anforderungskriterium H.) weist etwa die BASF AG in ihrem Geschäftsbericht hin. Dort heißt es:

> *Bei Gesellschaften in Hochinflationsländern werden die Umsatzerlöse, das Zins- und Währungsergebnis, die Vorräte sowie die Forderungen und Verbindlichkeiten aus Lieferungen und Leistungen inflationsbereinigt ausgewiesen.*

Beispiel 7-87: Geschäftsbericht der BASF AG 1996, S. 43

Ähnlich auch die Mannesmann AG:

> *Für Brasilien sind zur Verbesserung der Aussagekraft inflationsbereinigte Abschlüsse entsprechend den landesrechtlichen Vorschriften für börsennotierte Unternehmen zugrunde gelegt worden.*

Beispiel 7-88: Geschäftsbericht der Mannesmann AG 1996, S. 62

Ad 3.: Angabe und Begründung der Abweichungen von Bilanzierungs- und Bewertungsmethoden

Bilanziert oder bewertet ein Unternehmen im Vergleich zum Vorjahr anders, werden zusätzliche Berichtspflichten im Anhang ausgelöst, und zwar:

- Angabe der Tatsache abweichender Bilanzierungs- und Bewertungsmethoden sowie zusätzliche Angabe von Gründen für das Abweichen,
- Angabe, in welchem Maße abweichende Bilanzierungs- und Bewertungsmethoden die Darstellung der wirtschaftlichen Lage des Unternehmens beeinflußt haben (vgl. hierzu im einzelnen das folgende Anforderungskriterium Nr. 4).

Wichtig sind diese Erläuterungspflichten vor allem für die vergleichende Analyse zeitlich aufeinanderfolgender Jahresabschlüsse, denn nur nach gleichen Grundsätzen aufgestellte Jahresabschlüsse lassen sich – unter sonst gleichen Bedingungen – miteinander vergleichen.
Welche Angaben im Einzelfall notwendig sind, um der Angabepflicht zu genügen, zeigt die nachfolgende Aufstellung:

A. Anzugeben ist, worin die Abweichung besteht, von welcher Methode oder von welchem Grundsatz also abgewichen wurde.
B. Anzugeben ist ferner, auf welche Einzelposten sich die Abweichung erstreckt.
C. Schließlich sind auch die Gründe anzugeben, die das Unternehmen dazu bewogen haben, die Bilanzierungs- und Bewertungsmethoden zu ändern.

Bei Anforderungskriterium A. ist deutlich zu machen, von welcher Bilanzierungs- und Bewertungsmethode abgewichen wurde. Beispielsweise berichtet die Sektkellerei Schloß Wachenheim AG i. V.:

Die unfertigen Erzeugnisse und Leistungen sowie fertigen Erzeugnisse werden abweichend vom Vorjahr grundsätzlich nach der retrograden Methode bewertet, um erstmals eine verlustfreie Bewertung sicherzustellen.

Beispiel 7-89: Geschäftsbericht der Sektkellerei Schloß Wachenheim AG i. V. 1994/95, S. 16

Wurden die Bilanzierungs- und Bewertungsmethoden nicht geändert, so sollte in einer sogenannten **Fehlanzeige** ausdrücklich und eindeutig darauf hingewiesen werden, daß die Bilanzierungs- und Bewertungsmethoden gegenüber dem Vorjahr unverändert beibehalten wurden. Beispielsweise berichtet die BASF AG:

Die Bilanzierungs- und Bewertungsmethoden wurden unverändert fortgeführt.

Beispiel 7-90: Geschäftsbericht der BASF AG 1996, S. 43

Neben diesen eindeutigen Fehlanzeigen sind auch Fehlanzeigen besonderer Art denkbar und auch durchaus üblich:

Die Bilanzierungs- und Bewertungsmethoden wurden gegenüber dem Vorjahr grundsätzlich fortgeführt.

oder

In den Bewertungsmethoden sind gegenüber 1994 grundsätzlich keine Änderungen eingetreten.

Während die erste Fehlanzeige zwar ungenau, aber vollständig ist, ist die zweite Fehlanzeige weder genau noch vollständig. Der Anhangleser erfährt im zweiten Fall zum einen nicht, in welchen Fällen unstetig bilanziert wird – diese Unsicherheit besteht auch bei der ersten Fehlanzeige –, zum anderen wird er darüber im unklaren gelassen, ob die Bilanzierungsmethoden (im Sinne von Ansatzmethoden) unverändert beibehalten oder geändert wurden.

Ähnlich nuancenreich ist auch das folgende Beispiel:

Die Bewertungs- und Abschreibungsmethoden blieben unverändert.

Auch in diesem Fall bleibt unklar, ob das berichtende Unternehmen seine Bilanzierungsmethoden im Vergleich zum Vorjahr oder im Vergleich zum Regelfall geändert hat. Offensichtlich bezieht sich diese Angabe noch auf die alte Regelung des § 160 Abs. 2 Satz 4 1. HS AktG 1965.

Zu Anforderungskriterium B. (Angabe, auf welche Einzelposten sich die Abweichung erstreckt) berichtet die Barmag AG:

Im Jahresabschluß der Barmag AG wurden [...] Bewertungsänderungen vorgenommen, die das Jahresergebnis mit insgesamt 8,6 Mill. DM positiv beeinflußt haben. Hiervon entfallen 6,6 Mill. DM auf [...] Messe-, Leih- und Versuchsmaschinen.

Beispiel 7-91: Geschäftsbericht der Barmag AG 1995, S. 37

Zu Anforderungskriterium C. (Angabe der für den Methodenwechsel maßgeblichen Gründe) könnte wie folgt berichtet werden:

> *Bei den unfertigen und fertigen Erzeugnissen wurden, im Gegensatz zum Vorjahr, die Verwaltungsgemeinkosten nicht aktiviert [...]. Aufgrund des Standes der Umstrukturierung [...] wurde vom Gebot der Bewertungsstetigkeit entsprechend § 252 Abs. 2 HGB, SABI 2/1987, Tz. Nr. 5, abgewichen.*

Beispiel 7-92: Geschäftsbericht der Sedlbauer AG 1995, S. 13

Ad 4.: Gesonderte Darstellung des Einflusses von Abweichungen auf die Vermögens-, Finanz- und Ertragslage

Ändert ein Unternehmen seine Bilanzierungs- und Bewertungsmethoden, ist die Vergleichbarkeit des Jahresabschlusses für das abzuschließende Geschäftsjahr mit dem Vorjahresabschluß beeinträchtigt. In diesem Fall wird das Unternehmen gesetzlich dazu verpflichtet, im Anhang gesondert darzustellen, wie abweichende Bilanzierungs- und Bewertungsmethoden die wirtschaftliche Lage des Unternehmens beeinflußt haben. Die folgenden Anforderungskriterien sind hier zu erfüllen:

A. Sollten geänderte Bilanzierungs- und Bewertungsmethoden das Bild der wirtschaftlichen Lage des Unternehmens nur unwesentlich beeinflußt haben, so reicht eine verbale Berichterstattung aus.
B. Zusätzliche Zahlenangaben sind dann zu veröffentlichen, wenn Methodenänderungen das Bild der wirtschaftlichen Lage des Unternehmens wesentlich beeinflußt haben.
C. Falls die Methodenänderungen das Bild der wirtschaftlichen Lage wesentlich beeinflußt haben, ist gesondert für die Teilbereiche der wirtschaftlichen Lage (Vermögens-, Finanz- und Ertragslage) auch über den Saldo der jeweiligen Abweichungen zu berichten.

Ein Beispiel zu den Anforderungskriterien B. und C. ist etwa dem Geschäftsbericht 1995 der Hoechst AG zu entnehmen *(vgl. Hoechst AG, GB 1995, S. 59)*. In einem gesonderten Kapitel erläutert die Hoechst AG, wie sich der Wert bestimmter Bilanzposten durch erstmalige Anwendung der IAS geändert hat und wie sich diese Änderungen auf den Gewinn vor Ertragsteuern ausgewirkt haben. Detailliert berichtet auch die Merck KGaA darüber, wie

einzelne Bilanzposten durch die erstmalige Bilanzierung nach IAS beeinflußt wurden und wie sich der Eigenkapitalausweis aufgrund dieser Anpassungsmaßnahmen verändert hat *(vgl. Merck KGaA, GB 1995, S. 79–81)*.
Auch die Deutsche Babcock AG berichtet ausführlich:

Die Abschreibungen auf das Sachanlagevermögen wurden in Anlehnung an internationale Praxis jetzt konzerneinheitlich nach der linearen Methode vorgenommen und die pauschalen Garantierückstellungen im Konzern reduziert. Die Ergebnisverbesserung vor Steuern aus der Umstellung beträgt für die lineare Afa 22 Millionen DM und für die pauschalen Garantierückstellungen 20 Millionen DM.

Beispiel 7-93: Geschäftsbericht der Deutsche Babcock AG 1994/95, S. 65 f.

Ein weiteres Beispiel für eine hinreichende Berichterstattung ist etwa dem Anhang der Asea Brown Boveri AG zu entnehmen:

Für die im Rahmen des Risiko-Managements einheitlich gesteuerten Produkte wurden Bewertungseinheiten gebildet. Bei Anwendung dieser Methode auch im Vorjahr wäre das Vorjahresergebnis um 2,6 Mio. DM höher ausgefallen.

Beispiel 7-94: Geschäftsbericht der Asea Brown Boveri AG 1995, S. 51

Ad 5.: Angabe, wie das Ergebnis durch Anwendung steuerrechtlicher Abschreibungen oder Bildung von Sonderposten mit Rücklageanteil im Geschäftsjahr oder in Vorjahren beeinflußt wurde

Gemäß §§ 285 Nr. 5 und 314 Abs. 1 Nr. 5 HGB ist im Anhang darzustellen, in welchem Maße das Jahresergebnis dadurch beeinflußt wurde, daß im Geschäftsjahr oder in Vorjahren steuerrechtliche Abschreibungen oder Sonderposten mit Rücklageanteil gebildet wurden; ferner ist darzustellen, in welchem Maße das künftige Ergebnis durch diese Maßnahmen belastet wird (vgl. hierzu das folgende Anforderungskriterium Nr. 6). Im einzelnen sind hier die folgenden Angaben zu machen:

A. Offenlegung, durch welche Bilanzierungs- und Bewertungsmaßnahmen das Ergebnis beeinflußt worden ist,

B. Angabe eines Betrages, der das Ausmaß der Ergebnisbeeinflussung erkennen läßt,
C. Angabe, ob bei der Ermittlung Steuern berücksichtigt werden,
D. Hinweis, ob sich die Angabe auf das Ergebnis vor oder auf das Ergebnis nach Steuern bezieht,
E. Angabe des zugrunde gelegten Steuersatzes.

Verhältnismäßig ausführlich berichtet hier etwa die BASF AG:

Von den deutschen Gesellschaften der Gruppe werden außerdem einige ausschließlich nach steuerlichen Vorschriften zulässige Bilanzierungs- und Bewertungsmaßnahmen durchgeführt. Sonderabschreibungen nach dem Fördergebietsgesetz und eliminierungspflichtige Sachverhalte werden nicht in den Gruppenabschluß übernommen, die übrigen Sonderabschreibungen, Sonderposten mit Rücklageanteil oder unterlassenen Wertaufholungen werden im Gruppenabschluß beibehalten. Vor allem durch die Nachholung planmäßiger Abschreibungen für in früheren Jahren vorgenommene steuerliche Abschreibungen ergibt sich folgender Ergebniseinfluß:

Mio DM	*BASF-Gruppe*	*BASF AG*
Jahresüberschuß	*2790,2*	*1700,7*
Steuerliche Einflüsse	*– 18,2*	*– 16,7*
Bereinigter Jahresüberschuß	*2772,0*	*1684,0*

Die unterlassenen Wertaufholungen betrugen bei der BASF-Gruppe 2,9 Millionen DM und bei der BASF Aktiengesellschaft 2,4 Millionen DM.

Beispiel 7-95: Geschäftsbericht der BASF AG 1996, S. 42 f.

Ähnlich ausführliche Angaben sind auch dem Geschäftsbericht der Spar Handels-AG zu entnehmen. Dort heißt es:

In Vorjahren verrechnete Sonderabschreibungen führten bei der AG zu einer Minderung der Abschreibungen im Berichtsjahr. Die im Geschäftsjahr vorgenommenen Sonderabschreibungen minderten das Ergebnis der AG. Ohne Vornahme der Sonderabschreibungen im Geschäftsjahr und in den Vorjahren wäre unter Berücksichtigung der hierauf entfallenden Steuern der Jahresüberschuß der AG im Saldo um rd. DM 1,2 Mio. höher gewesen.

Beispiel 7-96: Geschäftsbericht der Spar Handels-AG 1996, S. 74

Sollte die Vornahme steuerlicher Abschreibungen oder die Bildung von Sonderposten mit Rücklageanteil das Ergebnis nicht beeinflußt haben, so sollte dies in einer **Fehlanzeige** dokumentiert werden. Dem Geschäftsbericht der Metro AG ist die folgende Fehlanzeige zu entnehmen:

> *Das Konzernergebnis ist durch die Vornahme steuerlicher Sonderabschreibungen nur unwesentlich beeinflußt.*

Beispiel 7-97: Geschäftsbericht der Metro AG 1996, S. 85

Ad 6.: Angabe, welche künftigen Belastungen aus der Inanspruchnahme steuerlicher Vergünstigungen resultieren

Gemäß §§ 285 Nr. 5 und 314 Abs. 1 Nr. 5 HGB ist im Anhang auch darzustellen, in welchem Maße das künftige Ergebnis durch steuerliche Abschreibungen und Sonderposten mit Rücklageanteil belastet werden wird. Im einzelnen sind hier die folgenden Angaben zu machen:

A. Angabe der Art der Belastung,
B. Angabe zur Höhe der Belastung.

Die BASF AG etwa weist ausdrücklich darauf hin, daß in Zukunft keine entsprechenden Ergebnisbelastungen zu erwarten sind:

> *Die Auswirkungen aus früheren Sonderabschreibungen werden sich innerhalb weniger Jahre planmäßig auflösen, ausgenommen auf Grundstücke oder Gebäude übertragene Veräußerungsgewinne. Für die künftige Steuerbelastung in den einzelnen Jahren hat dies keine erhebliche Bedeutung.*

Beispiel 7-98: Geschäftsbericht der BASF AG 1996, S. 43

Ähnlich berichtet auch die Douglas Holding AG:

> *Die Auswirkungen auf das Jahresergebnis in den kommenden Jahren sind von untergeordneter Bedeutung.*

Beispiel 7-99: Geschäftsbericht der Douglas Holding AG 1996, S. 56

Sollte in der Zukunft allerdings mit wesentlichen Ergebnisbelastungen zu rechnen sein, so wäre die Höhe der zu erwartenden Belastung exakt anzugeben. So berichtet etwa die Leffers AG:

> *Aus in Vorjahren vorgenommenen steuerlichen Sonderabschreibungen werden sich in Zukunft Mehrbelastungen von TDM 14.838 ergeben.*

Beispiel 7-100: Geschäftsbericht der Leffers AG 1996, S. 30

Ad 7.: Gesonderte Angabe der außerplanmäßigen Abschreibungen auf das Anlagevermögen nach § 253 Abs. 2 Satz 3 HGB in einem Betrag

Im Zusammenhang mit dieser Angabepflicht interessieren für bilanzanalytische Zwecke vor allem Angaben zu den folgenden Anforderungskriterien:

A. Angabe des Betrages der außerplanmäßigen Abschreibung,
B. Erläuterung des der Abschreibung zugrunde liegenden Sachverhalts.

Zu beiden Anforderungskriterien berichtet etwa die BASF AG wie folgt:

> *Außerplanmäßige Abschreibungen von Sachanlagen auf einen niedrigeren beizulegenden Wert wurden insbesondere bei unserer Tochtergesellschaft BASF S. A., Brasilien, vorgenommen. Durch die Öffnung des brasilianischen Marktes sind verschiedene Produktionsanlagen nicht konkurrenzfähig, so daß wir die Buchwerte an die Barwerte des erwarteten künftigen Cash-flows anpassen mußten. Insgesamt ergaben sich folgende außerplanmäßige Abschreibungen:*

Mio DM	*BASF-Gruppe*	*BASF AG*
Dauernde Wertminderungen	*118,9*	*12,4*
Steuerrechtlich zulässige Abschreibungen, überwiegend nach § 6b EStG, nach Abzug planmäßiger Abschreibungen	*27,9*	*15,3*

Beispiel 7-101: Geschäftsbericht der BASF AG 1996, S. 44

Weniger ausführlich berichtet hier die Deutsche Telekom AG:

> *Außerplanmäßige Abschreibungen in Höhe von 83 Mio. DM wurden im wesentlichen für einen Satelliten vorgenommen.*

Beispiel 7-102: Geschäftsbericht der Deutsche Telekom AG 1996, S. 70

An dieser Stelle wäre eine genauere Beschreibung und Einordnung des Sachverhalts, der zur außerplanmäßigen Abschreibung geführt hat, wünschenswert.

7.3.3.3 Erläuterungen zu einzelnen Posten der Bilanz bzw. Konzernbilanz

An die Berichterstattung in Teilbericht B.III. des Anhangs „Erläuterungen zu einzelnen Posten der Bilanz bzw. Konzernbilanz" werden im einzelnen die folgenden Anforderungen gestellt:

1. Darstellung des Anlagengitters,
2. Ausweis eines Verbindlichkeitenspiegels,
3. Ausweis einer Beteiligungsliste,
4. Erläuterung wesentlicher sonstiger Rückstellungen,
5. Darstellung der Bewegung der Kapitalrücklage,
6. Darstellung der Bewegung der Gewinnrücklagen.

Ad 1.: Darstellung des Anlagengitters

Im sogenannten Anlagengitter ist gemäß § 268 Abs. 2 HGB darzustellen, wie sich die Buchwerte der im Anlagevermögen ausgewiesenen Vermögensgegenstände im Geschäftsjahr entwickelt haben. Die Angabe nach § 268 Abs. 2 HGB darf wahlweise in der Bilanz oder im Anhang gemacht werden (sogenannte Wahlpflichtangabe). In der Praxis weisen nur wenige Unternehmen das Anlagengitter innerhalb der Bilanz aus. Die überwiegende Zahl der Unternehmen plaziert das Anlagengitter zwischen Bilanz und Gewinn- und Verlustrechnung einerseits und Anhangerläuterungen andererseits.

Folgende Anforderungen sollten die Unternehmen beim Ausweis eines Anlagengitters erfüllen:

A. Die Sätze 2 und 3 des § 268 Abs. 2 HGB legen fest, welche Mindestangaben in das Anlagengitter aufzunehmen sind. Hierbei handelt es sich um sechs verbindlich vorgeschriebene Angaben; ergänzt um die Angabe der Abschreibungen des Geschäftsjahres und um die Angabe der Restbuchwerte des Geschäftsjahres und des Vorjahres ergibt sich ein neun Spalten zählendes Anlagengitter. Hierbei ist zu beachten, daß die Restbuchwerte des Vorjahres gemäß § 265 Abs. 2 Satz 1 HGB ebenso wie die Restbuchwerte des abzuschließenden Geschäftsjahres in jedem Fall (evtl. in der Bilanz) anzugeben sind; die Abschreibungen des Geschäftsjahres dürfen auch in einer der Gliederung des Anlagevermögens entsprechenden Form in der Bilanz ausgewiesen werden (§ 268 Abs. 2 Satz 3 HGB). Aus Gründen der Klarheit und Übersichtlichkeit der Darstellung im Jahresabschluß empfiehlt sich allerdings eine zusammenfassende Darstellung der genannten neun Angabepflichten im Anlagengitter, das dann wahlweise in der Bilanz oder im Anhang auszuweisen wäre.

B. Über die Mindestangaben zum Anlagengitter hinaus steht es dem berichtenden Unternehmen frei, zusätzlich ein Abschreibungsgitter zu veröffentlichen. Das Abschreibungsgitter enthielte – ausgehend von den kumulierten Abschreibungen zu Beginn des Geschäftsjahres und nach Verrechnung mit den Zuschreibungen der Vorjahre – (1) die Abschreibungen des Geschäftsjahres, (2) gegebenenfalls umzubuchende Abschreibungen aufgrund von Umgliederungen innerhalb des Anlagevermögens oder zwischen Anlagevermögen und Umlaufvermögen sowie (3) die kumulierten Abschreibungen auf die im Geschäftsjahr abgegangenen Vermögensgegenstände.

C. Über die Pflichtangabe der Zuschreibungen des Geschäftsjahres hinaus ist es dem Unternehmen freigestellt, weiterführende Angaben zu Zuschreibungen in Form eines sogenannten Zuschreibungsgitters zu machen.

Ebenso wie im Einzelabschluß ist auch im Konzernabschluß die Entwicklung des Anlagevermögens in einem **Konzernanlagengitter** darzustellen (§ 298 Abs. 1 HGB i. V. m. § 268 Abs. 2 HGB). Grundsätzlich gilt für das Konzernanlagengitter deshalb das zum Anlagengitter des Einzelabschlusses oben Gesagte. Allerdings sind bei der Aufstellung des Konzernanlagengitters gegebenenfalls Besonderheiten zu beachten, die sich aus der Eigenart des Konzerns als wirtschaftliche Einheit rechtlich selbständiger Unternehmen ergeben.
Von besonderer Bedeutung sind erstens Änderungen des Konsolidierungskreises: Aus Sicht des Konzerns als einheitlichem Unternehmen handelt es

sich bei Zugängen in den bzw. Abgängen aus dem Konsolidierungskreis um den Einzelerwerb bzw. die Einzelveräußerung der Vermögensgegenstände (und Schulden) der neu hinzugekommenen bzw. ausgeschiedenen Unternehmen. Erworbene Vermögensgegenstände sind im Konzernanlagengitter grundsätzlich als Zugang, veräußerte Vermögensgegenstände grundsätzlich als Abgang zu erfassen. Für Zwecke der Vergleichbarkeit empfiehlt es sich bei wesentlich geänderter Zusammensetzung des Konsolidierungskreises allerdings, das (neun Spalten umfassende) Konzernanlagengitter um eine Zusatzspalte „Veränderungen des Konsolidierungskreises" zu erweitern. Dazu wird hier ein zusätzliches Anforderungskriterium D.1. wie folgt formuliert:

D.1. Angabe, wie sich Veränderungen im Konsolidierungskreis auf die historischen Anschaffungs- oder Herstellungskosten des Anlagevermögens ausgewirkt haben.

Zusätzlich wird mit Anforderungskriterium D.2. erhoben, ob – eine Übernahme der Vermögensgegenstände zu Buchwerten unterstellt – neben den historischen Anschaffungs- oder Herstellungskosten auch der Posten „kumulierte Abschreibungen" an die Veränderungen im Konsolidierungskreis angepaßt wird:

D.2. Angabe, wie sich Veränderungen im Konsolidierungskreis auf die kumulierten Abschreibungen ausgewirkt haben.

Angaben zu den Anforderungskriterien D.1. und D.2. sollten in zwei gesonderten Spalten dargestellt werden.

Zweitens wird die Darstellung des Konzernanlagengitters durch Wechselkursänderungen beeinflußt, wenn die Jahresabschlüsse ausländischer Tochterunternehmen nach der Stichtagskursmethode in den Konzernabschluß einbezogen werden. Entsprechend dem Vorgehen bei Anforderungskriterium D. werden auch in diesem Fall zwei zusätzliche Anforderungskriterien formuliert:

E.1. Angabe, wie sich Wechselkursänderungen auf die kumulierten historischen Anschaffungs- oder Herstellungskosten ausgewirkt haben,

E.2. Angabe, wie sich Wechselkursänderungen auf die kumulierten Abschreibungen ausgewirkt haben.

Auch die Angaben zu den Anforderungskriterien E.1. und E.2. sollten in zwei gesonderten Spalten ausgewiesen werden. Mit anderen Worten: Haben Änderungen des Konsolidierungskreises und Wechselkursänderungen sowohl die historischen Anschaffungs- oder Herstellungskosten als auch die kumulierten Abschreibungen beeinflußt, so wäre das Anlagengitter um vier Spalten zu erweitern.

Das Anlagengitter der Leffers AG *(vgl. Leffers AG, GB 1996, S. 34–36)* erfüllt die Anforderungen der beiden Anforderungskriterien A. und B. optimal: In diesem Anlagengitter werden zusätzlich zu den hier gestellten Mindestanforderungen in einem Abschreibungsgitter neben dem Vortrag der kumulierten Abschreibungen die Abschreibungen des Geschäftsjahres, Umbuchungen sowie die auf Abgänge entfallenden Abschreibungen ausgewiesen.

Weil Vermögensgegenstände in der Praxis nur selten zugeschrieben werden, braucht regelmäßig kein Zuschreibungsgitter (Anforderungskriterium C.) veröffentlicht zu werden. Auf die Angabe eines Beispiels wird aus diesem Grunde hier verzichtet.

Vorbildlich hinsichtlich der Anforderungskriterien D.1. und D.2. ist etwa das Anlagengitter der Asko AG *(vgl. Asko AG, GB 1995, S. 39 f.)*, in dem in zwei gesonderten Spalten dargestellt wird, in welcher Weise Änderungen des Konsolidierungskreises einerseits die historischen Anschaffungs- oder Herstellungskosten der Anlagegegenstände und andererseits die kumulierten Abschreibungen beeinflußt haben.

Angaben zu den Anforderungskriterien E.1. und E.2. macht die Hoechst AG, die in einem Konzernanlagengitter Einflüsse aus Wechselkursänderungen jeweils für die historischen Anschaffungs- oder Herstellungskosten und für die kumulierten Abschreibungen gesondert ausweist. *(Beispiel 7-103)*

Ähnlich aussagekräftige Beispiele sind etwa auch den Geschäftsberichten der Pfleiderer AG *(vgl. Pfleiderer AG, GB 1994/95, S. 40 f.)*, der Barmag AG *(vgl. Barmag AG, GB 1996, S. 38 f.)* und der WMF AG *(vgl. WMF AG, GB 1996, S. 34 f.)* zu entnehmen.

Ad 2.: Ausweis eines Verbindlichkeitenspiegels

In einem Verbindlichkeitenspiegel (§§ 285 Nr. 1, 2 und 314 Abs. 1 Nr. 1 HGB) sollten die Beträge der einzelnen Verbindlichkeiten, Restlaufzeiten sowie Art und Form der jeweils zugrunde liegenden Sicherheiten ausgewiesen werden. Im einzelnen sind hier die folgenden Anforderungen zu erfüllen:

A. Gesetzlich vorgeschriebene Mindestangaben:
   A.1. Angabe des Gesamtbetrages der Verbindlichkeiten mit einer Restlaufzeit von mehr als fünf Jahren,

(20) Sachanlagen

	Grundstücke, grundstücksgleiche Rechte und Bauten einschließlich der Bauten auf fremden Grundstücken	Technische Anlagen und Maschinen	Andere Anlagen, Betriebs- und Geschäftsausstattung	Geleistete Anzahlungen und Anlagen im Bau	**Gesamt**
Anschaffungs- oder Herstellungskosten					
Anfangsstand 1.1.1996	11 144	27 183	6 353	2 017	46 697
Zugänge	955	2 176	640	55[1]	3 826
Abgänge	596	2 423	703	64	3 786
Umbuchungen	15	- 37	22		-
Währungsveränderungen	232	632	128	102	1 094
Veränderungen des Konsolidierungskreises	- 77	- 1 163	- 96	- 62	- 1 398
Endstand 31.12.1996	**11 673**	**26 368**	**6 344**	**2 048**	**46 433**
Abschreibungen					
Anfangsstand 1.1.1996	5 977	20 011	4 844	1	30 833
Zugänge	447	1 699	517	12	2 675
Zuschreibungen	39	65	23		127
Abgänge	355	2 031	638		3 024
Umbuchungen	8	- 11	3		-
Währungsveränderungen	62	319	76		457
Veränderungen des Konsolidierungskreises	- 193	- 1 063	- 89	- 11	- 1 356
Endstand 31.12.1996	**5 907**	**18 859**	**4 690**	**2**	**29 458**
Bilanzwert 31.12.1996	**5 766**	**7 509**	**1 654**	**2 046**	**16 975**
Bilanzwert 31.12.1995	5 167	7 172	1 509	2 016	15 864

[1]Saldo aus Zugängen von 1 733 Mio DM und Übertragungen auf betriebsbereite Anlagen von 1 678 Mio DM

Die Investitionen in Sachanlagen betragen 3 826 (Vorjahr 3 374) Mio DM. Davon entfallen 354 Mio DM auf Zugänge von betrieblich genutzten Immobilien, die die Pensionskasse der Mitarbeiter der Hoechst-Gruppe VVaG zu Verkehrswerten an die Hoechst AG verkauft hat. Die planmäßigen Abschreibungen belaufen sich auf 2 558 (Vorjahr 2 701) Mio DM; außerplanmäßige Abschreibungen auf Sachanlagen wurden in Höhe von 117 (Vorjahr 67) Mio DM vorgenommen.

Unter den Sachanlagen werden auch Gegenstände, die auf der Basis von Leasingverträgen genutzt werden und gemäß IAS 17 aktivierungspflichtig sind, in Höhe von 165 (Vorjahr 141) Mio DM ausgewiesen.

Beispiel 7-103: Geschäftsbericht der Hoechst AG 1996, S. 79

A.2. Angabe des Gesamtbetrages der durch Pfandrechte und ähnliche Rechte gesicherten Verbindlichkeiten unter Angabe von Art und Form der Sicherheit,

A.3. Aufgliederung der Angaben nach A.1. und A.2. für jeden Posten der Verbindlichkeiten:

A.3.1. Gesamtbetrag der Verbindlichkeit,

A.3.2. Art und Form der Sicherheit,

B. Freiwillige Angabe der mittelfristigen Verbindlichkeiten (1–5 Jahre):

B.1. Gesamtbetrag,

B.2. Aufgliederung,

C. Freiwillige, übersichtliche Darstellung der Verbindlichkeiten in einem tabellarischen Verbindlichkeitenspiegel.

Ein den hier formulierten Anforderungen in jeder Hinsicht genügender Verbindlichkeitenspiegel ist etwa dem Geschäftsbericht der Spar Handels-AG zu entnehmen (vgl. untenstehendes *Beispiel 7-104*). Ähnlich ausführlich berichtet auch die Leffers AG *(vgl. Leffers AG, GB 1996, S. 34–36).*

Ad 3.: Ausweis einer Beteiligungsliste

Für Beteiligungsunternehmen, an denen ein beteiligtes Unternehmen mehr als 20% der Anteile hält, sind im Anhang des beteiligten Unternehmens gemäß § 285 Nr. 11 HGB die folgenden Angaben zu machen:

A. Name und Sitz des Unternehmens,
B. Anteil am Kapital des Unternehmens,
C. Höhe des Eigenkapitals des Unternehmens,
D. Letztes Abschlußergebnis des Unternehmens.

Bei Großkonzernen ist es durchaus möglich, daß das beteiligte Unternehmen

Verbindlichkeiten	Restlaufzeit unter 1 Jahr TDM	 1 - 5 Jahre TDM	 5 - 10 Jahre TDM
1. Anleihen	0	120.000	0
2. Verbindlichkeiten gegenüber Kreditinstituten	346.412	306.771	131.374
3. Verbindlichkeiten aus Lieferungen und Leistungen	797.365	45	10
4. Verbindlichkeiten gegenüber Unternehmen, mit denen ein Beteiligungsverhältnis besteht	6.386	313	0
5. sonstige Verbindlichkeiten, - davon aus Steuern: TDM 20.794 (Vj.: TDM 16.712) - davon im Rahmen der sozialen Sicherheit: TDM 36.312 (Vj.: TDM 24.603)	162.076	2.306	779
Gesamtbetrag der Verbindlichkeiten	**1.312.239**	**429.435**	**132.163**

Beispiel 7-104a: Geschäftsbericht der Spar Handels-AG 1996, S. 54

Anteile an sehr vielen Beteiligungsunternehmen hält. In diesem Fall reicht es aus, wenn die oben formulierten Angaben im Anhang für wesentliche Beteiligungsunternehmen gemacht werden. Die vollständige Liste der Beteiligungsunternehmen wird in diesem Fall beim zuständigen Handelsregister hinterlegt. In dieser Weise verfahren etwa die Siemens AG *(vgl. Siemens AG, GB 1996, S. 50)* und in *Beispiel 7-105* die Hoechst AG.

Ad 4.: Erläuterung wesentlicher sonstiger Rückstellungen

Zu den sonstigen Rückstellungen zählen gemäß § 266 Abs. 3 Buchstabe B Nr. 3 HGB alle Rückstellungen mit Ausnahme der Rückstellungen für Pensionen und ähnliche Verpflichtungen, der Steuerrückstellungen und der gemäß § 274 Abs. 1 Satz 1 HGB gesondert auszuweisenden Rückstellung für latente Steuern. Sonstige Rückstellungen von nicht unerheblichem Umfang sind im Anhang zu erläutern, wenn sie in der Bilanz nicht gesondert ausgewiesen werden (§ 285 Nr. 12 HGB). Damit der externe Analyst die finanzielle Situation des Unternehmens besser einschätzen kann, sind hier vor allem die folgenden Angaben im Anhang notwendig:

A. Angabe der Sachverhalte, die einzelnen Teil-Rückstellungen zugrunde liegen; vor allem sollte ersichtlich werden, aus welchem Grund die jeweilige Rückstellung gebildet worden ist.

B. Angabe von Fristigkeiten einzelner Teil-Rückstellungen: Der externe Analyst ist in erster Linie daran interessiert zu erfahren, wieweit die Rückstellungen dem Unternehmen unter Finanzierungsaspekten langfristig zur Verfügung stehen.

C. Angabe von Beträgen pro Teil-Rückstellung: D. h., Rückstellungen, die einen nicht unerheblichen Umfang haben, sind ihrem Betrag nach im Anhang zu erläutern.

über 10 Jahre TDM	Summe TDM	davon gesichert TDM	Art und Form der Sicherheit
0	120.000	0	
23.531	808.088	29.254	Grundpfandrechte
0	797.420	0	
0	6.699	0	
6.055	171.216	478	
29.586	**1.903.423**	**29.732**	

Beispiel 7-104b: Geschäftsbericht der Spar Handels-AG 1996, S. 55

Ausgewählte Beteiligungsunternehmen[1]
(Landesabschlüsse, Stand 31.12.1996)

		Umsatzerlöse Mio DM	Betriebsergebnis Mio DM	Ergebnis nach Steuern Mio DM	Investitionen in Sachanlagen Mio DM	Mitarbeiter, Stichtag 31.12.1996	Stimmrechte (%)
Europa	Chiron Behring GmbH, Frankfurt am Main	148	21	19	21	459	51,0
	Hoechst Diafoil GmbH, Wiesbaden	282	11	3	59	0	66,7
	DyStar Textilfarben Gruppe, Frankfurt am Main	1616	24	- 4	54	2219	50,0
	Harlow Chemical Gruppe, Hounslow	177	26	15	6	293	50,0
	Herberts Gruppe, Wuppertal	2342	120	57	129	7295	100
	Hoechst Holland N.V., Vlissingen	499	- 54	21	24	904	100
	Hoechst Ibérica Gruppe, Barcelona	874	54	34	32	1150	100
	Hoechst Marion Roussel S.p.A., Mailand	490	10	- 9	5	1018	100
	Hoechst Perstorp AB, Göteborg	71	9	6	2	91	50,0
	Hoechst Roussel Vet GmbH, Wiesbaden	285	25	32	4	436	100
	Hoechst Schering AgrEvo Gruppe, Berlin	3375	148	61	136	6908	60,0
	Hoechst Trevira GmbH & Co KG, Frankfurt am Main	1570	- 90	-108	112	3722	100
	Hoechst UK Ltd., Hounslow	705	19	38	9	468	100
	Messer Gruppe, Frankfurt am Main	2470	330	184	345	7235	66,7
	Nunza Gruppe, Haelen	103	16	10	8	400	100
	Roussel Uclaf Gruppe, Romainville	5027	778	568	216	13562	56,6
	Société Française Hoechst S.A., Paris	779	23	88	56	1506	99,9
	Vinnolit Kunststoff GmbH, Ismaning[2]	883	15	13	33	1112	50,0
	Wacker-Chemie Konzern, München[2]	3918	366	233	702	13657	50,0
Amerika							
	Hoechst do Brasil S.A., São Paulo	560	28	11	24	2052	100
	Hoechst Celanese Gruppe, Somerville, NJ	10392	745	299	841	24104	100
	Hoechst Marion Roussel Inc., Kansas City, MO	4376	351	-129	156	8671	100
	Fairway Filamentos S.A., São Paulo	599	- 18	- 48	51	3218	50,0
Asien, Afrika Ozeanien	Diafoil Hoechst Co. Ltd., Tokio	409	57	42	39	513	33,3
	Handok Pharmaceuticals Co. Ltd., Seoul	191	25	7	8	634	33,4
	Hoechst Gosei K.K., Tokio	111	5	2	3	177	50,0
	Hoechst Japan Gruppe, Tokio	1187	142	44	54	798	100
	Hoechst Marion Roussel Ltd., Mumbai	145	16	7	14	2066	50,1
	Hoechst South Africa Gruppe, Johannesburg	653	20	16	10	1494	73,7
	Hoechst Australia Gruppe, Melbourne	451	- 19	- 23	13	853	100
	Polyplastics Co. Ltd., Osaka	649	59	29	72	744	45,0

Beispiel 7-105: Geschäftsbericht der Hoechst AG 1996, S. 81

In nahezu allen Geschäftsberichten sind Angaben üblich, die auf die Sachverhalte, die der Rückstellungsbildung zugrunde liegen, hinweisen (Anforderungskriterium A.). Demgegenüber berichten nur wenige Unternehmen zu Anforderungskriterium B. (Angabe von Fristigkeiten für einzelne Rückstellungen). Beispielsweise erläutert die Veba AG:

> *Von den übrigen Rückstellungen haben DM 15.267 Mio (1995: DM 14.644 Mio) langfristigen Charakter.*

Beispiel 7-106: Geschäftsbericht der Veba AG 1996, S. 70

Auch zu Anforderungskriterium C. berichtet die Veba AG vorbildlich: in Form einer Tabelle weist sie acht unterschiedliche Rückstellungskategorien übersichtlich in ihrem Anhang aus *(vgl. Veba AG, GB 1996, S. 70).*

Auch die Hein, Lehmann AG gliedert den Gesamtbetrag der sonstigen Rückstellungen in acht Kategorien auf – allerdings nicht tabellenförmig, sondern in einem gesonderten Absatz verbal *(vgl. Hein, Lehmann AG, GB 1995, S. 20)*. Die vollständige Angabe der Hein, Lehmann AG zeichnet sich zusätzlich dadurch aus, daß auch kleinere Beträge erläutert werden (im vorliegenden Fall eine Rückstellung für Jahresabschlußkosten, die nur rund 1,5% der Bilanzsumme ausmacht).

Ad 5. und 6.: Darstellung der Bewegung der Kapitalrücklage und der Gewinnrücklagen

Für Aktionäre besonders wichtig ist die Darstellung, wie sich einzelne Arten von Rücklagen während des Geschäftsjahres verändert haben. Die beiden Anforderungskriterien „Darstellung der Bewegung der Kapitalrücklage“ und „Darstellung der Bewegung der Gewinnrücklagen“ werden in der Praxis der Geschäftsberichterstattung meist zusammengefaßt ausgewiesen. Im einzelnen sind hier die folgenden Anforderungen zu erfüllen:

A. Gesetzlich geforderte Angaben (Bewegung der Kapitalrücklage insgesamt, Bewegung einzelner Posten der Gewinnrücklagen),
B. Freiwillige Angabe: Bewegung einzelner Posten der Kapitalrücklage,
C. Übersichtliche Darstellung der Rücklagenbewegung in Form eines Rücklagenspiegels.

Vorbildlich berichten in dieser Hinsicht etwa die Deutsche Telekom AG, die Vossloh AG und die Hoechst AG (vgl. *Beispiele 7-107* bis *7-109*):

(23) Eigenkapital

Vor dem 1. Januar 1995 stellte das Kapital die Investition des Bundes in das Nettovermögen der Deutschen Bundespost TELEKOM dar. Eine den handels- und aktienrechtlichen Ausweisvorschriften entsprechende Darstellung der Entwicklung des Konzerneigenkapitals kann daher erst ab der zum 1. Januar 1995 erfolgten Gründung der Deutschen Telekom AG durch Umwandlung bzw. Einbringung der Deutschen Bundespost TELEKOM in eine Kapitalgesellschaft gegeben werden.

Nachfolgende Übersicht stellt die Entwicklung des Kapitals der Deutschen Bundespost TELEKOM in 1994 sowie dessen Überleitung zum Eigenkapital der Deutschen Telekom AG am 1. Januar 1995 dar:

	Gesamt	Kapital	Gezeichnetes Kapital	Kapitalrücklage	Gewinnrücklagen			Konzerngewinn	Anteile anderer Gesellschafter
					Währungsumrechnung	Übrige Gewinnrücklagen	Gesamt		
	Mio. DM	Mio. DM	Mio. DM	Mio. DM	Mio. DM	Mio. DM	Mio. DM	Mio. DM	Mio. DM
Stand zum 1. Januar 1994	**15 159**	**15 159**							
Jahresüberschuß	3 595	3 595							
Anderen Gesellschaftern zustehendes Ergebnis	(4)	(4)							
Währungsumrechnung	(134)	(134)							
Sonstiges (Ablieferung an den Bund)	716	716							
Stand zum 31. Dezember 1994	**19 332**	**19 332**							
Umwandlung in eine Aktiengesellschaft	-	(19 332)	10 000	10 976	(134)	(1 512)	(1 646)	-	2
Stand nach Umwandlung in eine Aktiengesellschaft zum 1. Januar 1995	**19 332**	**-**	**10 000**	**10 976**	**(134)**	**(1 512)**	**(1 646)**	**-**	**2**

Beispiel 7-107: Geschäftsbericht der Deutsche Telekom AG 1996, S. 78

9. Eigenkapital

Das gezeichnete Kapital beträgt unverändert 36,0 Mio DM. Aufgrund des Beschlusses der Hauptversammlung am 20. Juni 1996 wurde das Grundkapital der Gesellschaft neu eingeteilt in 500.000 auf den Inhaber lautende Stammaktien im Nennbetrag von je 50,00 DM und 2.200.000 auf den Inhaber lautende Stammaktien im Nennbetrag von je 5,00 DM.

Ein genehmigtes Kapital bestand zum 31.12.1996 in Höhe von 18,0 Mio DM. Durch die Hauptversammlung am 28. Juni 1994 wurde der Vorstand ermächtigt, das Grundkapital bis zum 28. Juni 1999 mit Zustimmung des Aufsichtsrats durch Ausgabe neuer Stammaktien und/oder Vorzugsaktien ohne Stimmrecht um bis zu insgesamt 18,0 Mio DM zu erhöhen.

In der Hauptversammlung am 28. Juni 1994 wurde ein bedingtes Kapital geschaffen. Der Vorstand wurde autorisiert, bis zum 28. Juni 1999 mit Zustimmung des Aufsichtsrats Optionsschuldverschreibungen mit längstens zehnjähriger Laufzeit bis zum Gesamtnennbetrag von 100,0 Mio DM auszugeben. Zur Gewährung der Optionsrechte wurde das Grundkapital der Vossloh AG um 15,0 Mio DM, eingeteilt in 300.000 Stammaktien zu je nominal 50,00 DM, bedingt erhöht.

Die Kapitalrücklage enthält das Aufgeld aus der Ausgabe von Aktien durch die Vossloh AG. Bei den Gewinnrücklagen der Vossloh AG handelt es sich ausschließlich um andere Gewinnrücklagen. Der Ergebnisvortrag des Konzerns ist mit dem Gewinnvortrag der Vossloh AG identisch.

Eigenkapitalentwicklung des Vossloh-Konzerns	**1.1.1996**	Umgliederung Vorjahresergebnis	Einstellung in Gewinnrücklagen	Währungs- und sonstige Änderungen	Dividendenzahlungen	Jahresüberschuß 1996	**31.12.1996**
	TDM	TDM	TDM	TDM	TDM	TDM	TDM
Gezeichnetes Kapital der Vossloh AG	36.000	0	0	0	0	0	36.000
Kapitalrucklage der Vossloh AG	93.600	0	0	0	0	0	93.600
Gewinnrücklagen	33.650	0	27.715	1.675	0	0	63.040
Währungsdifferenzen aus der Kapitalkonsolidierung	–7.641	0	0	2.869	0	0	–4.772
Konzerngewinnvortrag	11.681	32.718	–27.715	0	–9.360	0	7.324
Konzernjahresüberschuß	32.718	–32.718	0	0	0	31.087	31.087
Ausgleichsposten für Anteile in Fremdbesitz	2.302	0	0	68	–223	785	2.932
Summe	**202.310**	**0**	**0**	**4.612**	**–9.583**	**31.872**	**229.211**

49

Beispiel 7-108: Geschäftsbericht der Vossloh AG 1996, S. 49

(27) Bewegung des Eigenkapitals

	1.1.1996	Einzahlungen	Ausschüttung	Einstellung in Gewinnrücklagen	Gewinn nach Steuern	Währungsveränderungen	Übrige Veränderungen	**31.12.1996**
Gezeichnetes Kapital der Hoechst AG	2 940							2 940
Kapitalrücklage der Hoechst AG	3 898							3 898
Rücklage der Hoechst AG für eigene Aktien	1						- 1	
Konzerngewinnrücklagen	5 495			945			160	6 600
Konzerngewinn	1 709		764	- 945	2 114			2 114
Unterschied aus Währungsumrechnung	- 1 598					541	13	- 1 044
Eigenkapital der Aktionäre der Hoechst AG	**12 445**		**764**		**2 114**	**541**	**172**	**14 508**
Anteile anderer Gesellschafter	3 058	175	220		660	119	- 218	3 574
Eigenkapital	**15 503**	**175**	**984**		**2 774**	**660**	**- 46**	**18 082**

Beispiel 7-109: Geschäftsbericht der Hoechst AG 1996, S. 82

7.3.3.4 Erläuterungen zu einzelnen Posten der Gewinn- und Verlustrechnung bzw. Konzern-Gewinn- und Verlustrechnung

An die Berichterstattung in Teilbericht B.IV. des Anhangs „Erläuterungen zu einzelnen Posten der Gewinn- und Verlustrechnung bzw. Konzern-Gewinn- und Verlustrechnung" werden im einzelnen die folgenden Anforderungen gestellt:

1. Aufgliederung der Umsatzerlöse nach Tätigkeitsbereichen und nach geographisch bestimmten Märkten,
2. Aufgliederung der sonstigen betrieblichen Aufwendungen,
3. Aufgliederung der sonstigen betrieblichen Erträge,
4. Erläuterung des Betrages und der Art von wesentlichen außerordentlichen Aufwendungen,
5. Erläuterung des Betrages und der Art von wesentlichen außerordentlichen Erträgen.

Ad 1.: Aufgliederung der Umsatzerlöse nach Tätigkeitsbereichen und nach geographisch bestimmten Märkten

Mit der Segmentierung der Umsatzerlöse nach Tätigkeitsbereichen und nach geographisch bestimmten Märkten soll der externe Analyst Informationen über die Tätigkeitsfelder des Unternehmens erhalten. Die Informationen erlauben es ihm, die Ertragslage – und hier vor allem die Absatzsituation – des

Unternehmens hinsichtlich möglicher Risikofaktoren besser zu beurteilen. Die gebildeten Segmente sollten dabei in sich möglichst homogen und untereinander möglichst heterogen sein.
An die Berichterstattung zu diesem Kriterium werden die folgenden Anforderungen gestellt:

A. Betragsangaben (Aufgliederung),
B. Konkrete Angabe des Abgrenzungskriteriums, z. B. Produktgruppen, Kundengruppen, Vertriebswege,
C. Angabe von Innenumsätzen,
D. Angabe von Vorjahreszahlen.

Die Berichterstattung zu Anforderungskriterium A. (Aufgliederung des Gesamtbetrages der Umsatzerlöse) ist dann vorbildlich, wenn die Umsatzerlöse matrixförmig nach Sparten und nach einzelnen Regionen aufgegliedert werden: Dies ist in der Praxis nur sehr selten der Fall.
Als optimal ist hier etwa die Berichterstattung der Heidelberger Zement AG *(vgl. Heidelberger Zement AG, GB 1996, S. 58)* zu bezeichnen, die ihre in den Sparten „Zement“, „Beton“ und „Baustoffe“ erzielten Umsätze zusätzlich – und zwar für jede Sparte, insofern also matrixförmig – nach fünf Regionen segmentiert; auf diese Weise lassen sich die Spartenumsätze in jeder Region identifizieren.
Eine matrixförmige Umsatzaufgliederung der besonderen Art wählt die Stöhr & Co. AG *(vgl. Stöhr & Co. AG, GB 1995, S. 53 f.)*. Zunächst werden die Umsatzerlöse hinsichtlich dreier Sparten segmentiert. Anschließend wird für jede Sparte der Exportanteil am Spartenumsatz beziffert, und die Auslandsumsätze werden hinsichtlich der Regionen „EU-Staaten“, „übriges Europa“ und „sonstiges Ausland“ unterschieden. Diese Darstellung kommt einer Matrixform inhaltlich zwar gleich; allerdings könnte die Klarheit und Übersichtlichkeit der Darstellung durch eine Zusammenfassung von jeweils gleich segmentierten Daten erheblich erhöht werden.
Weniger aussagefähig, gemessen am durchschnittlichen Berichterstattungsniveau aber noch verhältnismäßig gut, sind Angaben, die bei der regionalen Segmentierung lediglich zwischen den Regionen „Inland“ und „Ausland“ unterscheiden. Beispielsweise segmentiert die Joseph Vögele AG ihre Umsatzerlöse nach „Inland“ und „Export“ sowie gleichzeitig nach den Sparten „Straßenfertiger“ und „Schmierungstechnik“ *(vgl. Joseph Vögele AG, GB 1995, S. 26)*.

Mit Anforderungskriterium B. wird geprüft, nach welchen Merkmalen Sparten oder Regionen abgegrenzt werden. Denkbar wäre zum Beispiel, Regionen nach Produktionsstätten oder nach Absatzgebieten abzugrenzen und Tätigkeitsbereiche produktorientiert oder marktorientiert abzugrenzen.
Positiv zu beurteilen ist beispielsweise, wie die Siemens AG ihre Umsatzerlöse einerseits nach neun Arbeitsgebieten aufgliedert und andererseits in regionaler Hinsicht zwischen Umsatzerlösen, die am Sitz der Kunden und Umsatzerlösen, die am Sitz der (Produktions-)Gesellschaften erzielt werden, unterscheidet *(vgl. Siemens AG, GB 1996, S. 49)*.

Verhältnismäßig offen berichtet in diesem Punkt die Lehnkering Montan Transport AG, die zusätzlich zur Aufgliederung der Umsatzerlöse nach Tätigkeitsbereichen und nach geographischen Regionen verbal ausführt:

> *Diese Umsatzaufgliederung [nach geographischen Regionen] ergibt sich aus der Rechnungslegung gegenüber den Auftraggebern.*

Beispiel 7-110: Geschäftsbericht der Lehnkering Montan Transport AG 1994/95, S. 50 (Ergänzung durch den Verfasser)

Ebenso offen berichtet in diesem Punkt auch die adidas AG, die geographische Regionen verbal wie folgt abgrenzt:

> *Die Umsatzerlöse sind jeweils der geographischen Region zugeordnet, in der die Umsatzerlöse gebucht wurden.*

Beispiel 7-111: Geschäftsbericht der adidas AG 1995, S. 50

Bei Anforderungskriterium C. ist die Höhe der Innenumsätze zu beziffern. Bedeutung erlangt diese Angabe, wenn zwischen einzelnen Segmenten starke Leistungsverflechtungen bestehen. Positiv hervorzuheben ist hier etwa die Berichterstattung der Dyckerhoff AG, die die Höhe der Innenumsätze in den Erläuterungen zur Gewinn- und Verlustrechnung im Vergleich zum Vorjahr ausweist *(vgl. Dyckerhoff AG, GB 1995, S. 45)*. Darüber hinausgehend differenziert die Heidelberger Zement AG die Innenumsätze zusätzlich nach Regionen *(vgl. Heidelberger Zement AG, GB 1996, S. 58)*; bei der Siemens AG finden sich die entsprechenden Angaben differenziert nach Arbeitsgebieten *(vgl. Siemens AG, GB 1996, S. 48)*.

Selbstverständlich sollte die Angabe zu Anforderungskriterium D. sein, wonach für die jeweiligen Segmente auch die entsprechenden Vorjahreszahlen anzugeben sind. Durch diese Angabe werden die ausgewiesenen Zahlen zeitlich vergleichbar. Auf ein Beispiel wird an dieser Stelle verzichtet.

Ad 2. und 3.: Aufgliederung der sonstigen betrieblichen Aufwendungen und sonstigen betrieblichen Erträge

Die Posten „sonstige betriebliche Aufwendungen“ und „sonstige betriebliche Erträge“ nehmen alle Aufwendungen und Erträge auf, die nicht an anderer Stelle in der Gewinn- und Verlustrechnung auszuweisen sind. Der Gesetzgeber hat eine Pflicht, bestimmte Bestandteile der sonstigen betrieblichen Aufwendungen und Erträge im Jahresabschluß gesondert auszuweisen, nicht vorgesehen. Die Möglichkeiten der externen Erfolgsanalyse werden insofern deutlich beeinträchtigt, denn regelmäßig erreichen die sonstigen betrieblichen Aufwendungen und Erträge eine beachtliche Größenordnung: Sachverhalte, die nach altem Recht (AktG 1965) noch gesondert auszuweisen waren (etwa die Erträge aus dem Abgang von Gegenständen des Anlagevermögens oder Erträge aus der Auflösung von Rückstellungen), sind nach HGB 1985 unter den sonstigen betrieblichen Aufwendungen oder Erträgen – und insofern nicht mehr gesondert – auszuweisen. Im Interesse einer besseren Aussagefähigkeit der Gewinn- und Verlustrechnung wird hier deshalb eine freiwillige Aufgliederung dieser Posten gefordert. Haben einzelne Bestandteile der sonstigen betrieblichen Aufwendungen und Erträge eine besondere Bedeutung, kommt auch eine weitere Untergliederung des Sammelpostens gemäß § 265 Abs. 5 Satz 1 HGB in Frage.

Nur verhältnismäßig selten werden die sonstigen betrieblichen Aufwendungen und Erträge vollständig aufgeschlüsselt. Oft wird im Anhang lediglich der Gesamtbetrag der sonstigen betrieblichen Aufwendungen und Erträge ausgewiesen, oder es werden nur unbedeutende Teilbeträge erläutert.

Positiv hingegen berichtet etwa die Douglas Holding AG: In der Gewinn- und Verlustrechnung des Konzerns werden sonstige betriebliche Erträge mit einem Betrag von rund 237 Mio. DM ausgewiesen. In einer ergänzenden Tabelle im Anhang werden vier Arten von sonstigen betrieblichen Erträgen unterschieden und aufgegliedert; ein verbleibender Betrag von rund 26 Mio. DM (das sind rund 11% des Gesamtbetrages der sonstigen betrieblichen Erträge) wird als „übrige Erträge“ bezeichnet *(vgl. Douglas Holding AG, GB 1996, S. 53)*. Diese „übrigen Erträge“ werden schließlich noch verbal umschrieben. Mit anderen Worten: Vom Gesamtbetrag der sonstigen betriebli-

chen Erträge ordnet die Douglas Holding AG knapp 90% bestimmten Ertragskategorien zu. Zieht der externe Finanzanalyst zusätzlich die Vergleichszahlen des Vorjahres heran, kann er grundsätzlich feststellen, wie der betriebliche Erfolg zustande gekommen ist und wie sich bestimmte Erfolgskomponenten entwickelt haben. Auf der Grundlage dieser Auswertung kann dann auf die künftige Erfolgsentwicklung des Unternehmens geschlossen werden.
Ähnlich ausführlich berichtet beispielsweise auch die Maschinenfabrik Esterer AG *(vgl. Maschinenfabrik Esterer AG, GB 1994/95, S. 18)*: Das Unternehmen ordnet die sonstigen betrieblichen Aufwendungen des Konzerns in Höhe von rund 10 Mio. DM sieben verschiedenen Aufwandsarten zu. Nicht zugeordnet und als „übrige Aufwendungen" bezeichnet werden lediglich 3 TDM (nur 0,3‰ des Gesamtbetrages). Dieses offene Publizitätsverhalten ist besonders positiv zu bewerten, da es sich bei der Maschinenfabrik Esterer AG um ein verhältnismäßig kleines Unternehmen handelt (Umsatzerlöse in Höhe von rund 60 Mio. DM, gezeichnetes Kapital in Höhe von 3 Mio. DM) und kleinere Unternehmen im Vergleich zu Großunternehmen regelmäßig über ein weniger ausgebautes Informations- und Berichtssystem verfügen; zudem besteht für kleinere Unternehmen tendenziell eher die Gefahr, durch ein Zuviel an Jahresabschlußinformationen dem Selbstschutzinteresse des Unternehmens zuwider zu handeln.

Von nur geringem Nutzen sind allerdings Angaben der folgenden verbalen Art:

> *Die sonstigen betrieblichen Aufwendungen enthalten insbesondere Betriebs-, Verwaltungs- und Vertriebskosten sowie Abschreibungen und Wertberichtigungen auf Vermögensgegenstände des Umlaufvermögens und die Bildung von Rückstellungen, soweit sie den übrigen Aufwandspositionen nicht gesondert zugeordnet werden können.*

„Erläuternde" Anhangangaben drücken hin und wieder auch Selbstverständliches und damit nichts Wissenswertes aus:

> *Der Betrag der sonstigen betrieblichen Aufwendungen im Konzern setzt sich im wesentlichen aus den Beträgen der einzelnen Gewinn- und Verlustrechnungen zusammen.*

Ad 4. und 5.: Erläuterung des Betrages und der Art von wesentlichen außerordentlichen Aufwendungen und Erträgen

Der Umfang der unter dem Posten „außerordentliches Ergebnis" ausgewiesenen Beträge ist seit der Reform des Bilanzrechts 1985 deutlich zurückgegangen. Sachverhalte, die nach AktG 1965 noch außerordentlichen Charakter trugen, werden nach geltendem Bilanzrecht unter den sonstigen betrieblichen Aufwendungen und Erträgen ausgewiesen. Außerordentliche Sachverhalte sollten deshalb detailliert erläutert werden.

So berichtet etwa die Siemens AG unter der Überschrift „Außerordentliche Erträge und Bewertungsänderungen":

> *In dieser Position wird der Gewinn von 356 Mio. DM aus der Veräußerung der weltweiten Hochleistungsdrucker-Aktivitäten der Siemens Nixdorf Informationssysteme AG (SNI AG), Paderborn, an die niederländische Océ-van der Grinten N.V., Venlo, zu einem Preis von 794 Mio. DM ausgewiesen. (...) Außerdem enthält diese Position in Anlehnung an internationale Bilanzierungsgrundsätze die Auswirkungen der Bewertungsänderungen von 140 Mio. DM im Währungsbereich.*

Beispiel 7-112: Geschäftsbericht der Siemens AG 1996, S. 41

Ähnlich ausführlich berichtet auch die Vossloh AG:

> *Die außerordentlichen Erträge betreffen Erträge aus der Auflösung von Rückstellungen für Sozialplanaufwendungen und Abfindungen der Vossloh-Schwabe GmbH. Die außerordentlichen Aufwendungen enthalten die Kosten für die Zusammenlegung der Standorte der beiden in Hamburg sitzenden Unternehmen Vossloh Decoration GmbH und Chatero System-deco GmbH sowie die Schließung des Leipziger und des ungarischen Standortes. Dabei entfällt der größte Teil auf Personalfreisetzungen.*

Beispiel 7-113: Geschäftsbericht der Vossloh AG 1996, S. 52

7.3.3.5 Angaben zum Konsolidierungskreis

Im HGB finden sich an vielen Stellen Angabepflichten, nach denen ein Unternehmen über die Zusammensetzung und über Veränderungen des Konsolidierungskreises zu berichten hat. In Teilbericht B.V. des Anhangs sind vor allem die folgenden Angaben wesentlich:

1. Angaben zu konsolidierten Tochterunternehmen,
2. Angaben, die einen Vergleich mit vorhergehenden Abschlüssen erlauben, wenn sich der Konsolidierungskreis wesentlich geändert hat.

Ad 1.: Angaben zu konsolidierten Tochterunternehmen
Bei diesem Anforderungskriterium sind Angaben zu den folgenden Punkten zu machen:

A. Name und Sitz des Tochterunternehmens,
B. Anteil am Kapital, der dem Mutterunternehmen und den einbezogenen Tochterunternehmen gehört oder für deren Rechnung gehalten wird,
C. Sachverhalt, der zur Einbeziehung verpflichtet, sofern die Einbeziehung nicht aufgrund einer der Kapitalbeteiligung entsprechenden Stimmrechtsmehrheit erfolgt,
D. Weiterführende Angaben zu einzelnen Tochterunternehmen.

Regelmäßig überschneiden sich die Angaben zu diesem Anforderungskriterium mit den Angaben zum Anforderungskriterium „Ausweis einer Beteiligungsliste" in Teilbericht B.III. des Anhangs: Unternehmen, an denen ein Mutterunternehmen beteiligt ist, werden regelmäßig auch in den vom Mutterunternehmen aufzustellenden Konzernabschluß einbezogen. Insofern wird an dieser Stelle – was die Anforderungskriterien A. bis C. betrifft – auf das bereits eingeführte *Beispiel 7-105* der Hoechst AG *(vgl. Hoechst AG, GB 1996, S. 81)* verwiesen.
Angaben zu Anforderungskriterium D. beziehen sich etwa auf:

- Umsatz des Tochterunternehmens *(vgl. Siemens AG, GB 1996, S. 50 f.; Vossloh AG, GB 1996, S. 57)*,
- Vorliegende Ergebnisabführungsverträge mit Tochterunternehmen *(vgl. etwa Mannesmann AG, GB 1996, S. 74–88; Bilfinger + Berger AG, GB 1996, S. 92 f.)*,
- Rechnungswährung beim Tochterunternehmen *(vgl. Mannesmann AG, GB 1996, S. 74–88; adidas AG, GB 1996, S. 61–65)*,
- Investitionen beim Tochterunternehmen *(vgl. Hoechst AG, GB 1996, S. 81; BASF AG, GB 1996, S. 38 f.)*,
- Mitarbeiter im Tochterunternehmen *(vgl. Hoechst AG, GB 1996, S. 81; Bayer AG, GB 1996, S. 55)*,

- Tätigkeitsbereich des Tochterunternehmens *(vgl. Veba AG, GB 1996, S. 78f.; Heidelberger Zement AG, GB 1996, S. 56f.)*,
- Stimmrechte am Tochterunternehmen *(vgl. Hoechst AG, GB 1996, S. 81)*,
- Differenzierung bestimmter Ergebnisarten beim Tochterunternehmen (Betriebsergebnis, Ergebnis nach Steuern: *vgl. Hoechst AG, GB 1996, S. 81)*,
- Mutterunternehmen des Tochterunternehmens *(vgl. Heidelberger Zement AG, GB 1996, S. 56f.; adidas AG, GB 1996, S. 61–65)*,
- Dauer der Konzernzugehörigkeit des Tochterunternehmens *(vgl. Heidelberger Zement AG, GB 1996, S. 56f.)*.

Ad 2.: Angaben, die einen Vergleich mit vorhergehenden Abschlüssen erlauben, wenn sich der Konsolidierungskreis wesentlich geändert hat

Hat sich die Zusammensetzung des Konsolidierungskreises im Geschäftsjahr wesentlich geändert, ist die Vergleichbarkeit aufeinanderfolgender Konzernabschlüsse gestört. Das bilanzierende Unternehmen hat in diesem Fall zwei Möglichkeiten, die zeitliche Vergleichbarkeit von aufeinanderfolgenden Konzernabschlüssen wieder herzustellen (§ 294 Abs. 2 HGB). Entweder sind zusätzliche Angaben in den Konzernabschluß aufzunehmen (Satz 1), oder die entsprechenden Beträge des Vorjahres-Konzernabschlusses sind an die geänderten Verhältnisse im Konsolidierungskreis anzupassen (Satz 2). Beide Möglichkeiten sind als Alternativen zu verstehen.

An die Angabepflicht nach § 294 Abs. 2 Satz 1 HGB (zusätzliche Angaben im Konzernabschluß gemäß Alternative 1) werden die folgenden Anforderungen gestellt:

A. Angabe, welche oder wieviele Konzernunternehmen erstmals oder erstmals nicht mehr in den Konsolidierungskreis einbezogen worden sind,
B. Angabe, wie Änderungen im Konsolidierungskreis einzelne wesentliche Konzernabschlußposten beeinflußt haben.

Paßt das berichtende Unternehmen die Vorjahreszahlen an die geänderten Verhältnisse im Konsolidierungskreis an (alternatives Vorgehen gemäß § 294 Abs. 2 Satz 2 HGB), sind die folgenden Informationen bereitzustellen:

A. Angabe, welche oder wieviele Konzernunternehmen erstmals oder erstmals nicht mehr in den Konsolidierungskreis einbezogen worden sind,
B. Ausweis der angepaßten Vorjahreszahlen bzw. Ausweis der Veränderung der Vorjahreszahlen,

C. Zusätzlich zum Ausweis der aktuellen Zahlen des Geschäftsjahres auf der Grundlage des aktuellen Konsolidierungskreises und der angepaßten Vorjahreszahlen auf der Grundlage des angepaßten Konsolidierungskreises zusätzlich freiwillige Angabe der nicht angepaßten Vorjahreszahlen (sogenannter Drei-Spalten-Ausweis).

Zu beachten ist hier allerdings, daß die Vorjahreszahlen bei Zugängen in den Konsolidierungskreis – wenn überhaupt – nur sehr schwer angepaßt werden können. In diesem Fall kämen zur Herstellung der Vergleichbarkeit Angaben nach § 294 Abs. 2 Satz 1 HGB (Alternative 1) in Frage.
In der Praxis der Geschäftsberichterstattung macht die überwiegende Zahl der in Frage kommenden Unternehmen vom Vorgehen gemäß **Alternative 1** Gebrauch und stellt im Anhang dar, wie ein geänderter Konsolidierungskreis wesentliche Abschlußposten beeinflußt hat (§ 294 Abs. 2 Satz 1 HGB). Beispielsweise berichtet die Hoechst AG von 106 erstmals einbezogenen, 56 ausgeschiedenen und 15 fusionierten Unternehmen (*vgl. Hoechst AG, GB 1996, S. 69; ähnlich auch die Veba AG, GB 1996, S. 57*, die zusätzlich zwischen inländischen und ausländischen Gesellschaften unterscheidet). Demgegenüber gibt die Buderus AG konkret an, um welche Unternehmen es sich bei Zugängen in den und Abgängen aus dem Konsolidierungskreis handelt *(vgl. Buderus AG, GB 1994/95, S. 59)*. Beide Formen der Erläuterung erfüllen die bei Anforderungskriterium A. gestellten Anforderungen.
Hinzuweisen ist in diesem Zusammenhang noch auf die Berichterstattung der Bayer AG, die für wesentliche erworbene Gesellschaften auch die jeweiligen Kaufpreise und Umsätze veröffentlicht (*vgl. Bayer AG, GB 1996, S. 61 f.*; ähnlich auch die Hoechst AG für verkaufte Gesellschaften: *vgl. Hoechst AG, GB 1996, S. 75*).
Bei Anforderungskriterium B. ist die Berichterstattung der BASF AG hervorzuheben, die in absoluten und relativen Zahlen darstellt, wie sich Erweiterungen des Konsolidierungskreises und das Ausscheiden wesentlicher Gesellschaften auf die Konzernbilanz und auf die Konzern-Erfolgsrechnung ausgewirkt haben *(vgl. BASF AG, GB 1996, S. 40)*. Während die BASF AG noch verhältnismäßig grob zwischen Änderungen des Anlage- und Umlaufvermögens, des Eigenkapitals, der Rückstellungen und Verbindlichkeiten sowie des Umsatzes und des Ergebnisses unterscheidet, stellt die Lehnkering Montan Transport AG darüber hinausgehend dar, wie sich einzelne Bilanz- und GuV-Posten verändert haben *(vgl. Lehnkering Montan Transport AG, GB 1994/95, S. 41; ähnlich auch Allweiler AG, GB 1995, S. 35)*. Auch bei

der Felten & Guilleaume Energietechnik AG findet sich eine überzeugende Darstellungsvariante, in der die Auswirkungen des geänderten Konsolidierungskreises – anders als bei den beiden vorstehend genannten Gesellschaften – nicht innerhalb eines Kapitels „Konsolidierungskreis" ausgewiesen werden, sondern in Zusammenhang mit der Erläuterung der Abschlußposten in Form von „Davon-Vermerken" *(vgl. Felten & Guilleaume Energietechnik AG, GB 1995, S. 54 mit Hinweis auf dieses Vorgehen sowie konkret S. 58–74).*

In einer Fehlanzeige informiert die Veba AG darüber, daß Änderungen des Konsolidierungskreises die Vergleichbarkeit aufeinanderfolgender Konzernabschlüsse nicht beeinträchtigen:

> *Die Vergleichbarkeit mit dem Vorjahr wird durch die Veränderungen des Konsolidierungskreises nicht beeinträchtigt.*

Beispiel 7-114: Geschäftsbericht der Veba AG 1996, S. 57

Folgende isolierte Formulierung vermag hingegen nicht zu überzeugen:

> *Die Vergleichbarkeit des Konzernabschlusses mit dem Vorjahresabschluß ist beeinträchtigt, da im Geschäftsjahr die französischen Gesellschaften aus dem Konsolidierungskreis ausgeschieden sind.*

In diesem Fall fehlen weiterführende Angaben, die die gestörte Vergleichbarkeit aufeinanderfolgender Konzernabschlüsse wieder herstellen.

Nur wenige Unternehmen gehen in der Praxis gemäß **Alternative 2** vor. Vorbildlich ist in dieser Hinsicht die Berichterstattung der Piper Generalvertretung Deutschland AG *(vgl. Piper Generalvertretung Deutschland AG, GB 1994/95, S. 8 f. und S. 11).* Das Unternehmen gibt an, welche bzw. wieviele Gesellschaften erstmals oder erstmals nicht mehr in den Konsolidierungskreis einbezogen werden (Anforderungskriterium A.). Gleichzeitig werden die an den geänderten Konsolidierungskreis angepaßten Vorjahreszahlen ausgewiesen (Anforderungskriterium B.), und schließlich zeigen Bilanz und Gewinn- und Verlustrechnung die aktuellen Jahresabschlußzahlen, die angepaßten Vorjahreszahlen und zusätzlich die Zahlen des Vorjahresabschlusses (Anforderungskriterium C.).

Stellenweise sind dem Konzernanhang nur indirekte Hinweise auf geänderte Konzernverhältnisse zu entnehmen. So weisen Unternehmen in ihrem Anhang zwar ein Kapitel „Konsolidierungskreis" aus, in dem die Zahl der einbezogenen und der nicht einbezogenen Unternehmen angegeben wird. Allerdings erfährt der Leser beispielsweise erst durch die Analyse des Konzern-Anlagengitters, daß sich die Zusammensetzung des Konsolidierungskreises gegenüber dem Vorjahr geändert hat. Eindeutige Angaben in dem dafür vorgesehenen Kapitel „Konsolidierungskreis" trügen an dieser Stelle erheblich zum besseren Verständnis des Konzernabschlusses bei.

7.3.3.6 Angaben zu den Konsolidierungsmethoden

In Teilbericht B.VI. des Anhangs werden alle gesetzlichen Vorschriften zusammengefaßt, die dem Bereich der Konsolidierungsmethoden sachlich zuzuordnen sind. Der Begriff „Konsolidierungsmethoden" bezeichnet alle Maßnahmen zur Entwicklung des konsolidierten Abschlusses aus den Einzelabschlüssen der Konzernunternehmen. In einem eigenständigen Kapitel „Konsolidierungsmethoden" sollten Angaben zu den folgenden Punkten gemacht werden:

1. Methode der Kapitalkonsolidierung (Erwerbsmethode),
2. Angabe und Begründung der Abweichungen von den auf den vorhergehenden Abschluß angewandten Konsolidierungsmethoden,
3. Gesonderte Darstellung des Einflusses abweichender Konsolidierungsmethoden auf die Vermögens-, Finanz- und Ertragslage des Konzerns.

Ad 1.: Methode der Kapitalkonsolidierung (Erwerbsmethode)
§ 301 HGB regelt die Aufrechnung der Beteiligung des Mutterunternehmens mit dem (anteiligen) Eigenkapital des Tochterunternehmens. In den Absätzen 1, 2 und 3 dieser Vorschrift schreibt der Gesetzgeber dem bilanzierenden Unternehmen vor, im Anhang Angaben über die gewählte Methode der Kapitalkonsolidierung und den Zeitpunkt der Kapitalkonsolidierung zu machen, ferner aktivische und passivische Unterschiedsbeträge aus der Kapitalkonsolidierung sowie wesentliche Veränderungen gegenüber dem Vorjahr zu erläutern und gegeneinander verrechnete aktivische und passivische Unterschiedsbeträge anzugeben. Aus § 313 Abs. 1 Nr. 1 HGB, wonach die auf den Konzernabschluß angewandten Bilanzierungs- und Bewertungsmethoden im Anhang anzugeben sind, ergibt sich für den Bilanzierenden ferner die Pflicht, Angaben über die Behandlung eines bei der Kapitalkonsolidierung entstandenen aktivischen Unterschiedsbetrages zu machen. Damit ergeben sich die folgenden Anforderungskriterien:

A. Angabe der gewählten Kapitalkonsolidierungsmethode,
B. Angabe des Zeitpunktes, der für die Wertansätze der Kapitalkonsolidierung grundlegend ist,
C. Erläuterung des aktivischen oder passivischen Unterschiedsbetrages aus der Kapitalkonsolidierung sowie dessen wesentliche Änderung gegenüber dem Vorjahr:
   C.1. Erläuterung der Zusammensetzung des Postens,
   C.2. Erläuterung von Veränderungen des Postens,
D. Angabe der gegeneinander verrechneten aktivischen und passivischen Unterschiedsbeträge,
E. Angaben zur Abschreibung des Unterschiedsbetrages.

Gemäß § 301 Abs. 1 Satz 2 HGB hat ein Mutterunternehmen bei der Kapitalkonsolidierung eines Tochterunternehmens ein Methodenwahlrecht zwischen der Buchwertmethode (Nr. 1 der genannten Vorschrift) und der Neubewertungsmethode (Nr. 2). Beim Anforderungskriterium A. ist für den Zeitpunkt der Erstkonsolidierung des Tochterunternehmens anzugeben, in welcher Weise das Methodenwahlrecht bei der Kapitalkonsolidierung ausgeübt wurde (§ 301 Abs. 1 Satz 5 HGB). In der Regel ist den Geschäftsberichten eindeutig zu entnehmen, welche Methode zur Kapitalkonsolidierung herangezogen wird.
Denkbar sind allerdings auch mehrdeutige Angaben der folgenden Art:

Die Kapitalkonsolidierung erfolgt nach der Buchwert- bzw. Neubewertungsmethode durch Verrechnung der Anschaffungskosten der Beteiligung mit dem Konzernanteil am Eigenkapital der einbezogenen Unternehmen.

Diese Angabe läßt offen, welche der beiden genannten Methoden der Kapitalkonsolidierung angewendet wird oder ob sogar beide Methoden parallel angewendet werden. In diesem Fall wäre zu begründen, warum Buchwertmethode und Neubewertungsmethode parallel angewendet werden.
Mit Anforderungskriterium B. wird analysiert, ob gemäß § 301 Abs. 2 Satz 2 HGB der Zeitpunkt, der der Erstkonsolidierung zugrunde gelegt wurde, im Anhang angegeben wird. Auch in dieser Hinsicht sind den Geschäftsberichten in der Regel eindeutige Angaben zu entnehmen; auf die Wiedergabe eines Beispiels wird deshalb verzichtet.

Zu Anforderungskriterium C. ist nur dann zu berichten, wenn der Unterschiedsbetrag aus der Kapitalkonsolidierung nicht in die Rücklagen eingestellt oder mit diesen verrechnet wird (§ 309 Abs. 1 Satz 3 HGB). In diesem Fall geht der Unterschiedsbetrag aus der Kapitalkonsolidierung unter, so daß die betreffenden Unternehmen von der Angabepflicht nach § 301 Abs. 3 Satz 2 HGB entbunden sind. Beispielsweise berichtet die G. M. Pfaff AG:

Die anderen Gewinnrücklagen des Konzerns umfassen neben den unveränderten Gewinnrücklagen der G. M. Pfaff AG die aktiven und passiven Unterschiedsbeträge aus der Kapitalkonsolidierung der Tochtergesellschaften.

Beispiel 7-115: Geschäftsbericht der G. M. Pfaff AG 1995, S. 55

Anderenfalls ist die Zusammensetzung des Unterschiedsbetrages (Anforderungskriterium C.1.) zu erläutern. Vorbildlich ist die Berichterstattung der Asko Deutsche Kaufhaus AG, die in ihrem Anhang unter anderem ausführt:

Die Firmenwerte zum 30. 9. betreffen mit 422 Millionen DM den Deutsche SB-Kauf-Konzern, mit 148 Millionen DM den Praktiker-Konzern und mit 543 Millionen DM die MHB-/Massa-Gruppe.

Beispiel 7-116: Geschäftsbericht der Asko Deutsche Kaufhaus AG 1994/95, S. 45

Ähnlich ausführlich berichtet auch die Thyssen Stahl AG:

Von dem Geschäfts- oder Firmenwert zum 30.9.1996 stammen 181,7 Mill. DM aus der Kapitalkonsolidierung und 32,4 Mill. DM aus der Equity-Bewertung von Beteiligungen.

Beispiel 7-117: Geschäftsbericht der Thyssen Stahl AG 1995/96, S. 67

In § 301 Abs. 3 Satz 2 HGB wird weiterhin gefordert, wesentliche Änderungen des Unterschiedsbetrages aus der Kapitalkonsolidierung gegenüber dem Vorjahr zu erläutern (Anforderungskriterium C.2.). Dieser Angabepflicht genügt ein Unternehmen dann, wenn es die Ursachen der Änderung des Unterschiedsbetrages offenlegt und Angaben über Zugänge, Abgänge und

Abschreibung des Unterschiedsbetrages macht. Der Angabe etwa der Asko Deutsche Kaufhaus AG kann der externe Analyst entnehmen, auf welche Ursachen wesentliche Änderungen des Unterschiedsbetrages aus der Kapitalkonsolidierung zurückzuführen sind:

> *Die Zugänge in der Position Geschäfts- oder Firmenwerte ergeben sich im wesentlichen aus dem Erwerb der MHB-/Massa-Gruppe (633 Millionen DM). Die Abgänge resultieren aus der Endkonsolidierung von zwei Tochtergesellschaften.*

Beispiel 7-118: Geschäftsbericht der Asko Deutsche Kaufhaus AG 1994/95, S. 45

Informativ berichtet auch die Berliner Elektro Holding AG:

> *Die Veränderungen des Firmenwertes resultieren aus den Zugängen des Jahres 1995 (die ausführlich erläutert werden) abzüglich planmäßiger Abschreibungen sowie aus der Verrechnung der Firmenwerte Schaltbau AG und PFA Partner für Fahrzeugausstattung GmbH.*

Beispiel 7-119: Geschäftsbericht der Berliner Elektro Holding AG 1995, S. 96 (Ergänzung durch den Verfasser)

Beide Angaben lassen wesentliche Ursachen für Änderungen des Unterschiedsbetrages erkennen.

Für den Fall, daß sich bei der Kapitalkonsolidierung mehrerer Tochterunternehmen sowohl Geschäfts- oder Firmenwerte ergeben, die nicht mit den Konzernrücklagen verrechnet werden, als auch passivische Unterschiedsbeträge aus der Kapitalkonsolidierung entstehen, eröffnet der Gesetzgeber dem bilanzierenden Unternehmen in § 301 Abs. 3 Satz 3 HGB die Möglichkeit, aktivische und passivische Unterschiedsbeträge aus der Kapitalkonsolidierung miteinander zu verrechnen. In diesem Fall ist im Konzernanhang auf die Verrechnung hinzuweisen, und die gegeneinander verrechneten Unterschiedsbeträge sind anzugeben (Anforderungskriterium D.). Eine solche Angabepflicht besteht allerdings nur insoweit, als aktivische oder passivische Unterschiedsbeträge (nach Verrechnung) gesondert auf der Aktivseite oder der Passivseite der Bilanz ausgewiesen und insofern nicht in die Konzernrücklagen eingestellt bzw. mit diesen verrechnet werden. In der Praxis der Geschäftsberichterstattung sind nur selten Fälle zu verzeichnen, in denen aktivische und passivische Unterschiedsbeträge aus der Kapitalkonsolidierung miteinander verrechnet werden und der Saldo anschließend nicht mit den Konzernrücklagen verrechnet wird. Beispielsweise berichtet die Douglas Holding AG in einer „Fehlanzeige":

> *Im Berichtsjahr wurden* ***aktivische Unterschiedsbeträge*** *mit 314 TDM sowie* ***passivische*** *Unterschiedsbeträge in Höhe von 10.223 TDM mit den Gewinnrücklagen verrechnet.*

Beispiel 7-120: Geschäftsbericht der Douglas Holding AG 1995, S. 50 (Hervorhebung im Original)

Angaben über die Behandlung von aktivischen Unterschiedsbeträgen aus der Kapitalkonsolidierung (Anforderungskriterium E.) sind für den externen Analysten von besonderer Bedeutung. Aktivische Unterschiedsbeträge sind gemäß § 309 Abs. 1 Sätze 1 und 2 HGB i. V. m. § 301 Abs. 3 HGB grundsätzlich als Geschäfts- oder Firmenwert auf der Aktivseite der Bilanz anzusetzen und planmäßig über vier (Folge-)Jahre oder über die voraussichtliche Nutzungsdauer abzuschreiben. Gemäß § 309 Abs. 1 Satz 3 HGB darf der aktivische Unterschiedsbetrag auch offen mit den Rücklagen verrechnet werden. Wird der aktivische Unterschiedsbetrag als Geschäfts- oder Firmenwert angesetzt, ergibt sich aus § 313 Abs. 1 Nr. 1 HGB die Pflicht, Angaben zur Abschreibung des Postens zu machen. Beispielhaft sei hier aus dem Anhang der Michael Weinig AG zitiert:

> *Die Abschreibung von im Geschäftswert aus Kapitalkonsolidierung enthaltenen aktivischen Unterschiedsbeträgen erfolgt – mit Ausnahme des aus der Erstkonsolidierung der Michael Weinig Australia Pty. Limited resultierenden Firmenwertes in Höhe von TDM 16, der aus Vereinfachungsgründen sofort vollständig abgeschrieben wurde – planmäßig über eine Nutzungsdauer von 15 Jahren.*

Beispiel 7-121: Geschäftsbericht der Michael Weinig AG 1995, S. 32

Ebenso eindeutig berichtet auch die Pirelli Deutschland AG:

> *Der Abschreibung auf den als Geschäfts- oder Firmenwert aktivierten Unterschiedsbetrag aus der Kapitalkonsolidierung liegt eine Nutzungsdauer von 20 Jahren zugrunde. Erworbene Geschäfts- oder Firmenwerte werden in zehn bzw. fünfzehn Jahren abgeschrieben.*

Beispiel 7-122: Geschäftsbericht der Pirelli Deutschland AG 1995, S. 20

Die Pirelli Deutschland AG unterscheidet bei dieser Angabe deutlich zwischen Geschäfts- oder Firmenwerten aus der Kapitalkonsolidierung und erworbenen Geschäfts- oder Firmenwerten, die auch im Einzelabschluß des Unternehmens aktiviert werden. Im Anhang der Salamander AG hingegen heißt es unter „Konsolidierungsgrundsätze":

> *Ein sich ergebender Goodwill wird unter den Immateriellen Vermögensgegenständen aktiviert und abgeschrieben.*

Beispiel 7-123: Geschäftsbericht der Salamander AG 1995, S. 41

und im Zusammenhang mit der Erläuterung der Bilanzierungs- und Bewertungsgrundsätze weiter:

> *Erworbene Geschäfts- oder Firmenwerte werden grundsätzlich über 15 Jahre, im Einzelhandel über 10 Jahre abgeschrieben.*

Beispiel 7-124: Geschäftsbericht der Salamander AG 1995, S. 42

Ein weiterer Blick in das Anlagengitter des Konzerns und des Mutterunternehmens macht deutlich, daß im Einzelabschluß – im Gegensatz zum Konzernabschluß – keine Geschäfts- oder Firmenwerte aktiviert werden. Hieraus ist zu schließen, daß sich obige Angaben zur Abschreibung des Geschäfts- oder Firmenwertes auf den bei der Kapitalkonsolidierung entstandenen Geschäfts- oder Firmenwert oder unter Umständen auf die von Tochterunternehmen übernommenen Geschäfts- oder Firmenwerte beziehen. Die Berichterstattung würde verbessert, würden alle drei Angaben zusammengefaßt werden.

Weichen die im vorliegenden Konzernabschluß angewandten Konsolidierungsmethoden von den im Vorjahresabschluß angewandten Konsolidierungsmethoden ab, so werden nach HGB zwei Berichtspflichten ausgelöst, die die Vergleichbarkeit aufeinanderfolgender Konzernabschlüsse sicherstellen sollen:

- Angabe und Begründung der Abweichungen von den im Vorjahresabschluß angewandten Konsolidierungsmethoden (§§ 297 Abs. 3 Satz 4 und 313 Abs. 1 Nr. 3 1. HS HGB) – vgl. das folgende Kriterium Nr. 2.,
- Angabe des Einflusses dieser Abweichungen auf die wirtschaftliche Lage des Konzerns (§§ 297 Abs. 3 Satz 5 und 313 Abs. 1 Nr. 3 2. HS HGB) – vgl. das Kriterium Nr. 3.

Ad 2.: Angabe und Begründung der Abweichungen von den auf den vorhergehenden Abschluß angewandten Konsolidierungsmethoden

Hier sind die folgenden Angaben zu machen:

A. Angabe der bisher angewandten und der jetzt angewandten Konsolidierungsmethode,
B. Begründung, warum vom Grundsatz der Stetigkeit der Konsolidierungsmethoden abgewichen wurde. Diese Angabe erlaubt dem externen Analysten zu beurteilen, ob der Grundsatz der Stetigkeit willkürlich oder begründet durchbrochen wurde.

In der Regel sind den Geschäftsberichten keine Hinweise darauf zu entnehmen, daß (verglichen mit dem Vorjahr) abweichende Konsolidierungsmethoden angewendet wurden. Im Fall unverändert beibehaltener Konsolidierungsmethoden sollte dies dann durch eine Fehlanzeige dokumentiert werden:

> *Die auf den vorangegangenen Konzernabschluß angewandten Konsolidierungsmethoden wurden beibehalten.*

Beispiel 7-125: Geschäftsbericht der Piper Generalvertretung Deutschland AG 1994/95, S. 16

Hingegen berichtet die Traub AG *(vgl. Traub AG, GB 1994/95, S. 54)*, daß die Methode der Kapitalkonsolidierung eines Tochterunternehmens zum Bilanzstichtag geändert wurde (Anforderungskriterium A.); zugleich erläutert die Traub AG ausführlich, aus welchen Gründen die Kapitalkonsolidierungsmethode geändert wurde (Anforderungskriterium B.).

Ad 3.: Gesonderte Darstellung des Einflusses abweichender Konsolidierungsmethoden auf die VFE-Lage des Konzerns

Der Gesetzgeber schreibt in §§ 297 Abs. 3 Satz 5 und 313 Abs. 1 Nr. 3 2. HS HGB zusätzlich vor, den Einfluß abweichender Konsolidierungsmethoden auf die Vermögens-, Finanz- und Ertragslage des Konzerns anzugeben. Hier sind in der Regel quantitative Angaben und Erläuterungen im Anhang zu machen (zu einem Beispiel vgl. etwa Traub AG, GB 1994/95, S. 54).

7.3.3.7 Sonstige, vor allem rechtsformspezifische Angaben

In Teilbericht B.VII. des Anhangs „Sonstige, vor allem rechtsformspezifische Angaben" werden Angaben zu den folgenden Punkten, die keinem der übrigen siebenTeilberichte des Anhangs zugeordnet werden können, gefordert:

1. Angabe des Gesamtbetrages der nicht aus der Bilanz ersichtlichen sonstigen finanziellen Verpflichtungen, soweit sie für die Finanzlage von Bedeutung sind (§ 285 Nr. 3 1. HS HGB/§ 314 Abs. 1 Nr. 2 1. HS HGB),
2. Angabe gemäß § 285 Nr. 9 c HGB/§ 314 Abs. 1 Nr. 6 c HGB zu Krediten, Vorschüssen etc. an Organmitglieder (Vorstand, Aufsichtsrat).

Ad 1.: Angabe des Gesamtbetrages der nicht aus der Bilanz ersichtlichen sonstigen finanziellen Verpflichtungen, soweit sie für die Finanzlage von Bedeutung sind

Die Pflicht, den Gesamtbetrag der sonstigen finanziellen Verpflichtungen im Anhang anzugeben, trägt dazu bei, den Einblick in die Finanzlage des Unternehmens zu verbessern. Gemäß §§ 285 Nr. 3 und 314 Abs. 1 Nr. 2 HGB gilt die Berichtspflicht für den Einzelabschluß und analog für den Konzernabschluß. Gleichwohl bedarf es eines – gesetzlich nicht vorgesehenen – Finanzplans, um ein den tatsächlichen Verhältnissen entsprechendes Bild der Finanzlage zu vermitteln. Folgende Anforderungskriterien sind im einzelnen zu erfüllen:

A. Bereits aus dem Wortlaut des Gesetzes ergibt sich die Pflicht zur Angabe des Gesamtbetrages der sonstigen finanziellen Verpflichtungen. Um unnötige Rechenoperationen zu vermeiden, sollte der Gesamtbetrag auch dann angegeben werden, wenn er vollständig untergliedert wird.

B. Ferner wird gefordert, den Gesamtbetrag der sonstigen finanziellen Verpflichtungen freiwillig aufzugliedern. Mit einer Aufgliederung genügt ein Unternehmen zugleich internationalen Standards der Berichterstattung in diesem Publizitätsbereich.
C. Darüber hinaus sollten einzelne Arten von sonstigen finanziellen Verpflichtungen freiwillig erläutert werden.
D. Für die Beurteilung der Finanzlage ist zusätzlich anzugeben, ob es sich beim Gesamtbetrag der sonstigen finanziellen Verpflichtungen um Barwerte oder um Nominalwerte handelt, ob einzelne Beträge unter Umständen also abgezinst werden.
E. Werden bestimmte Teilbeträge der sonstigen finanziellen Verpflichtungen bereits in dem Geschäftsjahr, das dem abzuschließenden Geschäftsjahr folgt, fällig, so geben Fälligkeiten Auskunft über die zeitliche Verteilung der Verpflichtungen. Diese unter liquiditätspolitischen Gesichtspunkten besonders wichtigen Angaben tragen dazu bei, den Einblick in die Finanzlage des Unternehmens zusätzlich zu verbessern. Hier wird deshalb die Angabe der im kommenden Geschäftsjahr fälligen Verpflichtungen gefordert.
F. Bei Verpflichtungen aus Dauerschuldverhältnissen oder aus wiederkehrenden Schuldverhältnissen ist darüber hinaus der Betrag der in den folgenden Geschäftsjahren fälligen Verpflichtungen anzugeben.

In nahezu allen Geschäftsberichten finden sich Angaben zu Anforderungskriterium A. (Angabe des Gesamtbetrages der sonstigen finanziellen Verpflichtungen), weshalb hier auf die Wiedergabe eines Beispiels verzichtet wird.
Hinsichtlich Anforderungskriterium B. (Aufgliederung des Gesamtbetrages der sonstigen finanziellen Verpflichtungen) unterteilt beispielsweise die Volkswagen AG die sonstigen finanziellen Verpflichtungen in „Verpflichtungen aus Kapitaleinzahlungen“ und „Verpflichtungen aus langfristigen Miet- und Leasingverträgen“; von letzteren werden Zahlungsverpflichtungen gegenüber zwei assoziierten Leasing-Unternehmen separiert *(vgl. Volkswagen AG, GB 1995, S. 89)*.
Wenn der Einblick in die tatsächlichen Verhältnisse der Finanzlage durch Angabe des Gesamtbetrages und durch die zusätzliche Aufgliederung des Gesamtbetrages der sonstigen finanziellen Verpflichtungen nicht vermittelt werden kann, sind einzelne Arten der sonstigen finanziellen Verpflichtungen zusätzlich zu erläutern (Anforderungskriterium C.). Eine „Erläuterung“ verlangt in diesem Zusammenhang eine Kommentierung und Interpretation, so daß

der Inhalt und/oder die Ursache des zugrunde liegenden Sachverhalts sonstiger finanzieller Verpflichtungen ersichtlich werden. Dem Anforderungskriterium wird also nicht bereits dann genügt, wenn bestimmte Arten sonstiger finanzieller Verpflichtungen gesondert ausgewiesen und – beispielsweise – als Verpflichtungen aus Mietverhältnissen und aus Leasingverhältnissen bezeichnet werden. Vorbildlich berichtet in diesem Zusammenhang etwa die Daimler-Benz AG, die auf einer Seite ihres Anhangs detailliert über die Zusammensetzung der sonstigen finanziellen Verpflichtungen berichtet. Auszugsweise sei an dieser Stelle die Erläuterung der Verpflichtungen aus Leasing-Verträgen zitiert, die über das gewöhnliche Maß hinausgeht:

Zur Finanzierung des Bauvorhabens am Potsdamer Platz in Berlin haben wir mit mehreren Objektgesellschaften Leasing-Verträge abgeschlossen, aus denen wir uns zur Zahlung künftiger Leasingraten verpflichten. Diese Leasingraten, die auf Basis der für den Gesamtkomplex veranschlagten Herstellungskosten in Höhe von 3,3 Mrd. DM berechnet werden und voraussichtlich Ende 1998 in vollem Umfang einsetzen, sind derzeit nicht valutierbar.

Beispiel 7-126: Geschäftsbericht der Daimler-Benz AG 1995, S. 66

Sonstige finanzielle Verpflichtungen bestehen regelmäßig in beachtlicher Größenordnung; handelt es sich zudem um längerfristige Verpflichtungen, gewinnt die Angabe, ob im Anhang (abgezinste) Barwerte oder Nominalwerte ausgewiesen werden, besondere Bedeutung (Anforderungskriterium D.). Dennoch berichten in der Praxis nur sehr wenige Unternehmen zu diesem Anforderungskriterium. Entsprechend positiv ist die Angabe der Rheinhold & Mahla AG, aus der der Ausweis von Barwerten hervorgeht, zu beurteilen:

Neben den in der Bilanz ausgewiesenen Rückstellungen und Verpflichtungen bestehen sonstige finanzielle Verpflichtungen aus wesentlichen Miet- und Leasingverträgen in Höhe der abgezinsten Zahlungen. Sie betragen am 31.12.1995 in der AG DM 20.578.691.

Beispiel 7-127: Geschäftsbericht der Rheinhold & Mahla AG 1995, S. 46

Ähnlich berichten auch die BMW AG *(vgl. BMW AG, GB 1996, S. 129)* und die Universitätsdruckerei H. Stürtz AG *(vgl. Universitätsdruckerei H. Stürtz AG, GB 1995, S. 28)*.
Hingegen macht die Hoechst AG ausdrücklich darauf aufmerksam, daß die sonstigen finanziellen Verpflichtungen nicht abgezinst werden:

Bei den genannten Zahlen handelt es sich um Nominalwerte.

Beispiel 7-128: Geschäftsbericht der Hoechst AG 1996, S. 87

Bei Verpflichtungen etwa aufgrund von Leasingverhältnissen oder aus begonnenen Investitionsvorhaben erstreckt sich die Fälligkeit der Verpflichtungen regelmäßig über einen längeren Zeitraum. Unter liquiditätspolitischen Gesichtspunkten ist in diesem Fall die Angabe des jährlichen Verpflichtungsbetrages sowie des voraussichtlichen Zeitraums bis zur Fälligkeit der Verpflichtungen von besonderer Bedeutung. Zu den bei den Anforderungskriterien E. und F. vorbildlich berichtenden Unternehmen zählt etwa die Veba AG, die den Gesamtbetrag der Verpflichtungen aus Miet-, Pacht- und Leasingverträgen sechs (jeweils ein Geschäftsjahr umfassenden) Fälligkeitskategorien zuordnet *(vgl. Veba AG, GB 1996, S. 72)*. In ähnlicher Weise informiert auch die Spar Handels-AG, die für verschiedene Arten sonstiger finanzieller Verpflichtungen fünf Fälligkeitskategorien bildet *(vgl. Spar Handels-AG, GB 1996, S. 72)*.

Ad 2.: Angabe gemäß § 285 Nr. 9 c/§ 314 Abs. 1 Nr. 6 c HGB zu Krediten, Vorschüssen etc. an Organmitglieder

Im Zusammenhang mit dieser Angabepflicht sollten vor allem die folgenden Angaben gemacht werden:

A. Angaben zur Höhe der an Organmitglieder (Vorstand, Aufsichtsrat) gewährten Vorschüsse und Kredite,
B. Zinssätze der Kredite,
C. Wesentliche Bedingungen der Kredite,
D. Im Geschäftsjahr zurückgezahlte Beträge,
E. Zugunsten von Organmitgliedern eingegangene Haftungsverhältnisse.

Beispielsweise berichtet die Mannesmann AG:

> *Zum 31.12.1996 betrugen die Kredite an Vorstandsmitglieder 322.022,– DM. Die Kredite waren mit 4 Prozent zu verzinsen; die vereinbarten Laufzeiten liegen zwischen 6 und 10 Jahren.*

Beispiel 7-129: Geschäftsbericht der Mannesmann AG 1996, S. 70

Die Henkel KGaA führt aus:

> *Den Mitgliedern der Geschäftsführung wurden im Geschäftsjahr 1996 Kredite in Höhe von 550 TDM gewährt. 100 TDM wurden zurückgezahlt. Zum Bilanzstichtag 1996 betrugen die unter den Sonstigen Vermögensgegenständen ausgewiesenen Kredite 850 TDM; von diesem Betrag entfielen 300 TDM auf persönlich haftende Gesellschafter. Die überwiegend durch Grundpfandrechte gesicherten Kredite haben Laufzeiten bis zu 5 Jahren und sind mit Bundesbankdiskontsatz, höchstens mit 5,5 %, zu verzinsen.*

Beispiel 7-130: Geschäftsbericht der Henkel KGaA 1996, S. 58

Eine Fehlanzeige ist dem Geschäftsbericht der Leffers AG zu entnehmen:

> *Am Bilanzstichtag bestanden wie im Vorjahr keine Forderungen aus Krediten an den Vorstand.*

Beispiel 7-131: Geschäftsbericht der Leffers AG 1996, S. 32

7.3.3.8 Freiwillige Anhangangaben

Jedem Unternehmen ist es grundsätzlich freigestellt, über die gesetzlich geforderten Angaben hinaus zusätzlich freiwillige Angaben in den Anhang aufzunehmen (freiwilliger Teil des Anhangs). Im Gegensatz zu den Teilberichten B.I. bis B.VII. des Anhangs, denen die gesetzlich vorgeschriebenen Anhangangaben sachlich zugeordnet wurden, umfaßt Teilbericht B.VIII. zwei Anforderungskriterien freiwilliger Art, und zwar:

1. Ausführliche Segmentberichterstattung,
2. Berichterstattung über derivative Finanzinstrumente.

Ad 1.: Ausführliche Segmentberichterstattung
Unternehmen dehnen ihre Geschäftstätigkeit zunehmend auf ausländische Märkte und/oder auf unterschiedliche Geschäftsfelder aus. Mit der Diversifikation werden vor allem strategische Zielsetzungen verfolgt, denn unterschiedliche Entwicklungen in bestimmten Regionen oder Geschäftsfeldern tragen dazu bei, das unternehmerische Risiko zu begrenzen. Im Jahresabschluß allerdings werden Daten der einzelnen Segmente (Regionen und/oder Geschäftsfelder) aggregiert ausgewiesen, so daß regionen- und/oder geschäftsfelderspezifische Besonderheiten (Erfolgs- und Risikounterschiede) vom externen Analysten nicht mehr eindeutig identifiziert werden können. Dieses Problem trifft auf den Konzernabschluß in besonderem Maße zu, was – bei einer zunehmenden Bedeutung des Konzernabschlusses für die Bilanzanalyse – den Bedarf an segmentierten Daten steigen läßt.
Mit der Umsetzung der Vierten EG-Bilanzrichtlinie in deutsches Recht sind große Kapitalgesellschaften seit 1985 verpflichtet, Umsatzerlöse nach Tätigkeitsbereichen und nach geographisch bestimmten Märkten im Anhang aufzugliedern (§ 285 Nr. 4 HGB); eine analoge Regelung trifft § 314 Abs. 1 Nr. 3 HGB für den Konzernabschluß. Im Gegensatz zum deutschen Recht sind nach internationalen Gepflogenheiten über die Umsatzerlöse hinaus auch andere Größen wie Ergebnis, Investitionen, Vermögensgegenstände oder Abschreibungen zu segmentieren.
Die Pflicht zur Segmentberichterstattung nach deutschem Recht bleibt also deutlich hinter internationalen Standards zurück. Die stärker kapitalmarktorientierten anglo-amerikanischen Rechnungslegungssysteme dehnen die Segmentberichterstattung auf weitere Berichtsobjekte aus. Anlehnend an die Verlautbarungen des IASC (IAS 14) werden hier die folgenden Anforderungskriterien formuliert:

A. Segmentangaben:
   - A.1. Abschreibungen,
   - A.2. F&E-Aufwendungen,
   - A.3. Investitionsausgaben,
   - A.4. Arbeitnehmer,
   - A.5. Ergebnisse/Cash-flow,
   - A.6. Vermögen,

B. Überleitung von den Summen der Segmentangaben zu den aggregierten Jahresabschlußzahlen,

C. Angaben zu Verrechnungspreisen.

Vorbildlich ist die Segmentberichterstattung der Bayer AG und der Hoechst AG (*Beispiele 7-132* und *7-133;* vgl. S. 274–277 dieses Buches).

Jahresabschluß

Kennzahlen nach Arbeitsgebieten und Regionen

(Mio DM)	1996	1995	1996	1995
Arbeitsgebiete	Gesundheit		Landwirtschaft	
Außenumsatz nach Arbeitsgebieten	11.825	11.103	4.965	4.544
Innenumsätze an andere Arbeitsgebiete	41	48	64	59
Veränderung der Außenumsätze				
– gegenüber Vorjahr in DM	6,5 %	– 0,6 %	9,3 %	5,6 %
– gegenüber Vorjahr in Landeswährungen	4,6 %	7,1 %	7,6 %	13,0 %
Operatives Ergebnis	1.869	1.825	820	717
Umsatzrendite	15,8 %	16,4 %	16,5 %	15,8 %
Betriebliches Vermögen	10.937	8.587	5.408	4.341
Betriebliche Vermögens-/Kapitalrendite	19,1 %	21,3 %	16,8 %	16,9 %
Betrieblicher Brutto-Cash-flow	1.767	1.577	769	694
Sachanlagen und immaterielle Vermögensgegenstände				
– Abschreibungen	500	436	179	185
– Investitionen	946	911	340	191
Finanzierungsquote	52,9 %	47,9 %	52,6 %	96,9 %
Forschungs- und Entwicklungskosten (FuE)	1.736	1.517	577	551
FuE in Prozent vom Umsatz	14,7 %	13,7 %	11,6 %	12,1 %
Mitarbeiter (Stand: 31.12.)	39.200	38.990	14.100	13.890
Regionen	Europa		Nordamerika	
Außenumsatz nach Märkten	24.315	23.433	12.108	9.953
Außenumsatz – Sitz der Gesellschaften	27.815	26.630	12.192	10.006
Innenumsätze an Gesellschaften in anderen Regionen	5.311	5.154	1.471	1.271
Veränderung der Außenumsätze				
– gegenüber Vorjahr in DM	4,5 %	5,6 %	21,8 %	– 3,2 %
– gegenüber Vorjahr in Landeswährungen	3,1 %	7,4 %	16,0 %	9,8 %
Operatives Ergebnis	2.918	2.623	1.002	951
Umsatzrendite	10,5 %	9,8 %	8,2 %	9,5 %
Betriebliches Vermögen	27.522	25.171	11.151	8.657
Betriebliche Vermögens-/Kapitalrendite	11,1 %	10,4 %	10,1 %	11,4 %
Betrieblicher Brutto-Cash-flow	3.780	3.759	1.491	1.097
Sachanlagen und immaterielle Vermögensgegenstände				
– Abschreibungen	1.670	1.655	700	479
– Investitionen	2.393	1.986	1.069	889
Finanzierungsquote	69,8 %	83,3 %	65,5 %	53,9 %
Forschungs- und Entwicklungskosten (FuE)	2.702	2.423	712	642
FuE in Prozent vom Umsatz	9,7 %	9,1 %	5,8 %	6,4 %
Mitarbeiter (Stand: 31.12.)	93.300	95.700	25.000	23.900

64
Bayer
Geschäftsbericht
1996

Beispiel 7-132a: Geschäftsbericht der Bayer AG 1996, S. 64

Polymere 1996	Polymere 1995	Chemie 1996	Chemie 1995	Agfa 1996	Agfa 1995	Konzern 1996	Konzern 1995
14.771	13.165	9.579	9.231	7.468	6.537	48.608	44.580
302	405	1.018	1.099	32	42		
12,2 %	8,5%	3,8 %	2,0 %	14,2 %	- 3,2 %	9,0 %	2,7 %
10,6 %	13,0 %	2,6 %	6,7 %	11,4 %	2,3 %	7,2 %	8,6 %
1.494	973	84	391	243	205	4.510	4.111
10,1 %	7,4 %	0,9 %	4,2 %	3,3 %	3,1 %	9,3 %	9,2 %
13.774	11.995	6.230	7.716	8.308	6.487	44.657	39.126
11,6 %	8,2 %	1,2 %	5,1 %	3,3 %	3,2 %	10,8 %	10,6 %
1.941	1.481	606	984	783	644	5.866	5.380
881	765	573	557	461	372	2.594	2.315
1.091	862	969	734	431	471	3.777	3.169
80,8 %	88,7 %	59,1 %	75,9 %	107,0 %	79,0 %	68,7 %	73,1 %
459	398	392	361	444	432	3.608	3.259
3,1 %	3,0 %	4,1 %	3,9 %	5,9 %	6,6 %	7,4 %	7,3 %
31.300	31.190	32.700	34.210	24.900	24.620	142.200	142.900

65
Bayer
Geschäftsbericht
1996

Lateinamerika 1996	Lateinamerika 1995	Asien/Afrika/Australien 1996	Asien/Afrika/Australien 1995	Konzern 1996	Konzern 1995
3.497	2.846	8.688	8.348	48.608	44.580
2.865	2.414	5.736	5.530	48.608	44.580
41	32	76	63		
18,7 %	- 1,7 %	3,7 %	2,2 %	9,0 %	2,7 %
13,1 %	14,4 %	8,2 %	9,6 %	7,2 %	8,6 %
248	186	342	351	4.510	4.111
8,7 %	7,7 %	6,0 %	6,3 %	9,3 %	9,2 %
2.129	1.731	3.855	3.567	44.657	39.126
12,8 %	11,2 %	9,2 %	10,0 %	10,8 %	10,6 %
295	225	300	299	5.866	5.380
107	85	117	96	2.594	2.315
176	122	139	172	3.777	3.169
60,8 %	69,7 %	84,2 %	55,8 %	68,7 %	73,1 %
21	18	173	176	3.608	3.259
0,7 %	0,7 %	3,0 %	3,2 %	7,4 %	7,3 %
10.800	10.600	13.100	12.700	142.200	142.900

Beispiel 7-132b: Geschäftsbericht der Bayer AG 1996, S. 65

(7) Segmentdaten

Geschäftsbereiche, Beteiligungsgesellschaften	Hoechst Marion Roussel		Behring Diagnostics		AgrEvo		Hoechst Roussel Vet		Celanese		Spezial-chemikalien	
	1996	1995[1]	**1996**	1995[1]	**1996**	1995[1]	**1996**	1995[1]	**1996**	1995[1]	**1996**	1995[1]
Außenumsatz	**13 020**	10 825	**930**	799	**3 639**	3 041	**785**	711	**6 467**	6 797	**7 033**	8 160
Innenumsatz	**172**	171	**58**	3	**12**	14			**637**	723	**370**	365
Umsatz gesamt	**13 192**	10 996	**988**	802	**3 651**	3 055	**785**	711	**7 104**	7 520	**7 403**	8 525
Betriebsergebnis	**2 249**	709	**88**	-8	**232**	158	**73**	61	**728**	1 495	**691**	456
Cash flow	**3 463**	1 461	**228**	46	**550**	262	**65**	56	**917**	1 655	**924**	811
Vermögen	**18 507**	17 931	**1 010**	1 096	**3 959**	2 449	**448**	393	**4 259**	3 895	**5 562**	5 689
Fremdkapital	**6 271**	6 352	**232**	360	**951**	1 015	**154**	132	**2 261**	2 067	**2 532**	2 632
Nettovermögen	**12 236**	11 579	**778**	736	**3 008**	1 434	**294**	261	**1 998**	1 828	**3 030**	3 057
Investitionen[2]	**857**	731	**139**	168	**164**	185	**31**	22	**560**	364	**652**	564
Abschreibungen[2]	**1 101**	785	**130**	95	**168**	127	**26**	21	**361**	353	**504**	566
Forschungskosten	**2 237**	1 860	**129**	105	**436**	364	**63**	67	**33**	42	**168**	223
Mitarbeiter, 31.12.	**45 160**	47 941	**3 234**	3 515	**7 403**	6 877	**1 825**	1 882	**14 079**	14 227	**24 828**	27 243
Kennzahlen in %												
Umsatzrendite	**17,3**	6,5	**9,5**	-1,0	**6,4**	5,2	**9,3**	8,6	**11,3**	22,0	**9,8**	5,6
Vermögensrendite	**12,2**	4,0	**8,7**	-0,7	**5,9**	6,5	**16,3**	15,5	**17,1**	38,4	**12,4**	8,0
Cash flow zu Umsatz	**26,6**	13,5	**24,5**	5,8	**13,7**	8,6	**8,3**	7,9	**14,2**	24,3	**13,1**	9,9

Regionen	Deutschland		Europa		Amerika		Asien, Afrika, Ozeanien		Konsolidierungen, nicht zugeteilt		**Konzern**	
	1996	1995[1]	**1996**	1995[1]	**1996**	1995[1]	**1996**	1995[1]	**1996**	1995[1]	**1996**	1995[1]
Umsatzerlöse (Sitz der Kunden)	**9 169**	11 042	**25 415**	27 833	**17 335**	15 712	**8 177**	8 632			**50 927**	52 177
Umsatzerlöse (Sitz der Gesellschaften)	**19 207**	22 800	**29 480**	32 917	**18 357**	17 291	**5 987**	4 963	**-2 897**	-2 994	**50 927**	52 177
Betriebsergebnis	**1 164**	2 329	**2 410**	2 804	**1 259**	586	**344**	201			**4 013**	3 591
Cash flow	**2 306**	2 968	**4 395**	4 276	**2 557**	2 275	**702**	317	**-2 032**	-1 076	**5 622**	5 792
Vermögen	**11 531**	12 357	**21 244**	21 179	**22 124**	21 186	**4 376**	3 380	**7 381**	7 782	**55 125**	53 527
Fremdkapital	**8 620**	9 460	**12 277**	13 104	**7 249**	7 578	**1 325**	993	**16 192**	16 349	**37 043**	38 024
Nettovermögen	**2 911**	2 897	**8 967**	8 075	**14 875**	13 608	**3 051**	2 387	**-8 811**	-8 567	**18 082**	15 503
Investitionen[2]	**1 751**	1 960	**2 399**	2 598	**1 202**	970	**420**	189			**4 021**	3 757
Abschreibungen[2]	**1 248**	1 528	**1 926**	2 172	**1 409**	978	**172**	124			**3 507**	3 274
Forschungskosten	**1 694**	1 668	**2 439**	2 372	**1 257**	901	**184**	206			**3 880**	3 479
Mitarbeiter, 31.12.	**54 154**	61 917	**85 117**	96 621	**45 351**	48 419	**17 394**	16 578			**147 862**	161 618
Kennzahlen in %												
Umsatzrendite	**6,1**	10,2	**8,2**	8,5	**6,9**	3,4	**5,7**	4,0			**7,9**	6,9
Vermögensrendite	**10,1**	18,8	**11,3**	13,2	**5,7**	2,8	**7,9**	5,9			**7,3**	6,7
Cash flow zu Umsatz	**12,0**	13,0	**14,9**	13,0	**13,9**	13,2	**11,7**	6,4			**11,0**	11,1

[1] der besseren Vergleichbarkeit wegen angepaßt

[2] Sachanlagen und immaterielle Vermögensgegenstände

Beispiel 7-133a: Geschäftsbericht der Hoechst AG 1996, S. 74

Trevira		Kunststoffe		Ticona		Messer		Herberts		Weitere Arbeitsgebiete		Posten auf Konzernebene		Konzern	
1996	1995[1]	**1996**	1995[1]	**1996**	1995[1]	**1996**	1995[1]	**1996**	1995[1]	**1996**	1995[1]	**1996**	1995[1]	**1996**	1995[1]
5694	6428	**2809**	2964	**1322**	1441	**2354**	2290	**2334**	2151	**4540**	6570			**50927**	52177
59	29	**12**	11			**116**	98			**155**	163	**-1591**	-1577		
5753	6457	**2821**	2975	**1322**	1441	**2470**	2388	**2334**	2151	**4695**	6733	**-1591**	-1577	**50927**	52177
84	530	**212**	299	**195**	-56	**387**	251	**112**	83	**8**	316	**-1046**	-703	**4013**	3591
482	955	**334**	447	**-37**	188	**524**	399	**300**	331	**521**	737	**-2649**	-1556	**5622**	5792
3934	3660	**1628**	1649	**1258**	1241	**2590**	2498	**1642**	1422	**2607**	3559	**7721**	8045	**55125**	53527
1872	1800	**914**	935	**998**	1259	**799**	714	**456**	586	**1866**	2399	**17737**	17773	**37043**	38024
2062	1860	**714**	714	**260**	-18	**1791**	1784	**1186**	836	**741**	1160	**-10016**	-9728	**18082**	15503
575	472	**154**	124	**82**	115	**377**	399	**129**	136	**249**	431	**52**	46	**4021**	3757
383	351	**139**	157	**74**	119	**291**	279	**134**	113	**149**	261	**47**	47	**3507**	3274
129	129	**33**	30	**54**	43	**41**	46	**64**	63	**126**	147	**367**	360	**3880**	3479
16199	17890	**6132**	6886	**2513**	2860	**7235**	7446	**7295**	6875	**10008**	15908	**1951**	2068	**147862**	161618
1,5	8,2	**7,5**	10,1	**14,8**	-3,9	**16,4**	11,0	**4,8**	3,9					**7,9**	6,9
2,1	14,5	**13,0**	18,1	**15,5**	-4,5	**14,9**	10,0	**6,8**	5,8					**7,3**	6,7
8,5	14,9	**11,9**	15,1	**-2,8**	13,0	**22,3**	17,4	**12,9**	15,4					**11,0**	11,1

Beispiel 7-133b: Geschäftsbericht der Hoechst AG 1996, S. 75 f.

Beide Unternehmen gliedern Außenumsatz, Innenumsatz, Umsatzrendite, Betriebsergebnis, Cash-flow, Vermögen, Fremdkapital, Nettovermögen, Investitionen, Abschreibungen, Forschungskosten und Mitarbeiter nach Arbeitsgebieten und Regionen auf. Die Bayer AG weist auch segmentbezogene Kennziffern, wie Kapitalrendite, Finanzierungsquote und F&E-Kosten in Prozent vom Umsatz, aus *(vgl. Bayer AG, GB 1996, S. 64 f.)*. Demgegenüber berichtet die Hoechst AG in einem eigenen Kapitel über wesentliche Segmentierungsgrundsätze (*Beispiel 7-134*; vgl. S. 278 f. dieses Buches).

Auch die Siemens AG weist Außenumsätze (getrennt nach Umsätzen am Sitz der Kunden und Umsätzen am Sitz der Gesellschaften), konzerninterne Umsätze, Ergebnis vor Ertragsteuern, Vermögen, Sachanlageinvestitionen und Abschreibungen getrennt nach Arbeitsgebieten und nach Regionen im Anhang aus *(vgl. Siemens AG, GB 1996, S. 48 f.)*; die segmentierten Daten für den Auftragseingang hingegen werden nicht im Rahmen der Segmentberichterstattung im Anhang, sondern im Lagebericht ausgewiesen (*vgl. Siemens AG, GB 1996, S. 16–22*; ähnlich auch die BASF AG: *vgl. BASF AG, GB 1996, S. 8 f.*).

Die mit Anforderungskriterium B. geforderte **Überleitungsrechnung** von den segmentierten Daten in der Segmentberichterstattung zu den aggregierten Konzernabschlußzahlen wird nur selten veröffentlicht. So weist etwa die Hoechst AG in einer zusätzlichen Spalte der Segmentberichterstattung für jedes Segmentobjekt (zum Beispiel die Umsatzerlöse) die zugehörige Konzernzahl und die Höhe des konsolidierten Betrages aus *(vgl. Hoechst AG, GB 1996, S. 74 f.)*. In ähnlicher Weise berichten auch die Siemens AG *(vgl. Siemens AG, GB 1996, S. 48 f.)* und die Daimler-Benz AG *(vgl. Daimler-Benz AG, GB 1996, S. 78 f.)*.

(6) Erläuterungen zur Segmentberichterstattung

Die für den Konzernabschluß vorgelegten Segmentdaten entsprechen IAS 14. Die für diesen Standard vorgesehene Erweiterung der Offenlegung ist bereits berücksichtigt.

Hoechst ist in den Bereichen Gesundheit, Landwirtschaft und Industrie tätig. Unsere Aktivitäten sind gemäß der organisatorischen und unternehmerischen Verantwortung für das Geschäft folgendermaßen nach Segmenten gegliedert:

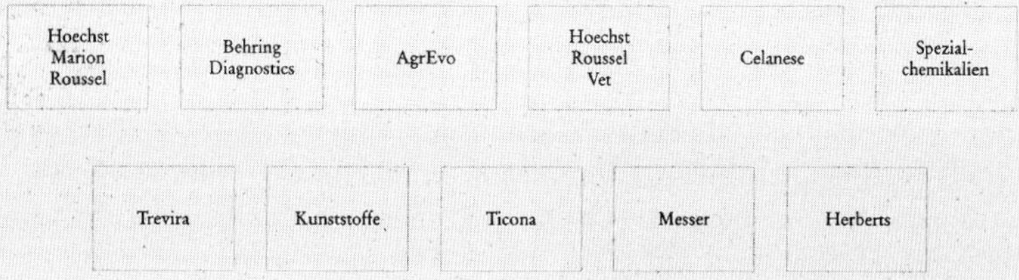

Unter dem Segment Hoechst Marion Roussel weisen wir im Konzern die Summe aller Pharmaaktivitäten ohne Generika aus. Diese umfaßt nicht nur die Geschäfte der künftig rechtlich selbständigen Hoechst Marion Roussel Gruppe, sondern auch die außerhalb dieser Geschäftseinheit befindlichen, wie das Pharmageschäft in Südafrika oder 1996 das Geschäft der Behringwerke ohne die in Partnergesellschaften eingebrachten Arbeitsgebiete.

Die Segmentberichterstattung zeigt außerdem das Arbeitsgebiet Pflanzenschutz der AgrEvo Gruppe, das Gebiet Tiergesundheit im Segment Hoechst Roussel Vet und den Geschäftsbereich Diagnostika im Segment Behring Diagnostics. In der neuen Unternehmensstruktur umfaßt das Segment Celanese unser Geschäft mit Grundchemikalien sowie Celluloseacetat, Trevira das Geschäft mit Polyesterprodukten und Ticona technische Kunststoffe. Die Messer Gruppe ist auf den Gebieten technische Gase sowie Schweiß- und Schneidetechnik tätig. Die Herberts Gruppe stellt Lacke her.

Für konzerninterne Umsätze zwischen den Segmenten werden die Verrechnungspreise marktorientiert festgelegt und entsprechen grundsätzlich denen im Verhältnis zu fremden Dritten (Arm's-length-Prinzip).

Die Segmentdaten beziehen sich auf die Betriebstätigkeit. Demzufolge werden Betriebsergebnis, Betriebsvermögen, Betriebsverbindlichkeiten sowie der Cash flow aus Betriebstätigkeit segmentiert. Andere Vermögenspositionen wie Finanzanlagen und Flüssige Mittel, andere Schulden wie Finanzschulden und Steuerverbindlichkeiten werden dagegen nicht segmentiert. Posten aus dem Finanz- und Steuerbereich wie Zinszahlungen, Dividenden aus Beteiligungen und Ausgaben für Ertragsteuern sind ebenfalls nicht im Cash flow aus Betriebstätigkeit enthalten.

Aufwendungen auf Konzernebene in Höhe von 1 046 Mio DM rechnen wir den Segmenten Geschäftsbereiche und Beteiligungsgesellschaften nicht zu. Es sind dies Aufwendungen von rund 360 Mio DM für den Bereich des Corporate Center in Frankfurt am Main-Höchst und der Corporate Departments in den USA. Hinzu kommen Aufwendungen von ca. 300 Mio DM für Forschungs- und Entwicklungs- / Technologie-Zentren in Deutschland, in den USA und in Japan. Schließlich fallen hierunter Aufwendungen nach IAS 19, Retirement Benefit Costs. Diese betreffen in Höhe von 214 Mio DM die Jahreszinsen der Pensionsrückstellungen, soweit auf Rentner der Hoechst AG entfallend, und in Höhe von 173 Mio DM die volle Amortisation bisher versicherungsmathematisch abgegrenzter Vorruhestandsleistungen betreffend Pensionäre, und zwar im Berichtsjahr und in Vorjahren.

72

Beispiel 7-134a: Geschäftsbericht der Hoechst AG 1996, S. 72

Das Betriebsergebnis und andere Segmentdaten für die Konzernsegmente AgrEvo, Herberts und Messer können von deren Daten abweichen. Ursachen dafür sind vor allem unterschiedliche Konsolidierungskreise und auf Konzernebene zusätzlich vorzunehmende Buchungen, wie Abschreibungen auf Geschäftswerte. Weitere Unterschiede entfallen 1996 auf die zeitlich versetzte Berücksichtigung der IAS im Konzern und bei Beteiligungsgesellschaften. Im Betriebsergebnis des Hoechst Konzerns sind für Messer 88 Mio DM vor allem aus Zuschreibungen auf Anlagen enthalten. Aus diesen Vorgängen resultieren unterschiedliche Betriebsergebnisse für AgrEvo von 148 (Konzern 232) Mio DM, für Herberts von 120 (Konzern 112) Mio DM und für Messer von 330 (Konzern 387) Mio DM.

Aufgrund der neuen Unternehmensstruktur wurden die Vorjahreszahlen der besseren Vergleichbarkeit wegen angepaßt. Dies betrifft insbesondere das 1995 unter Hoechst Marion Roussel gezeigte Arbeitsgebiet Generika, das wir unter den Weiteren Arbeitsgebieten ausweisen, sowie die Polyesterfolien, die aus dem Arbeitsgebiet Kunststoffe nach Trevira übertragen wurden. Die Strategische Business Unit Celluloseacetat wird im Bereich Celanese ausgewiesen, nachdem dieses Geschäft nicht mehr von Trevira geführt wird.

Der Umsatz der Weiteren Arbeitsgebiete setzt sich wie folgt zusammen:

	1996	1995
Generika	737	705
Polykondensate	710	740
SGL Carbon (konsolidiert bis zum 31.3.1996)	418	1 549
Kosmetik (konsolidiert bis zum 30.6.1995)		716
Uhde (konsolidiert bis zum 31.12.1995)		484
Hoechst CeramTec (konsolidiert bis zum 31.12.1995)		290
Sonstiges	2 675	2 086
	4 540	6 570

Wesentliche Sondereinflüsse des Berichtsjahres durch Verkäufe von Firmen, Arbeitsgebieten und Anteilen im Betriebsergebnis sind bei Hoechst Marion Roussel der Verkauf von Lutsia und von Produktrechten durch Roussel Uclaf mit einem Veräußerungsgewinn von 275 Mio DM. Das Veräußerungsergebnis der von Chiron 1996 erworbenen Beteiligung von 49 % am Impfstoffgeschäft der Behringwerke in Höhe von 142 Mio DM ist ebenfalls im Ergebnis von Hoechst Marion Roussel enthalten. 1995 belasten der Verkauf von Soekami Lefrancq und Camillo Corvi das Betriebsergebnis mit 43 Mio DM. Im Bereich Spezialchemikalien sind 1996 im Ergebnis 250 Mio DM aus dem Verkauf des Druckplattengeschäfts enthalten. 1995 ist aus dem Anteilsverkauf von Riedel-de Haën ein Ergebnis von 144 Mio DM im Bereich Spezialchemikalien und von 125 Mio DM im Segment Celanese enthalten. Durch die Anwendung der IAS sind für Messer 100 Mio DM im Betriebsergebnis als Sondereffekt enthalten.

Die regionalen Segmentinformationen geben erstmals Deutschland neben den Regionen Europa, Amerika sowie Asien, Afrika und Ozeanien wieder. Zur Überleitung auf den Konzernumsatz sind die konzerninternen Umsätze zwischen den Regionen abgesetzt. Die Zentralforschung in Deutschland, den USA und Japan ist nach dem Kostenanfall zugeordnet. Die Aufwendungen für die „Corporate" Einheiten in Deutschland und in den USA sind nach dem Anteil des Umsatzes auf die Regionen verteilt.

Im Berichtsjahr belasten Sonderrückstellungen in Europa das Betriebsergebnis mit 148 Mio DM. Im Vorjahr waren für die Region Amerika Sonderrückstellungen in Höhe von 270 Mio DM gebildet worden. Im Betriebsergebnis für die Region Europa sind 1996 Firmen- und Anteilsverkäufe in Höhe von 664 (Vorjahr 220) Mio DM enthalten.

73

Beispiel 7-134b: Geschäftsbericht der Hoechst AG 1996, S. 73

Auch zu Anforderungskriterium C. (**Verrechnungspreise** für intersegmentäre Lieferungen und Leistungen) machen nur wenige Unternehmen Angaben. So berichtet etwa die Bayer AG:

> *Die Verrechnungspreise für konzerninterne Umsätze werden marktorientiert festgelegt (Arm's-length-Prinzip).*

Beispiel 7-135: Geschäftsbericht der Bayer AG 1996, S. 66

Ähnlich informieren auch die Schering AG *(vgl. Schering AG, GB 1996, S. 52)* und die Hoechst AG. Im Geschäftsbericht der Hoechst AG heißt es:

> *Für konzerninterne Umsätze zwischen den Segmenten werden die Verrechnungspreise marktorientiert festgelegt und entsprechen grundsätzlich denen im Verhältnis zu fremden Dritten (Arm's-length-Prinzip).*

Beispiel 7-136: Geschäftsbericht der Hoechst AG 1996, S. 72

Ad 2.: Berichterstattung über derivative Finanzinstrumente

Die Berichterstattung über Finanzderivate ist gesetzlich nicht umfassend geregelt. Angesichts der zunehmenden Bedeutung derivativer Finanzinstrumente und des diesen Instrumenten innewohnenden hohen Risikos – siehe auch den spektakulären Fall der Barrings-Bank – erlangt die Berichterstattung über den Einsatz von Finanzderivaten aber eine immer größere Bedeutung. An die Berichterstattung über Finanzderivate sind deshalb strenge Anforderungen zu stellen:

A. Angabe des Nominal-Volumens der Derivate,
B. Angabe der Marktwerte der Derivate,
C. Angabe der Buchwerte der Derivate,
D. Differenzierung der Angaben zu A., B. und C. nach einzelnen Derivaten,
E. Angabe von Fristigkeiten (Restlaufzeiten) einzelner Derivate,
F. Angaben zu Bewertungsmethoden bei Derivaten:
   F.1. Allgemeine Angaben zur Abbildung von Derivaten im Jahresabschluß (Verweis auf zugrunde gelegtes Bewertungskonzept),
   F.2. Konkrete Angaben zur Abbildung einzelner Derivate im Jahresabschluß,

F.3. Erläuterung der Bedingungen für die Bildung von Bewertungseinheiten,

F.4. Angaben zur Abbildung von Bewertungseinheiten im Jahresabschluß (Hedge-Accounting),

G. Angaben zu Zielen und Strategien des Einsatzes von Derivaten,

H. Angaben zum Volumen von Deckungs- und Spekulationsgeschäften,

I. Erläuterung der zur Risikoüberwachung und -kontrolle getroffenen Maßnahmen: Internes Risikomanagement von operativen Risiken,

J. Angaben zu wesentlichen Bonitätsrisiken,

K. Angaben zum Preisrisiko/Marktrisiko der Derivate (Angabe des value-at-risk von Handelsgeschäften, Zinsbindungsfristen etc.).

Beispiele zu diesen Anforderungskriterien sind mittlerweile einigen Geschäftsberichten zu entnehmen. So berichtet etwa die Veba AG ausführlich auf drei Seiten ihres Geschäftsberichts über die Ziele des Einsatzes von Derivaten, über die Höhe einzelner Derivate, über Maßnahmen zur Risikokontrolle, über die Abbildung von Derivaten im Jahresabschluß, über die Marktrisiken einzelner Derivate, über Nominalvolumen und Marktwerte von Derivaten sowie über das Bonitäts- und Kontrahentenrisiko (*Beispiel 7-137*; vgl. S. 282–284 dieses Buches).

Auch die Hoechst AG *(vgl. Hoechst AG, GB 1996, S. 87 f.)*, die Bayer AG *(vgl. Bayer AG, GB 1996, S. 82–84)*, die Daimler-Benz AG *(vgl. Daimler-Benz AG, GB 1996, S. 75–77)*, die Schering AG *(vgl. Schering AG, GB 1996, S. 48)*, die Siemens AG *(vgl. Siemens AG, GB 1996, S. 47)* und die Deutsche Telekom AG *(vgl. Deutsche Telekom AG, GB 1996, S. 87 f.)* berichten verhältnismäßig ausführlich über den Einsatz von derivativen Finanzinstrumenten.

(25) Derivative Finanzinstrumente

Im Rahmen der operativen Geschäftstätigkeit ist der VEBA-Konzern Währungsrisiken und Zinsänderungsrisiken ausgesetzt. In den Fällen, in denen VEBA sich gegen diese Risiken durch Sicherungsgeschäfte sichern will, werden unter anderem auch derivative Finanzinstrumente eingesetzt. Zur Sicherung werden ausschließlich marktgängige Instrumente mit einer ausreichenden Marktliquidität eingesetzt. Die Sicherungsgeschäfte decken zum Bilanzstichtag Zinsänderungs- und Währungsrisiken aus gebuchten, schwebenden und geplanten Lieferungs-, Leistungs- und sonstigen Geschäften (Grundgeschäfte). Derivative Finanzinstrumente werden nicht zu Spekulationszwecken, sondern ausschließlich für Sicherungszwecke eingesetzt.

Ferner sind die Geschäfte einzelner Konzernbereiche Risiken aus der Änderung von Rohstoffpreisen ausgesetzt. Aufgrund der spezifischen Marktgegebenheiten wurden im Bereich der Rohstoffe Sicherungsgeschäfte nur in geringem Umfang von diesen Konzernbereichen eigenverantwortlich getätigt.

Entsprechend der Sicherungspolitik der VEBA können für Devisenrisiken pauschale Sicherungsgeschäfte für die jeweils folgenden 12 Monate abgeschlossen werden. Zum 31.12.1996 bestanden Kurssicherungen für Devisenrisiken insbesondere in den Währungen US-Dollar, britisches Pfund, französischer Franc und japanischer Yen. Für Zinsrisiken können pauschale Sicherungsgeschäfte für die folgenden 5 Jahre abgeschlossen werden. Für einzelrisikobezogene Sicherungsgeschäfte im Währungs- und Zinsbereich darf jede adäquate Laufzeit gewählt werden. Diese Geschäfte sind jedoch betrags- und fristenkongruent abzuschließen.

Die für den Abschluß von derivativen Devisen- und Zinsinstrumenten verantwortliche Konzern-Treasury der VEBA AG handelt als Dienstleistungs-Center für den VEBA-Konzern und nicht als Profit-Center. Der Handlungsrahmen, die Verantwortlichkeiten und die bilanzielle Behandlung sind in internen Richtlinien detailliert festgelegt. Zur Gewährleistung einer effizienten Risikokontrolle ist die Treasury von der Abteilung Finanzabwicklung strikt organisatorisch getrennt. Eine fortlaufende, unabhängige Risikokontrolle ist ferner durch die ebenfalls Treasury-unabhängige Abteilung Finanz-Controlling gewährleistet.

Für den VEBA-Konzern wurde ein EDV-gestütztes Finanzberichts- und Finanzcontrolling-System entwickelt und implementiert. Es ermöglicht, alle operativen und finanziellen Zahlungen des Konzerns im Hinblick auf Liquiditätsbedarf, Zinsänderungsrisiken und Devisenrisiken systematisch und konsistent zu analysieren sowie Risikopositionen und darauf erfolgte Sicherungsgeschäfte aktuell darzustellen und zu Marktwerten zu bewerten. Das Finanzberichts- und Finanzcontrolling-System ermöglicht eine fortlaufende und aktuelle Analyse der Markt- und Kontrahentenrisiken aus abgeschlossenen Sicherungsgeschäften.

Marktrisiko

Marktrisiken bei derivativen Sicherungsgeschäften sind die – positiven wie negativen – Wertänderungen des Vermögens, die aus Preisänderungen an den verschiedenen Finanzmärkten resultieren.

Dem internationalen Banken-Standard entsprechend wird seit Ende 1995 zur Ermittlung des Marktrisikos das Money-at-Risk-Konzept basierend auf regelmäßig veröffentlichten Risk-Metrics-Daten von J. P. Morgan verwendet. Auf der Basis empirisch ermittelter Standardabweichungen wird mit einem Konfidenzintervall von 99 % das maximale Verlustpotential innerhalb des nächsten Geschäftstages aus Derivatbeständen ermittelt, die nicht in einer Bewertungseinheit mit einem Grundgeschäft zusammengefaßt sind. Die Korrelationen zwischen einzelnen Instrumenten innerhalb einer Währung werden berücksichtigt,

Beispiel 7-137a: Geschäftsbericht der Veba AG 1996, S. 73

dabei ist das Risiko eines Portfolios im allgemeinen geringer als die Summe der Einzelrisiken. Korrelationen zwischen einzelnen Währungen bleiben unberücksichtigt, da eine währungsübergreifende Saldierung positiver und negativer Ergebnisse handelsrechtlich nicht zulässig ist.

Um Marktrisiken auch bei extremen Marktpreisschwankungen überwachen zu können, wird regelmäßig ein sogenannter „Stress-Test" auf die Derivatbestände vorgenommen. Dabei wird, entsprechend den Empfehlungen der Bank für Internationalen Zahlungsausgleich (BIZ) für die Kapitaladäquanz von Banken, das nach dem Money-at-Risk-Konzept ermittelte Marktrisiko mit dem Faktor drei multipliziert.

Die Marktwerte von derivativen Finanzinstrumenten werden anhand von Marktnotierungen oder durch finanzmathematische Berechnungen auf der Grundlage marktüblicher Modelle ermittelt.

Finanzderivate zum 31.12.1996

in Mio DM	**Gesamtvolumen**		**davon außerhalb von Bewertungseinheiten**			
(Restlaufzeiten)	Nominalvolumen	Marktwert	Nominalvolumen	Marktwert	Money-at-Risk	Risiko gemäß Stress-Test
Devisentermingeschäfte						
Kauf						
bis 1 Jahr	716,9	12,9	716,9	12,9	7,1	21,3
über 1 Jahr	1,6	0,1	1,6	0,1	–	–
Verkauf						
bis 1 Jahr	1.754,1	10,0	1.754,1	10,0	11,5	34,5
über 1 Jahr	10,2	–	10,2	–	–	–
Devisenoptionen						
Kauf						
bis 1 Jahr	31,8	0,2	31,8	0,2	0,1	0,3
über 1 Jahr	–	–	–	–	–	–
Verkauf						
bis 1 Jahr	–	–	–	–	–	–
über 1 Jahr	–	–	–	–	–	–
Zwischensumme/Portfolio	**2.514,6**	**23,2**	**2.514,6**	**23,2**	10,1	30,3
Währungsswaps						
bis 1 Jahr	2,8	– 0,1	–	–	–	–
1 Jahr bis 5 Jahre	779,4	– 68,4	–	–	–	–
über 5 Jahre	111,4	0,9	–	–	–	–
Zins-/Währungsswaps						
bis 1 Jahr	–	–	–	–	–	–
1 Jahr bis 5 Jahre	7,6	– 0,8	–	–	–	–
über 5 Jahre	–	–	–	–	–	–
Zwischensumme/Portfolio	**901,2**	**– 68,4**	**–**	**–**	**–**	**–**
Zinsswaps						
Festzinszahler						
bis 1 Jahr	–	–	–	–	–	–
1 Jahr bis 5 Jahre	178,0	– 7,4	–	–	–	–
über 5 Jahre	108,5	– 12,2	11,6	– 0,7	0,1	0,3
Festzinsempfänger						
bis 1 Jahr	–	–	–	–	–	–
1 Jahr bis 5 Jahre	178,0	10,9	–	–	–	–
über 5 Jahre	–	–	–	–	–	–
Zwischensumme/Portfolio	**464,5**	**– 8,7**	**11,6**	**– 0,7**	0,1	0,3
Gesamtsumme/Portfolio	**3.880,3**	**– 53,9**	**2.526,2**	**22,5**	**10,2**	**30,6**

Der Marktwert der zum Bilanzstichtag ausstehenden Finanzinstrumente aus Geldaufnahmen beträgt DM 3.906 Mio (1995: DM 3.279 Mio), der Marktwert aus Geldanlagen beträgt DM 4.708 Mio (1995: DM 4.551 Mio).

Kontrahentenrisiko

Das Kontrahentenrisiko bezeichnet mögliche Vermögensverluste, die aus der Nichterfüllung von Vertragsverpflichtungen einzelner Geschäftspartner entstehen können.

Bei Derivatgeschäften beschränkt sich während der Laufzeit das Kontrahentenrisiko auf die Wiederbeschaffungskosten, die aufgewendet werden müssen, um bei Ausfall eines Kontrahenten die entstehende offene Position zu decken. Diesem Risiko unterliegen nur Geschäfte mit einem für die VEBA positiven Marktwert. Es wird angestrebt, Derivatgeschäfte auf der Grundlage von Standardverträgen abzuschließen, die die Aufrechnung

Beispiel 7-137b: Geschäftsbericht der Veba AG 1996, S. 74

aller ausstehenden Geschäfte mit einem Vertragspartner erlauben. Vertragspartner sind ausschließlich Finanzinstitute, die von VEBA definierte Bonitätskriterien erfüllen (Mindestrating-Klasse, soweit Rating vorhanden; Bonitätseinschätzung bei renommierten inländischen Privatbanken). So wie in Europa üblich, werden Sicherheiten für Derivatgeschäfte weder gewährt noch erhalten.

Insgesamt weist der Derivate-Bestand folgende Laufzeiten- und Bonitätsstruktur auf:

in Mio DM	Insgesamt		davon bis 1 Jahr		davon 1 bis 5 Jahre		davon über 5 Jahre	
Rating des Kontrahenten Standard & Poor's und/ oder Moody's	Nominalwerte	Kontrahenten-risiko	Nominalwerte	Kontrahenten-risiko	Nominalwerte	Kontrahenten-risiko	Nominalwerte	Kontrahenten-risiko
AAA und Aaa	294,2	4,7	233,0	4,7	15,0	–	46,2	–
AA+ und Aaa oder AAA und Aa1 bis AA- und Aa3	2.415,0	34,6	1.571,1	26,6	728,7	6,8	115,2	1,2
AA- und A1 oder A+ und Aa3 bis A oder A2	343,3	2,1	186,6	2,1	98,2	–	58,5	–
Sonstige	827,8	16,5	514,9	6,3	312,9	10,2	–	–
Summe	**3.880,3**	**57,9**	**2.505,6**	**39,7**	**1.154,8**	**17,0**	**219,9**	**1,2**

Beispiel 7-137c: Geschäftsbericht der Veba AG 1996, S. 75

Während die VEW AG im Geschäftsbericht des Jahres 1995 berichtete:

Zum 31.12.1995 bestehen Devisentermingeschäfte im Nominalwert von 31,1 Mio DM mit einem positiven Marktwert von 1,8 Mio DM. Andere derivative Finanzinstrumente waren zum Bilanzstichtag nicht eingesetzt.

Beispiel 7-138: Geschäftsbericht der VEW AG 1995, S. 64,

heißt es im Geschäftsbericht des Jahres 1996:

Zum 31.12.1996 bestehen Devisentermingeschäfte im Nominalwert von 24,5 Mio DM mit einem negativen Marktwert von 1,5 Mio DM. Dem steht ein positives Bewertungsergebnis aus dem Grundgeschäft gegenüber. Die zur Steuerung von Zinsbindungsfristen eingesetzten Zinsswaps mit einem Nominalvolumen von 52 Mio DM haben zum 31.12.1996 einen positiven Marktwert von 0,8 Mio DM.

Beispiel 7-139: Geschäftsbericht der VEW AG 1996, S. 70

Sollten keine derivativen Finanzinstrumente eingesetzt werden, so ist dies mit einer ausdrücklichen Fehlanzeige zu dokumentieren. Beispielsweise berichtet die Spar Handels-AG zum Berichterstattungspunkt „Geschäfte mit Derivaten“:

> *Derartige Geschäfte wurden im Geschäftsjahr nicht getätigt.*

Beispiel 7-140: Geschäftsbericht der Spar Handels-AG 1996, S. 72

7.4 Sonstige Angaben im Geschäftsbericht

Neben den Angaben im Anhang und im Lagebericht können für Geschäftsberichtsleser weitere Informationen von Interesse sein. Diese Anforderungskriterien werden unter den „Sonstigen Angaben“ zusammengefaßt. Damit der Geschäftsbericht den Informationsbedürfnissen der Leser gerecht wird, sollte im einzelnen auf die folgenden Faktoren eingegangen werden:

1. Formale Abgrenzung und Struktur des Lageberichts,
2. Vollständigkeit des Lageberichts bzw. Verlagerung wesentlicher Informationen in sonstige Teile des Geschäftsberichts,
3. Aktivitäten im Bereich Kommunikation und Werbung,
4. Aufgliederung von Marketingausgaben in Ausgaben für Markteinführung neuer Produkte und Werbeausgaben für Marktbehauptung,
5. Finanzielle Zielsetzung und daraus abgeleitete strategische Zielsetzung,
6. Bericht des Aufsichtsrats,
7. Vorlagezeitpunkt des Geschäftsberichts,
8. Glossarium,
9. Stichwortverzeichnis,
10. Liste mit wichtigen Finanzdaten/-terminen sowie
11. Vorlage auch des Einzelabschlusses durch ein konzernabschluß-aufstellendes Mutterunternehmen.

Ad 1.: Formale Abgrenzung und Struktur des Lageberichts
Im Lagebericht nach § 289 HGB sind zumindest der Geschäftsverlauf und die Lage des Unternehmens darzustellen. Damit Leser des Geschäftsberichts Informationen schnell und übersichtlich finden können, sollte der Lagebe-

richt – analog zur Regelung im Gesetz – in folgende Abschnitte gegliedert werden:

- Wirtschaftsbericht (§ 289 Abs. 1 HGB),
- Nachtragsbericht (§ 289 Abs. 2 Nr. 1 HGB),
- Prognosebericht (§ 289 Abs. 2 Nr. 2 HGB),
- Forschungs- und Entwicklungsbericht (§ 289 Abs. 2 Nr. 3 HGB),
- Zweigniederlassungsbericht (§ 289 Abs. 2 Nr. 4 HGB),
- Freiwilliger Zusatzbericht.

Die Gliederung des Lageberichts sollte in das Inhaltsverzeichnis aufgenommen werden. Innerhalb der genannten Abschnitte ist über die in diesem Buch genannten Anforderungskriterien zu berichten. Diese Kriterien sollten durch Überschriften oder auf andere Weise besonders hervorgehoben werden. Ferner sollte der Lagebericht als solcher optisch von den sonstigen Teilen des Geschäftsberichts abgegrenzt werden.
Vorbildlich hinsichtlich dieses Kriteriums ist die Berichterstattung der Vossloh AG. *Beispiel 7-141* zeigt die übersichtliche Gliederung des Lageberichts im Inhaltsverzeichnis des 96er-Vossloh-Geschäftsberichts *(vgl. Vossloh AG, GB 1996, S. 1)*. Ferner grenzt Vossloh den Lagebericht durch die Überschrift „Lagebericht" auf jeder Doppelseite von den übrigen Geschäftsberichtsteilen ab.

Ad 2.: Vollständigkeit des Lageberichts bzw. Verlagerung wesentlicher Informationen in sonstige Teile des Geschäftsberichts

Da nur der Lagebericht vom Wirtschaftsprüfer geprüft wird, darf sich der Adressat aufgrund des vertrauenswürdigen Urteils des Abschlußprüfers eigentlich nur insoweit auf objektive Informationen verlassen. Da der Lagebericht großer Kapitalgesellschaften im Bundesanzeiger bekanntzumachen ist, sind diese Unternehmen zur Verringerung damit verbundener Kosten eher bestrebt, den Umfang des Lageberichts auf das Notwendigste zu beschränken und die Informationen in anderen Teilen des Geschäftsberichts zu plazieren.
Berichterstattenden Unternehmen ist aber zu empfehlen, die den Lagebericht ergänzenden Informationen, die unter Umständen bisher in die sonstigen (ungeprüften) Teile des Geschäftsberichts verlagert wurden, in den Lagebericht selbst aufzunehmen.

Inhalt

1

Beispiel 7-141: Geschäftsbericht der Vossloh AG 1996, S. 1

Vorbildlich ist auch hier die Berichterstattung der Vossloh AG. Wie *Beispiel 7-141* zeigt, behandelt Vossloh im 96er-Geschäftsbericht alle relevanten Sachverhalte im geprüften Lagebericht.

Ad 3.: Aktivitäten im Bereich Kommunikation und Werbung

Berichterstattende Unternehmen sollten in ihrem Geschäftsbericht die folgenden Aktivitäten im Bereich Kommunikation und Werbung ausführlich erläutern, sofern diese Aktivitäten betrieben werden:

- Public-Relations-Aktivitäten:
  - Erscheinungsbild des Unternehmens in der Öffentlichkeit,
  - Sponsoring-Aktivitäten (Sport, Kunst, Bildung, Umwelt),
  - Aktivitäten auf Messen und Ausstellungen.
- Investor-Relations-Aktivitäten:
  - Beziehungen zu Gesellschaftern,
  - Beziehungen zu potentiellen Gesellschaftern,
  - Beziehungen zu Finanzanalysten.
- Marketing-Instrumentarium des Unternehmens:
  - Distributionspolitik,
  - Kommunikationspolitik,
  - Produktpolitik,
  - Kontrahierungspolitik.

Sehr gute Angaben im Bereich Kommunikation und Werbung macht die Hugo Boss AG. Auszüge aus dem Hugo-Boss-Geschäftsbericht 1996 zeigt *Beispiel 7-142 (vgl. Hugo Boss AG, GB 1996, S. 9 f. und S. 36).*

Ad 4.: Aufgliederung von Marketingausgaben in Ausgaben für Markteinführung neuer Produkte und Werbeausgaben für Marktbehauptung

In ihrem Geschäftsbericht sollten Unternehmen deutlich machen, in welchem Umfang sie Marketing betreiben, ob neue Produkte und Dienstleistungsangebote einer besonderen Markteinführung bedurften, die hohe Aufwendungen verursachte, bzw. ob hohe Aufwendungen zur Behauptung einer einmal gewonnenen Marktposition anfielen.
Zudem sollten berichterstattende Unternehmen ihre Vertriebsorganisation im Geschäftsbericht erläutern. Die Wahl der Vertriebsorganisation ist ein wichti-

MARKETING-KOMMUNIKATION

Auf unserem Weg, HUGO BOSS zur „global brand", also zu einer internationalen Marke mit unverkennbarem Charakter, weiterzuentwickeln, kommt der Marketing-Kommunikation eine besondere Bedeutung zu. Eine aktive Presse- und Öffentlichkeitsarbeit, die klassische Werbung, Sponsoring und Handelsmarketing sind die vier tragenden Säulen unserer Kommunikation.

Mit dem Ziel, weltweit einen einheitlichen Unternehmensauftritt zu gewährleisten, pflegt die PR-Arbeit den Dialog und Kontakt mit der Öffentlichkeit. Sie stärkt unser Unternehmensimage und erhöht den Bekanntheitsgrad von Unternehmen und Marken. Unverwechselbar durch ihre prägnante Bildsprache tragen unsere Anzeigenkampagnen in den Printmedien wesentlich zu einem einheitlichen Unternehmensimage bei. Das Handelsmarketing unterstützt die Marketingaktivitäten am Point of Sale: Durch Werbematerial, Verkäuferschulungen, Händler-Events und Merchandisingseminare ermöglichen wir eine optimale, visuelle Präsentation unserer Produkte.

Unsere Sponsoringaktivitäten folgen gesellschaftlichen Trends und dienen dazu, die Markenwelten mit Leben zu füllen und die Produkte mit einem Mehrwert zu versehen. Unser langjähriges Sponsoringengagement im Motorsport, Golf und Tennis stärkt das Bild der maskulinen, erfolgreichen Marke BOSS Hugo Boss. Das Profil von HUGO BOSS wird durch unser Arts Sponsorship unterstützt und erweitert. So zu verstehen ist unsere Kooperation mit dem Guggenheim Museum New York, die eine zukunftsweisende Form des Sponsorings darstellt: eine partnerschaftliche Zusammenarbeit, beruhend auf gegenseitigem Austausch unter Einbeziehung der Mitarbeiter. Ziel dieser Zusammenarbeit ist es, die Produkte mit einem weiteren Wert ästhetischer Lebenskultur zu versehen, Zugang zur Kunst zu schaffen und einen Beitrag zur Unternehmenskultur zu leisten.

MARKTBEARBEITUNG

Die Bearbeitung unserer bislang 85 Absatzmärkte erfolgt nach länderspezifischen und strategischen Aspekten. So agieren wir beispielsweise in strategisch wichtigen oder umsatzstarken Märkten über eigene Tochtergesellschaften, die in direktem Kontakt mit den lokalen Einzelhandelspartnern stehen und den Markt selbständig bearbeiten. Vertriebsgesellschaften befinden sich in Frankreich, Italien, Schweiz, USA, Kanada, Brasilien, Hong Kong und Japan. Eine weitere Vertriebsgesellschaft, die im Sommer 1997 eröffnet wird, haben wir Ende 1996 in Spanien gegründet. Kleinere Märkte bedienen wir vor allem mit erfahrenen Handelsvertretern. In Australien sind wir bereits 1989 aus einfuhrrechtlichen Gründen ein Joint-Venture eingegangen.

Beispiel 7-142a: Geschäftsbericht der Hugo Boss AG 1996, S. 9

Distributionsstrukturen

Die Vertriebspolitik mit unseren Einzelhandelspartnern ist auf eine langfristige Zusammenarbeit ausgerichtet. Neben der anspruchsvollen, visuellen Präsentation unserer Marken gehören Serviceleistungen und eine umfassende Beratung zu den zentralen Aufgaben der Einzelhandelspartner. Der größte Teil unserer Kunden ist im klassischen Facheinzelhandel tätig; darüber hinaus vertreiben wir unsere Produkte auch über Filialbetriebe. Verstärkt ausgebaut wurde in den letzten Jahren der Vertrieb über BOSS Hugo Boss Shops, die nach einem einheitlichen Konzept gestaltet sind und von unabhängigen Geschäftspartnern betrieben werden. Unsere BOSS Hugo Boss Shops, in denen wir das gesamte Markenspektrum präsentieren, reflektieren ein dynamisches, internationales Lebensgefühl. Sie befinden sich überwiegend in Regionen, in denen der Vertrieb über Mono-Marken-Shops weit verbreitet ist, und zusätzlich aufgrund der hohen Attraktivität der Shops und der damit verbundenen Signalwirkung in den wichtigsten Metropolen weltweit.

BOSS Hugo Boss Shops nach Regionen Ende 1996

Region	absolut	in %
Deutschland	13	7,2
Westeuropa	26	14,4
Osteuropa	10	5,5
Asien	77	42,5
Nordamerika	10	5,5
Zentral- und Südamerika	45	24,9
Gesamt	***181***	***100,0***

Beispiel 7-142b: Geschäftsbericht der Hugo Boss AG 1996, S. 10

Investor Relations

Ein offenes und informatives Verhältnis zu Aktionären und Analysten ist uns ein besonderes Anliegen. Aus diesem Grund liegt der Fokus unserer Investor Relations Aktivitäten auf einer transparenten und umfassenden Informationspolitik. Ihre Grundbestandteile sind der Geschäftsbericht, der Zwischenbericht sowie zahlreiche Pressemitteilungen, durch die wir der Öffentlichkeit während des laufenden Geschäftsjahres zeitnah neue Erkenntnisse und wichtige Informationen zum Geschäftsverlauf von HUGO BOSS übermitteln. Neben der Hauptversammlung, die gewöhnlich im Mai jeden Jahres stattfindet, präsentieren wir uns der Öffentlichkeit außerdem bei der Bilanzpressekonferenz, bei der alljährlich im April die Daten des abgelaufenen Geschäftsjahres präsentiert werden. Darüber hinaus informieren wir institutionelle Investoren und Finanzanalysten im Rahmen von Analystentreffen, die im nationalen und internationalen Umfeld regelmäßig zweimal im Jahr veranstaltet werden.

Beispiel 7-142c: Geschäftsbericht der Hugo Boss AG 1996, S. 36

ger Bestandteil des Marketing. Sie hat entscheidenden Einfluß auf das Neugeschäft sowie die Fluktuation und damit auch auf die künftige Vermögens-, Finanz- und Ertragslage.
Beispiel 7-143 aus dem 96er-Vossloh-Geschäftsbericht und *Beispiel 7-144* aus dem Geschäftsbericht der SmithKline Beecham plc 1996 zeigen, wie eine gute Berichterstattung zu den Marketingausgaben aussehen könnte.

Der Vossloh-Konzern investierte 1996 insgesamt 12,7 Mio DM in Marktkommunikation (Vorjahr 11,4 Mio DM). Darin enthalten sind die Aufwendungen der Vossloh AG für Investor Relations und Öffentlichkeitsarbeit, die wie in den Vorjahren nahezu unverändert bei 0,9 Mio DM lagen. ...
Die gesamten Aufwendungen für Marketing und Werbung beliefen sich für den Bereich Elektro auf 1,5 Mio DM (Vorjahr 1,7 Mio DM). ...
Der Bereich Dekoration wandte für seine endverbraucherorientierten Werbeaktivitäten im Berichtsjahr 9,7 Mio DM (Vorjahr 8,1 Mio DM) auf. ...
Insgesamt erreichte der Werbeaufwand des Bereichs Verkehrstechnik ein Volumen von nur 0,6 Mio DM.

Beispiel 7-143: Geschäftsbericht der Vossloh AG 1996, S. 30

Advertising and Promotion (A&P) increased by 1,8% of Consumer Healthcare sales to 27,3%. The 25% underlying increase was driven by the support behind the Rx to OTC switches in the U.S. and continued support behind our global brands. This increased support is already having a significant benefit in leveraging sales growth. For example, in Europe our Consumer Healthcare business grew sales by 12% compared to around 3% increase in the market as a whole. It is expected that current levels of spend will be maintained.

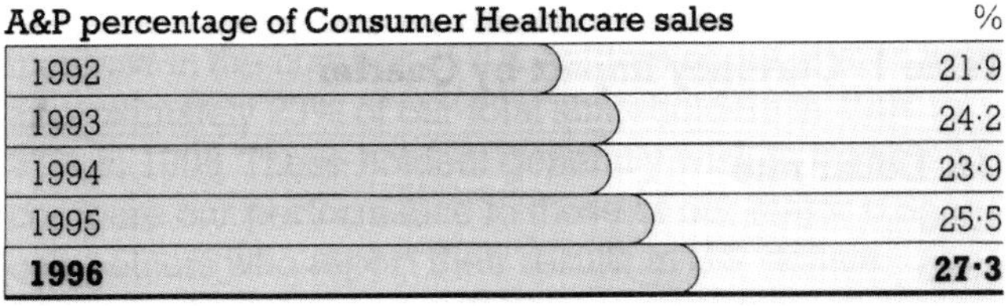

A&P percentage of Consumer Healthcare sales	%
1992	21·9
1993	24·2
1994	23·9
1995	25·5
1996	**27·3**

Beispiel 7-144: Geschäftsbericht der SmithKline Beecham plc 1996, S. 25

Vorbildliche Angaben zur Vertriebsorganisation zeigt bereits *Beispiel 7-142* aus dem Geschäftsbericht 1996 der Hugo Boss AG.

Ad 5.: Finanzielle Zielsetzung und daraus abgeleitete strategische Zielsetzung

Finanzielle Zielsetzungen im Geschäftsbericht und daraus abgeleitete strategische Zielsetzungen machen es dem Leser des Geschäftsberichts leichter, die künftige wirtschaftliche Entwicklung eines Unternehmens zu beurteilen. In letzter Zeit finden sich diese Angaben passenderweise im Vorwort des Vorstandsvorsitzenden.

Berichterstattende Unternehmen sollten daher die von ihnen verfolgte Unternehmensführungs-Philosophie (Shareholder-Value-Konzeption, Stakeholder-Value-Konzeption etc.) angeben und erläutern. Ferner sollte angegeben werden, welche qualitativen und quantitativen Ziele bzw. Ziel-Hierarchien aus der Führungskonzeption abgeleitet werden.

Vorbildliche Angaben zu diesem Kriterium macht die Schwarz Pharma AG:

> Von großer Bedeutung ist die Operationalisierung des Shareholder Value-Konzepts. Wir bedienen uns dabei der folgenden Mittel:
>
> - Basis für die Steuerung des operativen Geschäfts ist die Rendite auf das eingesetzte Kapital. Wir verwenden hier als Meßgröße den „Cash flow Return on Assets“ (CFROA). Unsere Zielsetzung sind hier mindestens 16 %.
> - Der CFROA ist auch Basis für die variable Vergütung unserer Führungskräfte. Ergänzt werden soll dieses System durch Auflegung eines Aktien-Optionsprogramms, über das die nächste Hauptversammlung entscheiden soll.
> - Auch unsere Informationspolitik wird verbessert. In diesem Bericht werden zum ersten Mal die wesentlichen Abweichungen des deutschen handelsrechtlichen Jahresabschlusses zu den internationalen Rechnungslegungsvorschriften (IAS) dargestellt. Darüber hinaus beginnen wir in diesem Jahr mit der quartalsweisen Berichterstattung.
>
> Für 1997 rechnen wir mit einem Wachstum von 6 bis 8 Prozent. Aus heutiger Sicht dürfte sich der Jahresüberschuß überproportional entwickeln.

Beispiel 7-145: Geschäftsbericht der Schwarz Pharma AG 1996, S. 3

Diese Angaben werden im Geschäftsbericht der Schwarz Pharma AG an anderer Stelle noch näher erläutert und konkretisiert *(vgl. Schwarz Pharma AG, GB 1996, S. 22 f.)*.

Ad 6.: Bericht des Aufsichtsrats

Neben dem Wirtschaftsprüfer ist der Aufsichtsrat die wichtigste Kontrollinstanz börsennotierter deutscher Kapitalgesellschaften. Der Bericht des Aufsichtsrats gehört zu den Pflichtbestandteilen des Geschäftsberichts. Damit die Tätigkeit des Aufsichtsrats für Leser des Geschäftsberichts transparent wird, sollte im Bericht des Aufsichtsrats unter anderem auf folgende Aspekte eingegangen werden:

- Hauptthemen der Aufsichtsratssitzungen,
- Zahl der Aufsichtsratssitzungen und deren Teilnehmer,
- Bestehende Aufsichtsratsausschüsse (z. B. Audit-Committee),
- Teilnahme des Wirtschaftsprüfers an der Bilanz-Aufsichtsrats-Sitzung sowie
- Häufigkeit und Inhalt der Berichterstattung des Vorstands an den Aufsichtsrat.

Nachstehendes *Beispiel 7-146* zeigt die vorbildliche Berichterstattung des Aufsichtsrats im Mannesmann-Geschäftsbericht 1996 *(vgl. Mannesmann AG, GB 1996, S. 2 f.)*.

Ad 7.: Vorlagezeitpunkt des Geschäftsberichts

Gemäß § 264 Abs. 1 HGB sind der Jahresabschluß und der Lagebericht der Kapitalgesellschaft innerhalb der ersten drei Monate des Geschäftsjahres für das vergangene Geschäftsjahr aufzustellen. Allerdings sind Jahresabschluß und Lagebericht erst nach Ablauf von sechs Monaten in den Räumen der Gesellschaft auszulegen, und vor Ablauf von neun Monaten ist der festgestellte Jahresabschluß spätestens zu publizieren. Für den Aktionär einer Aktiengesellschaft ist aber von großer Bedeutung, so zeitnah wie möglich über das Ergebnis des abgelaufenen Geschäftsjahres unterrichtet zu werden. Der Geschäftsbericht sollte dem Aktionär infolgedessen möglichst im ersten Quartal oder in den ersten Wochen des zweiten Quartals des neuen Geschäftsjahres vorliegen.

Deutsche Unternehmen sollten sich in dieser Hinsicht an internationale Usancen anpassen. Beispielsweise lag der 96er-Geschäftsbericht von General

Bericht des Aufsichtsrats

Der Aufsichtsrat hat während des Geschäftsjahres 1996 die Geschäftsführung durch den Vorstand überwacht und sich anhand der turnusmäßigen Berichterstattung sowie aufgrund gesonderter Informationsschreiben eingehend über die Entwicklung des Unternehmens und alle wesentlichen Geschäftsvorfälle unterrichtet. Darüber hinaus hat sich der Vorsitzende des Aufsichtsrats vom Vorstand laufend informieren lassen.

Hilmar Kopper, Vorsitzender

Im Geschäftsjahr 1996 wurden in insgesamt fünf Sitzungen mit dem Vorstand grundsätzliche Fragen der Geschäftspolitik erörtert und einzelne Geschäftsvorfälle, die aufgrund gesetzlicher oder satzungsmäßiger Bestimmungen der Zustimmung des Aufsichtsrats unterliegen, behandelt und mit dem Vorstand beraten. Darüber hinaus wurden einzelne zustimmungsbedürftige Geschäftsvorfälle auf schriftlichem Wege verabschiedet.

Gegenstand der Erörterungen waren u. a. die wirtschaftliche Lage der Konzerngesellschaften, die längerfristige Entwicklung der Unternehmensbereiche sowie die beabsichtigte Geschäftspolitik und andere grundsätzliche Fragen der Unternehmensplanung. Neben Umstrukturierungsmaßnahmen des Konzerns, wie der Zusammenfassung der Unternehmensgruppen Röhren und Handel zu einem Unternehmensbereich sowie der Eingliederung der Krauss-Maffei AG, behandelte der Aufsichtsrat in mehreren Sitzungen das Vorhaben, sich über eine von Mannesmann geführte Holdinggesellschaft mit 49,8 Prozent der Anteile an der DBKom Gesellschaft für Telekommunikation mbH & Co. KG, Frankfurt am Main – jetzt Mannesmann Arcor – zu beteiligen. In seiner Sitzung vom 20. September 1996 erteilte der Aufsichtsrat hierzu seine abschließende Zustimmung. Ferner erklärte sich der Aufsichtsrat damit einverstanden, daß die CNI Communications Network International GmbH & Co. KG, Frankfurt am Main, mit Mannesmann Arcor verschmolzen wird.

In Ergänzung zu dem vom Aufsichtsrat genehmigten Investitionsvolumen für das Geschäftsjahr 1996 erteilte der Investitionsausschuß die Zustimmung zu Investitionen, mit denen im Einzelfall Aufwendungen von weniger als 20 Millionen DM verbunden waren und die keine wesentlichen Kapazitätserweiterungen oder Strukturveränderungen zur Folge hatten.

In den Sitzungen des Investitionsausschusses und des Aufsichtsrats im November 1996 wurden die Investitions- und Finanzierungsplanungen des Konzerns für den Zeitraum 1997 bis 2001 beraten und das Investitionsprogramm für 1997 verabschiedet.

Darüber hinaus stimmte der Aufsichtsrat gemäß den Empfehlungen des Personalausschusses, der zweimal tagte, der Erteilung von Generalvollmachten und Prokuren sowie dem Abschluß von wesentlichen Anstellungsverträgen zu. Der Ausschuß für Vorstandsangelegenheiten bzw. das Präsidium tagten im Geschäftsjahr 1996 insgesamt siebenmal. Neben der Vorbesprechung von Aufsichtsratsangelegenheiten wurde u. a. über Vertragsangelegenheiten der Vorstandsmitglieder beschlossen. Der Ausschuß erteilte insbesondere gemäß § 15 MitbestErgG die erforderliche Zustimmung zu Beschlußfassungen über die Bestellung und Entlastung von Verwaltungsmitgliedern der Tochtergesellschaften.

2

Beispiel 7-146a: Geschäftsbericht der Mannesmann AG 1996, S. 2

In den Aufsichtsratssitzungen vom 20. Februar und 10. April 1997 hat sich der Aufsichtsrat eingehend mit der beabsichtigten Kooperation zwischen der Mannesmannröhren-Werke AG und der Vallourec SA im Bereich warmgefertigter nahtloser Rohre befaßt und ihr gleichfalls seine Zustimmung gegeben.

Der Jahresabschluß und der Konzernabschluß zum 31. Dezember 1996 sowie der Lagebericht, der für die Mannesmann AG und den Konzern zusammengefaßt wurde, sind unter Einbeziehung der Buchführung von der durch die letzte ordentliche Hauptversammlung zum Abschlußprüfer gewählten KPMG Deutsche Treuhand-Gesellschaft Aktiengesellschaft Wirtschaftsprüfungsgesellschaft, Düsseldorf, geprüft worden. Sie hat den uneingeschränkten Bestätigungsvermerk erteilt.

Der Aufsichtsrat hat den Jahresabschluß, den Lagebericht und den Vorschlag für die Verwendung des Bilanzgewinns geprüft. Der Aufsichtsrat schließt sich dem Ergebnis der Abschlußprüfung an und erhebt auch nach dem abschließenden Ergebnis seiner eigenen Prüfung keine Einwendungen.

Der Konzernabschluß und der Bericht des Konzernabschlußprüfers haben dem Aufsichtsrat vorgelegen.

Entsprechend den Empfehlungen des Bilanzausschusses hat der Aufsichtsrat in der Sitzung am 10. April 1997 den Jahresabschluß gebilligt, der damit festgestellt ist. Dem Vorschlag des Vorstands für die Verwendung des Bilanzgewinns schließt sich der Aufsichtsrat an. Darüber hinaus wurden in der Sitzung vom 10. April 1997 die Beschlußvorschläge für die Hauptversammlung verabschiedet.

Herr Dr. Klaus Czeguhn, seit 1982 im Vorstand zuständig für das Ressort Technik und seit 1994 stellvertretender Vorsitzender, schied zum 31. Dezember 1996 aus dem Vorstand aus, um in den Ruhestand zu treten. Die Ressorts Technik und Automobiltechnik wurden zu einem Ressort unter Führung von Herrn Dr. Wolfgang Peter zusammengefaßt.

Herr Reinhold Schreiner, der dem Konzern seit 1952 und seit 1992 dem Vorstand als Arbeitsdirektor angehörte, schied nach Erreichen der Altersgrenze zum 31. März 1997 aus dem Vorstand aus. Der Aufsichtsrat bestellte entsprechend der Empfehlung des Ausschusses für Vorstandsangelegenheiten Herrn Sigmar Sattler als Nachfolger für Herrn Schreiner mit Wirkung vom 1. April 1997 zum weiteren Mitglied des Vorstands.

Der Aufsichtsrat dankt den ausgeschiedenen Herren für ihre verdienstvolle Arbeit im Interesse des Unternehmens.

Nach Erreichen der Altersgrenze schied Herr Wilhelm Stock, der dem Aufsichtsrat als Arbeitnehmervertreter seit dem 4. Juli 1974 angehörte, mit Wirkung zum Ablauf der ordentlichen Hauptversammlung am 28. Juni 1996 aus dem Aufsichtsrat aus. Zu seinem Nachfolger wurde Herr Karl Heinz Ebert durch Beschluß des Amtsgerichts Düsseldorf bestellt. Der Aufsichtsrat dankt Herrn Stock auch an dieser Stelle für sein verdienstvolles Wirken im Interesse des Unternehmens.

Für den am 12. August 1996 verstorbenen Herrn Dr. Egon Overbeck wurde Sir Christopher Lewinton, Chairman of the Board der TI Group plc, London, zum Mitglied des Aufsichtsrats bestellt. Herrn Dr. Overbeck gebührt ein besonderes Gedenken. Nach seiner langjährigen erfolgreichen Tätigkeit als Vorsitzender des Vorstands von 1962 bis 1983 hat er sich dem Unternehmen als Mitglied des Aufsichtsrats zur Verfügung gestellt. In dieser Zeit hat er die weitere Entwicklung des Konzerns und die damit verbundenen umfangreichen Umstrukturierungen engagiert begleitet. Wir werden den Verstorbenen in dankbarer Erinnerung behalten.

Düsseldorf, den 10. April 1997

Der Aufsichtsrat

Hilmar Kopper
Vorsitzender

3

Beispiel 7-146b: Geschäftsbericht der Mannesmann AG 1996, S. 3

Electric (Geschäftsjahresschluß 31. Dezember 1996) den Aktionären bereits Ende Februar 1997, d. h. knapp zwei Monate nach Ende des Geschäftsjahres vor. British Telecommunications (BT) veröffentlichte ihren Geschäftsbericht 1997 (Geschäftsjahresschluß 31. März 1997) Mitte Juni 1997, also zweieinhalb Monate nach Ablauf des Geschäftsjahres.

Ad 8.: Glossarium

Unternehmen, die in einem für Laien nicht unmittelbar zugänglichen Arbeitsgebiet tätig sind, sollten in ihren Geschäftsbericht ein Glossarium aufnehmen. In dem Glossarium wären Fachausdrücke zu erläutern, um die Verständlichkeit der Angaben im Geschäftsbericht zu erhöhen. Zu diesen Fachausdrücken zählen einerseits branchenübliche technische Fachausdrücke, die dem durchschnittlichen Anleger in der Regel nicht bekannt sein dürften. Andererseits sind in das Glossarium aber auch finanztechnische Fachausdrücke aufzunehmen, die die Verständlichkeit und Nachvollziehbarkeit der betriebswirtschaftlichen Fachausdrücke in Jahresabschluß und Lagebericht fördern.
In dieser Hinsicht berichtet etwa die Henkel KGaA vorbildlich, die auf den Seiten 62 f. des Geschäftsberichts chemisch-technische Fachausdrücke und finanztechnische Fachausdrücke erläutert. (*Beispiel 7-147*)
Das Glossarium sollte ebenso wie Stichwortverzeichnis und Finanzkalendarium (vgl. hierzu die beiden folgenden Punkte) an einer leicht aufzufindenden Stelle im Geschäftsbericht (etwa am Ende des Geschäftsberichts) plaziert werden.

Ad 9.: Stichwortverzeichnis

Vor allem bei umfangreichen Geschäftsberichten empfiehlt es sich, ein Stichwortverzeichnis in den Geschäftsbericht aufzunehmen. Leser, die den Geschäftsbericht an bestimmten Stellen genauer studieren möchten, können diese Stellen mit Hilfe des Stichwortverzeichnisses leichter ausfindig machen. Mühevolles, unter Umständen ermüdendes Suchen im Geschäftsbericht wird auf diese Weise vermieden.
Stichwortverzeichnisse sind in deutschen Geschäftsberichten nur selten zu finden. Der (1996 erstmals dreigeteilte) Geschäftsbericht der Bayerischen Vereinsbank 1996 macht hier eine Ausnahme: Der Geschäftsbericht umfaßt 173 Seiten. Am Ende von Band 2 des Geschäftsberichts findet der Leser ein ausführliches Register, das sich auf die Bände 1 und 2 (somit nicht auf Band 3 des Geschäftsberichts: Gremien und Organisation) bezieht. Dieses Register ist nachstehend abgebildet (*Beispiel 7-148*; vgl. S. 300 f. dieses Buches).

Ad 10.: Liste mit wichtigen Finanzdaten/-terminen

Eine Liste mit wichtigen Finanzdaten gibt einem Aktionär wertvolle Hinweise auf wichtige Termine, die sein Aktienengagement betreffen. Hierbei handelt es sich etwa um Hinweise auf die Auszahlung der Dividende, auf die Termine der Quartalsberichterstattung, auf die nächste Bilanzpressekonferenz und auf die nächste Hauptversammlung. Eine Liste wichtiger Finanzdaten sollte deshalb selbstverständlicher Bestandteil eines jeden Geschäftsberichts sein, zumal die Termine des laufenden Jahres und – was etwa die Hauptversammlung betrifft – teilweise auch die Termine der nächsten Jahre dem Unternehmen oft bereits bekannt sind. Vorbildlich berichtet – wie *Beispiel 7-149* (vgl. S. 302 dieses Buches) zeigt – etwa die Bayer AG (ähnlich auch die Siemens AG auf der Rückseite ihres 96er-Geschäftsberichts).

Ad 11.: Vorlage auch des Einzelabschlusses durch ein konzernabschluß-aufstellendes Mutterunternehmen

Von Mutterunternehmen, die dazu verpflichtet sind, neben dem Einzelabschluß auch einen Konzernabschluß aufzustellen, wird im Geschäftsbericht oftmals nur der Konzernabschluß veröffentlicht. Der Einzelabschluß wird interessierten Personen dann auf Anfrage zur Verfügung gestellt. Ausschüttungsgrundlage ist aber nicht das Ergebnis des Konzernabschlusses, sondern das Ergebnis des Einzelabschlusses des Mutterunternehmens. Damit der Aktionär beide (in der Regel allerdings identische) Ergebnisse miteinander vergleichen und sich ein Bild auch von der wirtschaftlichen Lage des Mutterunternehmens machen kann, sollte auch der Einzelabschluß des Mutterunternehmens in den Geschäftsbericht aufgenommen werden.
Die Siemens AG veröffentlicht im Geschäftsbericht lediglich den Konzernabschluß. Auf Seite 53 des Geschäftsberichts heißt es in einer Marginalie:

> *Der von der KPMG Deutsche Treuhand-Gesellschaft AG Wirtschaftsprüfungsgesellschaft mit dem uneingeschränkten Bestätigungsvermerk versehene Abschluß der Siemens AG wird im Bundesanzeiger veröffentlicht und bei den Handelsregistern der Amtsgerichte Berlin-Charlottenburg und München hinterlegt.*
> *Dieser Abschluß kann bei der Siemens AG, Infoservice UK/Z130, Postfach 2348, D-90713 Fürth, unentgeltlich angefordert werden.*

Beispiel 7-150: Geschäftsbericht der Siemens AG 1996, S. 53

Fachausdrücke

Chemisch-technische Fachausdrücke

► *Acrylate*
Salze der Acrylsäure. Sie werden insbesondere als Rohstoffe für spezielle Polymere verwendet.

► *Additive*
Zusatzstoffe, die – in geringen Mengen beigegeben – bestimmte Eigenschaften eines Stoffes oder Stoffgemische wesentlich verbessern oder deren Verarbeitung erleichtern.

► *Alkylpolyglycoside (APG)*
Neuartige Tenside, die ausschließlich aus den nativen Rohstoffen Stärke oder Glucose und Fettalkoholen hergestellt werden.

► *Anaerob*
Milieu, das durch das Fehlen von freiem Sauerstoff gekennzeichnet ist.

► *Beta-Karotin*
Häufigster Farbstoff in Pflanzen und Früchten, daher auch Bestandteil der menschlichen Nahrung. Beta-Karotin wirkt antioxidativ. Ein Teil des verzehrten Beta-Karotins wird vom Körper enzymatisch in Vitamin A umgewandelt.

► *Derivate*
In der Chemie übliche Bezeichnungen für Abkömmlinge einer chemischen Verbindung, die aus dieser häufig in nur einem Reaktionsschritt gebildet werden und zu ihr in einem engen chemischen Verwendungsgrad stehen.

► *DIN ISO 9001*
Internationale Norm, die ein durchgängiges, umfassendes Qualitätsmanagement beschreibt, das alle Stufen eines Produkts von der Entwicklung über die Materialbeschaffung und die Produktion bis zur Auslieferung an die Kunden erfaßt.

► *Emulgatoren*
Stoffe, die die Verbindung von stabilen Emulsionen unterstützen. Emulsionen sind Mischungen, bei denen feinste Tropfen einer Flüssigkeit in einer anderen – zum Beispiel Öl in Wasser – gleichmäßig verteilt sind.

► *Enzyme*
Biokatalysatoren. Sie ermöglichen die chemischen Vorgänge in lebenden Organismen und werden auch für industrielle Prozesse eingesetzt.

► *Ethoxylierung*
Umsetzung von Fettalkoholen mit Ethylenoxid zu Fettalkoholpolyglykolethern (nichtionische Tenside).

► *Fettalkohole*
Langkettige Alkohole, die bei Henkel aus Fettsäuremethylestern oder direkt aus Fetten durch Umsetzung mit Wasserstoff gewonnen werden. Fettalkohole sind ein wichtiger Rohstoff für Tenside.

► *Fettalkoholethersulfate*
Anionische Tenside auf Basis von Fettalkoholen mit hohem Schaumvermögen und guter Hautverträglichkeit, die in kosmetischen Präparaten und Handgeschirrspülmitteln eingesetzt werden.

► *Fettalkoholsulfate (FAS)*
Bedeutende Gruppe von Tensiden auf Basis von Fettalkoholen.

► *Fettsäuren*
Stoffklasse, die in allen pflanzlichen und tierischen Fetten und Ölen – gebunden an Glycerin – enthalten ist.

► *Glycerin*
Einer der beiden Hauptbestandteile aller Öle und Fette; dient als Lösemittel und als Zwischenprodukt für zahlreiche weitere Stoffe.

► *Konversionsbehandlung*
Aufbringung einer dünnen Schutzschicht aus anorganischen Salzen oder Oxiden auf Metalloberflächen als Korrosionsschutz und zur Verbesserung der Haftung nachfolgender Beschichtungen.

► *Korrosionsschutz*
Schutz von Metallteilen vor Rostschäden durch Passivierung, bei der die Metalloberfläche physikalisch-chemisch verändert wird.

► *Kupferextraktion*
Arbeitsschritt bei der Kupfergewinnung aus Roherzen sowie bei der Wiederaufarbeitung von kupferhaltigem Schrott. Henkel hat hierfür ein besonders umweltverträgliches und energiesparendes Verfahren entwickelt.

► *Oleochemie*
In Analogie zur Petrochemie geprägte Bezeichnung für die industrielle Chemie der natürlichen Fette und Öle.

► *Petrochemische Produkte*
Vom Petroleum abgeleitete Sammelbezeichnung für Produkte, die aus Erdöl und Erdgas entweder gewonnen oder durch Weiterverarbeitung hergestellt werden.

► *Phosphatierung*
Behandlung von Metalloberflächen (Stahl, verzinkter Stahl), bei der zum Schutz gegen Korrosion dünne Phosphatschichten erzeugt werden.

► *Polymere*
Stoffe, die aus einer Vielzahl sich wiederholender Bausteine aufgebaut sind, zum Beispiel Kunststoffe.

► *Polyurethane*
Kunststoffe mit extrem breiten und gezielt einstellbaren Anwendungseigenschaften; für Klebstoffe, Dichtstoffe, Schäume, Formteile und viele andere Anwendungen geeignet.

► *Responsible Care®*
Eine weltweite Initiative, die von der chemischen Industrie entwickelt wurde. Sie steht für den Willen zu einer ständigen Verbesserung von Sicherheit, Gesundheits- und Umweltschutz über die gesetzlichen Vorgaben hinaus.

► *Sulfate*
Salze der Schwefelsäure.

► *Tenside*
Grenzflächenaktive Stoffe, die die Oberflächenspannung des Wassers vermindern.

62 Henkel Geschäftsbericht 1996

Beispiel 7-147a: Geschäftsbericht der Henkel KGaA 1996, S. 62

Weitere Informationen

Finanztechnische Fachausdrücke

► *Anlagevermögen*
Vermögensgegenstände, die zur dauerhaften Nutzung bestimmt sind.

► *Anteile anderer Gesellschafter*
Minderheitsanteile an Unternehmen des Henkel Konzerns, die nicht von der Henkel KGaA oder von anderen Unternehmen der Gruppe gehalten werden.

► *Assoziiertes Unternehmen*
Unternehmen, das nicht unter der einheitlichen Leitung bzw. in Mehrheitsbesitz der Obergesellschaft steht, auf das aber ein maßgeblicher Einfluß ausgeübt wird (Beteiligungshöhe größer als 20 Prozent).

► *Disagio*
Unterschied, um den die zurückzuzahlende Summe eines Darlehens höher ist als der erhaltene Betrag.

► *Eigenkapital*
Kapital, das dem Unternehmen durch Einzahlung oder aus einbehaltenen Gewinnen dauerhaft zur Verfügung steht.

► *Equity-Bewertung*
Bewertung von Beteiligungen an assoziierten Unternehmen mit deren anteiligem Eigenkapital und anteiligem Jahresergebnis.

► *Geschäftswert*
Unterschied zwischen dem Kaufpreis eines Unternehmens und dessen Reinvermögen (Vermögensgegenstände abzüglich Schulden).

► *Gewinnrücklagen*
Aus nicht ausgeschütteten Gewinnen angesammelte Rücklagen.

► *Going-Concern-Konzept*
Bei der Bewertung wird von der Fortführung der Unternehmenstätigkeit ausgegangen.

► *Kapitalrücklagen*
Aus dem Agio bei Aktienausgaben angesammelte Rücklagen. Agio ist ein Teil des Kaufpreises, den die Eigenkapitalgeber für die Anteile über deren Nominalwert hinaus gezahlt haben.

► *Latente Steuern*
Zeitliche Unterschiede beim Steueraufwand in handelsrechtlichen Einzel- und Konzernabschlüssen gegenüber den Steuerrechnungen. Durch diesen Posten wird ein sinnvoller Zusammenhang zwischen dem Ergebnis und dem wirtschaftlich dazugehörenden Steueraufwand hergestellt.

► *Lifo-Methode*
Die Lifo-Methode (last-in-first-out) unterstellt als Bewertungsvereinfachung bei gleichartigen Vermögensgegenständen der Vorräte, daß die zuletzt angeschafften Vermögensgegenstände zuerst verbraucht werden.

► *Rechnungsabgrenzungsposten*
Zahlungen, die schon in der Berichtsperiode im voraus geleistet bzw. erhalten wurden, aber einen Zeitraum nach dem Bilanzstichtag betreffen.

► *Sonderposten mit Rücklageanteil*
Der Posten nimmt im handelsrechtlichen Jahresabschluß Beträge auf, die aufgrund rein steuerrechtlicher Vorschriften zu Ergebnisminderungen führen. Dabei kann es sich handeln:
- um steuerfreie Rücklagen, die erst bei ihrer Auflösung zu versteuern sind, oder
- um über die handelsrechtlichen Vorschriften hinausgehende Abschreibungen.

► *Tochterunternehmen*
Alle Unternehmen, die unmittelbar oder mittelbar von der Henkel KGaA aufgrund einer Mehrheitsbeteiligung und/ oder einer einheitlichen Leitung kontrolliert werden.

► *Verbundene Unternehmen*
Die Henkel KGaA und alle Tochterunternehmen, unabhängig davon, ob sie in den Konzernabschluß einbezogen wurden oder nicht.

Information/Öffentlichkeitsarbeit:
Telefon 02 11/7 97-35 33
Fax: 02 11/7 98-40 40
Investor Relations:
Telefon 02 11/7 97-39 37
Fax: 02 11/7 98-28 63
Umweltschutz/Sicherheit:
Telefon 02 11/7 97-38 37
Fax: 02 11/7 98-25 51

Postanschrift:
Henkel KGaA, 40191 Düsseldorf
Internet: http:/www:henkel.com/

Der Henkel Geschäftsbericht 1996 erscheint auch in englischer Sprache. Kurzfassungen sind in den Sprachen Deutsch, Englisch, Französisch, Spanisch und Chinesisch verfügbar.

Henkel beteiligt sich in der weltweiten Initiative der chemischen Industrie Responsible Care (Verantwortliches Handeln).

Impressum

Herausgeber
Henkel KGaA, Düsseldorf.
Redaktion: Bereich Information/ Öffentlichkeitsarbeit;
Koordination: Hans-Joachim Dinter, Volker Krug, Rolf Juesten;
Gestaltung: Kuhn, Kammann & Kuhn GmbH, Köln;
Herstellung: Gerhard Lensing;
Fotos/Illustrationen: Jan Parik, München; Design Ahead, Essen; Fotoatelier Josh Westrich & Christoph Fein, Essen; Zefa-G. Josing;
Reproduktion: Weß & Lüer, Willich;
Produktion: Schotte, Krefeld

PR: 397.25.000
Mat.-Nr.: 461.4658

ISSN 07244738
ISBN 3-923324-45-6

Buchbinderische Verarbeitung mit Purmelt, QR 116 von Henkel. Gedruckt auf Papier aus chlorfrei gebleichtem Zellstoff.

Henkel Geschäftsbericht 1996 63

Beispiel 7-147b: Geschäftsbericht der Henkel KGaA 1996, S. 63

Register

Die Seitenzahlen 1–64 betreffen Band 1 des Geschäftsberichts.

138 | Register

Beispiel 7-148a: Geschäftsbericht der Bayerischen Vereinsbank AG 1996, S. 138

Register | 139

Beispiel 7-148b: Geschäftsbericht der Bayerischen Vereinsbank AG 1996, S. 139

Termine 1997/98

Frühjahrs-Pressekonferenz	*Dienstag, 18. März*
Frühjahrs-Investorenkonferenz	*Donnerstag, 20. März*
Hauptversammlung 1997	*Mittwoch, 30. April*
Auszahlung der Dividende	*Freitag, 2. Mai*
Bekanntgabe Ergebnis 1. Halbjahr	*Dienstag, 19. August*
Herbst-Pressekonferenz	*Mittwoch, 12. November*
Herbst-Investorenkonferenz	*Montag, 17. November*
Frühjahrs-Pressekonferenz 1998	*Dienstag, 17. März*
Hauptversammlung 1998	*Donnerstag, 30. April*

Beispiel 7-149: Geschäftsbericht der Bayer AG 1996, nicht numerierte Innenseite des Rückumschlages

Auch die Hoechst AG veröffentlicht im Geschäftsbericht nur den Konzernabschluß. Darüber hinaus bietet die Hoechst AG dem interessierten Leser allerdings auch die Möglichkeit, den Geschäftsbericht des Mutterunternehmens (kostenlos) telefonisch zu bestellen *(vgl. Hoechst AG, GB 1996, Rückumschlag).*
Die Heidelberger Zement AG hingegen veröffentlicht im Geschäftsbericht den Konzernabschluß sowie Bilanz und Gewinn- und Verlustrechnung des Mutterunternehmens. Der Anhang zum Einzelabschluß des Mutterunternehmens ist ebenso wie (erneut) Bilanz und Gewinn- und Verlustrechnung des Mutterunternehmens dann Gegenstand einer Anlage zum Geschäftsbericht. Der Leser des Geschäftsberichts erhält auf diese Weise auch einen Einblick in die wirtschaftliche Lage des Mutterunternehmens.
Ebenso positiv zu beurteilen ist, daß etwa die Henkel KGaA im Geschäftsbericht sowohl den Konzernabschluß als auch den Einzelabschluß veröffentlicht. Die jeweiligen Zahlen werden in einem gemeinsamen Anhang nebeneinander übersichtlich erläutert.

7.5 Aktueller Befund über die Qualität der Geschäftsberichterstattung

7.5.1 In die Untersuchung einbezogene Geschäftsberichte

In den vorstehenden Abschnitten wurde ein am Institut für Revisionswesen der Westfälischen Wilhelms-Universität Münster entwickeltes Bewertungsmodell zur Beurteilung der inhaltlichen Aussagekraft von Geschäftsberichten vorgestellt. In diesem Abschnitt werden mit diesem Bewertungsmodell ermittelte aktuelle empirische Ergebnisse über die Geschäftsberichtsqualität aus dem Wettbewerb „Der beste Geschäftsbericht 1996“ dargestellt und analysiert. In die inhaltliche Untersuchung wurden die Geschäftsberichte der 500 größten börsennotierten deutschen Kapitalgesellschaften für die Geschäftsjahre 1995 bzw. 1994/1995 einbezogen, wobei die Gesamtzahl deutscher Aktiengesellschaften bei ca. 3.300 liegt, wovon ca. 680 Gesellschaften börsennotiert sind. Wie aus *Übersicht 9-27* ersichtlich ist, wurde das Teilnehmerfeld der 500 Unternehmen aufgeteilt in die Segmente „Industrie und Handel“ (417 Unternehmen), „Banken“ (33 Unternehmen), „Versicherungen“ (30 Unter-

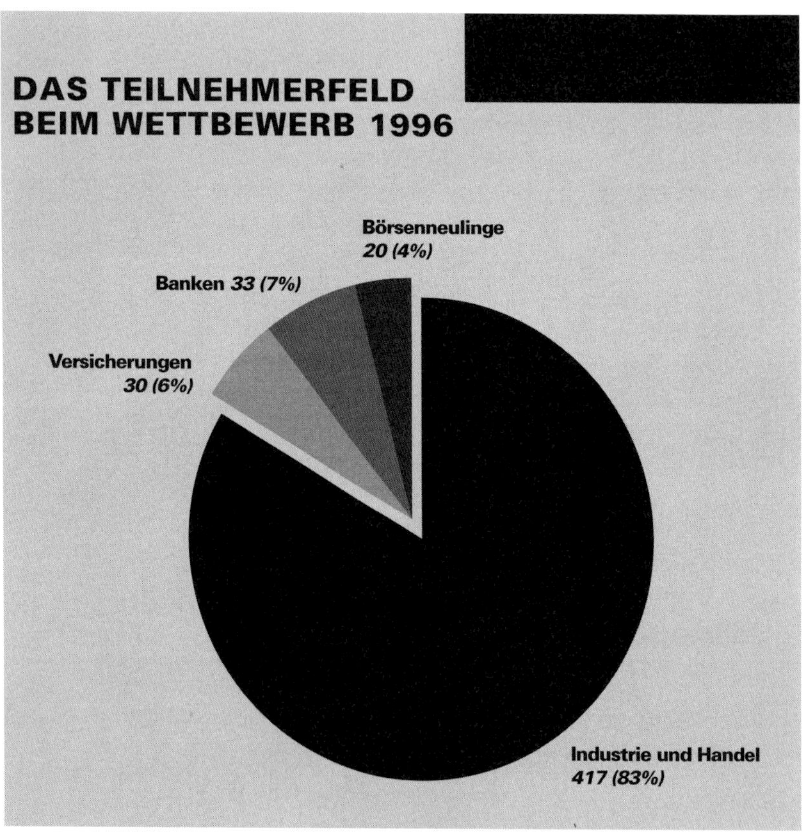

Übersicht 7-21: Teilnehmerfeld beim Wettbewerb „Der beste Geschäftsbericht 1996" auf der Basis von Jahresabschlüssen 1995

nehmen) sowie „Börsenneulinge" (20 Unternehmen). Bei den Börsenneulingen handelt es sich um sämtliche 1995 erstmals an einer deutschen Börse notierten Unternehmen mit Sitz in Deutschland.

Die folgenden Ausführungen beschränken sich im wesentlichen auf das Segment der Industrie- und Handelsunternehmen. Mit der Auswertung 1996 wurde unter anderem das Ziel verfolgt, festzustellen, ob sich die Qualität der Geschäftsberichterstattung gegenüber der vorjährigen Untersuchung bestätigt und verfestigt oder eventuell geändert hat. Deshalb werden die Ergebnisse beider Untersuchungszeiträume gegenübergestellt. Bei einem Vergleich der

Untersuchungsergebnisse ist zu berücksichtigen, daß sich die Zusammensetzung der einbezogenen Unternehmen im Wettbewerb 1996 gegenüber dem Wettbewerb 1995 leicht geändert hat (z. B. hat sich die Zahl der untersuchten Industrie- und Handelsunternehmen von 415 auf 417 erhöht).
Bewertet wurden in den Wettbewerben 1995 und 1996 vor allem auch Informationen im „allgemeinen“ Teil des Geschäftsberichts, der zusätzlich zu Jahresabschluß, Lagebericht, Vorwort des Vorstandsvorsitzenden und Bericht des Aufsichtsrats publiziert wird. Da dieser Teil des Geschäftsberichts gemäß § 316 Abs. 1 und 2 HGB nicht der Prüfung unterliegt, sind Informationen im „allgemeinen“ Teil vergleichsweise weniger vertrauenswürdig und insofern nur bedingt mit geprüften Informationen aus Jahresabschluß und Lagebericht vergleichbar. Diesem Umstand wird in den Wettbewerben 1995 und 1996 Rechnung getragen, indem die Verlagerung wesentlicher Informationen aus dem geprüften Teil des Geschäftsberichts in den nicht geprüften Teil zu Punktabzügen im Anforderungskriterium „Vollständigkeit des Lageberichts bzw. Verlagerung wesentlicher Informationen in sonstige Teile des Geschäftsberichts“ führt. Dieses Kriterium ist im Teilbereich „Sonstige Angaben“ berücksichtigt worden.

7.5.2 Das Gesamtergebnis der Untersuchung

Wie bereits angeführt, werden die Geschäftsberichte der untersuchten Unternehmen hinsichtlich der Kriterien

1. Inhaltliche Aussagekraft,
2. Optische Gestaltung und
3. Sprachliche Aussagekraft

analysiert. Entsprechend ihrer Bedeutung für Geschäftsberichtadressaten werden diese drei Kriterienbereiche mit 60% (Inhalt), 20% (optische Gestaltung) und 20% (Sprache) gewichtet. Der Wettbewerb „Der beste Geschäftsbericht“ wird jährlich veranstaltet. Die *Übersichten 7-22* bis *7-25* zeigen für jedes der vier Segmente die Untersuchungsergebnisse der besten Unternehmen 1996 (Basis: Geschäftsberichte des Jahres 1995). Sieger im Segment der Industrie- und Handelsunternehmen sowie Gesamtsieger wurde die Bayer AG, vor Veba, Daimler-Benz und BMW. Die zweitplazierte Veba AG stellte zwar den inhaltlich besten Geschäftsbericht auf, fällt indes in den beiden anderen Disziplinen gegenüber der Bayer AG zurück.

Segment Industrie und Handel					
Rang	**Unternehmen**	**Inhalt**	**Optik**	**Sprache**	**Gesamt**
1	Bayer	74,34%	68,65%	82,14%	74,76%
2	Veba	80,31%	66,53%	58,36%	73,16%
3	Daimler-Benz	74,14%	69,59%	67,86%	71,98%
4	BMW	68,08%	68,06%	80,93%	70,65%
5	RWE	68,82%	51,58%	82,71%	68,15%
6	Henkel	68,76%	58,57%	75,57%	68,08%
7	SAP	69,52%	49,57%	79,14%	67,45%
8	Bewag	66,36%	55,31%	80,93%	67,06%
9	Deutsche Telekom	65,95%	65,31%	70,79%	66,79%
10	Volkswagen	64,72%	76,33%	63,07%	66,71%
11	BASF	68,10%	58,16%	69,07%	66,31%
12	Fuchs Petrolub	65,22%	65,71%	69,07%	66,09%
13	AUDI	59,15%	67,76%	84,50%	65,94%
14	Hoechst	65,55%	60,00%	72,57%	65,85%
15	VIAG	67,25%	64,49%	62,50%	65,75%
16	Hugo Boss	55,98%	83,88%	76,79%	65,72%
17	Axel Springer	60,69%	56,94%	82,14%	64,23%
18	Porsche	58,44%	65,31%	78,57%	63,84%
19	Brau und Brunnen	58,00%	51,22%	92,86%	63,62%
20	VEW	61,35%	66,94%	66,07%	63,41%
21	Continental	60,09%	61,43%	75,00%	63,34%
22	Vossloh	66,28%	55,10%	61,29%	63,05%
23	Harpen	62,53%	73,88%	53,57%	63,01%
24	Spar	66,58%	48,16%	62,50%	62,08%
25	Weru	55,30%	70,82%	71,43%	61,63%
26	Siemens	61,07%	47,14%	76,21%	61,31%
27	Deutsche Lufthansa	56,95%	64,08%	70,79%	61,14%
28	Gehe	56,43%	56,73%	79,14%	61,03%
29	Metallgesellschaft	53,54%	65,51%	77,36%	60,70%
30	Mannesmann	60,11%	67,14%	55,93%	60,68%
31	Wella	56,66%	72,04%	59,50%	60,31%
32	Schmalbach-Lubeca	57,14%	58,57%	70,86%	60,17%
33	Mineralbrunnen Überkingen-Teinach	56,05%	62,86%	69,00%	60,00%
34	Deutsche Babcock	59,71%	35,10%	85,71%	59,99%

Segment Industrie und Handel					
Rang	**Unternehmen**	**Inhalt**	**Optik**	**Sprache**	**Gesamt**
35	Karstadt	60,16%	50,00%	68,43%	59,78%
36	Schering	59,54%	44,08%	75,00%	59,54%
37	Kaufring	52,57%	65,31%	71,43%	58,89%
38	Biotest	57,85%	56,33%	61,86%	58,35%
39	Asea Brown Boveri	56,30%	57,55%	64,86%	58,26%
40	Philipp Holzmann	55,59%	52,24%	71,43%	58,09%
41	Triumph-Adler	49,74%	81,84%	55,93%	57,40%
42	Rheinmetall	57,84%	54,69%	58,29%	57,30%
43	Westag & Getalit	60,32%	35,71%	69,00%	57,13%
44	Kaufhof	60,97%	39,18%	63,07%	57,03%
45	Degussa	51,90%	56,94%	72,00%	56,93%
46	Kaufhalle	56,86%	42,65%	69,64%	56,58%
47	Pfaff	52,14%	48,78%	77,36%	56,51%
48	IVG	48,59%	67,76%	69,00%	56,51%
49	Herlitz	50,01%	75,10%	57,14%	56,46%
50	Preussag	58,80%	43,27%	61,29%	56,19%
51	Hapag-Lloyd	57,52%	40,00%	67,86%	56,08%
52	PWA	50,68%	59,18%	68,43%	55,93%
53	Thyssen	58,65%	38,57%	64,86%	55,87%
54	Flender	51,39%	42,76%	82,14%	55,82%
55	Buderus	53,44%	49,59%	68,43%	55,67%
56	Badenwerk	50,03%	70,61%	55,93%	55,33%
57	Nordstern Lebensmittel	50,18%	48,57%	77,36%	55,29%
58	Heidelberger Zement	61,94%	33,67%	55,36%	54,97%
59	Th. Goldschmidt	61,85%	35,51%	53,57%	54,93%
60	Douglas	50,71%	49,39%	72,57%	54,82%
61	Dyckerhoff	51,27%	47,14%	71,43%	54,48%
62	AEG	48,18%	57,35%	68,43%	54,06%
63	SG Holding	49,84%	45,31%	75,00%	53,96%
64	Linde	51,19%	50,20%	65,43%	53,84%
65	Hochtief	49,92%	50,20%	69,00%	53,79%
66	Berentzen	48,54%	53,06%	70,21%	53,78%
67	Sixt	49,54%	54,49%	65,43%	53,71%
68	Salamander	49,59%	53,67%	66,07%	53,70%
69	Ymos	50,01%	36,33%	82,14%	53,70%

Segment Industrie und Handel					
Rang	**Unternehmen**	**Inhalt**	**Optik**	**Sprache**	**Gesamt**
70	Balcke-Dürr	51,65%	45,51%	67,86%	53,66%
71	Phoenix	51,89%	44,69%	67,86%	53,64%
72	AGIV	53,46%	48,78%	57,71%	53,37%
73	Wünsche	51,03%	44,69%	69,00%	53,36%
74	Carl Schenck	54,85%	44,90%	57,14%	53,32%
75	Zanders	49,47%	59,80%	58,29%	53,30%
76	Bremer Woll-Kämmerei	49,55%	44,69%	72,57%	53,19%
77	Rütgerswerke	50,04%	50,61%	64,86%	53,12%
78	KM Europa Metal	48,38%	67,35%	52,36%	52,97%
79	Barmag	57,01%	37,35%	55,93%	52,86%
80	Varta	50,88%	45,51%	66,07%	52,84%
81	Gildemeister	49,23%	47,76%	67,86%	52,66%
82	Vogt Electronic	49,80%	44,90%	67,86%	52,43%
83	Beiersdorf	53,34%	40,41%	60,71%	52,23%
84	Felten & Guilleaume	58,55%	23,47%	59,50%	51,73%
85	Contigas	50,60%	45,71%	60,07%	51,52%
86	Berliner Elektro Holding	50,42%	46,73%	59,50%	51,50%
87	Villeroy & Boch	52,45%	39,59%	60,14%	51,42%
88	Krupp Hoesch	49,34%	39,39%	69,64%	51,41%
89	Binding-Brauerei	50,13%	48,16%	57,71%	51,26%
90	Preussag Stahl	51,70%	33,06%	67,21%	51,07%
91	Krauss-Maffei	49,78%	51,63%	52,93%	50,78%
92	MAN	56,60%	24,08%	59,50%	50,68%
93	Südzucker	51,23%	36,33%	61,86%	50,38%
94	Thyssen Industrie	50,91%	27,96%	64,86%	49,11%
95	Thüga	51,19%	44,29%	42,21%	48,01%
96	Sommer Allibert	52,96%	37,96%	41,64%	47,70%
97	Schweizer Electronic	48,35%	41,02%	52,36%	47,69%
98	Didier-Werke	51,78%	27,14%	55,93%	47,68%
99	Paulaner-Salvator-Bet.	47,91%	31,84%	61,86%	47,48%
100	Walter Bau	50,36%	28,98%	54,71%	46,95%

Übersicht 7-22: Die 100 besten 95er-Geschäftsberichte des Wettbewerbs 1996 aus dem Segment Industrie und Handel

Bei den Banken gewinnt im Wettbewerb 1996 die Bayerische Vereinsbank, die gleichzeitig den inhaltlich besten Geschäftsbericht aufstellt, vor der Deutschen Bank und der BHF-Bank. Die Deutsche Bank hat den sprachlich besten Geschäftsbericht aller Banken vorgelegt, während der Geschäftsbericht der BHF-Bank durch eine gelungene optische Umsetzung überzeugt.

Segment Banken					
Rang	**Unternehmen**	**Inhalt**	**Optik**	**Sprache**	**Gesamt**
1	Bayerische Vereinsbank	68,50%	69,39%	70,79%	69,13%
2	Deutsche Bank	65,61%	47,83%	85,07%	65,95%
3	BHF-Bank	61,22%	87,55%	57,14%	65,67%
4	Depfa	59,60%	43,10%	81,57%	60,70%
5	Commerzbank	65,45%	42,04%	64,86%	60,65%
6	Trinkaus & Burkhardt	62,28%	55,71%	56,57%	59,82%
7	Dresdner Bank	62,21%	54,49%	57,14%	59,65%
8	Vereins- und Westbank	53,71%	56,53%	79,14%	59,36%
9	Bankgesellschaft Berlin	61,86%	51,02%	58,36%	58,99%
10	Bayernhypo	64,88%	26,73%	57,71%	55,82%

Übersicht 7-23: Die zehn besten 95er-Geschäftsberichte im Wettbewerb 1996 aus dem Segment Banken

Im Wettbewerb 1996 erstellt die Mannheimer Versicherung mit knappem Vorsprung den besten 95er-Geschäftsbericht aller Versicherungen, dicht gefolgt von der Victoria Holding, der Allianz Leben sowie der Allianz Holding. Der erste Platz der Mannheimer Versicherung resultiert vor allem aus der sehr guten optischen Gestaltung des Geschäftsberichts; inhaltlich schneidet der Geschäftsbericht der Mannheimer Versicherung aber um fast 12 Prozentpunkte schlechter ab als der Geschäftsbericht der Victoria Holding, der die inhaltlichen Kriterien im Segment der Versicherer am besten erfüllt.

Segment Versicherungen					
Rang	**Unternehmen**	**Inhalt**	**Optik**	**Sprache**	**Gesamt**
1	Mannheimer Versicher.	53,39%	93,75%	66,07%	64,00%
2	Victoria Holding	65,25%	59,56%	64,29%	63,92%
3	Allianz Leben	53,35%	79,59%	74,36%	62,80%
4	Allianz Holding	58,89%	66,86%	69,64%	62,63%

Segment Versicherungen					
Rang	**Unternehmen**	**Inhalt**	**Optik**	**Sprache**	**Gesamt**
5	DBV Holding	58,03%	67,92%	54,14%	59,23%
6	Victoria Versicherung	57,38%	62,04%	59,50%	58,74%
7	Württembergische Vers.	59,37%	50,82%	58,93%	57,57%
8	Albingia Versicherung	55,93%	42,86%	75,00%	57,13%
9	Württembergische Leben	57,06%	50,82%	61,29%	56,66%
10	Nürnberger-Beteiligung.	61,90%	28,16%	63,07%	55,39%

Übersicht 7-24: Die zehn besten 95er-Geschäftsberichte im Wettbewerb 1996 aus dem Segment Versicherungen

Als bester 95er-Geschäftsbericht eines Börsenneulings schneidet der Bericht der Merck KGaA ab. Der Merck-Bericht überzeugt vor allem inhaltlich, während der Geschäftsbericht der zweitplazierten Schwarz Pharma AG die Kriterien der optischen Gestaltung und der Geschäftsbericht der drittplazierten Praktiker AG die sprachlichen Kriterien besser erfüllt.

Segment Börsenneulinge					
Rang	**Unternehmen**	**Inhalt**	**Optik**	**Sprache**	**Gesamt**
1	Merck	70,45%	57,09%	63,64%	66,41%
2	Schwarz Pharma	64,91%	81,33%	50,00%	65,21%
3	Praktiker	51,75%	73,86%	73,21%	60,47%
4	SGL Carbon	60,71%	37,37%	69,64%	57,83%
5	Kiekert	51,50%	71,53%	52,36%	55,68%
6	SKW Trostberg	58,20%	52,24%	46,43%	54,66%
7	Ifa	52,31%	56,33%	59,50%	54,55%
8	Hucke	48,40%	44,69%	82,14%	54,41%
9	Tarkett	48,91%	52,86%	65,43%	53,00%
10	eff-eff	59,14%	36,33%	50,00%	52,75%

Übersicht 7-25: Die zehn besten 95er-Geschäftsberichte im Wettbewerb 1996 aus dem Segment Börsenneulinge

Im folgenden wird die empirisch ermittelte inhaltliche Qualität der untersuchten 95er-Geschäftsberichte (Wettbewerb 1996) im einzelnen analysiert und mit der Qualität der 94er-Geschäftsberichte (Wettbewerb 1995) verglichen.

Die durchschnittliche Gesamtqualität des Inhalts der untersuchten 500 Geschäftsberichte ist von 40,55% (1995) auf 41,94% (1996) leicht gestiegen. *(Übersicht 7-26)* Die verhältnismäßig geringe Standardabweichung von 11,75% (1995: 12,29%) deutet darauf hin, daß es innerhalb der Gruppe der untersuchten Unternehmen grundsätzlich eine Standardberichterstattung gibt, von der nur wenige Unternehmen positiv oder negativ abweichen. Immerhin 306 von 500 Unternehmen (61,20%) liegen im Qualitätsbereich zwischen 30% und 50% (1995: 284 von 487; 58,32%), während lediglich 120 von 500 Geschäftsberichten (24,00%) mit einen Gesamtqualitätswert von über 50% bewertet werden (1995: 99 von 487; 20,33%) und damit für ihren Geschäftsbericht in Schulnoten ausgedrückt zumindest ein „ausreichend" erreichen.
Die Untersuchungsergebnisse über die inhaltliche Qualität von Geschäftsberichten werden nachstehend für das Segment der Industrie- und Handelsunternehmen getrennt nach Lagebericht, Anhang und sonstigen Angaben im Geschäftsbericht dargestellt.

7.5.3 Die Qualität der Berichterstattung in einzelnen Teilberichten des Geschäftsberichts

7.5.3.1 Überblick

Zur Beurteilung der inhaltlichen Aussagekraft von Geschäftsberichten wurde am Institut für Revisionswesen der Westfälischen Wilhelms-Universität Münster (IRW) ein detaillierter Kriterienkatalog entwickelt, der regelmäßig an aktuelle Entwicklungen in der Rechnungslegung angepaßt wird. Die einzelnen Kriterien wurden bereits in den vorstehenden Abschnitten ausführlich besprochen. Die grobe Struktur des Kriterienkataloges ergibt sich aus den Hauptbestandteilen des Geschäftsberichts, nämlich dem Lagebericht, dem Anhang und den sonstigen Angaben. Die empirisch ermittelte Qualität der 100 besten Geschäftsberichte des Segments Industrie und Handel in den jeweiligen Teilberichten enthält – in alphabetischer Reihenfolge – die folgende Übersicht. Der Nachtragsbericht und der Zweigniederlassungsbericht werden grundsätzlich nur bei solchen Unternehmen bewertet, deren Geschäftsberichten konkrete Angaben zu entsprechenden Ereignissen nach dem Schluß des Geschäftsjahres bzw. zu Zweigniederlassungen zu entnehmen sind. Analog dazu werden die Kriterien für den Forschungs- und Entwicklungsbericht nur dann angelegt/bewertet, wenn das Unternehmen aufgrund der Ausrichtung seiner Geschäftstätigkeit überhaupt über Forschungs- und Entwicklungs-

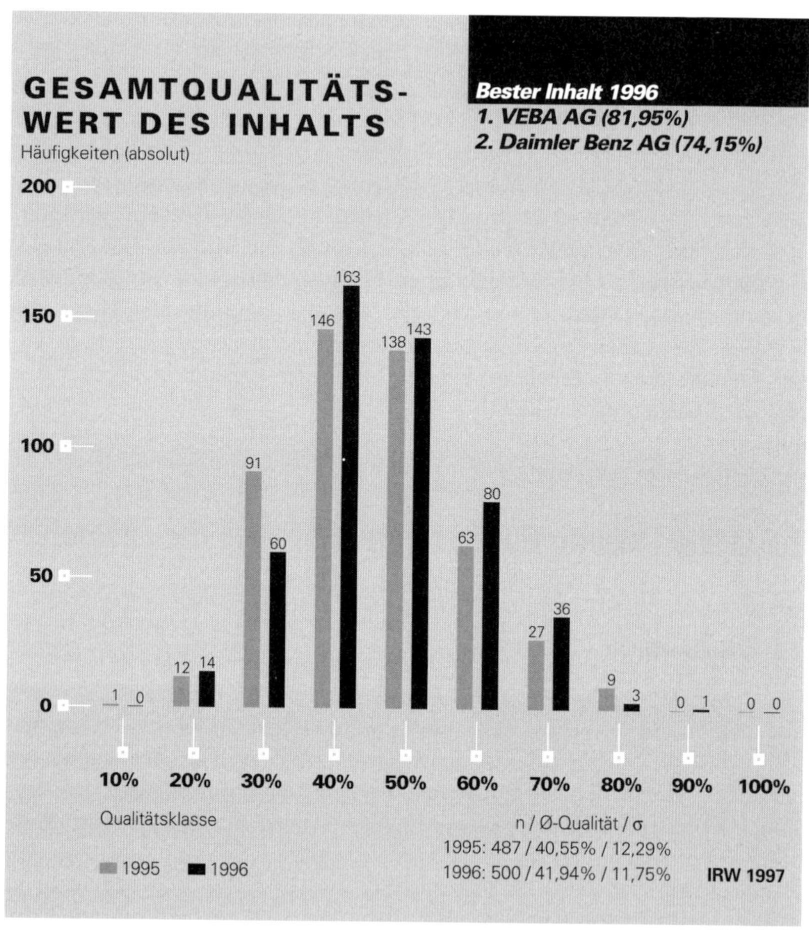

Übersicht 7-26: Die Gesamtqualität des Inhalts von Geschäftsberichten in den Wettbewerben 1995 und 1996 auf der Basis von 94er- und 95er-Geschäftsberichten

Aktivitäten berichten kann. Teilberichte, die nicht bewertet werden, sind in der Übersicht durch „–" gekennzeichnet. Diese Teilberichte werden bei der Zusammenfassung der Teilberichtsergebnisse zum Qualitätswert für den Inhalt mit dem Durchschnitt der bei den übrigen Teilberichten dieses Geschäftsberichts erreichten Punkte bewertet. *(Übersicht 7-27)*

Unternehmen	Lagebericht						Anhang	Sonstige Angaben
	Wirtschafts-bericht	Nachtrags-bericht	Prognose-bericht	F&E-Bericht bericht	Zweigndlas.-bericht	Zusatz-bericht		
AEG	72,67%	–	20,67%	52,50%	–	34,82%	57,69%	3,33%
AGIV	72,67%	40,00%	32,67%	45,00%	–	54,17%	63,07%	33,34%
Asea Brown & Boveri	75,33%	–	27,00%	65,00%	–	47,50%	61,29%	43,34%
AUDI	69,00%	70,00%	27,67%	65,00%	–	74,17%	60,97%	41,67%
Axel Springer	82,67%	56,00%	21,79%	–		69,17%	67,41%	48,34%
Badenwerk	79,00%	52,00%	22,50%	–	–	26,67%	54,28%	38,34%
Balcke-Dürr	62,33%	–	34,00%	57,50%	–	35,83%	62,68%	26,67%
Barmag	69,00%	60,00%	26,33%	65,00%	–	47,50%	67,96%	43,34%
BASF	76,00%	80,00%	33,33%	85,00%	–	69,17%	75,97%	41,67%
Bayer	76,00%	80,00%	41,33%	90,00%	–	80,00%	74,68%	56,67%
Beiersdorf	60,13%	70,00%	10,00%	52,50%	–	30,83%	77,58%	48,34%
Berentzen	56,33%	–	29,33%	32,50%	–	50,00%	59,36%	50,00%
Berliner Elektro Holding	60,33%	60,00%	23,67%	27,50%	34,28%	59,17%	68,71%	25,00%
Bewag	82,33%	–	52,67%	32,50%	92,00%	66,67%	73,70%	48,34%
Binding-Brauerei	63,00%	60,00%	13,21%	–	–	34,17%	66,13%	41,67%
Biotest	61,33%	80,00%	22,67%	77,50%	–	75,00%	55,18%	45,00%
BMW	93,00%	72,00%	52,67%	67,50%	–	63,33%	61,25%	76,67%
Brau und Brunnen	73,33%	64,00%	32,50%	–	–	47,50%	66,78%	38,34%
Bremer Woll-Kämmerei	62,00%	58,00%	24,00%	37,50%	–	24,17%	69,10%	36,67%
Buderus	54,00%	–	14,67%	50,00%	42,86%	65,00%	80,81%	25,00%
Carl Schenck	71,00%	90,00%	15,33%	83,33%	–	38,33%	51,77%	30,00%
Contigas	63,00%	–	25,00%	–	82,86%	33,33%	61,61%	25,00%
Continental	63,00%	–	26,33%	50,00%	–	78,33%	77,10%	48,34%
Daimler-Benz	93,33%	70,00%	49,33%	75,00%	–	70,00%	77,14%	71,67%
Degussa	65,33%	50,00%	16,67%	67,50%	–	45,00%	63,27%	33,34%
Deutsche Babcock	72,33%	–	46,67%	67,50%	–	46,67%	64,14%	36,67%
Deutsche Lufthansa	78,00%	44,00%	37,14%	–	–	61,67%	60,00%	33,34%
Deutsche Telekom	78,27%	60,00%	39,67%	57,50%	65,00%	40,38%	89,23%	60,00%
Diedier-Werke	70,00%	–	32,33%	45,00%	–	61,67%	49,31%	43,34%
Douglas	55,33%	70,00%	17,67%	–	–	61,67%	55,89%	45,00%
Dyckerhoff	70,67%	50,00%	23,67%	35,00%	–	57,50%	57,76%	46,67%
Felten & Guilleaume	66,33%	–	20,33%	42,50%	70,00%	78,33%	74,19%	45,00%
Flender	78,33%	–	10,67%	30,00%	–	60,00%	59,67%	50,00%
Fuchs Petrolub	81,33%	–	25,67%	80,00%	–	81,67%	68,87%	50,00%
Gehe	60,33%	100,00%	14,00%	25,00%	70,00%	55,00%	55,86%	33,34%
Gildemeister	65,00%	–	18,33%	55,00%	–	13,33%	73,39%	18,33%
Hapag-Lloyd	72,67%	–	35,71%	–	–	48,33%	66,66%	35,00%
Harpen	72,14%	–	35,00%	–	–	49,17%	82,22%	35,00%
Heidelberger Zement	77,67%	80,00%	27,67%	40,00%	–	74,17%	70,32%	43,34%
Henkel	74,33%	100,00%	41,79%	77,50%	60,00%	63,33%	64,82%	46,67%
Herlitz	50,00%	56,00%	21,67%	–	–	58,33%	59,64%	58,34%
Hochtief	64,33%	–	27,67%	57,50%	60,00%	28,33%	53,65%	58,34%

Unternehmen	Lagebericht						Anhang	Sonstige Angaben
	Wirtschafts-bericht	Nachtrags-bericht	Prognose-bericht	F&E-Bericht bericht	Zweigndlas.-bericht	Zusatz-bericht		
Hoechst	71,00%	50,00%	34,67%	67,50%	–	77,50%	85,17%	41,67%
Hugo Boss	55,67%	–	18,67%	–	–	82,50%	63,87%	76,33%
IVG	53,67%	–	17,86%	–	90,00%	39,17%	60,17%	40,00%
Karstadt	74,67%	–	21,07%	–	86,00%	67,50%	66,60%	46,67%
Kaufhalle	58,67%	–	19,64%	–	90,00%	75,83%	68,91%	30,00%
Kaufhof	73,67%	–	20,71%	–	82,86%	75,83%	69,82%	35,00%
Kaufring	74,00%	–	20,36%	–	–	73,33%	49,64%	36,67%
KM Europa Metal	75,67%	–	9,00%	30,00%	–	51,67%	58,22%	38,34%
Krauss-Maffei	64,33%	–	26,67%	65,00%	–	50,83%	48,79%	33,34%
Krupp Hoesch	63,00%	48,00%	13,67%	40,00%	–	26,67%	74,68%	41,67%
Linde	64,67%		16,00%	65,00%	–	56,67%	58,06%	30,00%
MAN	71,33%	48,00%	19,33%	60,00%	–	72,50%	67,22%	35,00%
Mannesmann	67,33%	44,00%	30,00%	67,50%	–	79,17%	67,77%	62,50%
Metallges.	67,67%	70,00%	18,00%	45,00%	–	54,17%	64,51%	31,67%
Mineralbr. Überki.-Teinach	70,67%	50,00%	16,79%	–	91,29%	60,83%	59,64%	61,67%
Nordstern Lebensmittel	65,00%	–	16,67%	22,50%	71,43%	45,00%	70,35%	35,00%
Paulaner-Salvator-Bet.	80,67%	–	11,79%	–	–	20,00%	53,45%	53,33%
Pfaff	66,67%	–	21,67%	52,50%	–	40,00%	61,93%	60,00%
Philipp Holzmann	71,67%	70,00%	23,00%	40,00%	80,00%	45,00%	67,24%	30,00%
Phoenix	71,00%	–	32,33%	45,00%	–	70,00%	47,88%	31,67%
Porsche	83,33%	–	25,33%	62,50%	–	51,67%	64,83%	31,67%
Preussag	77,67%	–	25,67%	70,00%	–	61,67%	63,71%	30,00%
Preussag Stahl	82,33%	–	17,33%	40,00%	–	30,00%	65,17%	31,67%
PWA	82,33%	–	22,00%	22,50%	–	50,00%	57,93%	31,67%
Rheinmetall	78,33%	–	41,38%	65,00%	–	42,50%	57,50%	43,34%
Rütgerswerke	64,00%	–	34,33%	40,00%	50,00%	44,17%	58,33%	31,67%
RWE	86,67%	–	43,67%	62,50%	–	68,33%	76,45%	48,34%
Salamander	67,33%	56,00%	26,00%	30,00%	–	32,50%	62,90%	43,34%
SAP	81,07%	–	29,29%	84,99%	–	75,83%	70,72%	60,00%
Schering	66,67%	–	27,67%	77,50%	–	58,33%	70,16%	40,00%
Schmalbach-Lubeca	72,00%	80,00%	22,33%	55,00%	–	49,17%	66,13%	31,67%
Schweizer Electronic	58,67%	–	17,67%	60,00%	–	46,67%	55,86%	41,67%
SG Holding	75,67%	–	17,50%	–	–	60,83%	45,81%	41,67%
Siemens	83,00%	–	34,67%	77,50%	20,00%	60,00%	65,32%	41,67%
Sixt	63,67%	–	22,14%	–	66,00%	60,83%	47,10%	48,34%
Sommer Allibert	67,33%	–	19,33%	84,97%	–	55,83%	51,93%	31,67%
Spar	76,33%	66,00%	25,71%	–	–	79,17%	82,14%	48,34%
Südzucker	73,00%	42,00%	27,33%	35,00%	–	51,67%	59,42%	45,00%
Th. Goldschmidt	71,33%	–	21,00%	72,50%	–	82,50%	70,96%	38,34%
Thüga	64,00%	–	24,29%	–	–	63,33%	59,13%	16,67%
Thyssen	81,00%	64,00%	32,00%	52,50%	–	63,33%	58,92%	40,00%
Thyssen Industrie	65,33%	–	9,33%	67,50%	–	33,33%	65,57%	46,67%

Unternehmen	Lageberricht						Anhang	Sonstige Angaben
	Wirtschafts-bericht	Nachtrags-bericht	Prognose-bericht	F&E-Bericht bericht	Zweigndlas.-bericht	Zusatz-bericht		
Triumph-Adler	71,00%	36,00%	31,00%	10,00%	–	65,83%	58,87%	50,00%
Varta	66,33%	–	14,33%	45,00%	–	46,67%	68,65%	30,00%
Veba	91,33%	80,00%	69,33%	67,50%	–	95,00%	92,07%	38,34%
VEW	80,33%	–	36,00%	47,50%	–	62,50%	71,73%	35,00%
VIAG	84,00%	80,00%	48,00%	50,00%	–	78,33%	68,23%	40,00%
Villeroy & Boch	64,00%	60,00%	28,67%	35,00%	–	23,33%	75,58%	40,00%
Vogt Electronic	55,00%	70,00%	20,67%	75,00%	–	21,67%	58,85%	36,67%
Volkswagen	79,33%	–	36,33%	82,50%	–	86,67%	61,29%	51,67%
Vossloh	66,00%	72,00%	45,00%	55,00%	–	91,67%	66,93%	88,34%
Walter Bau	72,33%	36,00%	30,00%	45,00%	100,00%	24,17%	57,50%	30,00%
Wella	75,67%	36,00%	26,67%	62,50%	–	69,17%	63,38%	41,67%
Weru	80,00%	–	23,33%	40,00%	–	85,00%	54,03%	30,00%
Westag & Getalit	66,33%	56,00%	42,00%	60,00%	–	86,67%	58,54%	56,67%
Wünsche	70,33%	52,00%	28,00%	7,50%	–	74,17%	58,06%	46,67%
Ymos	65,00%	–	33,00%	60,00%	–	31,67%	55,57%	30,00%
Zanders	82,00%	30,00%	24,00%	40,00%	–	44,17%	54,99%	36,67%

Übersicht 7-27: Die Qualität der inhaltlichen Berichterstattung in den Teilberichten beim Wettbewerb 1996

7.5.3.2 Die Qualität der Berichterstattung im Lagebericht

7.5.3.2.1 Die Qualität der Berichterstattung im Wirtschaftsbericht

Im sogenannten Wirtschaftsbericht nach § 289 Abs. 1 HGB sind der Geschäftsverlauf und die Lage des berichterstattenden Unternehmens entsprechend den tatsächlichen Verhältnissen darzustellen. Die Qualität der Berichterstattung im Wirtschaftsbericht hat sich im Segment der Industrie- und Handelsunternehmen mit durchschnittlich 52,31% der möglichen Punkte verglichen mit dem Wettbewerb 1995 (48,98%) leicht verbessert. Die Qualität der Berichterstattung im Wirtschaftsbericht ist damit nur knapp ausreichend (> 50%). Die Standardabweichung ς der Qualitätswerte ist mit 16,13% vergleichsweise hoch, d. h., die Qualitätswerte streuen verhältnismäßig breit. Im Wirtschaftsbericht hat sich, wie die Ergebnisse belegen, noch keine einheitliche Berichterstattungspraxis herausgebildet. *(Übersicht 7-28)*

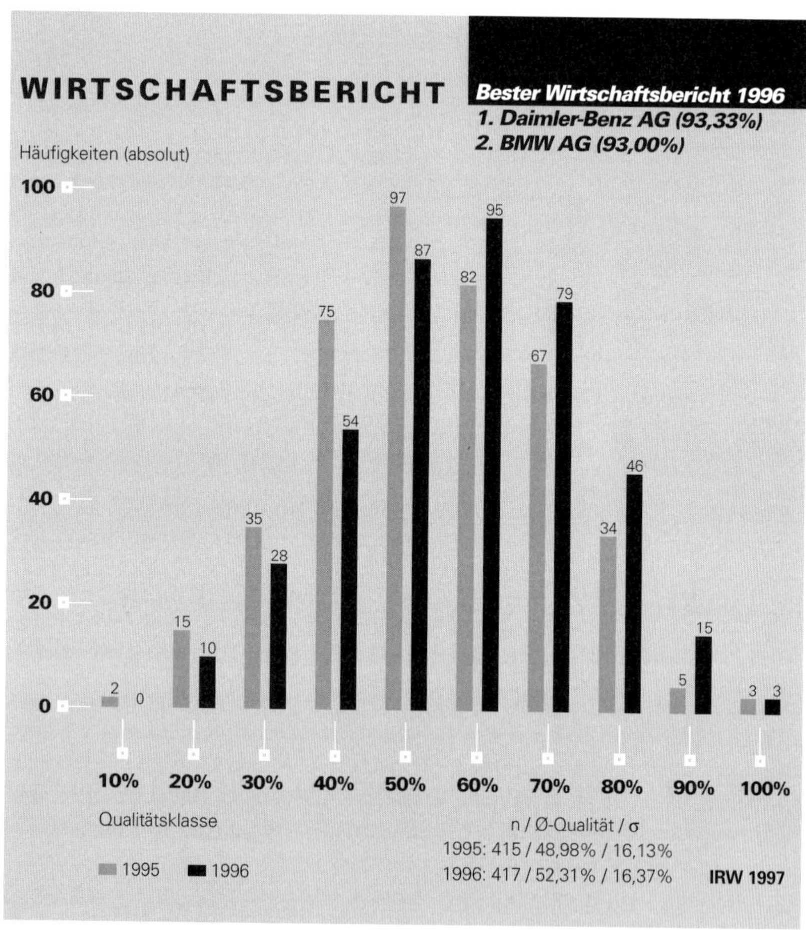

Übersicht 7-28: Die Qualität der Berichterstattung im Wirtschaftsbericht

Der Geschäftsbericht der Daimler-Benz AG enthält die beste Berichterstattung über den Geschäftsverlauf und die Lage mit 93,33% der maximal möglichen Punkte. Der Wirtschaftsbericht der BMW AG erreicht 93,00%.
Die Qualität der Berichterstattung bezüglich der 13 Bewertungskriterien des Wirtschaftsberichts der 417 Unternehmen ist indes sehr uneinheitlich. Während die Angaben zu den Bewertungskriterien „Produktion, Produkte“

(65,1%), „Umsatz" (75,8%), „Rechtliche Unternehmensstruktur" (72,2%) sowie „Personal- und Sozialbereich" (69,4%) und „Ergebnisbereich" (63,9%) im Durchschnitt deutlich über 50% liegen, ist vor allem die Berichterstattung zu den Bewertungskriterien „Gesamtwirtschaftliche Situation" (29,9%), „Finanzierung" (42,8%) und „Beschaffung" (18,7%) überwiegend unzureichend. Selbst die Qualität der Wirtschaftsberichte der Top-100-Unternehmen streut erheblich. Die fünf besten Wirtschaftsberichte der Top 100 erreichen mehr als 80% der Punkte, während die letzten fünf der Top 100 gerade noch die „ausreichende" Marke von 50% überschreiten. Dieses Ergebnis bedeutet, daß die nachfolgenden 317 Unternehmen keinen ausreichenden, sondern einen mangelhaften Wirtschaftsbericht vorlegen. *(Übersicht 7-29)*

Wirtschaftsbericht	Unternehmen	Qualität
Top 5 aus den inhaltlich besten 100 Geschäftsberichten	Daimler-Benz BMW Veba RWE VIAG	93,33% 93,00% 91,33% 86,67% 84,00%
Last 5 aus den inhaltlich besten 100 Geschäftsberichten	Douglas Holding Vogt Electronic Buderus IVG Herlitz	55,33% 55,00% 54,00% 53,67% 50,00%

Übersicht 7-29: Beste und schlechteste Berichterstattung im Wirtschaftsbericht der Top 100 (Wettbewerb 1996)

7.5.3.2.2 Die Qualität der Berichterstattung im Nachtragsbericht

Der sogenannte Nachtragsbericht hat nach § 289 Abs. 2 Nr. 1 HGB auf „Vorgänge von besonderer Bedeutung, die nach dem Schluß des Geschäftsjahres eingetreten sind" einzugehen. Der Nachtragsbericht wird nur dann bewertet, wenn dem Geschäftsbericht konkrete Angaben zu entsprechenden Ereignissen zu entnehmen sind. Bei Geschäftsberichten, die keinen Nachtragsbericht aufweisen, kann dieser Teilbericht nach dem Grundsatz „in dubio pro reo" nicht explizit bewertet werden, sondern ist vielmehr implizit mit dem Durchschnitt der bei den übrigen Teilberichten des Lageberichts erreichten Punkte zu bewerten. Wie sich aus der folgenden Übersicht ergibt, ist die Zahl der

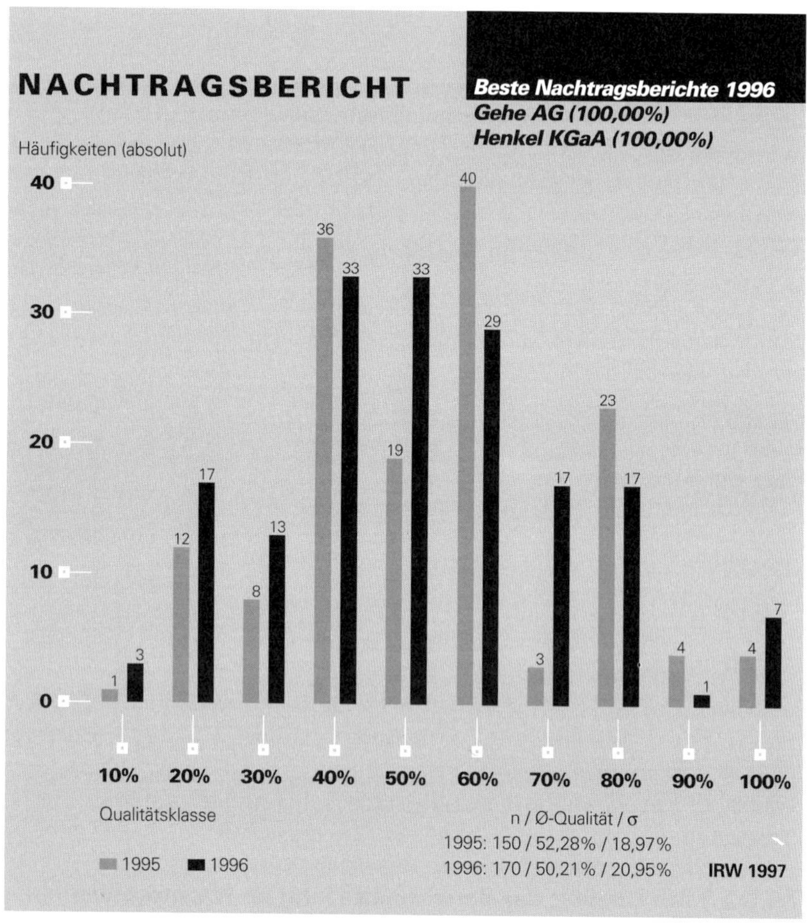

Übersicht 7-30: Die Qualität der Berichterstattung im Nachtragsbericht

bewerteten Nachtragsberichte im Vergleich zum Vorjahr (1995: 150) auf 170 gestiegen; die Qualität der untersuchten 95er-Nachtragsberichte liegt 1996 mit 50,21% leicht unter dem Vorjahresniveau (52,28%). Die Standardabweichung beträgt dabei 20,95% (1995: 18,97%), d. h., die Qualität der Berichterstattung im Nachtragsbericht ist sehr uneinheitlich.

Den besten 95er-Nachtragsbericht aller untersuchten Unternehmen veröffentlichen mit jeweils 100% der maximal erreichbaren Punkte die Gehe AG und die Henkel KGaA. Überwiegend wird in den Nachtragsberichten über die „Unternehmenssituation" (168 Berichte) und deutlich weniger über die „Rahmenbedingungen" (77 Berichte) berichtet.

Nachtragsbericht	Unternehmen	Qualität
Top 5	Henkel	100,00%
aus den inhaltlich besten	Gehe	100,00%
100 Geschäftsberichten	Carl Schenck	90,00%
	Veba	80,00%
	VIAG	80,00%
Last 5	AGIV	40,00%
aus den inhaltlich besten	Wella	36,00%
100 Geschäftsberichten	Walter Bau	36,00%
	Triumph-Adler	36,00%
	Zanders	30,00%

Übersicht 7-31: Beste und schlechteste Berichterstattung im Nachtragsbericht der Top 100 (Wettbewerb 1996)

Auch beim Nachtragsbericht ergibt sich für die 100 besten Unternehmen, daß die Top 5 80% oder mehr erreichen, während die Last 5 deutlich unter 50% liegen und damit als mangelhaft zu bezeichnen sind. Dieses Ergebnis bedeutet, daß die nachfolgenden Nachtragsberichte mit weniger als 30% als ausgesprochen mangelhaft zu bezeichnen sind. *(Übersicht 7-31)*

7.5.3.2.3 Die Qualität der Berichterstattung im Prognosebericht

Im Prognosebericht soll nach § 289 Abs. 2 Nr. 2 HGB über die voraussichtliche Entwicklung des Unternehmens und des wirtschaftlichen Umfeldes berichtet werden. Wie die folgende Übersicht zeigt, erreichen 1996 von 417 bewerteten Industrie- und Handelsunternehmen 414 Unternehmen weniger als 50% der möglichen Punkte. Lediglich die Veba AG (69,33%), die BMW AG (52,67%) sowie die Berliner Kraft- und Licht AG (Bewag) (52,66%) zeigen, daß es auch anders geht und berichten im Prognosebericht zumindest „ausreichend" (> 50% der Maximalpunktzahl). Das durchschnittliche Qualitätsniveau im Prognosebericht beträgt nur 16,84% und

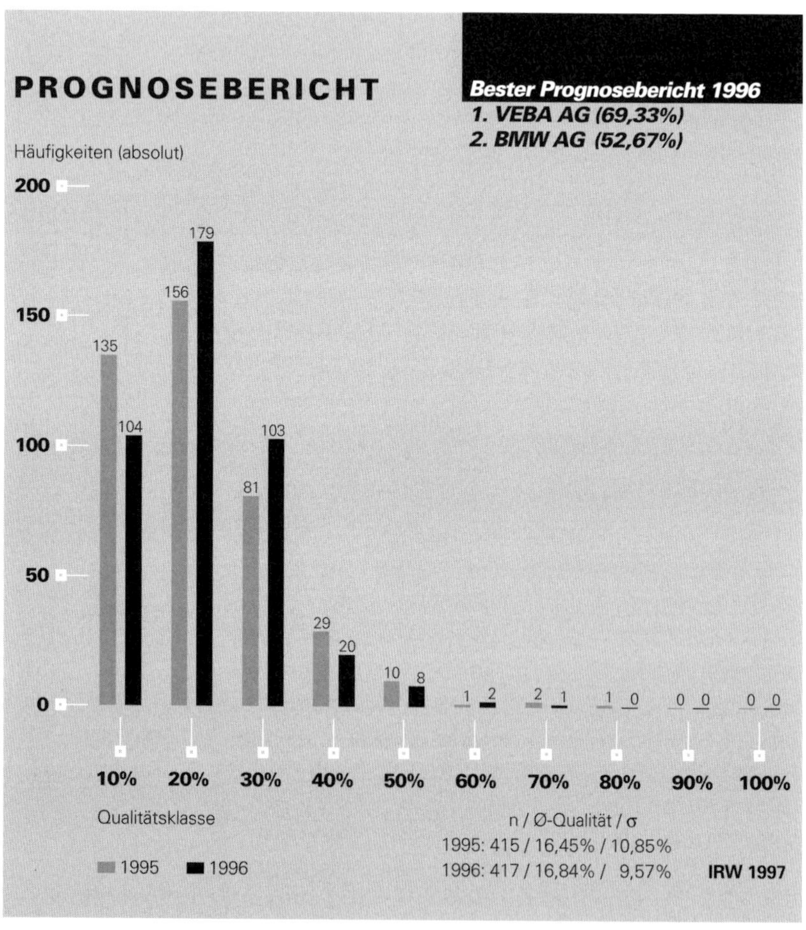

Übersicht 7-32: Die Qualität der Berichterstattung im Prognosebericht

entspricht damit fast exakt dem ausgesprochen unzureichenden Vorjahreswert (16,45%).

Innerhalb der sechs Teilberichte des Lageberichts sind im Prognosebericht die größten Defizite zu verzeichnen. Vielen schlechten Prognoseberichten stehen nur wenige gute Prognoseberichte gegenüber. Die Standardabweichung ist mit 9,57% die kleinste aller Teilberichte; die Streuung der Qualitätswerte um den niedrigen Mittelwert ist also sehr gering. Insofern hat sich

im Prognosebericht der untersuchten Unternehmen eine einheitliche Berichterstattung auf ausgesprochen unzureichendem Niveau herausgebildet. Sofern überhaupt über erwartete Entwicklungen des Unternehmens berichtet wird, findet sich überwiegend lediglich ein globales Urteil. Der Prognosehorizont beschränkt sich in der Regel auf den relativ kurzen Zeitraum von einem Jahr. Der in der Literatur geforderte Prognosehorizont von zwei Jahren wird in den untersuchten Prognoseberichten nur äußerst selten erreicht. Außerdem ist festzustellen, daß nur selten auf der Basis von geschätzten Einflußfaktoren oder Zukunftsszenarien prognostiziert wird. Erläutert werden die Prognosen gar nicht. Außerdem wird grundsätzlich qualitativ, d. h. ohne Angabe konkreter Zahlen prognostiziert. Das empirische Ergebnis verdeutlicht, daß die Praxis der Prognoseberichterstattung weit hinter den Literaturforderungen bezüglich der Informationsbedürfnisse der Adressaten zurückbleibt.
Die Veba AG veröffentlicht 1995 den mit Abstand besten Prognosebericht aller untersuchten Unternehmen (69,33%). Die Qualität der Prognosen im Geschäftsbericht nimmt dann aber schon unter den besten 100 Geschäftsberichten rapide bis auf ein Niveau unter 10% ab (Thyssen Industrie bzw. KM Europa Metal). *(Übersicht 7-33)*
Innerhalb der 14 Bewertungskriterien des Prognoseberichts können keine nennenswerten Unterschiede in der Qualität der Berichterstattung ermittelt werden. Am besten ist noch die Berichterstattung zum Bewertungskriterium „Künftige Produktion, Produkte" mit einer durchschnittlichen Qualität von 26,4%.

Prognosebericht	**Unternehmen**	**Qualität**
Top 5 aus den inhaltlich besten 100 Geschäftsberichten	Veba	69,33%
	BMW	52,67%
	Bewag	52,67%
	Daimler-Benz	49,33%
	VIAG	48,00%
Last 5 aus den inhaltlich besten 100 Geschäftsberichten	Paulaner-Salvator-Bet.	11,79%
	Flender	10,67%
	Beiersdorf	10,00%
	Thyssen Industrie	9,33%
	KM Europa Metal	9,00%

Übersicht 7-33: Beste und schlechteste Berichterstattung im Prognosebericht der Top 100 (Wettbewerb 1996)

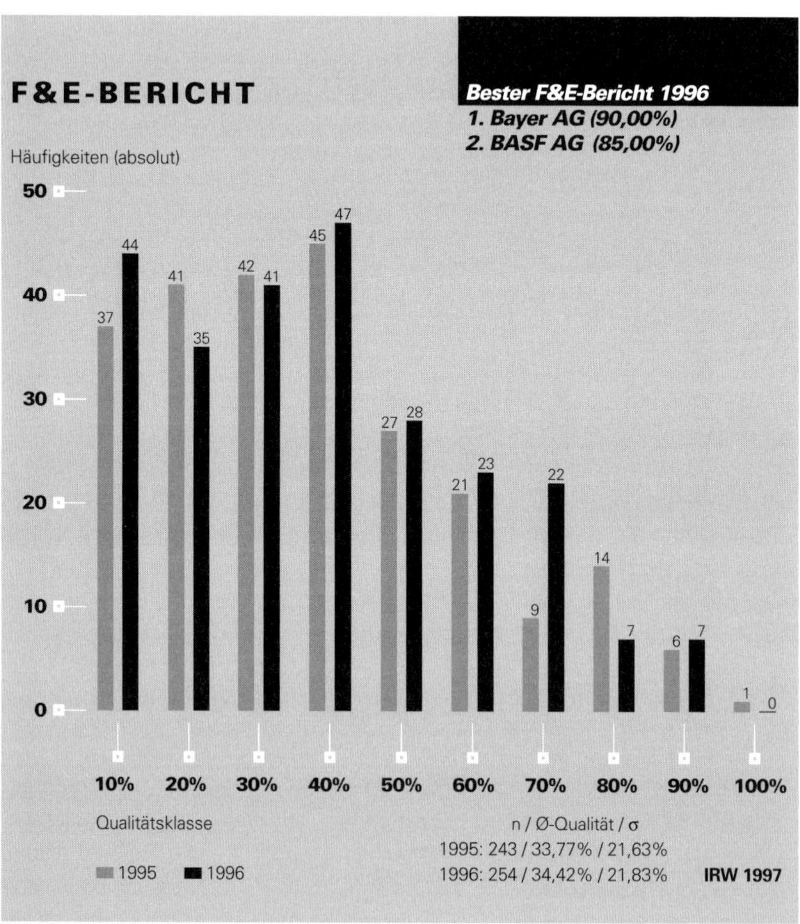

Übersicht 7-34: Die Qualität der Berichterstattung im Forschungs- und Entwicklungsbericht

7.5.3.2.4 Die Qualität der Berichterstattung im Forschungs- und Entwicklungsbericht

Der Bereich Forschung und Entwicklung soll nach § 289 Abs. 2 Nr. 3 HGB im Lagebericht erläutert werden. Die Kriterien für den Forschungs- und Entwicklungsbericht (F&E-Bericht) werden nur zur Bewertung herangezogen, wenn das Unternehmen aufgrund der Ausrichtung seiner Geschäftstätigkeit überhaupt über F&E-Aktivitäten berichten kann. Bei Geschäftsberichten, die, bedingt durch die Art der Geschäftstätigkeit, keinen F&E-Bericht enthalten – wie bei Handelsunternehmen oder Kreditinstituten –, wird der Durchschnitt der bei den übrigen Teilberichten des Lageberichts erreichten Punkte angesetzt.

Neben dem Prognosebericht können Geschäftsberichtadressaten vor allem dem F&E-Bericht wichtige Informationen über die künftigen Marktchancen eines Unternehmens entnehmen. Indes ist die Informationspolitik deutscher börsennotierter Kapitalgesellschaften auch in diesem Teilbericht sehr zurückhaltend. Der Adressat sucht meist vergebens nach konkreten Informationen über Innovationen und Patente, den Indikatoren künftiger Wertsteigerungen.

Nach dem in der vorstehenden *Übersicht 7-34* dargestellten Ergebnis der Untersuchung ist die Zahl der bewerteten F&E-Berichte auf 254 gestiegen (1995: 243); die Qualität der untersuchten F&E-Berichte liegt 1996 mit schlechten (mangelhaften) 34,42% nur knapp über dem Vorjahresniveau (33,77%). Von den 254 Unternehmen, die durch die Ausrichtung ihrer Geschäftstätigkeit dazu in der Lage – und in diesem Fall per Gesetz dazu verpflichtet – sind, einen F&E-Bericht aufzustellen, haben lediglich 59 Unternehmen mehr als die Hälfte der Maximalpunktzahl erreicht und damit zumindest „ausreichend“ berichtet.

Die Standardabweichung der Qualitätswerte im F&E-Bericht ist unverändert hoch; sie beträgt 21,83% (1995: 21,63%), d. h., die Qualitätswerte streuen sehr stark. Die F&E-Berichte kleiner Unternehmen liegen dabei in der Regel am unteren Ende der Qualitätsskala, während gute Qualitätswerte hier nur von Großunternehmen erreicht werden.

Die Bayer AG (90,00%), die BASF AG (85,00%) und die SAP AG (84,99%) haben die Bewertungskriterien des F&E-Berichts am besten erfüllt. Am schlechtesten aus dem Kreis der inhaltlich besten 100 Geschäftsberichte schneiden die F&E-Berichte von Triumph-Adler (10,00%) und Wünsche (7,50%) ab.

F&E-Bericht	Unternehmen	Qualität
Top 5 aus den inhaltlich besten 100 Geschäftsberichten	Bayer BASF SAP Sommer Allibert Carl Schenck	90,00% 85,00% 84,99% 84,97% 83,33%
Last 5 aus den inhaltlich besten 100 Geschäftsberichten	Gehe PWA Nordstern Lebensmittel Triumph-Adler Wünsche	25,00% 22,50% 22,50% 10,00% 7,50%

Übersicht 7-35: Beste und schlechteste Berichterstattung im Forschungs- und Entwicklungsbericht der Top 100 (Wettbewerb 1996)

Innerhalb des F&E-Berichts ist die Berichtsqualität sehr inhomogen. Während die Angaben und Erläuterungen zu den Bewertungskriterien „Ziele, Schwerpunkte von F&E" (48,1%) und „F&E-Ergebnisse" (50,8%) überdurchschnittlich sind, ist die Berichterstattung zu den Bewertungskriterien „Aufwendungen, Investitionen in F&E" (25,5%) sowie „F&E-Mitarbeiter" (11,4%) meist sehr restriktiv. Die Unternehmen befürchten hier offenbar Nachteile durch eine offenere Informationspolitik.

7.5.3.2.5 Die Qualität der Berichterstattung im Zweigniederlassungsbericht

Im Lagebericht soll nach § 289 Abs. 2 Nr. 4 HGB auf bestehende Zweigniederlassungen der Gesellschaft eingegangen werden. Der Zweigniederlassungsbericht ist nur dann in die Bewertung eingegangen, wenn der Geschäftsbericht konkrete Angaben zu Zweigniederlassungen enthält. Anderenfalls wird der Durchschnitt der bei den übrigen Teilberichten des Lageberichts erreichten Punkte angesetzt. Wie im Vorjahr haben lediglich 78 der untersuchten Industrie- und Handelsunternehmen zu bestehenden Zweigniederlassungen berichtet. Angesichts der Größe der untersuchten Unternehmen ist anzunehmen, daß tatsächlich mehr als 78 Unternehmen über berichtspflichtige Zweigniederlassungen verfügen.

Wie die folgende Übersicht zeigt, hat sich die Qualität der untersuchten Zweigniederlassungsberichte mit 61,26% gegenüber dem Vorjahr gesteigert (1995: 56,61%). Die Verteilung der Qualitätswerte ist dabei zumindest 1996 annähernd normalverteilt mit einer Standardabweichung von 24,49%.

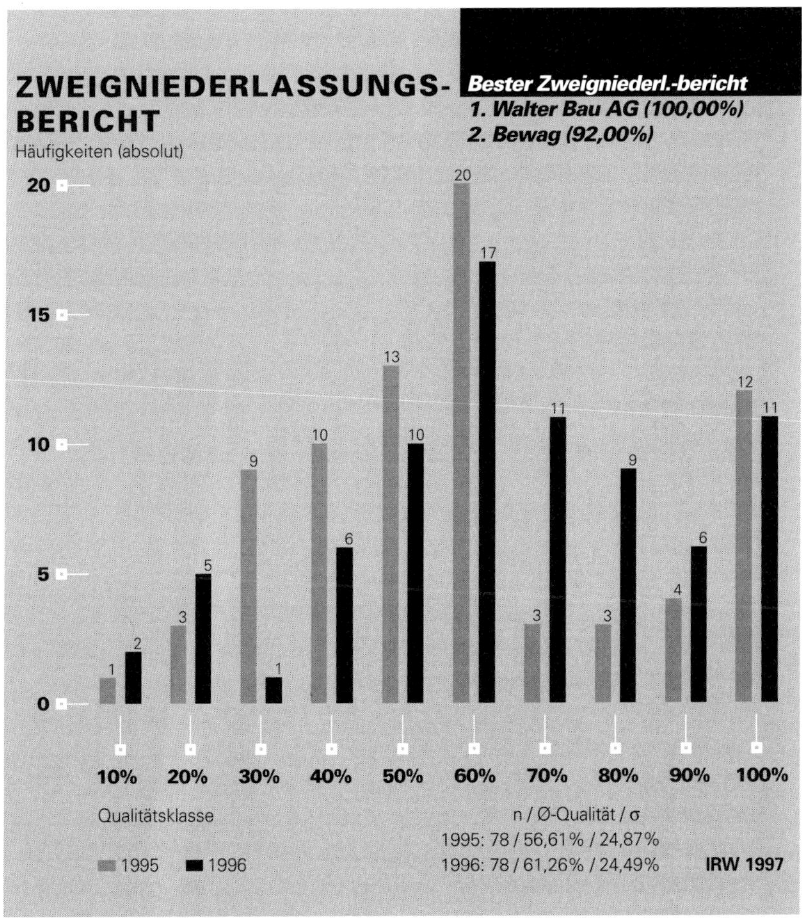

Übersicht 7-36: Die Qualität der Berichterstattung im Zweigniederlassungsbericht

Mit 100% erreicht der Zweigniederlassungsbericht des Bauunternehmens Walter Bau AG die beste Bewertung, dicht gefolgt von der Bewag (92,00%) sowie der Mineralbrunnen Überkingen – TeinachAG (91,29%).

Zweigniederlassungsbericht	Unternehmen	Qualität
Top 5	Walter Bau	100,00%
aus den inhaltlich besten	Bewag	92,00%
100 Geschäftsberichten	Mineralbrunnen Überkingen	91,29%
	Kaufhalle	90,00%
	IVG	90,00%
Last 5	Henkel	60,00%
aus den inhaltlich besten	Rütgerswerke	50,00%
100 Geschäftsberichten	Buderus	42,86%
	Berliner Elektro Holding	34,28%
	Siemens	20,00%

Übersicht 7-37: Beste und schlechteste Berichterstattung im Zweigniederlassungsbericht der Top 100 (Wettbewerb 1996)

7.5.3.2.6 Die Qualität der Berichterstattung im Zusatzbericht

Als weiterer Teil des Lageberichts enthält der Zusatzbericht jene freiwilligen Angaben, die über die „Mindestangaben“ zum Geschäftsverlauf und zur Lage der Kapitalgesellschaft nach § 289 Abs. 1 HGB hinausgehen und insoweit die Angaben des Wirtschaftsberichts ergänzen, ohne Bestandteil der Pflichtangaben nach § 289 Abs. 2 HGB zu sein. Für die Untersuchung werden nur solche Angaben als freiwillig publiziert angesehen und in die Bewertung einbezogen, die dem Bereich der Bilanzanalyse zuzuordnen sind. Es handelt sich dabei im einzelnen um Mehrjahresübersichten, Angaben zur Bilanzstruktur, Finanzierungsrechnungen und Ergebniskennzahlen. Dabei gilt die Regel: Je mehr Informationen gegeben werden, desto besser ist die Beurteilung. Zeitreihen über einen längeren Zeitraum vermitteln ein klareres Bild der Unternehmensentwicklung als kurze Zeitreihen.

Die Berichterstattungsqualität im Zusatzbericht beträgt 1996 durchschnittlich 31,66% (1995: 36,81%), ist also nicht unerheblich zurückgegangen, worauf bei der Erläuterung der folgenden Übersicht noch eingegangen wird. Der Zusatzbericht gehört zu den Teilberichten mit relativ geringer durchschnittlicher

Berichtsqualität. Lediglich 91 von 417 Unternehmen erreichten im Wettbewerb 1996 mehr als die Hälfte der Maximalpunktzahl.
Die Qualitätswerte im Zusatzbericht sind gemäß nachfolgender Übersicht für die untersuchten Unternehmen auch nicht annähernd normalverteilt. Die Zahl der Unternehmen pro Qualitätsklasse nimmt vielmehr mit steigender Qualität nahezu linear ab. Die Standardabweichung beträgt 22,11% (1995: 22,62%), d. h., die Qualitätswerte streuen sehr stark. Im Zusatzbericht existiert dem-

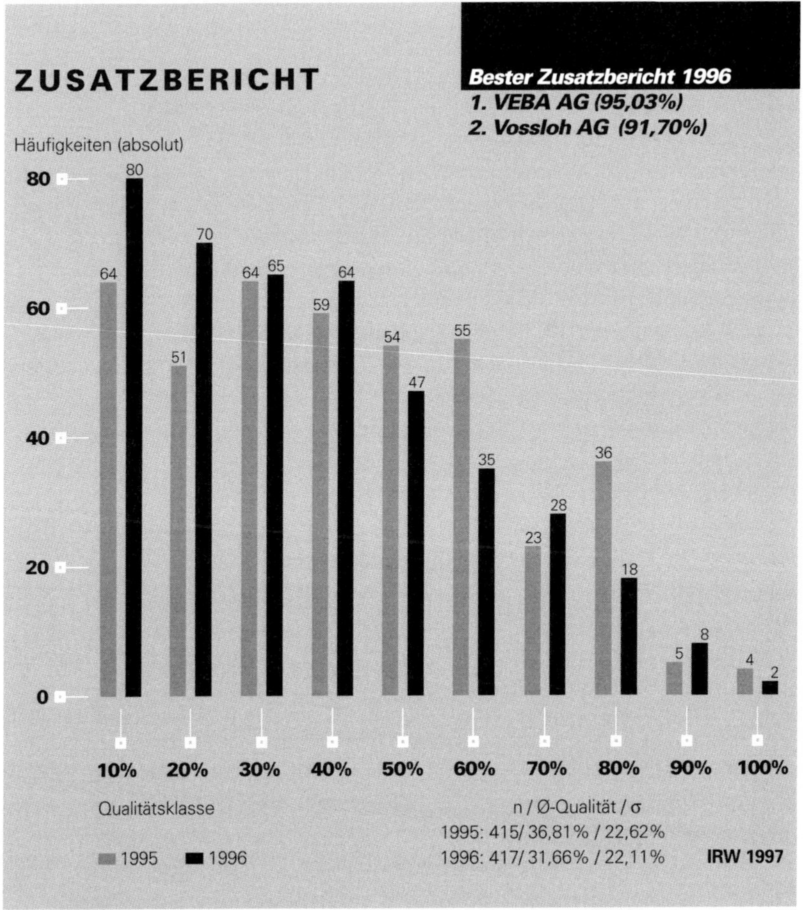

Übersicht 7-38: Die Qualität der Berichterstattung im Zusatzbericht

nach keine einheitliche Berichterstattungspraxis; vielmehr ist zu beobachten, daß sich die Berichterstattungsqualität tendenziell parallel zur Unternehmensgröße verhält. Große Unternehmen berichten im Zusatzbericht grundsätzlich besser als vergleichsweise kleine Unternehmen. Große Unternehmen müssen angesichts ihres hohen Eigenkapitalbedarfs und der Informationsbedürfnisse vor allem ausländischer Eigenkapitalgeber offenbar mit besseren und ausführlicheren Informationen um das Vertrauen aktueller wie potentieller Anteilseigner werben als kleinere Unternehmen.
Der Rückgang der Qualität in den Zusatzberichten von 1995 im Vergleich zu denen aus dem Jahr 1994 um 5%-Punkte ist nicht auf die schlechtere Berichterstattung der Unternehmen zurückzuführen. Vielmehr wurde bei den einzelnen Kriterien strenger bewertet, um der verbesserten Berichtsqualität der Großunternehmen im Zusatzbericht gerecht zu werden und überdurchschnittliche Berichte differenzierter bewerten zu können. So wird bei den Mehrjahresübersichten nur dann die volle Punktzahl vergeben, wenn zumindest ein Zeitraum von sieben Jahren abgebildet wird, während im Wettbewerb 1995 für die volle Punktzahl nur ein Fünfjahreszeitraum vorausgesetzt wurde.
Voraussetzung für die Maximalpunktzahl bei dem Bewertungskriterium „Kapitalflußrechnung" ist, daß die Kapitalflußrechnung entweder der Stellungnahme HFA 1/1995, dem Standard IAS 7 des IASC oder der US-amerikanischen Norm SFAS No. 95 entspricht.
Zugleich wurde das Bewertungskriterium „DVFA/SG-Ergebnis" strenger bewertet. Nur wenn den Geschäftsberichtadressaten detaillierte Informationen und Erläuterungen über die Zusammensetzung bzw. Herleitung des DVFA/SG-Ergebnisses gegeben wurden, war die volle Punktzahl zu erreichen. Nur die Kenntnis der Einzelbestandteile des DVFA/SG-Ergebnisses ermöglicht nämlich eine eindeutige Interpretation dieser Kennzahl. Die volle Punktzahl im Bewertungskriterium „DVFA/SG-Ergebnis" erreichen unter anderem Schering *(vgl. Schering AG, GB 1996, S. 31)* sowie Vossloh *(vgl. Vossloh AG, GB 1996, S. 13)*, deren Darstellung sich durch eine detaillierte Überleitungsrechnung vom Jahresüberschuß laut GuV zum Ergebnis nach DVFA/SG auszeichnet.
Insgesamt wurde der Zusatzbericht der Veba AG den gestellten Anforderungen mit 95,03% aller möglichen Punkte am besten gerecht, gefolgt von der Vossloh AG mit 91,70%.

Zusatzbericht	Unternehmen	Qualität
Top 5 aus den inhaltlich besten 100 Geschäftsberichten	Veba	95,03%
	Vossloh	91,70%
	Westag & Getalit	86,70%
	Volkswagen	86,70%
	Weru	85,02%
Last 5 aus den inhaltlich besten 100 Geschäftsberichten	Walter Bau	24,17%
	Villeroy & Boch	23,33%
	Vogt Electronic	21,67%
	Paulaner-Salvator-Bet.	20,00%
	Gildemeister	13,33%

Übersicht 7-39: Beste und schlechteste Berichterstattung im Zusatzbericht der Top 100 (Wettbewerb 1996)

Hier erweist sich, daß die Last 5 der Top 100 nicht einmal 25% der maximalen Punkte erreichen. Dieses Ergebnis ist als ausgesprochen schlecht zu bezeichnen. Innerhalb der 14 Bewertungskriterien im Zusatzbericht ist die Qualität der Berichterstattung insgesamt nicht einheitlich. Überdurchschnittlich sind vor allem die Angaben in Mehrjahresübersichten zu den Kriterien „Ergebnisdaten“ (47,5%) und – im Zuge einer stärkeren Shareholder-Value-Orientierung – „Aktienkurs“ (41,9%) sowie zu den Kriterien „Vermögensstruktur“ (41,4%%) und „Kapitalstruktur“ (46,6%). Nachholbedarf besteht vor allem bei der Berichterstattung zum Kriterium „Deckungsgrade“ (20,6%) sowie bei Angaben zu Ergebniskennzahlen: „Ergebnisstruktur“ (25,1%), „Rentabilität“ (15,4%), „Wertschöpfungsrechnung“ (15,8%). Auch das „Ergebnis nach DVFA/SG“ (22,8%) wird von den untersuchten Unternehmen nur unzureichend dargestellt.

7.5.3.3 Die Qualität der Berichterstattung im Anhang

Gemäß § 264 Abs. 1 Satz 1 HGB sind die Bilanz und die Gewinn- und Verlustrechnung von Kapitalgesellschaften um einen Anhang zu erweitern, der als dritter Teil des handelsrechtlichen Jahresabschlusses von Kapitalgesellschaften vor allem die Aufgabe hat, das Zahlenwerk von Bilanz und Gewinn- und Verlustrechnung zu erläutern. Für Analysten und Aktionäre sind diese Informationen besonders wichtig, weil hier beispielsweise über Abschreibungs- und Bewertungsmethoden Rückschlüsse auf bilanzpolitische Maßnahmen möglich sind.

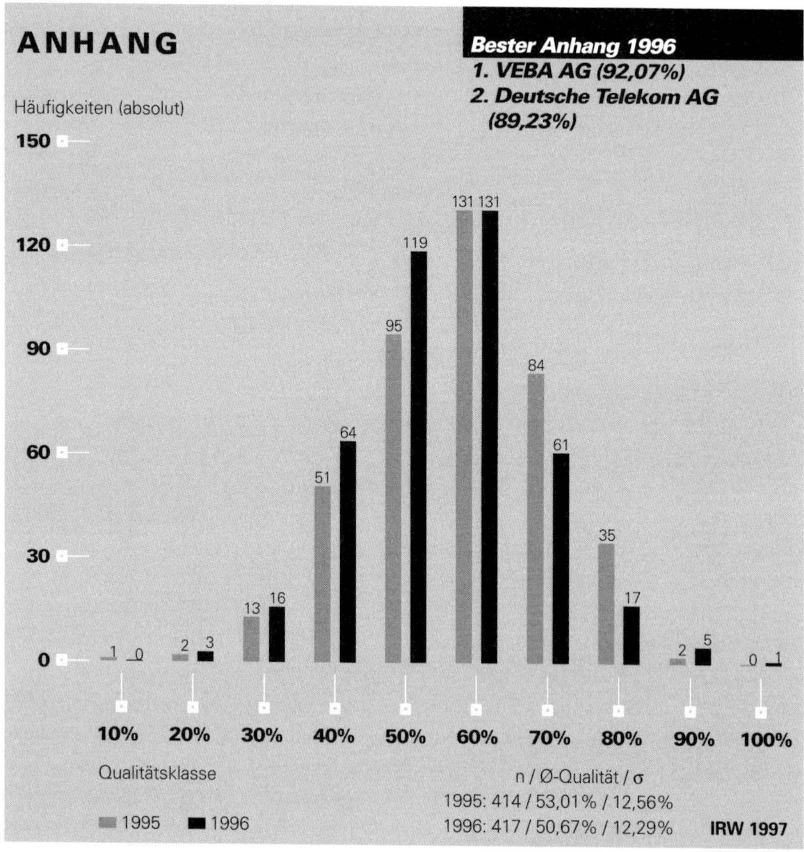

Übersicht 7-40: Die Qualität der Berichterstattung im Anhang

Die Berichterstattung im Anhang geht aufgrund der repräsentativen Befragung von Finanzanalysten und Wirtschaftsprüfern als wichtigster Pflichtbestandteil mit einem Gewicht von 25% in die inhaltliche Beurteilung von Geschäftsberichten ein. Um so kritischer ist – auch angesichts der vergleichsweise detaillierten gesetzlichen Regelungen zur Berichterstattung im Anhang – die Qualität publizierter Anhänge zu beurteilen. Sogar unter den besten 100 Unternehmen der inhaltlichen Bewertung erreichen sechs Unternehmen im Anhang weniger als 50% der möglichen Punkte. Insgesamt liegt die Berichterstattungsqualität bei 202 von 417 Unternehmen unter 50% der Maximalpunktzahl.

Die durchschnittliche Berichterstattungsqualität im Anhang ist mit 50,67% leicht zurückgegangen (1995: 53,01%). Mit einer Standardabweichung von 12,29% (1995: 12,56%) ist die Streuung der Qualitätswerte um den Mittelwert relativ gering: Die Berichterstattung im Anhang der untersuchten Unternehmen wird von Jahr zu Jahr einheitlicher, ohne dabei aber den Anforderungen externer Geschäftsberichtadressaten besser zu genügen.

Es fällt auf, daß im Unterschied zur Berichterstattung im Lagebericht in den untersuchten Anhängen grundsätzlich zwar zu allen relevanten Bewertungskriterien berichtet wird; die Qualität der Angaben ist aber zumeist nicht ausreichend. Mangelhaft sind vor allem die Angaben und Erläuterungen zu den Bewertungskriterien „Bestandteile der Herstellungskosten" (41,8%), „Zusammensetzung der sonstigen Rückstellungen" (37,2%), „Bewertung und Fristigkeit von Rückstellungen" (42,0%) sowie „Sonstige betriebliche Aufwendungen und Erträge" (41,0%).

Innerhalb der Gruppe der besten 100 Geschäftsberichte geht die Schere bei der Qualität der Anhänge weit auseinander. Die besten Erläuterungen und Ergänzungen der Bilanz und Gewinn- und Verlustrechnung enthält mit 92,07% der 95er-Veba-Geschäftsbericht, gefolgt vom 95er-Geschäftsbericht der Deutschen Telekom mit 89,23%. Am unteren Ende der Tabelle der Top 100 bezüglich der Qualität der Anhangangaben rangieren die Geschäftsberichte der Sixt AG (47,10%) sowie der SG-Holding (45,81%), die damit nur rund die Hälfte der Punkte der bestplazierten Unternehmen erreichen und als nicht ausreichend zu qualifizieren sind.

Anhang	**Unternehmen**	**Qualität**
Top 5 aus den inhaltlich besten 100 Geschäftsberichten	Veba Deutsche Telekom Hoechst Harpen Spar	92,07% 89,23% 85,17% 82,22% 82,14%
Last 5 aus den inhaltlich besten 100 Geschäftsberichten	Didier-Werke Krauss-Maffei Phoenix Sixt SG Holding	49,31% 48,79% 47,88% 47,10% 45,81%

Übersicht 7-41: Beste und schlechteste Berichterstattung im Anhang der Top 100 (Wettbewerb 1996)

7.5.3.4 Die Qualität der sonstigen Angaben im Geschäftsbericht

Der Kriterienkatalog der „sonstigen Angaben“ ist vom IRW im Jahr 1997 stark erweitert worden und umfaßt – wie im vorstehenden Abschnitt 7.4 beschrieben – aktuell 11 Kriterien. Zum Zeitpunkt der empirischen Auswertung der 500 Geschäftsberichte (Wettbewerb 1996) bestand der Kriterienkatalog aus folgenden vier Anforderungskriterien:

- Formale Abgrenzung und Struktur des Lageberichts,
- Vollständigkeit des Lageberichts bzw. Verlagerung wesentlicher Informationen in sonstige Teile des Geschäftsberichts,
- Aktivitäten im Bereich Kommunikation und Werbung,
- Aufgliederung von Marketingausgaben in Ausgaben für Markteinführung neuer Produkte und Werbeausgaben für Marktbehauptung.

Die untersuchten sonstigen Angaben fassen somit mit der Abgrenzung und der Vollständigkeit des Lageberichts auf der einen Seite und den Aktivitäten sowie den entstandenen Aufwendungen im Bereich Kommunikation und Werbung auf der anderen Seite zwei Kriteriengruppen zusammen. Die durchschnittliche Qualität der Berichterstattung zu den sonstigen Angaben ist nicht „ausreichend“ und beträgt 34,11% und hat sich damit gegenüber dem Vorjahr (35,47%) kaum verändert (vgl. *Übersicht 7-42*). Die Verteilung der Qualitätswerte ist annähernd normalverteilt mit einer Standardabweichung von 11,85% (1995: 14,11%).
Die Berichterstattungsqualität innerhalb der sonstigen Angaben ist nicht gleich verteilt. Während Angaben und Erläuterungen zu den den Lagebericht betreffenden Bewertungskriterien „Formale Abgrenzung und Struktur des Lageberichts“ (58,8%) und „Vollständigkeit des Lageberichts bzw. Verlagerung wesentlicher Informationen in sonstige Teile des Geschäftsberichts“ (55,8%) grundsätzlich überdurchschnittlich ausfallen, enthalten die untersuchten Geschäftsberichte nur vereinzelt Angaben zu den Bewertungskriterien „Aktivitäten im Bereich Kommunikation und Werbung“ (29,8%) sowie „Aufgliederung von Marketingausgaben in Ausgaben für Markteinführung neuer Produkte und Werbeausgaben für Marktbehauptung“ (lediglich 2,0%).
Die beste Berichterstattung zum Teilbericht „Sonstige Angaben“ enthält, mit detaillierten Angaben zu Aktivitäten sowie entstandenen Aufwendungen im Kommunikationsbereich, der Geschäftsbericht der Vossloh AG (88,34%).

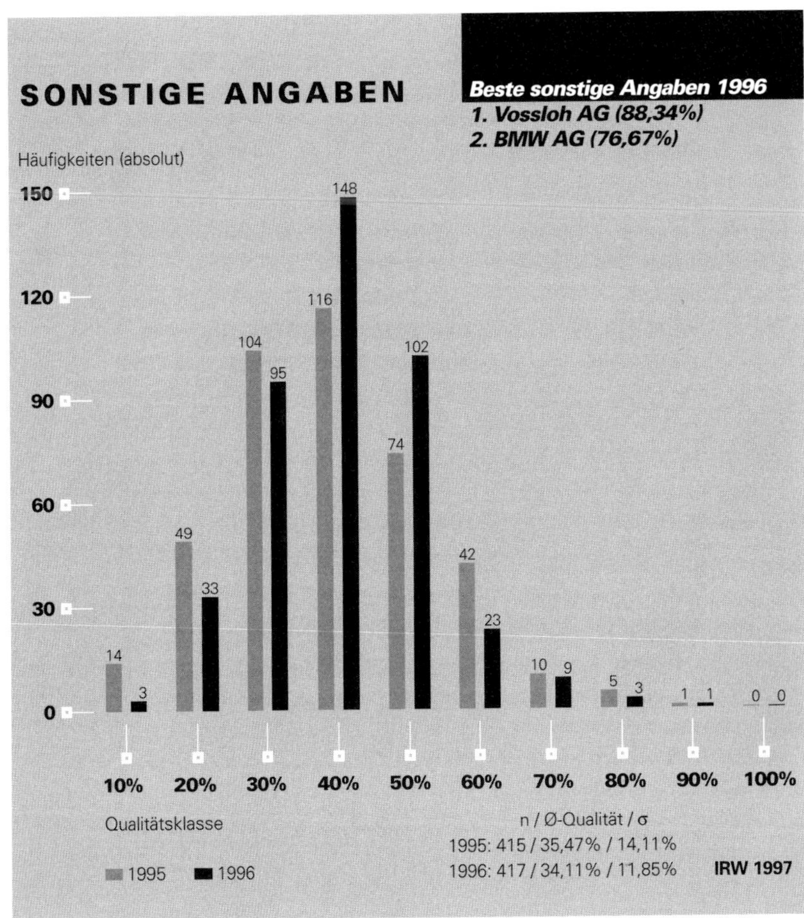

Übersicht 7-42: Die Qualität der Berichterstattung zu den sonstigen Angaben im Geschäftsbericht

Sonstige Angaben	Unternehmen	Qualität
Top 5 aus den inhaltlich besten 100 Geschäftsberichten	Vossloh BMW Hugo Boss Daimler-Benz Mannesmann	88,34% 76,67% 76,33% 71,67% 62,50%
Last 5 aus den inhaltlich besten 100 Geschäftsberichten	Berliner Elektro Holding Contigas Gildemeister Thüga AEG	25,00% 25,00% 18,33% 16,67% 3,33%

Übersicht 7-43: Beste und schlechteste Berichterstattung zu den sonstigen Angaben im Geschäftsbericht der Top 100

Die Geschäftsberichte der Last 5 der Top 100 enthalten völlig unzureichende sonstige Angaben, ganz zu schweigen von den folgenden 317 Unternehmen.

7.5.3.5 Zusammenfassung

Grundsätzlich bleibt festzuhalten, daß deutsche börsennotierte Kapitalgesellschaften ihren (potentiellen) Aktionären durch die Art ihrer Berichterstattung keine ausreichende Basis für fundierte Investitionsentscheidungen bieten. Die Unternehmen sollten ihren Geschäftsbericht stärker als bisher als Visitenkarte oder als „Bewerbungsunterlage“ für den Wettbewerb um knappes Eigenkapital und nicht als lästige Pflichtübung interpretieren. Geschäftsberichte sollten in diesem Sinne nicht mehr als ein Vorhang dienen, der das Unternehmensgeschehen verhüllt. Vielmehr sollten die Geschäftsberichte für den Aktionär zu einem Schaufenster in „ihr“ Unternehmen werden. Dem zunehmend geäußerten Anspruch der Shareholder-Value-Orientierung werden die untersuchten Geschäftsberichte lediglich teilweise gerecht. Bedingt durch die unvollkommene Kapitalmarkteffizienz in Deutschland ist es aber in einem besonderen Maße erforderlich, die Kommunikation mit den Aktionären sicherzustellen. Zur praktischen Umsetzung dieser Anforderungen gehört eine zeitnahe Berichterstattung mit Angaben zur wirtschaftlichen Entwicklung, gegliedert nach Geschäftsfeldern (Segmentberichterstattung), mit Angaben zu wesentlichen Unternehmensaktivitäten und zu den Zukunftsperspektiven des Unternehmens. Vor allem ein aussagefähiger Prognosebericht ist für Geschäftsberichtadressaten als Informationsbasis für Anlageentscheidungen unerläßlich; gerade in diesem Teilbericht ist die Qualität der Berichterstattung deutscher börsennotierter Kapitalgesellschaften aber ausgesprochen mangelhaft.

7.5.4 Die Qualität der Geschäftsberichterstattung international ausgerichteter Konzerne

Größere börsennotierte Kapitalgesellschaften sind angesichts des zunehmend internationaleren Wettbewerbs um Eigenkapital zu einer offeneren Berichterstattung übergegangen. In zunehmendem Maße werden internationale Rechnungslegungsnormen wie die IAS oder die US-GAAP in den Jahresabschlüssen deutscher Unternehmen angewendet. Den Einfluß dieser Regelungen auf die Qualität der deutschen Geschäftsberichterstattung großer international oder global tätiger Unternehmen zeigt die vorliegende Untersuchung. Vor allem die Berichterstattung im Zusatzbericht der nach internationalen Normen rechnunglegenden Unternehmen ist besser zu beurteilen als die der übrigen Unternehmen. Dazu hat primär die stärkere Übernahme internationaler Berichterstattungsusancen, wie die Veröffentlichung von detaillierten Kapitalflußrechnungen oder Segmentberichten, beigetragen.
Die Tendenz zur Internationalisierung der Rechnungslegung wird sich in den nächsten Jahren noch verstärken, und es ist zu erwarten, daß es zu einem immer größeren Abstand zwischen der Qualität der Berichterstattung „großer" und „kleiner" börsennotierter Kapitalgesellschaften kommen wird. 1996 wurde die Gesamtqualität von sieben der inhaltlich besten zehn Geschäftsberichte der Untersuchung aus dem Vorjahr – es handelt sich dabei ausschließlich um Großunternehmen – trotz strengerer Beurteilung besser bewertet, während die durchschnittliche Gesamtqualität des Inhalts aller Geschäftsberichte leicht rückläufig war. Unternehmen, die ihren Konzernabschluß gemäß internationalen Rechnungslegungsnormen (oder in Anlehnung daran) aufgestellt haben, erreichen eine durchschnittliche Berichtsqualität von 63,43% bei einer Standardabweichung von 13,67%. Der Durchschnitt der inhaltlichen Gesamtqualität aller 417 untersuchten Geschäftsberichte im Segment „Industrie und Handel" beträgt dagegen nur 40,57%. Bei den nach IAS oder nach US-GAAP rechnunglegenden Unternehmen liegt die durchschnittliche Berichterstattungsqualität demnach, bei einer relativ geringen Streuung, fast 23 Prozentpunkte höher. *(Übersicht 7-44)*

Unternehmen	Im Jahresabschluß angewandter internationaler bzw. US-Rechnungslegungsstandard	Gesamtqualität im Inhalt
adidas	IAS	32,70%
Bayer	IAS	71,48%
Daimler-Benz	US-GAAP	74,15%
Deutsche Telekom	US-GAAP	65,95%
Dyckerhoff	IAS	51,27%
Heidelberger Zement	IAS	61,95%
Hoechst	IAS	65,56%
Merck	IAS	69,70%
Schering	IAS	59,54%
Veba	US-GAAP	81,95%
Durchschnitt		**63,43%**
Standardabweichung		**13,67%**

Übersicht 7-44: Die Qualität der 95er-Berichterstattung der nach internationalen/US-Grundsätzen bilanzierenden Unternehmen

7.6 Die Aufnahme eines Bilanzbonitäts-Ratings in den Geschäftsbericht

7.6.1 Einführung

Die Adressaten eines Geschäftsberichts stellen sich oft die Frage, ob der Geschäftsbericht wirklich ein authentisches Bild des betreffenden Unternehmens liefert oder ob nicht das Unternehmen sich selbst so darstellt, wie es gerne gesehen werden möchte. Diesem Eindruck kann vorgebeugt werden, indem in den Geschäftsbericht ein Rating des eigenen Unternehmens durch eine Rating-Agentur aufgenommen wird. So verweist die Bayerische Vereinsbank in ihrem Geschäftsbericht 1995 *(vgl. Bayerische Vereinsbank AG, GB 1995, S. 16)* auf ihr gutes Rating. Ein Rating beurteilt das Unternehmen mit einem bestimmten Punktwert und/oder weist es einer bestimmten Rating-Klasse zu. Der Vorteil eines solchen Ratings ist, daß es von einem unabhängigen Dritten erstellt wird. Somit wird der Vorwurf entkräftet, das Unternehmen nehme zielgerichtet Einfluß auf die Darstellung seiner eigenen Lage.

Bei der Auswahl eines geeigneten Rating-Systems ist indes darauf zu achten, daß das Urteil dieses Systems statistisch zuverlässig, objektiv, nicht manipulierbar und ganzheitlich ist; außerdem muß es sich aus den im Geschäftsbericht vorliegenden geprüften Daten des Jahresabschlusses nachprüfen und erläutern lassen. Denn nur so wird der Adressat des Geschäftsberichts die Ergebnisse des Ratings als authentisches Bild der wirtschaftlichen Lage des Unternehmens akzeptieren.

7.6.2 Das Bilanzbonitäts-Rating BP-14

Ein Rating-System, das diese Kriterien erfüllt, ist das Bilanzbonitäts-Rating BP-14. Das BP-14 ist ein Künstliches Neuronales Netz und wurde am Institut für Revisionswesen der Westfälischen Wilhelms-Universität Münster (IRW) in Zusammenarbeit mit der BPA Baetge & Partner GmbH & Co. Auswertungszentrale KG (BPA) entwickelt. Mit diesem Rating wird beurteilt, wie bestandsfest und krisenfest ein Unternehmen ist, d. h., wie gut es aufgrund seiner Jahresabschlußdaten in der Lage ist, mit künftigen Widrigkeiten fertig zu werden. Soll ein Unternehmen mit BP-14 beurteilt werden, werden aus den Jahresabschlußdaten dieses Unternehmens 14 Kennzahlenwerte berechnet, die dann zu einer „Super-Kennzahl", dem N-Wert (Netz-Wert), zusammengefaßt werden. Der N-Wert liegt auf einer Skala von +10 bis –10, die in sechs Güteklassen (+10 bis –2) und vier Risikoklassen (–2 bis –10) unterteilt ist. In *Übersicht 7-45* sind die Klassen mit ihrer jeweiligen verbalen Kennzeichnung und der Insolvenzwahrscheinlichkeit (Ins.Wkt.) in jeder Klasse dargestellt. Ein Unternehmen, das einen N-Wert von 7 hat, gehört der Klasse A an, besitzt also eine sehr gute Bestandssicherheit und hat eine Insolvenzwahrscheinlichkeit von nur 0,12%. Das deutsche Durchschnittsunternehmen hat eine Insolvenzwahrscheinlichkeit von ca. 1%, d. h., in Deutschland werden in einem Jahr ca. 1% der Unternehmen insolvent. Dagegen gehört ein Unternehmen mit einem N-Wert von –5 der Risikoklasse II an, weist also eine mittlere Bestandsgefährdung und eine A-posteriori-Insolvenzwahrscheinlichkeit von 3,09% auf. Damit liegt die Insolvenzwahrscheinlichkeit für dieses Unternehmen dreimal höher als die A-priori-Insolvenzwahrscheinlichkeit von rund 1% in Deutschland.

N-Wert	Klasse	Grad der Bestandssicherheit/-gefährdung	Ins.Wkt. in %	
8 bis 10	AA	ausgezeichnete Bestandssicherheit	0,02	Güte- klassen
6 bis 8	A	sehr gute Bestandssicherheit	0,12	
4 bis 6	BB	gute Bestandssicherheit	0,12	
2 bis 4	B	befriedigende Bestandssicherheit	0,35	
0 bis 2	CC	ausreichende Bestandssicherheit	0,66	
–2 bis 0	C	kaum ausreichende Bestandssicherheit	0,86	
–4 bis –2	I	leichte Bestandsgefährdung	2,09	Risiko- klassen
–6 bis –4	II	mittlere Bestandsgefährdung	3,09	
–8 bis –6	III	hohe Bestandsgefährdung	7,44	
–10 bis –8	IV	sehr hohe Bestandsgefährdung	15,23	

Übersicht 7-45: Güte- und Risikoklassen

Um nachzuweisen, wie sicher das BP-14 Bestandsgefährdungen erkennt, wurde die Leistung des BP-14 an den Jahresabschlüssen von ca. 12.000 für Deutschland nach Größe, Branche und Unternehmensform repräsentativen Unternehmen geprüft. Dabei ergab sich, daß das BP-14 bestandsgefährdete Unternehmen mit einer Sicherheit von 91,25% bis zu drei Jahre im voraus erkennt. Bestandsfeste Unternehmen werden zu 66,45% richtig beurteilt.

Das BP-14 ist objektiv, da es mit dem Verfahren der Künstlichen Neuronalen Netzanalyse (KNNA) auf der Basis vieler Tausender Jahresabschlüsse von gesunden und kranken Unternehmen empirisch entwickelt wurde. Die KNNA ist ein mathematisch-statistisches Verfahren, mit dem während der Entwicklung des BP-14 auf Grundlage dieser Tausende von Jahresabschlüssen bestandsfester und bestandsgefährdeter Unternehmen aus einem großen Kennzahlenkatalog die für ein authentisches Bild der Lage relevanten Jahresabschluß-Kennzahlen ausgewählt und so zusammengefaßt und gewichtet wurden, daß eine optimale Beurteilung der Bilanzbonität möglich ist. Dabei wurden von der KNNA vor allem solche Jahresabschlußkennzahlen ausgewählt, die bilanzpolitische oder sachverhaltsgestaltende Maßnahmen konterkarieren. Damit ist das BP-14 sowohl der herkömmlichen Bilanzanalyse als auch allen Rating-Systemen überlegen, deren Kennzahlenauswahl, -zusammenfassung und -gewichtung auf subjektiven Erfahrungen von Analytikern beruht.

Die Kennzahlen des BP-14 sind in *Übersicht 7-46* aufgeführt und werden im folgenden erläutert. (Die in der letzten Spalte angegebenen Relationen I<S

bzw. I>S bedeuten, daß insolvente Unternehmen durchschnittlich geringere bzw. höhere Werte dieser Kennzahl aufweisen als solvente.)

Die Kennzahl **Kapitalbindungsdauer 1 (KBD1)** gibt die Zahl der Tage an, die das Unternehmen benötigt, um seinen Verbindlichkeiten aus Lieferungen und Leistungen und seinen Wechselverpflichtungen aus seiner Gesamtleistung nachzukommen.

Für die **Kapitalbindungsdauer 2 (KBD2)** gilt entsprechendes wie für KBD1, nur daß hier der Umsatz anstelle der Gesamtleistung im Nenner herangezogen wird.

		Informations-bereich	Signum	Definition	Kurzdefinition	I≷S
Kennzahlen der	Vermögenslage	Kapital-bindungs-dauer	KBD1	((Akzepte + Verbindlichkeiten aus Lieferungen und Leistungen) x 360) : Gesamtleistung	$\frac{(AKZ + VLL) \times 360}{GL}$	>
			KBD2	((Akzepte + Verbindlichkeiten aus Lieferungen und Leistungen) x 360) : Umsatz	$\frac{(AKZ + VLL) \times 360}{U}$	>
		Kapital-bindung	KB	(Kfr. Bankverbindlichkeiten + Kfr. Verbindlichkeiten aus Lieferungen und Leistungen + Akzepte + Kfr. Sonstige Verbindlichkeiten) : Umsatz	$\frac{Kfr.BankVB + Kfr.\ VLL + AKZ + Kfr.SOVB}{U}$	>
		Verschuldung	FKQ	Kfr. Fremdkapital : Bilanzsumme	$\frac{KFK}{BISU}$	>
			FKS	(Verbindlichkeiten aus Lieferungen und Leistungen + Akzepte + Bankverbindlichkeiten) : (Fremdkapital - erhaltene Anzahlungen)	$\frac{VLL + AKZ + BankVB}{FK - Erh.ANZ}$	>
		Kapitalstruktur	EKQ1	(Wirtschaftliches Eigenkapital - Immaterielle Vermögengegenstände) : (Bilanzsumme - Immaterielle Vermögensgegenstände - Flüssige Mittel - Grundstücke und Bauten)	$\frac{WEK - IMMVG}{BISU - IMMVG - FM - GB}$	<
			EKQ2	(Wirtschaftliches Eigenkapital + Rückstellungen) : (Bilanzsumme - Flüssige Mittel - Grundstücke und Bauten)	$\frac{WEK + RSTG}{BISU - FM - GB}$	<
	Finanzlage	Finanzkraft	FINK1	Ertragswirtschaftlicher Cash Flow : (Fremdkapital - Erhaltene Anzahlungen)	$\frac{CF}{FK - Erh.ANZ}$	<
			FINK2	Ertragswirtschaftlicher Cash Flow : (Kfr. Fremdkapital + Mfr. Fremdkapital)	$\frac{CF}{Kfr.FK + Mfr.FK}$	<
		Deckungs-struktur	AD	Wirtschaftliches Eigenkapital : (Sachanlagevermögen - Grundstücke und Bauten)	$\frac{WEK}{SAV - GB}$	<
	Ertragslage	Rentabilität	UR	Ordentliches Betriebsergebnis : Umsatz	$\frac{BERG}{U}$	<
			CF1-ROI	Ertragswirtschaftlicher Cash Flow : Bilanzsumme	$\frac{CF}{BISU}$	<
			CF2-ROI	(Ertragswirtschaftlicher Cash Flow + Zuführungen zu den Pensionsrückstellungen) : Bilanzsumme	$\frac{CF + Zuf.PRST}{BISU}$	<
		Aufwands-struktur	PAQ	Personalaufwand : Gesamtleistung	$\frac{PERSA}{GL}$	>

Übersicht 7-46: Kennzahlen des BP-14

Die **Kapitalbindung (KB)** gibt den prozentualen Teil des Umsatzes an, der demnächst zur Tilgung der kurzfristigen Bankverbindlichkeiten, kurzfristigen Kreditoren, Akzepte und kurzfristigen sonstigen Verbindlichkeiten benötigt wird und daher nicht mehr frei zur Verfügung steht.
Die **Fremdkapitalquote (FKQ)** gibt den Anteil des kurzfristigen Fremdkapitals am Gesamtkapital an. In Höhe dieses Teils des Gesamtkapitals werden demnächst liquide Mittel aus dem Unternehmen fließen. Diese Kennzahl hat für den N-Wert die größte Bedeutung.
Mit der **Fremdkapitalstruktur (FKS)** wird der Anteil der Kreditoren, Akzepte und Bankverbindlichkeiten am Fremdkapital angegeben. Dies ist der Teil des Fremdkapitals, der an außenstehende Gläubiger in Form liquider Mittel abfließen wird. Im Nenner der FKS werden die erhaltenen Anzahlungen vom Fremdkapital abgezogen. Damit werden alle Unternehmen diesbezüglich vergleichbar, d. h., sie werden gleich behandelt, ob sie die erhaltenen Anzahlungen im Jahresabschluß offen von den Vorräten absetzen oder ob sie diese unter den Verbindlichkeiten gesondert ausweisen (Wahlrecht gemäß § 268 Abs. 5 Satz 2 HGB).
Die **Eigenkapitalquote 1 (EKQ1)** gibt den Anteil des wirtschaftlichen Eigenkapitals am Gesamtkapital an. Sowohl im Zähler als auch im Nenner werden bei dieser besonderen Eigenkapitalquote die immateriellen Vermögensgegenstände abgezogen. Damit sollen die Auswirkungen des Ansatzwahlrechts bezüglich des Geschäfts- oder Firmenwertes nach § 255 Abs. 4 HGB ebenso begrenzt werden wie die Auswirkungen von Sachverhaltsgestaltungen, die das Aktivierungsverbot für nicht entgeltlich erworbene immaterielle Vermögensgegenstände des Anlagevermögens nach § 248 Abs. 2 HGB zu umgehen versuchen. Außerdem werden im Nenner die Grundstücke und Bauten herausgerechnet. Dies geschieht, damit die Eigenkapitalquote nicht durch eine Sale-and-lease-back-Politik, d. h. durch Verkauf und anschließendes Mieten von Grundstücken und Gebäuden, künstlich erhöht werden kann, wenn aus dem Verkaufserlös Kredite getilgt werden. Außerdem werden die flüssigen Mittel im Nenner subtrahiert, um zu vermeiden, daß sich die Eigenkapitalquoten von zwei Unternehmen nur unterscheiden, weil ein Unternehmen zum Jahresabschlußstichtag Fremdkapital aufgenommen hat, um seine Liquidität kurzfristig zu verbessern.
Bei der **Eigenkapitalquote 2 (EKQ2)** werden im Zähler die Rückstellungen zum wirtschaftlichen Eigenkapital addiert, da bei Ansatz und Bewertung von Rückstellungen bilanzpolitischer Spielraum besteht. Gute Unternehmen werden tendenziell höhere Rückstellungen ausweisen als schlechte, da meist in

guten Zeiten durch erhöhte Rückstellungsbildung stille Reserven gelegt werden, die in schlechten Zeiten wieder still aufgelöst werden.
Die **Finanzkraft 1 (FINK1)** gibt den Teil des Fremdkapitals an, der durch den erwirtschafteten Zahlungsmittelüberschuß getilgt werden kann. Im Zähler steht hier der Cash-flow, da dieser gegenüber bilanzpolitischen Maßnahmen weniger anfällig ist als z. B. der Jahresüberschuß. Denn außerordentliche Bestandteile wie Erträge aus der Auflösung von Sonderposten, Rückstellungen und Wertberichtigungen werden eliminiert, und der Abschreibungsaufwand wird wieder hinzugerechnet.
Mit der **Finanzkraft 2 (FINK2)** wird der Teil der kurz- und mittelfristigen Verschuldung berechnet, der durch den Cash-flow getilgt werden kann.
Die **Anlagendeckung (AD)** gibt an, wie gut das wirtschaftliche Eigenkapital das langfristig gebundene Sachanlagevermögen deckt.
Die **Umsatzrendite (UR)** gibt Aufschluß über den Umsatzanteil, der als ordentliches Betriebsergebnis (betrieblicher „Gewinn") nach Abzug der Aufwendungen verbleibt. Die Renditekennzahlen haben die zweithöchste Bedeutung für den N-Wert.
Der **Cash-flow1-Return-on-Investment (CF1-ROI)** beziffert den prozentualen Rückfluß des eingesetzen Kapitals.
Für den **Cash-flow2-Return-on-Investment (CF2-ROI)** wird der ertragswirtschaftliche Cash-flow noch um die Zuführungen zu den Pensionsrückstellungen erhöht, da bei der Bemessung der Pensionsrückstellungen, ebenso wie bei der Bemessung der Abschreibungen, Bilanzpolitik betrieben werden kann.
Mit der **Personalaufwandsquote (PAQ)** wird der Anteil des Personalaufwands an der Gesamtleistung berechnet.
Die Kennzahlen entstammen allen acht am IRW empirisch ermittelten Informationsbereichen des Jahresabschlusses, die wiederum der Vermögens-, Finanz- und Ertragslage zuzuordnen sind *(vgl. Übersicht 7-46)*, so daß ein ganzheitliches Urteil über ein Unternehmen gewährleistet ist.

7.6.3 Das BP-14-Rating der Metallgesellschaft

7.6.3.1 Die Entwicklung des N-Wertes

Die Aussagen des BP-14-Ratings lassen sich in einen Geschäftsbericht einbinden. Auf diese Weise läßt sich ein authentisches Bild der wirtschaftlichen Lage, und zwar unabhängig von Bilanzpolitik und Sachverhaltsgestaltung, zeichnen. Das wird im folgenden am Beispiel des BP-14-Rating für die Metallgesellschaft dargestellt.

Die Metallgesellschaft AG war, bedingt vor allem durch hohe Verluste (insgesamt 2,3 Mrd. DM) bei Warentermingeschäften der Metallgesellschaft Corp. im Geschäftsjahr 1992/93 (in den folgenden Übersichten als Geschäftsjahr 1993 bezeichnet), zur Jahreswende 1993/94 überschuldet. Die Sanierung der Metallgesellschaft erfolgte durch eine Neuorganisation des Konzerns (Aufbau einer Holding-Struktur), denVerkauf von zahlreichen Beteiligungen (u. a. des knapp 80%igen Anteils an der Buderus AG) und interne Maßnahmen (u. a. Austausch des gesamten Vorstands).

Diese Ereignisse werden in der Entwicklung des N-Wertes deutlich (*vgl. Übersicht 7-47*). In dem Jahr, in dem die Verluste der Metallgesellschaft Corp. erstmals ausgewiesen wurden (1992/93 = Geschäftsjahr 1993), fiel der N-Wert von 0,58 auf –1,91 ab. Für die Teile des Konzerns, die sich auch nach der Sanierung noch im Konzern befinden, betrug der N-Wert für 1992/93 (Geschäftsjahr 1993) sogar nur –4,37. Dieser Wert wurde mit den im Abschluß 1993/94 (Geschäftsjahr 1994) angegebenen aufgrund des geänderten Konsolidierungskreises korrigierten Vergleichszahlen für 1992/93 (Geschäftsjahr 1993) berechnet (angepaßt). Gemessen an diesem Wert hat der Metallgesellschaft-Konzern in seiner Zusammensetzung nach der Sanierung die Wende bereits von 1992/93 (Geschäftsjahr 1993) auf 1993/94 (Geschäftsjahr 1994) geschafft. Er hat sich danach von 1993/94 (Geschäftsjahr 1994) von –4,37 auf –4,28 leicht verbessert. Die endgültige Wende hat die Metallgesellschaft 1994/95 (Geschäftsjahr 1995) vollzogen; der N-Wert stieg um gut 5 Punkte von –4,28 auf 0,98. Dieser Trend setzt sich 1995/96 (Geschäftsjahr 1996) mit einem weiteren Anstieg des N-Wertes auf 1,78 fort. Die Metallgesellschaft weist damit wieder eine ausreichende Bilanzbonität auf (Güteklasse CC).

Die in 1994/95 (Geschäftsjahr 1995) und 1995/96 (Geschäftsjahr 1996) verbesserte Bilanzbonität der Metallgesellschaft wird gemeinsam von der Vermögens-, Finanz- und Ertragslage getragen; hauptsächlich hat die „Verschuldung“ ab- und die „Rentabilität“ zugenommen. In den folgenden Grafiken aus dem BP-14-Rating zur Analyse der Vermögens-, Finanz- und Ertragslage der Metallgesellschaft ist zu den einzelnen Kennzahlen jeweils noch der N-Wert-Verlauf eingetragen, um die Entwicklungstendenzen vergleichen zu können. Dabei ist zu beachten, daß die Kennzahlen auf der rechten Ordinate und der N-Wert auf der linken Ordinate skaliert sind. Zu den jeweiligen Kennzahlen sind auf der rechten Ordinate auch deren arithmetische Durch-

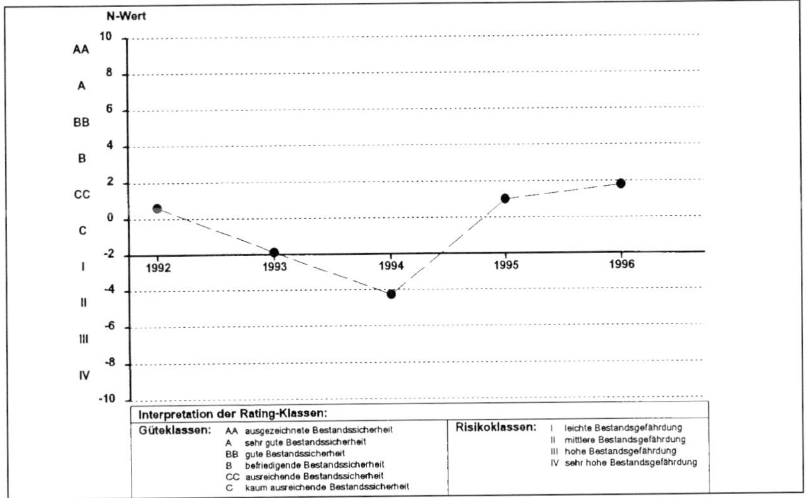

Übersicht 7-47: N-Werte der Metallgesellschaft AG

schnittswerte über alle der Entwicklung des BP-14 zugrundeliegenden Jahresabschlüsse in einem Kästchen angegeben. Die rechte Kennzahlenskala ist so gebildet, daß positiv zu beurteilende Werte oben und negativ zu beurteilende Werte unten zu finden sind (analog dem N-Wert-Verlauf). Der Skalenbereich der Kennzahlen wurde für 98% aller Unternehmen ermittelt, die sich im Portefeuille befanden. Auf diese Weise bleiben auch die rechten Skalen für verschiedene Unternehmen fast immer gleich.

7.6.3.2 Die Analyse der Vermögens-, Finanz- und Ertragslage der Metallgesellschaft

7.6.3.2.1 Die Vermögenslage

Der Anteil des kurzfristigen Fremdkapitals an der Bilanzsumme (FKQ) lag bei der Metallgesellschaft bis zu der Schieflage der Metallgesellschaft Corp. deutlich unter dem Durchschnitt von ca. 65%. Er stieg in 1992/93 (Geschäftsjahr 1993) auf 69% und in 1993/94 (Geschäftsjahr 1994) weiter bis auf 74%. In 1994/95 (Geschäftsjahr 1995) sank er wieder auf unterdurchschnittliche 61% und im abgelaufenen Geschäftsjahr sogar auf 55% (*vgl. Übersicht 7-48*).

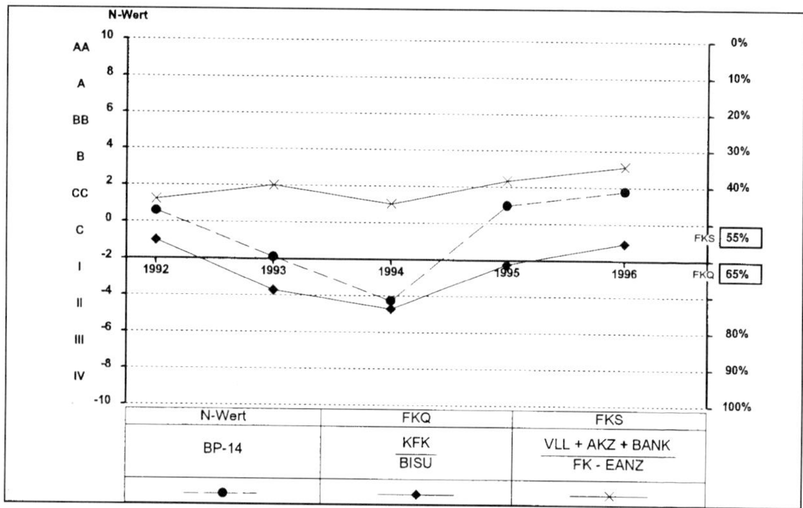

Übersicht 7-48: Verschuldung der Metallgesellschaft AG

Nachdem der Metallgesellschaft-Konzern zum Jahreswechsel 1993/94 nach Aussage im Geschäftsbericht überschuldet war und im Jahresabschluß 1993/94 (Geschäftsjahr 1994) noch einen nicht durch Eigenkapital gedeckten Fehlbetrag ausweisen mußte, hatte sich die Eigenkapitalsituation bereits 1994/95 (Geschäftsjahr 1995) entspannt. Im Jahre 1993/94 (Geschäftsjahr 1994) ergab sich noch eine modifizierte Eigenkapitalquote (EKQ1) von –7%, 1994/95 (Geschäftsjahr 1995) stieg sie auf 0% und 1995/96 (Geschäftsjahr 1996) auf 6%. Allerdings weist der Durchschnitt der Vergleichsunternehmen eine EKQ1 von 40% auf. Zählt man indes die Rückstellungen im Zähler zum Eigenkapital, ergibt sich 1994/95 (Geschäftsjahr 1995) eine EKQ2 von 64% und 1995/96 (Geschäftsjahr 1996) von 72%. Damit liegen die EKQ2 dieser Jahre sogar über dem Durchschnitt der Vergleichsabschlüsse von 60% (*vgl. Übersicht 7-49*). Mit der EKQ2 wird die Tatsache berücksichtigt, daß sich die Metallgesellschaft „leistet", Rückstellungen zu bilden. Die zurückgestellten Mittel stehen dem Unternehmen – zumindest eine Zeitlang – noch zur Verfügung.

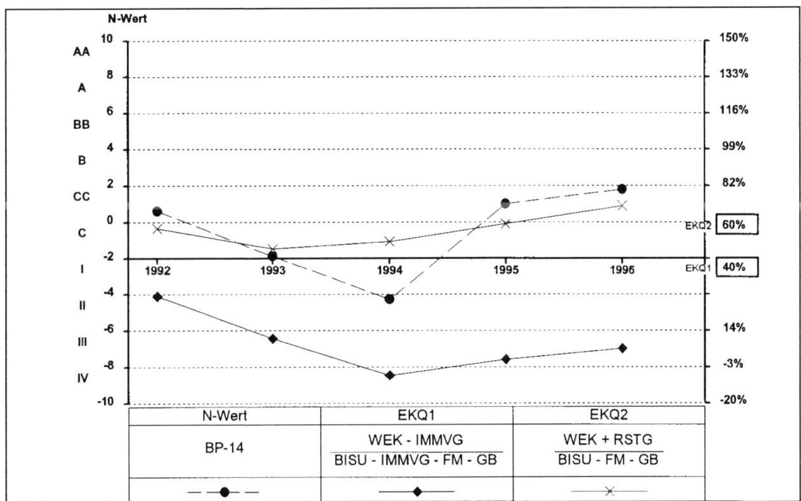

Übersicht 7-49: Kapitalstruktur (Eigenkapitalquoten) der Metallgesellschaft AG

7.6.3.2.2 Die Finanzlage

Nachdem die Finanzkraft 1 (FINK1) 1993/94 (Geschäftsjahr 1994) noch einen negativen Wert von –18% aufwies, hat die Metallgesellschaft diesen Wert 1994/95 (Geschäftsjahr 1995) auf 5% gesteigert. 1995/96 (Geschäftsjahr 1996) ist eine weitere leichte Steigerung um einen Prozentpunkt auf 6% zu verzeichnen *(vgl. Übersicht 7-50)*. Indes ist die Finanzkraft damit immer noch sehr gering. Bei durchschnittlich finanzstarken Unternehmen liegt dieser Wert bei 32,5%.

7.6.3.2.3 Die Ertragslage

Bei der Rentabilität zeigt sich die Wende der Metallgesellschaft am deutlichsten *(vgl. Übersicht 7-51)*. Die Metallgesellschaft hatte in den vergangenen Jahren Probleme, eine angemessene Rentabilität zu erreichen. So zeigte sich bereits im Geschäftsjahr 1990/91 (Geschäftsjahr 1991) ein erstes Krisensignal in Form einer negativen Umsatzrentabilität (UR); sie sank bis auf minus 11% in 1993/94 (Geschäftsjahr 1994) und stieg in 1994/95 (Geschäftsjahr 1995) auf 0%, wo sie auch in 1995/96 (Geschäftsjahr 1996) verblieb (Vergleichsunternehmen: 5%). Der durch die Zuführung zu den Pensionsrückstel-

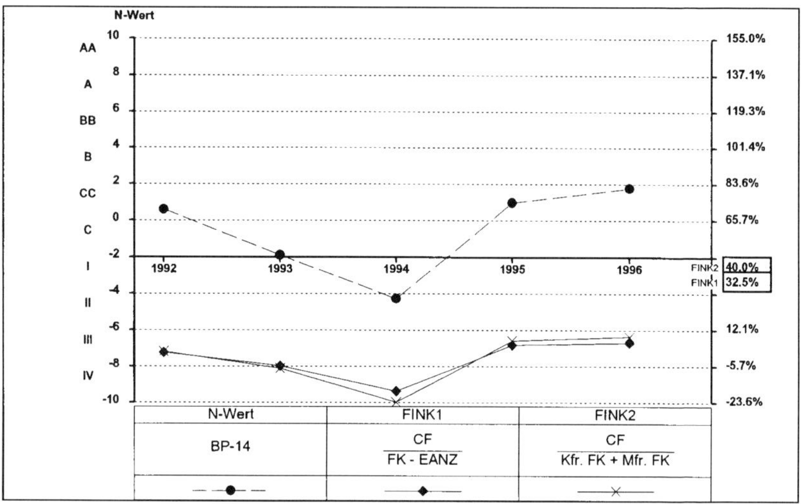

Übersicht 7-50: Finanzkraft der Metallgesellschaft AG

lungen modifizierte Cash-flow-Return-on-Investment (CF2-ROI) erreichte seinen Tiefpunkt 1993/94 (Geschäftsjahr 1994) mit –19%. Er hat sich 1994/95 (Geschäftsjahr 1995) deutlich auf 5% und im abgelaufenen Geschäftsjahr auf 6% verbessert (Vergleichsunternehmen: 15%).

Der Metallgesellschaft-Konzern hat die Auswirkungen der Verluste, die zu dem außergerichtlichen Vergleich Anfang 1994 geführt haben, in den Folgejahren zu einem Großteil kompensieren können. Zu dieser Kompensation haben die Vermögens-, Finanz- und Ertragslage gemeinsam beigetragen, wobei insbesondere die Rückführung der Verschuldung, die Stärkung des Eigenkapitals und die gesteigerte Rentabilität hervorzuheben sind. Diese Entwicklung, die sich bereits im Abschluß des Geschäftsjahres 1995 (1994/95) zeigte, bestätigt sich mit der Analyse des Abschlusses 1996 (1995/96).

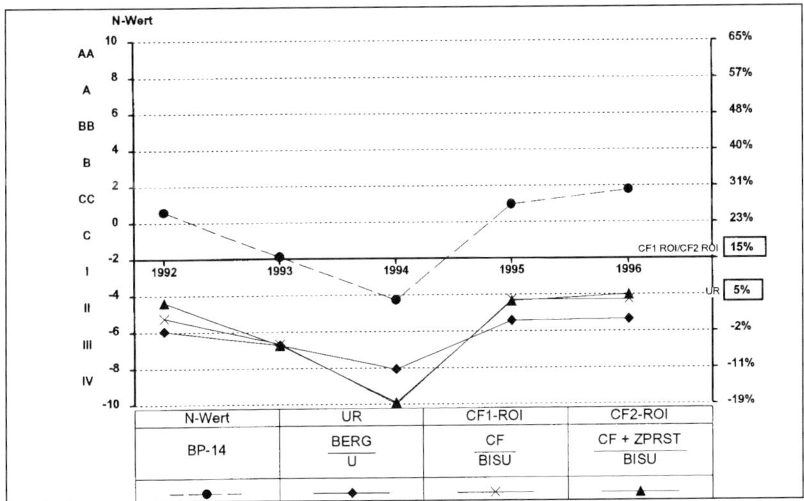

Übersicht 7-51: Rentabilität der Metallgesellschaft AG

7.6.3.3 Vergleich des Ratings der Metallgesellschaft durch Moody's und mit BP-14

Mit dem BP-14-Rating wird für die Metallgesellschaft auf der Basis des Jahresabschlusses 1991/92 (Geschäftsjahr 1992) ein N-Wert von 0,58 und damit bereits für dieses Geschäftsjahr eine Insolvenzwahrscheinlichkeit von 0,66% ermittelt. Für das Geschäftsjahr 1993 (1992/93), dem der außergerichtliche Vergleich folgte, weist die Metallgesellschaft nach dem BP-14-Rating eine kaum ausreichende Bestandssicherheit (N=–1,91) und somit eine Insolvenzwahrscheinlichkeit von 0,86% auf.

Moody's Rating bewertete die Metallgesellschaft hingegen noch im November 1993 mit Baa2, was nach Angabe von Moody's eine Insolvenzwahrscheinlichkeit für die nächsten drei Jahre von nur 0,32% bedeutet. Im Dezember 1993 bescheinigte Moody's der Metallgesellschaft eine Insolvenzwahrscheinlichkeit von 1,65% (was für das Rating mit Hilfe des BP-14 einer kaum ausreichenden Bestandsfestigkeit entsprechen würde) und im Januar 1994 von 13,19%. Ab September 1994 stufte Moody's die Metallgesellschaft in die Rating-Klasse B3 mit einer Insolvenzwahrscheinlichkeit von 29,3% (nach BP-14 wäre das eine sehr hohe Bestandsgefährdung) ein, obwohl die Metallgesellschaft den Turn-around (bezogen auf die im Konzern verbliebenen Teile der alten Metallgesellschaft) zu diesem Zeitpunkt schon geschafft hatte. Die nach 1994 eingetretene positive Entwicklung der Metallgesellschaft wird in Moody's Rating nicht berücksichtigt; dort wird die Metallgesellschaft auch noch zum Geschäftsjahresende 1995/96 unverändert mit B3 bewertet. Der Vergleich zwischen dem Rating der Metallgesellschaft nach Moody's und mit BP-14 macht deutlich, daß das BP-14-Rating sowohl Bestandsgefährdungen frühzeitig erkennt als auch positive Entwicklungen nach einer Krise zeigt, während sich bei Moody's jahrelang keine Änderung ergibt. Ein Unternehmen, das eine Krise überwunden hat, hat also mit der Angabe der BP-14-Werte im Geschäftsbericht die Chance, daß sich diese Entwicklung auch im Rating zeigt; die Beurteilung des Unternehmens wird mit dem BP-14 weder zu optimistisch noch zu pessimistisch beurteilt. Hätte z. B. die Metallgesellschaft das BP-14-Rating in ihren Geschäftsbericht 1995/96 (Geschäftsjahr 1996) aufgenommen, hätte dies die günstigen Aussagen der Unternehmensführung über die Lage des Unternehmens und die Überwindung der Krise nicht unerheblich unterstützen und somit zu deren Glaubwürdigkeit beitragen können. Selbstverständlich gehört zu einer dauerhaft authentischen Berichterstattung über die wirtschaftliche Lage eines Unternehmens auch, daß ein solches Bilanzbonitäts-Rating auch in für das Unternehmen schlechten Zeiten referiert wird. Im Falle der Metallgesellschaft hätten in diesem Falle die negativen Signale der N-Werte auch schon in den Geschäftsjahren 1992 und 1993 gegeben werden müssen. Eventuell hätte ein solch frühzeitiges Signal dazu beitragen können, einige Fehlentwicklungen bei der Metallgesellschaft zu vermeiden.

Kapitel 8

Der Geschäftsbericht im internationalen Vergleich

Im Ausland, vor allem in den angelsächsischen Ländern, hat der Geschäftsbericht eine lange Tradition. Es ist durchaus festzustellen, daß diese Reports aussagekräftiger und optisch wertvoller gestaltet sind als ihre deutschen Pendants. Ein Blick über die Grenzen lohnt sich daher.

8.1 Langfristige Trends

Selbst Firmen, die in der Vergangenheit traditionell lange Geschäftsberichte produziert haben, reduzieren zunehmend den Umfang ihrer Reports.
Die Zahl der Unternehmen, die für die Veröffentlichung ihres Berichts auch CD-ROM und Internet einsetzt, nimmt zu.
Ein weiterer Trend ist die Abbildung der Aktienkursentwicklung, häufig auch im Vergleich zu einem Index, wie z. B. dem DAX, C-DAX oder M-DAX.

8.2 Inhaltsverzeichnis – mit und ohne Zusammenfassung

In amerikanischen Reports wird im Inhaltsverzeichnis häufig eine kurze Zusammenfassung des jeweiligen Gliederungspunktes geboten – in europäischen ist das nicht üblich. Während hier zumeist eine lieblose Aufzählung der Kapitel erfolgt, nutzen andere Berichte diesen Platz bereits zur Information über wesentliche Inhalte. *(Beispiel 8-1)*

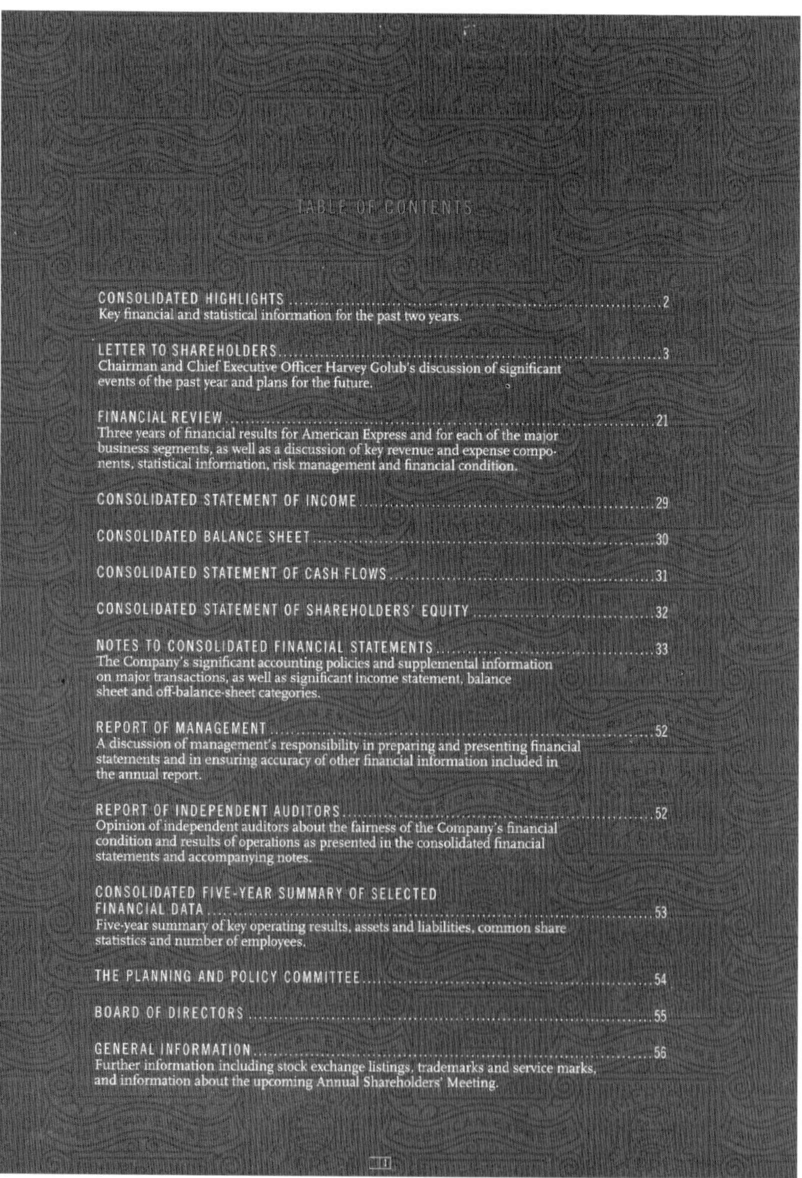

TABLE OF CONTENTS

Beispiel 8-1: American Express Company, GB 1995, S. 1

8.3 Financial Highlights

Übersicht zu Beginn des Berichts

Immer mehr (vor allem amerikanische) Geschäftsberichte enthalten zu Beginn eine das Vorwort ergänzende Zusammenfassung der wichtigsten Informationen, wie Jahresüberschuß, Cash-flow, Dividende, Ergebnis je Aktie u. ä., um dem eiligen Leser einen Eindruck „auf den ersten Blick" zu verschaffen. Diese „Financial Highlights" umfassen i. d. R. ein bis zwei Seiten und werden durch Tabellen und Grafiken illustriert. Die besten Berichte decken dabei einen Zeitraum von sieben bis zehn Jahren ab. *(Beispiel 8-2)*

8.4 Unternehmensstruktur

Darstellung als offenes Organigramm

Die besten Unternehmen verdeutlichen ihre Unternehmensstruktur anhand eines Organigramms. Es erleichtert dem Leser das Verständnis der verschiedenen Aktivitäten – vor allem, wenn zu den verschiedenen Bereichen Informationen über deren Anteil an Umsatz und Ergebnis geliefert werden (siehe auch Abschnitt 7.2.3.1, Ad 2.7).

8.5 Unternehmensbeschreibung und mission statement

Kurzdarstellung des Unternehmenszwecks

Viele führende europäische Unternehmen beginnen ihren Bericht mit einer Unternehmensbeschreibung und/oder einem mission statement.

Unternehmensbeschreibung

Die Unternehmensbeschreibung enthält Informationen über Hauptaktivitäten, Produkte, Größe, Zweck und Erfolg des Unternehmens. Sie ist bei allen Unternehmen sinnvoll, die nicht über einen sehr hohen globalen Bekanntheitsgrad verfügen (anders als z. B. Coca Cola, Nestlé u. a.).

Innovation

is at the core of our business

Advancing technologies, an ever-changing marketplace, a growing number of global projects: Kværner's world is a world of challenges. Innovation is the key to Kværner's success.

Profit before tax
Amounts in NOK millions

2500
2000
1500
1000
500
0
86 87 88 89 90 91 92 93 94 95 96 97

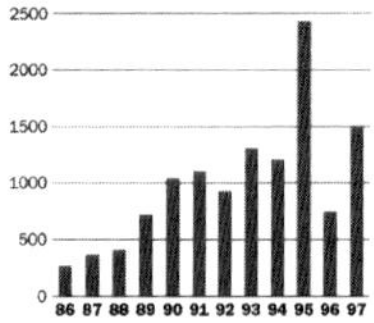

Earnings per share
Amounts in NOK millions

50
40
30
20
10
0
86 87 88 89 90 91 92 93 94 95 96 97

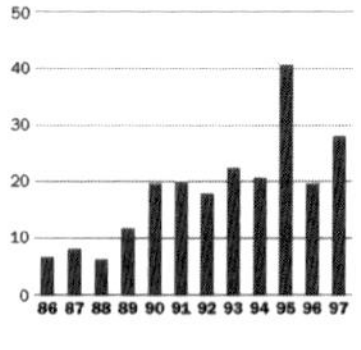

Key financial figures

Amounts in NOK millions	1997	1996	1995	1994	1993
Operating revenues	**73 554**	58 558	30 188	26 152	24 583
Operating profit	**1 779**	1 032	1 962	753	1 355
Profit before tax	**1 512**	750	2 435	1 217	1 319
Earnings per share [1,8]	**28.22**	19.72	40.78	20.73	22.51
Dividend per share [8]	**7.00**	6.50	6.50	6.00	5.50
Cash-flow per share [2,8]	**56.14**	36.40	61.80	40.64	52.24
Financial expenses cover [3]	**3.1**	2.8	6.2	4.8	5.4
Liquidity ratio [4]	**0.97**	0.95	1.47	1.23	1.47
Debt to equity ratio [5]	**1.7**	1.6	0.7	1.0	0.9
Return on total capital [6]	**5.2%**	4.8 %	10.9 %	5.6 %	8.6 %
Return on equity [7]	**12.1%**	8.9 %	20.7 %	12.2 %	14.7 %
Operating profit/ Net operating assets [9]	**8.7%**	6.5 %	21.4 %	7.7 %	22.7 %

Definitions:

1) Profit after tax and minority interests / Average number of shares
2) (Profit before tax + depreciation - profit from associated companies - net unrealised foreign exchange gains - taxes payable) / Average number of shares
3) (Operating profit + financial income excluding unrealised foreign exchange gains + depreciation) / Interest expenses
4) Current assets / Current liabilities
5) (Interest-bearing short-term debt + interest-bearing long-term debt) / Equity including minority interest
6) Profit before financial expenses / Average total capital
7) Net profit / Average equity including minority interest
8) Historical figures have been adjusted for the effect of options drawn and discounted (dividend) issues
9) Net operating assets are defined in note 5

1

Beispiel 8-2: Kvaerner ASA, Annual Report 1997, S. 1

Die Beschreibung kann den Erfolg und die Position des Unternehmens komprimiert darstellen und potentielle Investoren so zum Kauf der Aktie motivieren. Den Adressaten, die den Bericht nicht durchlesen, können durch die Beschreibung Schlüsselinformationen vermittelt werden, die die Loyalität verstärken.
Eine Unternehmensbeschreibung umfaßt i. d. R. eine halbe Seite und wird am Anfang des Berichts plaziert.

Mission statement

Ein mission statement beschreibt die Unternehmensziele und beschäftigt sich mit den Produkten, Aktionären, Kunden, Mitarbeitern und der Öffentlichkeit. Es verdeutlicht dem Adressaten, daß das Unternehmen Ziele hat, die in direktem Zusammenhang mit den Interessen der Aktionäre stehen.
Mission statements mit einer durchschnittlichen Länge von einer Seite werden von den europäischen Top-Firmen zunehmend eingesetzt. *(Beispiel 8-3)*

8.6 Vorwort des Vorstands

Persönliche Ansprache des Aktionärs

Wie an anderer Stelle bereits erläutert, enthält das Vorwort des Vorstands in hervorragenden internationalen Berichten deutliche Aussagen über die Unternehmensstrategie (Abschnitt 7.1.4 dieses Buches).
Um Interesse an und Loyalität zu der Aktie eines Unternehmens zu gewinnen, beziehen sich diese Aussagen deutlich auf die aktuelle Firmenlage und ziehen sich nicht auf banale Klischees zurück (siehe auch Abschnitt. 7.1.4).
Die überwiegende Mehrheit der europäischen Geschäftsberichte beinhaltet ein zumindest in Ansätzen strategisches Vorwort.
Üblicherweise umfaßt das Vorwort ca. 2 Seiten. Es ist ein Trend zu mehr persönlicher Kommunikation zu beobachten. Handschriftliche Anrede und Unterschrift sind fast schon Standard, während die direkte Ansprache des Aktionärs, wie im Coca-Cola-Bericht „Your company demonstrated that with another year of record earnings and unit sales volume in 1996“ noch relativ selten zu finden ist (siehe auch Abschnitt 3.1).
Das Vorwort wird zunehmend mit Portraits des Vorsitzenden illustriert. Britische Unternehmen legen – im Vergleich zu anderen Nationalitäten – besonderen Wert auf eine Präsentation des Chairman. Vorstand und Aufsichtsrat

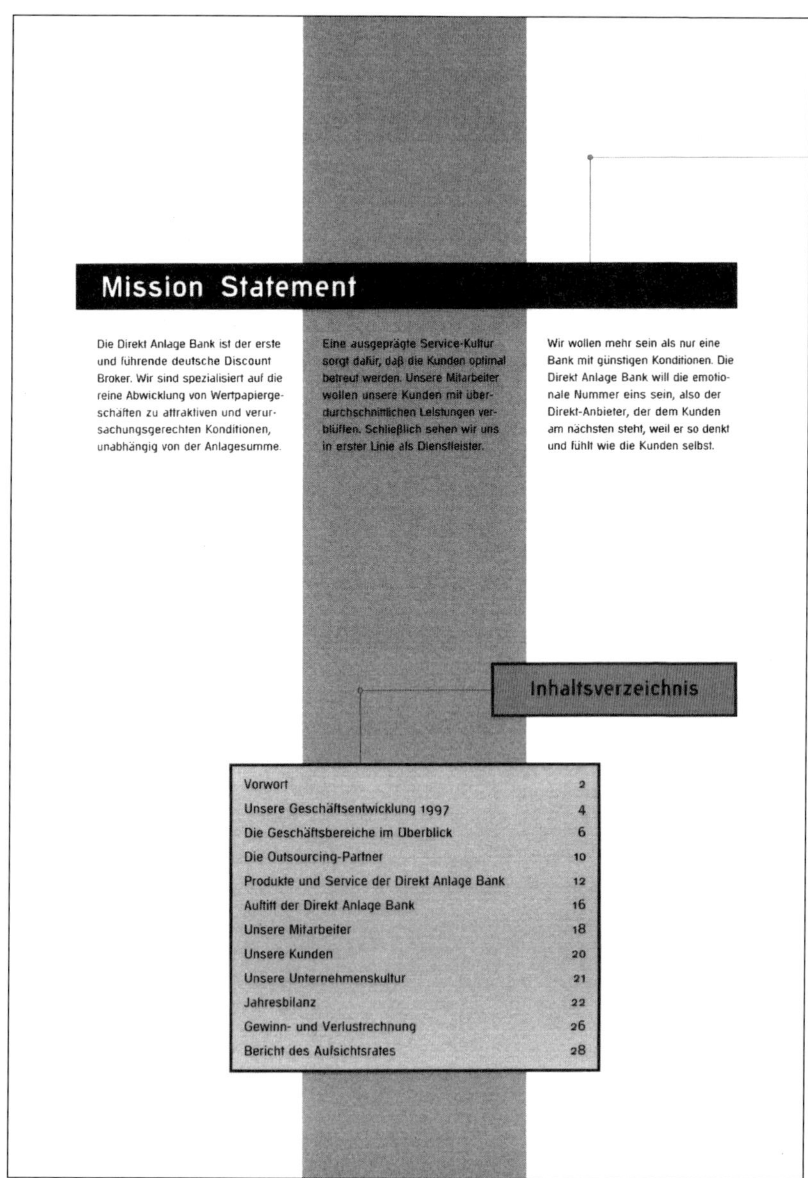
Mission Statement

Die Direkt Anlage Bank ist der erste und führende deutsche Discount Broker. Wir sind spezialisiert auf die reine Abwicklung von Wertpapiergeschäften zu attraktiven und verursachungsgerechten Konditionen, unabhängig von der Anlagesumme.

Eine ausgeprägte Service-Kultur sorgt dafür, daß die Kunden optimal betreut werden. Unsere Mitarbeiter wollen unsere Kunden mit überdurchschnittlichen Leistungen verblüffen. Schließlich sehen wir uns in erster Linie als Dienstleister.

Wir wollen mehr sein als nur eine Bank mit günstigen Konditionen. Die Direkt Anlage Bank will die emotionale Nummer eins sein, also der Direkt-Anbieter, der dem Kunden am nächsten steht, weil er so denkt und fühlt wie die Kunden selbst.

Inhaltsverzeichnis

Beispiel 8-3: Direkt Anlage Bank AG, GB 1997, S. 1

werden auch in ausländischen Geschäftsberichten häufig auf eine sehr steife und unnatürliche Weise fotografiert.

8.7 Lagebericht mit umfassenden Informationen

Abgeschlossene Minireports über Arbeitsgebiete bzw. Unternehmensbereiche

Die überwiegende Mehrzahl der Berichte enthält Kapitel über die Arbeitsgebiete bzw. Unternehmensbereiche des Unternehmens. In sich geschlossene Reports beinhalten alle relevanten Informationen, wie Bereichs-Umsatz, Anteil am Ergebnis und Mitarbeiterzahl. Der Geschäftsbericht der Bayer AG erfüllt diese Anforderungen – auch nach Ansicht ausländischer Experten – hervorragend (vgl. Peter Prowse Associates, The Company Report Report, 6. Ausgabe 1996/97). *(Beispiel 8-4).*
Der testierte Lagebericht besonders guter Unternehmen informiert umfassend – er enthält alle Informationen und verzichtet auf die Auslagerung wesentlicher Inhalte in Sonderkapitel (siehe S. 286–288 dieses Buches).

Erhöhte Aufmerksamkeit für Mitarbeiter und deren Entwicklung

Während deutsche und französische Unternehmen ihren Mitarbeitern fast immer eine Seite im Geschäftsbericht widmen, tun englische das selten.
Führende Unternehmen wissen, daß die Mitarbeiter eines Unternehmens eindeutig zu den Zielgruppen des Geschäftsberichts zählen und legen Wert darauf, daß sie im Report nicht vernachlässigt werden. Auch für (potentielle) Aktionäre ist z. B. die Struktur der Mitarbeiter in bezug auf Alter und Ausbildungsstand eine interessante Information.
Personalentwicklung bzw. Weiterbildung ist ein Thema, dem mittlerweile viel Aufmerksamkeit zuteil wird. Das kommunizierte Interesse an der Fortbildung steht im Zusammenhang mit der Zukunft des berichtenden Unternehmens als Dividenden-Zahler. Es ist auch insofern relevant, als unabhängige Aktionäre die Sorge um den Mitarbeiter als wichtig empfinden.

Umwelt ist vor allem in sensiblen Branchen ein Thema

Innerhalb der letzten fünf Jahre hat sich die Zahl der Geschäftsberichte, die ein Kapitel zur Umwelt enthalten, stark erhöht. Das Thema wird vor allem

ARBEITSGEBIET
LANDWIRTSCHAFT

Mit einer Umsatzrendite von 16,6 Prozent und einem sehr guten Cash-flow blieb das Arbeitsgebiet Landwirtschaft auch 1997 auf Erfolgskurs. Der Umsatz wuchs im Vergleich zum Vorjahr um 15 Prozent auf 5,7 Milliarden DM. Das Ergebnis konnte um weitere 15 Prozent auf 945 Millionen DM gesteigert werden. Diese Zahlen spiegeln nicht zuletzt unsere Kompetenz auf dem Gebiet der Wirkstoff-Forschung und bei

34

Bayer Geschäftsbericht 1997

Fortschritt auf hohem Niveau

der erfolgreichen Nutzung von Synergie-Effekten wider. Beispiel Imidacloprid: Mit dem meistverkauften Insektizid der Welt erwirtschaften wir inzwischen auch im Bereich Tiergesundheit beachtliche Erfolge; insgesamt übertraf der Umsatz 1 Milliarde DM.

Beispiel 8-4a: Bayer AG, GB 1997, S. 34

Beispiel 8-4b: Bayer AG, GB 1997, S. 35

ARBEITSGEBIET
LANDWIRTSCHAFT

Pflanzenschutz verzeichnet neuen Umsatzrekord.
Tiergesundheit setzt Erfolgskurs fort.

36

Bayer Geschäftsbericht 1997

PFLANZENSCHUTZ

Großes Wachstum durch erfolgreiche Wirkstoff-Forschung

Mit Imidacloprid, dem umsatzstärksten Insektizid der Welt, und einer Reihe anderer innovativer Produkte setzte der Geschäftsbereich Pflanzenschutz seinen Erfolgskurs fort. Der Umsatz stieg gegenüber 1996 um weitere 11 Prozent und erreichte mit 3,9 Milliarden DM einen neuen Spitzenwert. Bayer zählt damit zu den weltweit führenden Pflanzenschutz-Unternehmen und wird seine Position in den kommenden Jahren noch weiter ausbauen. Unser Ziel ist es, den Weltmarktanteil in den nächsten Jahren von acht auf zehn Prozent zu erhöhen.

Allein mit dem Wirkstoff Imidacloprid erwirtschafteten wir 1997 einen Umsatz von mehr als 700 Millionen DM. Unter den Handelsnamen Gaucho®, Confidor®, Admire® und Provado® ist er mittlerweile in über 80 Ländern der Erde zugelassen und schützt mehr als 60 verschiedene Kulturpflanzen vor Schädlingen. Eine weitere Stütze des Pflanzenschutz-Geschäfts bildet der Wirkstoff Tebuconazole, der sich seit 1989 unter dem Namen Folicur® als Breitband-Fungizid in Getreide und in anderen Kulturen bewährt. Durch ein erfolgreiches Life-Cycle-Management gelang uns die Ausdehnung des Anwendungsgebiets für dieses Präparat auf weitere Kulturen wie Raps, Gemüse, Wein, Bananen und Erdnüsse. Auf dem Vormarsch ist außerdem der Einsatz von Tebuconazole als modernes Saatgut-Beizmittel Raxil®. 1997 haben wir mit diesem Wirkstoff einen Jahresumsatz von

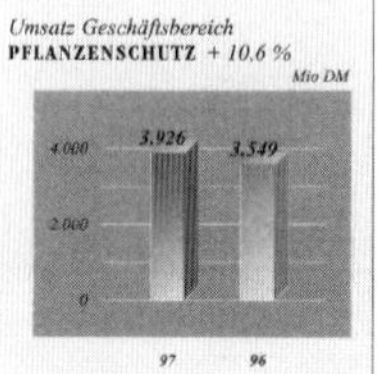

über 400 Millionen DM erreicht – und damit bereits deutlich mehr als für das Jahr 2000 geplant war.

Positiven Einfluß auf das Wachstum und die Profitabilität des Geschäftsbereichs werden darüber hinaus schon ab 1998 drei neue Wirkstoffe haben. Das Herbizid FOE 5043 wird in Europa unter den Namen Herold®, Terano® und Diplome® neue Maßstäbe in der Unkrautbekämpfung in Mais und Getreide setzen. In den USA haben wir mit dem gleichen Wirkstoff als Axiom® in Mais und Soja gute Chancen, unsere Stellung auf dem US-Markt auszubauen, während das Fungizid Impulse® vor allem für den europäischen Getreide- und Weinanbau entwickelt wurde. Mit Win® streben wir weitere Geschäftserfolge im asiatischen Raum an, denn dieses neue Fungizid ist besonders für den Reisanbau ge-

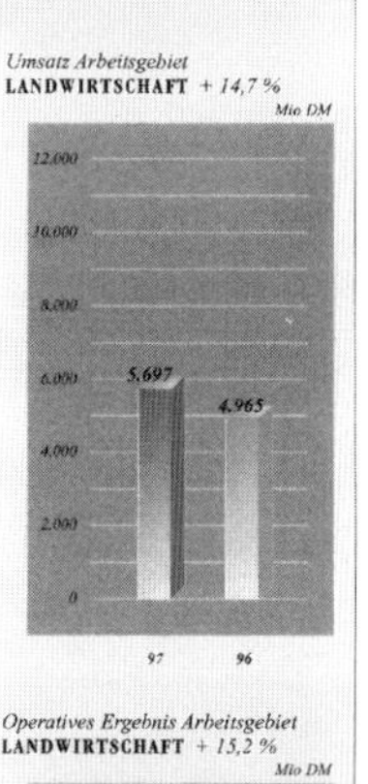

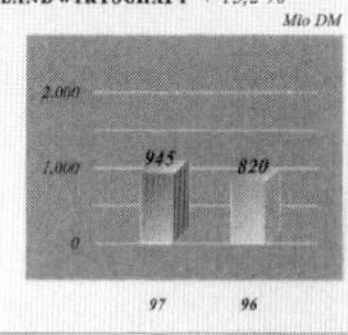

Beispiel 8-4c: Bayer AG, GB 1997, S. 36

eignet. Allen neuen Bayer-Pflanzenschutzmitteln ist eines gemeinsam: bei geringer Aufwandmenge zeichnen sie sich durch hohe Wirkung und ausgezeichnete Umwelteigenschaften aus. Von Axiom®, Impulse® und Win® zusammen erwarten wir einen Umsatz in der Größenordnung von jährlich über 500 Millionen DM.

Durch das im Jahr 1996 verwirklichte Regionenkonzept des Geschäftsbereichs haben wir unsere Position in den wichtigsten Märkten der Erde nachhaltig gestärkt – vor allem in Lateinamerika, wo wir 1997 ein Umsatzplus von 39 Prozent verzeichneten. Auch die Geschäfte in den NAFTA-Staaten laufen überdurchschnittlich gut, wie das Wachstum von 22 Prozent gegenüber dem Vorjahr beweist. In Europa legten wir um 6 Prozent zu, während die Umsatzentwicklung in der Region Nordost-Asien rückläufig war (u. a. wegen der zurückgehenden Anbaufläche in der wichtigsten Kultur, dem Reis). Auch unsere Region International (Afrika, Teile Asiens, Australien, Neuseeland) wuchs mit 18 Prozent deutlich stärker als der Markt.

Die Entwicklung neuer Pflanzenschutz-Wirkstoffe läuft auf Hochtouren, und in den kommenden fünf Jahren wollen wir mehr als zehn neue Produkte auf den Markt bringen. Weiteres Wachstum erwarten wir auch in dem sehr erfolgreich etablierten Geschäftsfeld Garden/Professional Care, das sich 1997 dem Pflanzenschutz im Bereich Garten und Turf sowie der Termiten-Kontrolle widmete. Wir wollen in diesem Segment unseren Marktanteil mit Hilfe neuer, innovativer und anwenderfreundlicher Produkte bis zum Jahr 2000 mehr als verdoppeln.

TIERGESUNDHEIT

Deutliches Umsatzplus von 26 Prozent

Die Geschäftsentwicklung im Bereich Tiergesundheit lag 1997 erneut deutlich über dem Marktdurchschnitt. Mit einem Umsatz von insgesamt 1,6 Milliarden DM erzielte unser Geschäftsbereich gegenüber dem Vorjahr ein Plus von 26 Prozent.

Das Flohschutzmittel Advantage®, das wir 1996 auf den Markt brachten, hat an dieser erfreulichen Umsatzsteigerung einen entscheidenden Anteil. Das Präparat gab unserem US-Geschäft neue Impulse und sorgte dort für einen beachtlichen Zuwachs von 50 Prozent. Mit der zusätzlichen Einführung in allen großen europäischen Märkten ist Advantage® das herausragende Produkt im

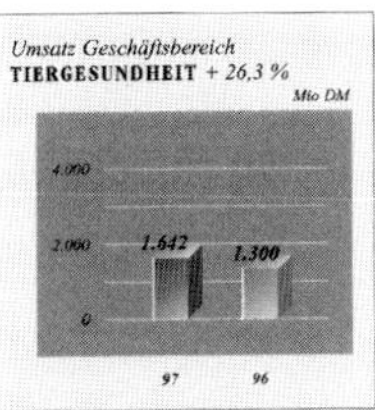

Geschäftsfeld Hobbytier. An der positiven Entwicklung unseres US-Geschäfts waren aber auch das Antiinfektivum Baytril® sowie das neuerworbene Impfstoffgeschäft der Firma Pharmacia & Upjohn Animal Health maßgeblich beteiligt.

Im Impfstoffgeschäft verzeichneten wir 1997 ein weltweites Wachstum von 51 Prozent. Die führende Position bei der Entwicklung von Marker-Impfstoffen, die eine Unterscheidung zwischen geimpften und infizierten Tieren erst ermöglichen, hat der Geschäftsbereich Tiergesundheit mit einem neuen Präparat gegen die Schweinepest ausgebaut. Für den Absatz solcher Marker-Impfstoffe sehen wir zukünftig weitere Wachstumschancen.

Der Erfolg des Geschäftsbereichs beschränkt sich nicht allein auf die USA. Auch in Europa übertraf die Umsatzsteigerung um 11 Prozent deutlich den Marktdurchschnitt. Mit einem Anteil von 32 Prozent am Gesamtumsatz bildet der europäische Markt weiterhin einen wichtigen Eckpfeiler im Geschäft mit Tier-Arzneimitteln.

In den neuen Märkten China, Vietnam und Indien sowie in den GUS-Staaten entwickeln sich unsere Geschäfte ebenfalls positiv. Deshalb planen wir in diesen Regionen weitere Investitionen, mit denen wir unsere führende Position zügig ausbauen werden. Mit dem Erwerb der südafrikanischen Firma Sanvet verschafft sich Bayer eine gute Ausgangsposition, um an dem weiter wachsenden Markt im südlichen Afrika zu partizipieren.

37

Bayer Geschäftsbericht **1997**

Beispiel 8-4d: Bayer AG, GB 1997, S. 37

von in sensiblen Branchen – wie der Chemie – tätigen Unternehmen vertieft behandelt.
Die Top-Unternehmen beschränken den Inhalt dabei nicht auf Absichtserklärungen und Statements, sondern illustrieren relevante Aussagen auch quantitativ und durch die Verwendung grafischer Darstellungen. *(Beispiel 8-5)*
Viele Unternehmen nutzen zunehmend Fotografien, um ihre Verpflichtung gegenüber der Umwelt auch optisch zu vermitteln.
Informationen über den Umgang mit den natürlichen Ressourcen können Aktionäre davon überzeugen, daß das entsprechende Unternehmen gesellschaftliche Verantwortung übernimmt.
Dies ist der Grund dafür, daß immer mehr führende europäische Unternehmen einen separaten Umweltbericht veröffentlichen.

8.8 Bezüge der Organe

Europaweit sehr heterogene Praxis

Europaweit besteht eine heterogene Praxis der Erläuterung der Einkünfte von Vorstand und Aufsichtsrat: Während die Bezüge in englischen Berichten auf durchschnittlich vier Seiten behandelt werden (britische Unternehmen sind verpflichtet, weitergehende Angaben zu den Bezügen zu machen als andere), berichten deutsche Unternehmen darüber auf ungefähr einer zehntel Seite, im restlichen Europa findet man diese Information so gut wie nie. *(Beispiel 8-6 und 8-7)*

8.9 Umfang des Berichts

Kürze fesselt die Aufmerksamkeit

Der Lagebericht der besten europäischen Unternehmen umfaßt durchschnittlich 44 Seiten. Wird diese Länge deutlich überschritten, kann es problematisch werden, die Aufmerksamkeit des Lesers durch Variationen im Layout, gute Headlines u. ä. zu fesseln.
Außerhalb des UK – vor allem bei Banken und Versicherungen – besteht die Tendenz, lange Berichte zu produzieren.

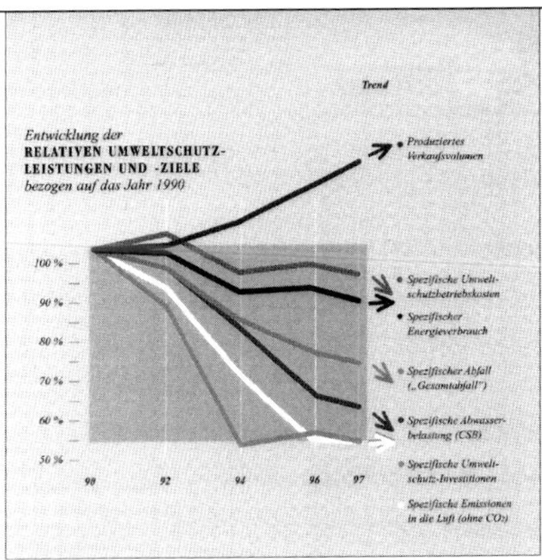

Die folgenden Beispiele, die stellvertretend für eine Vielzahl ähnlicher Maßnahmen stehen, zeigen die Wirksamkeit des integrativen Umweltschutz-Konzepts:

- *Bei der Herstellung von Styrol-Acrylnitril (SAN) konnte durch Umstellung auf einen neuen Syntheseweg Abwasser vermieden, Rohstoff eingespart und die Produktqualität erhöht werden.*
- *In der Mersolat-Produktion des Bayerwerks Uerdingen bereiten unsere Fachleute das Abwasser durch eine Druckpermeation vor Ort auf. Ergebnis: Der chemische Sauerstoffbedarf (CSB) im Abwasser-Teilstrom verringerte sich um 90 Prozent – gekoppelt mit einem Produkt-Recycling.*
- *In der Silicon-Anlage des Bayerwerks Leverkusen haben wir durch Umstellung des Syntheseweges einen Kreislauf geschaffen, mit dessen Hilfe sich die Abwassermenge um 76 Prozent und die Salzfracht im Abwasserstrom um 99 Prozent verringerte.*

Bayer als kompetenter Dienstleister für den Umweltschutz

Diese und andere ebenso beachtliche Fortschritte durch innerbetriebliche und organisatorische Umweltschutz-Maßnahmen ermöglichen unserem Unternehmen, frei gewordene Kapazitäten in den zentralen Entsorgungsanlagen der deutschen Bayerwerke externen Nutzern zur Verfügung zu stellen. Wir bieten für die Bereiche Abfallverbrennung und -deponierung, Abwasserreinigung und -verbrennung, Behälterreinigung sowie Umweltanalytik unsere Dienstleistungen an. Kunden, die dieses Angebot nutzen, profitieren von der Kompetenz und langjährigen Erfahrung unseres Unternehmens. Leistungsstarke Anlagen, hochentwickelte Verfahren, spezielles Know-how und in Spezialfällen auch maßgeschneiderte Konzepte gewährleisten qualifizierte Problemlösungen.

Umweltbericht mit konkreten Zielwerten für die Zukunft

Im neuen Umweltbericht des Bayer-Konzerns, der im Juni 1997 erschien, dokumentieren wir unser weltweites Engagement auf den Gebieten Umweltschutz und Sicherheit und nennen konkrete Zielangaben für die Zukunft, an denen wir uns messen lassen. Als eines der ersten deutschen Unternehmen haben wir die Daten des Umweltberichts von einem unabhängigen Gutachter prüfen und verifizieren lassen.

Der Umweltschutz bleibt trotz der großen Fortschritte unverändert eine der wichtigsten Zukunftsaufgaben, und er erfordert unser nach wie vor starkes Engagement.

Die Umweltschutz-Investitionen des Bayer-Konzerns sind 1997 auf 364 Millionen DM (1996: 384 Millionen DM) leicht zurückgegangen. Die Investitionen in dieser Höhe laufen mit dem Bau neuer Produktionsstätten und der Ertüchtigung bestehender Anlagen parallel.

Unser Fortbildungsprogramm für Umweltschutz und Sicherheit haben wir 1997 weiterentwickelt, um es noch deutlicher an der „Responsible-Care-Initiative" zu orientieren. 32.000 Mitarbeiter haben an diesen Seminaren bereits teilgenommen. Die Zahl der meldepflichtigen Unfälle pro 1 Million Arbeitsstunden erreichte 1997 in der Bayer AG mit einer Quote von 2,7 einen neuen Tiefstand.

29

Bayer Geschäftsbericht 1997

Beispiel 8-5: Bayer AG, GB 1997, S. 29

Report of the Remuneration Committee

1 The Committee

The Non-Executive Directors of the Company serve as members of the Remuneration Committee chaired by Mr T O Hutchison, the Deputy Chairman. The Group Secretary acts as Secretary. The Chairman, Group Chief Executive and the Group Human Resources Director attend meetings at the invitation of the Committee.

The Committee reviews and approves the annual salaries, incentive arrangements, option grants, service agreements and other employment conditions for the Executive Directors. Information prepared by independent consultants and appropriate survey data on the remuneration practices of comparable companies is taken into consideration. The Company is in compliance with Section A of the best practice provisions annexed to the Stock Exchange listing rules.

2 Remuneration Policy

The policy of the Remuneration Committee is to ensure that the remuneration practices of the Company are competitive, thereby enabling the Company to attract and retain high calibre executives and at the same time protecting the interests of Shareholders. In framing its remuneration policy, the Remuneration Committee has given full consideration to Section B of the best practice provisions annexed to the Stock Exchange listing rules.

The Remuneration Committee receives advice from external consultants. This advice includes information on the remuneration practices of consumer products companies of a size and standing similar to the Company, including competitors and other businesses which trade on a worldwide basis. This information also includes data on a broad range of companies with operations in many different lines of business.

(a) Salaries for Executive Directors

In setting the basic salary of each Director the Remuneration Committee takes into account the pay practices of other companies and the performance of each individual Director.

(b) Annual Incentive Plan

Annual incentive targets are set each year to take account of current business plans and conditions, and there is a threshold performance below which no award is paid. In 1995 annual incentive awards for Directors were based on the achievement of real growth in net profit, real growth in earnings per share and either operating cash flow or sales volume. Those annual awards are based on objective financial tests with no subjective elements. The target incentive award for Executive Directors is 50% of basic salary. However, in the case of exceptional results the annual incentive payment may increase up to a maximum amount of 100% of basic salary. Incentive awards to Executive Directors for 1994 and 1995 averaged 53.4% and 43.1%, respectively, of basic salary. The Chairman does not participate in the Annual Incentive Plan.

(c) Long Term Incentive Plan

The Long Term Incentive Plan provides for annual awards to Executive Directors and certain other senior executives based on the achievement of real growth in earnings per share measured over a three year cycle. Targets are normally set in the first year of the applicable three year cycle. The Remuneration Committee determines to what extent

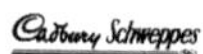

Beispiel 8-6a: Cadbury Schweppes, GB 1995, S. 39

Report of the Remuneration Committee

continued

awards have been earned following the publication of annual results for the last year of the cycle. Long Term Incentive Plan awards are based on objective financial tests with no subjective elements. The award payable for 1995 covered the years 1993-1995. Awards under the Plan are paid half in cash and the other half in Ordinary Shares or nil cost options or in cash as determined by the Remuneration Committee. The Remuneration Committee determined that half the awards for the 1991-1993 cycle and the 1992-1994 cycle should be in Ordinary Shares. Shares required to satisfy awards under the Long Term Incentive Plan are provided from a trust which purchases shares in the market. Restrictions are attached to the latter half of any award for two years from the end of each performance cycle. The annual target award for Executive Directors (other than the Chairman) under the Long Term Incentive Plan is 25% of basic salary and in exceptional circumstances awards may increase up to a maximum of 50% of basic salary. The target and maximum award for the Chairman under the Long Term Plan is 50% of basic salary. Awards earned under the Long Term Incentive Plan averaged 5.1% of basic salary for the 1992-1994 cycle and 16.6% for the 1993-1995 cycle.

(d) Share Schemes

Details of the share schemes are provided in the Report of the Directors on pages 35 and 36 and in Note 20 on the Accounts.

The Executive Directors have participated as appropriate in the Share Option Scheme 1984 for Main Board Directors and Senior Executives, the Share Option Scheme 1986 for Senior Management Overseas and in the Cadbury Schweppes Option Plan 1994 (the '1994 Plan').

Options under the 1994 Plan are generally granted to Executive Directors annually to a value equivalent to one to one and a third times annual salary subject to individual subscription limits set by institutional guidelines. The number of shares under option is reduced on a pro-rata basis if the Director leaves the Company within three years of the option grant.

The Executive Directors have also participated as applicable in the savings-related share option schemes operated in the country in which their contract of employment is based.

(e) Retirement Benefits

The Greenbury Committee recommended changes in the disclosures relating to Directors' pension arrangements. A consultation paper has been issued by the Institute of Actuaries and Faculty of Actuaries, and the Company will comply with the disclosure guidelines when they are finalised. Consistent with past practice, the Company has for 1995 reported the pension contribution for the Chairman and the highest paid Director as well as the total pension contributions for the Board. Further details on pension arrangements under the UK schemes are set out in Note 27 on the Accounts.

Retirement benefit arrangements in the United Kingdom will provide the Executive Directors at normal retirement age and subject to length of service with a pension of up to two-thirds of their pensionable salary subject to Inland Revenue limits and other statutory rules. Members contribute 5% of contribution salary, and the Company is responsible for any additional cost. Under these arrangements annual incentive awards of up to 20% of basic salary are pensionable. The percentage of overall pay which

Beispiel 8-6b: Cadbury Schweppes, GB 1995, S. 40

is dependent on performance is substantial and has increased over the last several years. Given the increase in the total proportion of remuneration which is variable pay, the Remuneration Committee consider that it is appropriate for a portion of such pay to be pensionable.

Mr F J Swan and Mr R C Stradwick were seconded to the Company from Cadbury Schweppes Pty Ltd which is an Australian subsidiary of the Company. Mr Swan and Mr Stradwick participate in the standard retirement benefit arrangements for senior executives in Australia. These retirement benefit arrangements will provide Mr Swan and Mr Stradwick with a retirement benefit based on average salary for the best three years in the last 10 years of service and their total years of service. Combined annual and long term incentive awards to Mr Swan and Mr Stradwick of up to 60% of basic salary are pensionable. The pensionability of a portion of such incentive awards is consistent with the long-standing arrangements for the Company's other senior executives in Australia.

(f) Service Contracts

All of the Executive Directors of the Company have service contracts with the Company. Mr N D Cadbury, Mr D J Kappler and Mr J M Sunderland have contracts with a fixed term of three years. This fixed term is automatically extended on the first anniversary and each subsequent anniversary by a further period of one year unless the Company gives notice not less than three months before any anniversary that the fixed term will not be extended. Mr D G Wellings' contract has a fixed term which expires on 30 September 1996. Mr D R Williams' contract terminates on 14 January 1999 which is his normal retirement date. Mr Swan who resigned as a director on 5 February 1996 will retire on 23 April 1996, and his employment contract will terminate on that date. Mr Stradwick will retire on 26 April 1996, and his contract will terminate on that date.
The contracts for Mr Cadbury, Mr Kappler and Mr Sunderland provide for liquidated damages equal to the lesser of two times basic salary and the salary due from the date of notification of termination to normal retirement date. Mr Williams' contract provides for liquidated damages equal to the salary due from the date of notification of termination to 14 January 1999 which is his normal retirement date.

The Remuneration Committee decided in 1993 to change the terms of service contracts for Executive Directors. Prior contracts had no fixed term and required three years' notice of termination and liquidated damages equal to three times basic salary. The current form of contract provides for liquidated damages based on salary alone and not on total benefits. The Committee believes that the current form of contract is appropriate in order to retain and recruit Directors of an appropriate calibre. The Committee will, however, keep this and further developments, under review.

The Non-Executive Directors do not have service contracts with the Company. It is the policy of the Company to appoint Non-Executive Directors for an initial period of three years. Unless otherwise determined by the Board the maximum term is nine years. These appointments are subject to election and re-election at the relevant Annual General Meeting.

(g) Executive Directors – Outside Appointments

The Company recognises the benefits to the individual and to the Company of involvement by

Beispiel 8-6c: Cadbury Schweppes, GB 1995, S. 41

Report of the Remuneration Committee

continued

Executive Directors of the Company as Non-Executive Directors in companies not associated with Cadbury Schweppes plc. Subject to certain conditions, Executive Directors are permitted to accept appointment as Non-Executive Directors in another company. The Executive Director is permitted to retain any fees paid for such service. Unless otherwise determined by the Board, Executive Directors may not accept more than one such Non-Executive Directorship.

(h) Fees for Non-Executive Directors

The remuneration of each of the Non-Executive Directors is determined by the Board as a whole within the overall limits set by the Articles of Association. The Non-Executive Directors do not take part in discussions on their remuneration.

(i) Mr J F Brock

Mr Brock was appointed to the Board of Directors of the Company on 11 January 1996. He serves as the Managing Director for the Beverages Stream, with a basic salary of $500,000 per annum. Mr Brock is an employee of CBI Holdings, Inc which is a subsidiary of the Company and has been seconded to the Company. He will be based in the UK. Mr Brock is eligible for an annual bonus and will also be eligible to participate in awards under the Long Term Incentive Plan. At present Mr Brock's target and maximum awards under the annual incentive plan are higher than for other UK based Directors but his Long Term Incentive Plan awards are lower. His pension and other benefits are provided under arrangements for US employees. Mr Brock has a service contract with the Company which is in the same basic format as for Mr Cadbury, Mr Kappler and Mr Sunderland and provides for a fixed three year term commencing 1 February 1996 and liquidated damages on termination equal to the lesser of two times basic salary and the salary due from the date of notification of termination to normal retirement date. Under his secondment arrangement Mr Brock is entitled to six months employment with CBI Holdings, Inc in the US if there are no suitable opportunities for Mr Brock in the Company when his secondment ends.

3 Directors' Emoluments

Summary for Year	1995 £000	1994 £000
Directors' Remuneration		
Total remuneration:		
– Fees as Directors	167	152
– Salaries and other benefits	2,552	2,373
– Performance related pay	1,228	990
	3,947	3,515
Pension contributions:		
– Charge for the year	1,137	1,050
– Under provision in prior years	1,386	–
Pensions for former Directors or their dependants	24	23
	6,494	4,588

The under-provision for pension contributions in prior years arose as a result of actuarial valuations reflecting the enhanced level of salary which is payable on appointment as Main Board Directors and the long periods of past service for the individual Directors involved.

During the year the Company provided pension contributions on behalf of N D Cadbury as Chairman and D G Wellings as the highest paid Director of £254,000 and £256,000 respectively.

Beispiel 8-6d: Cadbury Schweppes, GB 1995, S. 42

3 Directors' Emoluments continued

Individual Details

	Pay and benefits Basic Salary/Fees £000	Incentive Award 1995 £000	Long Term Incentive Plan 1993-1995 cycle £000	Allowances and benefits £000	**1995 Total £000**	1994 Total £000
N D Cadbury	500	–	150	16	**666**	527
D G Wellings	454	149	59	14	**676**	673
D Jinks*	106	23	27	2	**158**	446
D J Kappler	216	81	15	32	**344**	–
R C Stradwick	194	65	25	46	**330**	323
J M Sunderland	280	43	33	10	**366**	359
F J Swan	321	186	41	48	**596**	508
D R Williams	302	295	37	11	**645**	528
T O Hutchison	51	–	–	–	**51**	50
I F H Davison	23	–	–	–	**23**	23
F B Humer	23	–	–	–	**23**	12
Mrs A M Vinton	23	–	–	–	**23**	23
G H Waddell	23	–	–	–	**23**	23
Sir John Whitehead	23	–	–	–	**23**	23

*D Jinks retired on 19 March 1995

Long Term Incentive Plan

Awards under the Long Term Incentive Plan are subject to the achievement of targets and are described on pages 39 and 40. At 1 January 1995 Executive Directors had interests in the Plan in respect of the 1992-1994 cycle, the 1993-1995 cycle and the 1994-1996 cycle. In March 1995 the Remuneration Committee approved targets for the 1995-1997 cycle and approved awards which had been earned for the 1992-1994 cycle. At 30 December 1995 Executive Directors had interests in the Plan in respect of the 1993-1995 cycle, the 1994-1996 cycle and the 1995-1997 cycle. Ordinary Shares held on behalf of the Directors in trust at 1 January 1995, and at 30 December 1995, in addition to Ordinary Shares and cash awarded to the Directors in 1995 are detailed below.

	Shares held in trust at 1 January 1995	Awards for the 1992-1994 cycle approved in March 1995 Shares	Cash £	Share Dividends and adjustments*	Shares held in trust at 30 December 1995
N D Cadbury	4,038	4,655	20,954	381	9,074
D G Wellings	2,639	1,681	7,566	235	4,555
D Jinks†	2,175	Nil	10,710	156	Nil
D J Kappler	391	214	965	34	639
R C Stradwick	1,495	818	3,682	131	2,444
J M Sunderland	1,299	889	4,001	116	2,304
F J Swan	2,447	1,338	6,028	215	4,000
D R Williams	2,175	1,190	5,355	191	3,556

*Shares held in trust increased during 1995 as a result of share dividends and adjustments arising out of the rights issue and the UESDA

†D Jinks retired on 19 March 1995, following which shares held in the trust were distributed to him

Cadbury Schweppes

Beispiel 8-6e: Cadbury Schweppes, GB 1995, S. 43

Report of the Remuneration Committee

continued

4 Directors' Interests

Ordinary Shares and Share Options

The interests of the Directors holding office at 30 December 1995 ('1995') and at the beginning of the year 1 January 1995 (or date of appointment if later) ('1994') in the Share Capital of the Company are detailed below:

Table 1

	Ordinary Shares of 25p		Options over Ordinary Shares of 25p (ii)				
	1994 (vi)	**1995** (vi)	1994	Granted (iii)	Adjustments (iv)	Exercised (v)	**1995**
N D Cadbury	620,595	**524,990**	552,743	Nil	22,766	Nil	**575,509**
I F H Davison (i)	1,500	**1,778**	Nil	Nil	Nil	Nil	**Nil**
F B Humer (i)	1,000	**1,043**	Nil	Nil	Nil	Nil	**Nil**
T O Hutchison (i)	4,648	**8,811**	Nil	Nil	Nil	Nil	**Nil**
D J Kappler	16,249	**19,637**	91,941	50,000	3,785	Nil	**145,726**
R C Stradwick	14,319	**20,046**	211,757	53,000	8,625	2,300	**271,082**
J M Sunderland	27,988	**33,954**	223,270	67,662	9,195	Nil	**300,127**
F J Swan	20,780	**28,138**	452,482	28,000	18,540	2,300	**496,722**
A M Vinton (i)	721	**824**	Nil	Nil	Nil	Nil	**Nil**
G H Waddell (i)	10,576	**12,086**	Nil	Nil	Nil	Nil	**Nil**
D G Wellings	59,424	**80,929**	423,440	110,000	8,868	208,136	**334,172**
Sir John Whitehead (i)	3,000	**3,557**	Nil	Nil	Nil	Nil	**Nil**
D R Williams	56,039	**79,161**	410,850	70,000	5,841	269,053	**217,638**
	836,839	**814,954**	2,366,483	378,662	77,620	481,789	**2,340,976**

(i) None of the Non-Executive Directors had any interests in the option schemes of the Group.
(ii) Details of the exercise prices and exercise periods of the share option schemes are given in Note 20 on the Accounts.
(iii) Details of individual grants of options during the year are given in Table 2.
(iv) In consequence of the rights issue and UESDA both announced on 26 January 1995, options granted prior to, and unexercised at, that date have been adjusted in accordance with the Rules of the various schemes. Adjustments requiring Inland Revenue approval have received such approval.
(v) Details of individual exercises of options during the year are given in Table 3.
(vi) Directors' holdings of Ordinary Shares include shares held in trust under the Long Term Incentive Plan.

A summary of grants of options during the year is given in Table 1. Details of individual grants of options during the year are given below:

Table 2

	Number of Shares	Exercise Price per Share in pence (unless stated otherwise)	Date of Grant	Type of Option See Code in Note 20 on the Accounts
D J Kappler	50,000	485	28 September 1995	da
R C Stradwick	50,000	485	28 September 1995	da
	3,000	A$8.69	19 April 1995	hb
J M Sunderland	65,000	485	28 September 1995	da
	2,662	388.8	18 October 1995	aa
F J Swan	25,000	485	28 September 1995	da
	3,000	A$8.69	19 April 1995	hb
D G Wellings	110,000	485	28 September 1995	da
D R Williams	70,000	485	28 September 1995	da

Beispiel 8-6f: Cadbury Schweppes, GB 1995, S. 44

4 Directors' Interests continued

A summary of exercises of options during the year is given in Table 1. Details of individual exercises of options during the year are given below in Table 3, together with the middle market price of the shares at the date of exercise. The number of shares and the exercise prices reflect the adjustment to options as a result of the rights issue and UESDA and therefore differ from the figures in Table 1.

Table 3

	Number of Shares	Exercise Price per Share in pence (unless stated otherwise)	Middle market price pence	Date of Exercise	Type of Option See Code in Note 20 on the Accounts
R C Stradwick	2,394	A$8.9866	499	5 October 1995	ha
F J Swan	2,394	A$8.9866	477	27 September 1995	ha
D G Wellings	42,285	382.17	541	7 December 1995	bd
	68,712	427.58	541	7 December 1995	be
	105,712	299.87	541	7 December 1995	bc
D R Williams	52,856	332.03	451	22 March 1995	ba
	68,712	366.09	451	22 March 1995	bb
	73,998	299.87	451	22 March 1995	bc
	21,142	382.17	545.5	12 October 1995	bd
	63,426	427.58	549	21 November 1995	be

The market prices of Ordinary Shares at 3 January 1995 and 29 December 1995, the first and last dealing days in the year, were 425p and 532p respectively.

A summary of grants of options over shares held at the year end is given in Table 1. The weighted average price of grants of options held at the year end, 30 December 1995, are given below. J F Brock was appointed subsequent to the year end, on 11 January 1996, and his details at that date are also given below:

Table 4

	Number of Options over Shares	Weighted Average Price in pence per Share
N D Cadbury	575,509	381.07
D J Kappler	145,726	438.79
R C Stradwick	271,082	416.10
J M Sunderland	300,127	409.64
F J Swan	496,722	381.20
D G Wellings	334,172	443.26
D R Williams	217,638	439.87
J F Brock	254,377	397.76

There were the following changes in the interests of Directors between 31 December 1995 and 6 March 1996:

(a) On 11 January 1996 J F Brock was appointed as a Director. At that date his interests in the Share Capital of the Company were: 2,331 Ordinary Shares and 1,700 American Depositary Shares (6,800 Ordinary Shares).
The weighted average price of his individual grants of options over Shares at 11 January 1996 is given in Table 4.

(b) On 21 February 1996 D R Williams exercised an option over 3,249 Ordinary Shares at 230.81p under the Savings-Related Share Option Scheme 1982.

(c) On 23 February 1996 J M Sunderland exercised an option over 4,874 Ordinary Shares at 230.81p under the Savings-Related Share Option Scheme 1982.

(d) On 5 March 1996 K M von der Heyden was appointed as a Director. At that date he had no interests in the Share Capital of the Company.

All the interests detailed above were beneficial. The non-beneficial interests of N D Cadbury were **763,105** (1994: 741,481). None of the Directors had any interest in the other securities of the Company or the securities of any other company in the Group.

Save as disclosed above, there have been no changes in the interests of the Directors between 31 December 1995 and 6 March 1996. During the year, none of the Directors had a material interest in any contract which was of significance to the business of the Group.

The information set out above is drawn up in accordance with the recommendations of the Accounting Standards Board's Urgent Issues Task Force Abstract 10. The Register of Directors' Interests, which is open to inspection, contains full details of Directors' shareholdings and options.

Cadbury Schweppes 45

Beispiel 8-6g: Cadbury Schweppes, GB 1995, S. 45

(35) Sonstige Zinsen und ähnliche Erträge

	AG		Konzern	
	1995 TDM	1996 TDM	1995 TDM	1996 TDM
aus verbundenen Unternehmen	2.850	8.503	0	9
übrige	1.833	1.741	5.809	4.485
	4.683	**10.244**	**5.809**	**4.494**

(36) Zinsen und ähnliche Aufwendungen

	AG		Konzern	
	1995 TDM	1996 TDM	1995 TDM	1996 TDM
an verbundene Unternehmen	669	1.063	0	0
übrige	3.177	6.242	11.931	18.398
	3.846	**7.305**	**11.931**	**18.398**

(37) Bezüge des Vorstandes/ Aufsichtsrates sowie gewährte Kredite und Vorschüsse

Die Gesamtbezüge der Mitglieder des Aufsichtsrates betragen TDM 346 und der Mitglieder des Vorstandes TDM 2.214. Pensionsverpflichtungen gegenüber früheren Mitgliedern der Geschäftsführung sind zum 31.12.1996 mit TDM 8.108 zurückgestellt.

Die laufenden Bezüge der früheren Mitglieder der Geschäftsführung betragen TDM 564. Die an Mitglieder des Vorstandes gewährten Kredite betragen zum 31.12.1996 TDM 6. Getilgt wurden 1996 TDM 12, der Zinssatz beträgt 5,5 %.

(38) Verwendung des Bilanzgewinns der SCHWARZ PHARMA AG

	TDM
Der Vorstand schlägt vor, den Bilanzgewinn in Höhe von wie folgt zu verwenden:	**48.930**
Ausschüttung einer Dividende für das Geschäftsjahr 1996 in Höhe von DM 1,50 je Aktie (abzüglich eigener Anteile) im Nennbetrag von DM 5,–	**33.805**
Vortrag des verbleibenden Bilanzgewinns auf neue Rechnung	**15.125**

62

Beispiel 8-7: Schwarz Pharma AG, GB 1996, S. 62

8.10 Fotos

Hohe Qualität ist gefragt

Nahezu alle europäischen Top-Unternehmen verwenden Fotografien zur Illustration ihres Geschäftsberichts. Sie verzichten in zunehmendem Maße darauf, ein Sammelsurium von Stock-Fotos verschiedener Größe und Anmutung einzusetzen. Gute Reports zeigen inzwischen vielmehr Fotos, deren technische Qualität mit Bildern in hervorragenden Zeitschriften vergleichbar ist. In Zusammenhang mit Headlines und Bildunterschriften fesseln sie den Leser und bieten ihm Zusatzinformationen.
Trotz der oft beeindruckenden Aussagekraft verwenden nur sehr wenige Unternehmen Schwarzweiß-Fotos.

8.11 Umschlag und Format

Erster Eindruck vom Firmenimage

Der Leser gewinnt durch den Umschlag eines Geschäftsberichts den ersten Eindruck von dem Unternehmen. Das Cover bietet der berichtenden Gesellschaft ein Forum zur Kommunikation ihres Images.
Die Mehrzahl der internationalen Unternehmen verwendet Fotos zur Gestaltung dieser Seite; die beliebtesten Objekte sind Produkte, Gebäude, Anlagen, Mitarbeiter und Kunden. Das Firmenlogo ist bei fast allen internationalen Berichten fester Bestandteil der Umschlaggestaltung.
Großformatige, ansprechende Fotos, die im direkten Zusammenhang mit dem Zweck des Unternehmens stehen und eine Fotolinie für den gesamten Bericht eröffnen, bieten dem Leser den größten Anreiz (vgl. Farbtafel 9, S. 68, Farbtafeln 13–16, S. 69).

Das von europäischen Unternehmen am häufigsten verwendete Format ist A4. Das amerikanische Format (216 x 279 mm) wird im Zuge der Internationalisierung der Berichterstattung und der zunehmenden Bedeutung der US-amerikanischen Generally Accepted Accounting Principles (US-GAAP) in der Rechnungslegung von einigen Unternehmen benutzt – Schwarz Pharma hat es auf seinen 1997er-Geschäftsbericht angewendet.

8.12 Internationale Rechnungslegung

IAS und US-GAAP auf dem Vormarsch

Es ist in Europa eine zunehmende Tendenz zur Rechnungslegung nach den International Accounting Standards (IAS) und den US-GAAP zu beobachten. Vor allem börsennotierte Unternehmen, die weltweit aktiv sind, stellen ihre Rechnungslegung um, mit dem Ziel, ausländisches Kapital zu akquirieren. Zur Zeit bilanzieren wenig deutsche Unternehmen nach US-GAAP (Daimler-Benz AG, Veba AG, SGL Carbon AG, Deutsche Telekom AG, 1 & 1 KGaA & Co KG, Intershop) und oder IAS (adidas AG, Bayer AG, Deutsche Bank AG, Dyckerhoff AG, Heidelberger Zement AG, Hoechst AG, Merck KGaA, Puma AG, Schering AG, technotrans AG).

8.13 Neue Medien

Bisher nur zögerliche Annäherung

1995 nutzten nur sehr wenige europäische Unternehmen die CD-ROM zur alternativen Präsentation ihres Geschäftsberichts.
Unwesentlich stärker war die Präsenz im Internet. Hier sind hauptsächlich deutsche, englische und schwedische Unternehmen (Bayer AG, Daimler-Benz AG, Deutsche Bank AG, DÜRR AG, Hoechst AG, Mannesmann AG, SAP AG, BP, Guiness, J Sainsbury, Tesco, Thorn EMI, Ericsson, Volvo) vertreten. Allerdings erkennen die Unternehmen zunehmend den Nutzen des Internet für die Investor Relations. Insbesondere beim Börsegang erfüllt das Internet wertvolle Dienste. Es ist eine hervorragende Möglichkeit für den Dialog mit Aktionären, Analysten und anderen interessierten Zielgruppen.

Kapitel 9

Multimediale Präsentation

9.1 Rasante Entwicklung erwartet

CD-ROM und Internet sind aus unserem multimedialen Zeitalter nicht mehr wegzudenken. Noch steckt die Entwicklung in den Kinderschuhen, aber Experten sehen eine exponentielle Vervielfachung in den kommenden Jahren voraus.

Für den Geschäftsbericht stellt die Präsentation im Internet oder auf der CD-ROM einen neuen Weg der Distribution dar. Dem Leser wird neben der Printversion ein anderer Weg des Datenzugriffs geboten. Außerdem können durch Multimedia-Techniken die Text-Inhalte auf der CD-ROM durch das Hinzufügen von Bildern, Video und Ton noch attraktiver gestaltet werden.

9.2 Der Geschäftsbericht auf CD-ROM

Vor allem für die Zielgruppe der Financial Community ist die Veröffentlichung des Reports auf einer CD-ROM interessant.

Den Benutzern wird das Erfassen der Daten für Analysezwecke erspart, da direkt auf die CD-ROM zugegriffen werden kann.

Es bieten sich zwei Möglichkeiten an:

1. Das Erstellen einer eigenen CD-ROM,
2. Die Präsentation auf einem „Sammelwerk", d. h. einer CD-ROM, die die Wirtschaftsdaten vieler führender Unternehmen enthält.

Die zweite Variante bietet einige Vorteile: Zum einen sinken die Kosten der Distribution der Finanzinformation. Zum anderen wird durch den Vertrieb über die Medien ein großer Adressatenkreis erreicht.

Entscheidend für die Güte der Präsentation ist neben der Informationsqualität auch der Unterhaltungswert. D. h., ein 1 : 1 Transfer der Geschäftsberichtsversion auf die CD-ROM bietet sich nicht an. Bei der elektronischen Präsentation ist ein individueller Auftritt gefragt. Erarbeiten Sie ein eigenständiges

Konzept – eingebettet in das Corporate Design ihres Unternehmens. Welche Aspekte könnten beispielsweise aus der Imagebroschüre und weiteren Printmedien des Unternehmens übernommen werden? Auch Industriefilme über das Unternehmen, Produkte oder Prozesse lassen sich integrieren.
Durch interessante optische und akustische Aufbereitung werden Inhalte besser aufgenommen und konsumiert. D. h., die neuen Spielräume der Multimedia-Präsentation sollten vom Unternehmen genutzt werden.

9.3 Der Geschäftsbericht im Internet

Der technische Standard des Internet wird oft bemängelt: Wartezeiten bei der Herstellung einer Verbindung, lange Ladezeiten beim Datentransfer und eingeschränkte grafische Möglichkeiten erschweren die Benutzung. Speicherintensive Grafiken und Animationen erhöhen die Wartezeiten zusätzlich. Der Besucher klinkt sich aus.
Dennoch liegen die Vorteile des Internet auf der Hand: Einfach aufbereitete, klar strukturierte Informationen können sehr schnell und kostengünstig weit verbreitet werden. Die Funktionalität des Internet hat sich dadurch gegenüber anderen bisher vorhandenen Systemen als so überragend erwiesen, daß es sich in den kommenden Jahren zu einem weit verbreiteten und sehr effektiven Kommunikationsinstrument entwickeln wird. Diese Vorteile müssen für die Finanzkommunikation genutzt werden. Dabei steht die Information im Vordergrund. Verwenden Sie statt aufwendiger, ladeintensiver Grafiken einfach strukturierte Tabellen und Texte.
Durch die Präsentation im Internet erreichen Sie eine weitaus größere potentielle Leserschaft als mit dem Printmedium Geschäftsbericht. Gerade junge Leute – die Zielgruppe von morgen – sind mit dem Internet bestens vertraut. Eine Reihe deutscher Unternehmen ist bereits im worldwide web vertreten. Schauen Sie sich doch einmal die Seiten von Bertelsmann, Hoechst und der Deutschen Bank an.
Bei der Konzeption Ihres eigenen Internet-Auftrittes sind die folgenden Punkte zu beachten:

Vermeiden Sie Langeweile

Der Aufbau der Seiten sollte ausgehend von einer zentralen Eingangsseite modular veränderbar sein. Anklickbare Verzweigungen führen zu weiterführenden interessanten Webseiten. Ähnlich einem Printmedium gibt es unterschiedliche Kapitel. Beispielsweise zur Aktie, zu den einzelnen Sparten, zur Historie und zum kulturellen Engagement des Unternehmens. Aber auch Verzweigungen zu Internet-Angeboten der Wirtschaftspresse und Pressetexten zum Unternehmen sollten nicht fehlen.

Präsentieren Sie den Geschäftsbericht „internetgerecht"

Der aktuelle Geschäftsbericht wird in einem Extra-Kapitel kurz vorgestellt. Präsentieren Sie dabei die Kerndaten der Unternehmensentwicklung in Tabellen- und Grafikform. Das Medium ermöglicht es, ausgehend von den Eckdaten durch einfache Interaktion immer tiefer in die Details zu gehen. Nutzen Sie die Vorteile des Internet: Unkompliziert und kostengünstig können Sie Sonderthemen zum Geschäftsbericht publizieren. Diskutieren Sie Veränderungen im Marktumfeld, berichten Sie über Akquisitionen sowie andere wichtige strategische Entscheidungen und kommentieren Sie Halbjahres- und Quartalsberichte.
Interessant ist die Möglichkeit, daß die Leser eine Adresse hinterlegen und weiteres Informationsmaterial anfordern können. Nebenbei läßt sich so eine Datenbank aufbauen.

Übersichtlichkeit und Lesbarkeit sind Trumpf

„Form follows function" heißt das oberste Gebot. Im Vordergrund des Internet-Auftrittes steht die Funktionalität des Informationsangebots. Eine klar gegliederte, übersichtliche Anordnung von Schriftbild und Schaubildern sowie eine vorsichtige Verwendung grafischer Akzente rücken die Information in den Vordergrund.
Die Schriftgröße muß bei allen denkbaren Bildschirmauflösungen eine gute Lesbarkeit garantieren. Bei der Gestaltung des Hintergrundes ist zu beachten, daß die Schrift sich gut abhebt.

Achten Sie auf Aktualität und Vollständigkeit

Die Informationen sollten immer auf dem neuesten Stand sein. Veraltete Daten und ungepflegte Webseiten lassen Lustlosigkeit vermuten. Aktualisieren Sie die Internet-Seiten also regelmäßig. Achten Sie dabei auf Vollständigkeit: Nicht fertiggestellte Infoseiten, sogenannte Baustellen, sind ein Zeichen von Unprofessionalität.

Kapitel 10

Im Trend: der Geschäftsbericht mit Zusatznutzen

10.1 Die Unternehmenschronik

Nicht jeder kennt die Geschichte des Unternehmens so gut wie Sie selbst. Um den Lesern die Entwicklung des Unternehmens näher zu bringen, bietet sich eine kurze Chronik an. Auf einer Seite wird die Geschichte des Unternehmens dargestellt. In der Chronik werden Angaben zum Jahr der Gründung, zu entscheidenden Akquisitionen oder Verkäufen von Unternehmensteilen gemacht. Weiterhin kann über neue Sparten und die Verlagerung von Aktivitäten in das Ausland berichtet werden. Ein „Extra", das übrigens auch Wirtschaftsjournalisten sehr anerkennen.
Gekonnt ist die Selbstdarstellung der japanischen Dai-ichi Mutual Life Insurance Company. Von 1902–1995 wird der Leser in die Geschichte des Unternehmens entführt. *(Beispiel 10-1)*

10.2 Der Überblick

Im sogenannten „Kalendarium" wird ein Überblick über wichtige Ereignisse des Geschäftsjahres gegeben. Das heißt nicht, daß über jeden Monat ein paar Sätze verloren werden müssen. Im Gegenteil: statt langatmiger Ausführungen sind hier nur die „Highlights" des Geschäftsjahres gefragt. Somit bietet sich dieser Auftakt des Geschäftsberichtes insbesondere für dynamische Wachstumsunternehmen und größere Konzerne im interessanten Umfeld an.
Die Merck KGaA geht mit gutem Beispiel voran. *(Beispiel 10-2)*

Auch Bayer liefert wichtige Highlights des Jahres komprimiert auf einer Doppelseite. *(Beispiel 10-3)*

Board of Directors

Chairman of the Board:
Shin-ichi Nishio

President:
Takahide Sakurai

Deputy Presidents:
Hisamoto Nagai
Tomijiro Morita

Senior Managing Directors:
Yukio Ono
Susumu Ensaka
Yoshiyuki Kawakami
Masami Tabei
Masao Tsuji

Managing Directors:
Seizo Yamanoi
Ryozo Nishigaki
Susumu Tokunaga
Masao Miyamoto
Akira Yashiro
Hiroshi Kadokura
Shigeru Muranaka

Directors:
Takeshi Morinaga
Gaishi Hiraiwa
Jyoichi Aoi
Teruhiko Horikoshi
Makoto Koshino
Rikio Nagahama
Katsutoshi Saito
Tetsujiro Hayashi
Kunihiro Kawashima
Kenjiro Imada
Masayuki Koyama
Koichi Sato
Koichi Iki
Hiroyuki Koizumi

Senior Corporate Auditors:
Yoshiya Takahashi
Sachio Ishimine

Corporate Auditors:
Reijiro Hattori
Hiroshi Kato

Advisor:
Ryoichi Tsukamoto

Senior Advisor to the President:
Kunihiko Inakage

History

1902
Tsuneta Yano issues *Characteristics of My Company*, a pamphlet explaining the merits of a mutual company, and subsequently establishes Japan's first mutual life insurance company, the Dai-ichi Mutual Life Insurance Company.

1938
The Head Office is moved to its current Tokyo location, which served as the Occupation Forces' general headquarters following World War II.

1967
Dai-ichi's 20-story Oi Home Office, housing the Company's Policy Service Departments and Computer Systems Department, is completed.

1970
The Foundation for the Advancement of Life and Insurance in Asia (FALIA), consolidating several related organizations active since 1962, is established to expand Dai-ichi's support for the life insurance business in Asia.

1972
An agreement with the John Hancock Mutual Life Insurance Company of the United States allows Dai-ichi's entry into the International Group Program and facilitates its group life insurance operations on an international scale.

1974
Dai-ichi's reinsurance underwriting agreement with Indonesia's Bumiputera 1912 Mutual Life Insurance Company marks the Company's full-scale entry into the international reinsurance market.

1975
Dai-ichi's first overseas representative office is established in New York to study U.S. insurance and economic and financial systems as well as to promote international group insurance plans among local subsidiaries of Japanese corporations.

1982
Dai-ichi's first European representative office is established in London.

1984
Dai-ichi inaugurates its loan management activities by providing a ¥12 billion syndicated loan to Hydro-Quebec, a Canadian public electric utility company.

1985
Dai-ichi enhances its reputation as a lender to internationally prominent clients with a yen-denominated, syndicated sovereign loan to Austria.

1987
In association with Citicorp, Dai-ichi acquires the Citicorp Center and 399 Park Avenue office buildings in New York.

1990
Dai-ichi's investment in Lincoln National Corporation marks the first time a Japanese company has participated in capitalizing a leading U.S. insurer.

1992
Dai-ichi celebrates the 90th anniversary of its establishment.

1993
Dai-ichi completes the DN Tower 21, a new Head Office building in the heart of Tokyo.

1995
Following the Great Hanshin Earthquake in January, Dai-ichi simplifies claims settlement procedures.

27

Beispiel 10-1: Dai-ichi, GB 1995/96, S. 27

Der Wandel bei unseren Kunden und Mitbewerbern, bei Forschungs- und Informations-Technologien geschieht in immer kleineren Zeitabständen.

Diesen Veränderungen nicht nur zu begegnen, sondern sie auch voranzutreiben, ist das Ziel interner Veränderungsprozesse. Wir haben sie Anfang 1997 gebündelt und unter dem Motto »That's ME – Merck Excellence« zusammengefaßt.

Drei Botschaften enthält das Logo unseres Veränderungsprozesses:

- *In der Verbindung mit unserer wichtigsten Marke, dem Namen Merck, dokumentieren wir nicht nur die Bedeutung der Veränderungen, sondern auch die Tatsache, daß es ein von eigenen Mitarbeitern getragener Veränderungsprozeß ist.*
- *Mit »Excellence« bekennen wir uns zu herausragenden Leistungen in den Marktsegmenten, in denen wir zum Vorteil unserer Kunden tätig sind.*
- *Unternehmerischer Erfolg ist nicht das Ergebnis Einzelner, sondern basiert auf Kompetenz und Eigenverantwortung aller Mitarbeiter. »That's ME« fordert Eigeninitiative von jedem Mitarbeiter.*

Dieser kontinuierliche Verbesserungsprozeß, in den alle Belegschaftsmitglieder eingebunden sind, wird ergänzt durch Schwerpunktthemen, die insbesondere den Führungskräften neue Managementinstrumente an die Hand geben. Personalentwicklung, Projektmanagement oder Strategieformulierung gehören dazu. Ausgehend von einem ganzheitlichen Konzept von Unternehmensführung wurde der Merck Excellence Check entwickelt; er bildet die Grundlage für eine umfassende Bewertung aller Bereiche eines Unternehmens. Pilotprojekte sind bei unserer Tochtergesellschaft in Mexiko und in der Sparte Elektronik-Chemikalien gestartet worden.

Der Prozeß Merck Excellence wird uns auch in den nächsten Jahren begleiten. Er setzt das um, was wir uns im Unternehmens-Leitbild selbst als Anforderung gestellt haben: »Wir alle leisten durch unser Mitdenken, Mitgestalten und Mitverantworten einen persönlichen Beitrag zum unternehmerischen Erfolg.«

Beispiel 10-2: Merck KGaA, GB 1997, U2

BAYER-NACHRICHTEN 1997

Innovationsperspektive '97

Forschungs-Pipeline ist gut gefüllt

FEBRUAR: *„Unsere Forschungs-Pipeline ist im Gesundheitsbereich, aber auch für Pflanzenschutzmittel und Tiergesundheit gut gefüllt", sagt der Vorstandsvorsitzende der Bayer AG, Dr. Manfred Schneider, anläßlich des zweitägigen Presse-Symposiums „Innovationsperspektive '97", zu dem 180 Journalisten aus 25 Ländern nach Leverkusen kamen. Die Medienvertreter erhalten einen umfassenden Eindruck von den gesamten Forschungsaktivitäten des Unternehmens. Gleichzeitig kündigt Dr. Manfred Schneider die Markteinführung von neuen Medikamenten an. Insgesamt befinde sich speziell im Pharma-Bereich ein gutes Dutzend neuer Wirkstoffe in der Entwicklung, deren Umsatzpotential in der Spitze bei über zehn Milliarden DM liege. „Die Life-sciences haben weit überdurchschnittliche Wachstumschancen – und wir sind entschlossen, diese auch konsequent zu nutzen", betont Schneider.*

20

Bayer Geschäftsbericht 1997

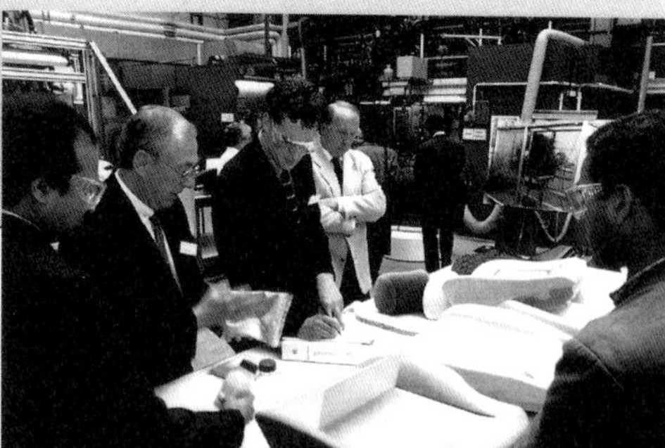

Fachgespräch zum Thema „Polyurethan-Herstellung" am Rande des Presse-Symposiums „Innovationsperspektive".

Betriebsvereinbarung zur Standortsicherung

Investitionszusage für die deutschen Bayer-Standorte

JUNI: Mit einer Betriebsvereinbarung sichern Unternehmensleitung und Gesamtbetriebsrat die Zukunft der deutschen Bayer-Standorte. Hauptbestandteil des Abkommens ist eine weitreichende Investitionszusage von insgesamt mehr als 20 Milliarden DM, die das Unternehmen bis zum Ende des Jahres 2002 für Investitionen in Sachanlagen und Instandhaltungsprojekte sowie für Forschungsausgaben aufbringen wird. Darüber hinaus verpflichtet sich Bayer unter anderem, bis zum 30. Dezember 2000 keine betriebsbedingten Kündigungen auszusprechen sowie geeignete Ausgebildete bis zum 1. März 2001 zu übernehmen.

Zur Standortsicherung trägt auch die Vereinbarung bei, eine neue, 120 Millionen DM teure Anlage zur Herstellung des Nitril-Kautschuks Therban® statt im Ausland in Leverkusen zu errichten. Im Interesse der internationalen Wettbewerbsfähigkeit der inländischen Werksstandorte erklären sich die Bayer-Mitarbeiter durch die neue Betriebsvereinbarung zu flexibleren Arbeitszeitregelungen bereit und verzichten auf einen Teil der freiwilligen Leistungen des Unternehmens. Das ermöglicht zusammen mit dem weiterhin notwendigen Personalabbau jährliche Einsparungen bei den Arbeitskosten in Höhe von 300 Millionen DM.

Europaforum in Monheim

Europa bleibt für Bayer die Nummer 1

AUGUST: *Auf dem sechsten Europaforum erklärt Bayer-Vorstandschef Dr. Manfred Schneider, daß Europa auch in Zukunft ein zentraler Produktions- und Forschungsschwerpunkt des Konzerns bleiben werde. Deshalb investiere Bayer 1997 in dieser Region soviel wie nie zuvor: insgesamt rund 5 Milliarden DM. An dem Europaforum im Landwirtschaftszentrum Monheim nahmen 73 Betriebsräte, Landessprecher und Geschäftsleitungsvertreter von 15 Bayer-Gesellschaften teil.*

Bayer Solar GmbH

Europas größter Produzent für Solarsiliciumscheiben

JUNI: *Mit einem symbolischen Knopfdruck startet Sachsens Ministerpräsident Professor Dr. Kurt Biedenkopf die neue Fabrik für Solarsilicium in Freiberg, in die das Unternehmen in der ersten Bauphase 48 Millionen DM investiert. Die Anlage der Bayer Solar GmbH wird jährlich rund sechs Millionen kristalline Siliciumscheiben herstellen, die als Basis für Solarzellen dienen. Damit ist Bayer Europas größter Produzent von Solarsiliciumscheiben. Ziel des Unternehmens ist es, diese Technologie in den nächsten Jahren weiterzuentwickeln und eine Produktionsgröße von jährlich 16 Millionen Siliciumscheiben zu erreichen. Dafür wird Bayer in nächster Zeit weitere 35 Millionen DM investieren und die Mitarbeiterzahl von derzeit 90 auf 150 steigern.*

Die Funktionsfähigkeit der Säulenprüfstraße wird bei der Bayer Solar GmbH regelmäßig kontrolliert.

Beispiel 10-3a: Bayer AG, GB 1997, S. 20

Joint-venture: Autoscheiben aus Kunststoff

Autoscheiben auf dem Prüfstand. In der Bayer-Anwendungstechnik werden Polycarbonatscheiben auf Kratzfestigkeit getestet.

JUNI: Bayer und die amerikanische General Electric Plastics (GEP) planen die Gründung eines Gemeinschaftsunternehmens zur Herstellung von Autoscheiben aus Polycarbonat. Das Joint-venture, an dem Bayer und GEP jeweils zur Hälfte beteiligt sind, wird die weltweiten Aktivitäten beider Firmen in den Bereichen Forschung, Entwicklung, Marketing und Produktion bündeln. In einer Pilotanlage soll zunächst jährlich rund eine Million der neuartigen, kratzfesten Autoscheiben hergestellt werden. Gegenüber Glas ermöglicht der Kunststoff eine Gewichtsersparnis von rund 40 Prozent und trägt somit maßgeblich zur Verringerung des Kraftstoffverbrauchs der Automobile bei. Überdies reduzieren die bruchsicheren Polycarbonat-Scheiben das Verletzungsrisiko der Autoinsassen bei einem Seitenaufprall oder einem Überschlag. Polycarbonat setzt sich in der Autoindustrie seit einigen Jahren auch bei der Herstellung von Streuscheiben für Scheinwerfer immer mehr durch.

100 Jahre Acetylsalicylsäure

Ein Wirkstoff mit langer Vergangenheit und Zukunft

AUGUST: *Vor genau 100 Jahren, am 10. August 1897, beschrieb der Bayer-Chemiker Dr. Felix Hoffmann erstmals die in chemisch reiner und haltbarer Form hergestellte Acetylsalicylsäure, die noch heute Wirkstoff des Bayer-Erfolgsprodukts Aspirin® ist. Jährlich werden fast 50.000 Tonnen dieser Substanz hergestellt und allein bei Bayer zu mehr als 11 Milliarden Tabletten verarbeitet. Damit ist die Acetylsalicylsäure der weltweit am häufigsten therapeutisch angewandte Wirkstoff. Das „Jahrhundert-Pharmakon" Aspirin® gilt laut „Guinness Buch der Rekorde" als das meistverkaufte Schmerzmittel der Welt. Der Aspirin®-Wirkstoff bewährt sich inzwischen nicht nur als „Hausmittel" bei Schmerzen, Fieber und Erkältung, sondern dient auch zur Vorbeugung gegen Herzinfarkt und Schlaganfall. Darüber hinaus erobert Aspirin® ständig neue medizinische Anwendungsbereiche – jährlich erscheinen etwa 3.500 wissenschaftliche Arbeiten über die Wirksubstanz des Bayer-Präparats. Anläßlich des 100. Jahrestages der Synthese der Acetylsalicylsäure eröffnet Bayer im Bonner Haus der Geschichte der Bundesrepublik Deutschland eine Ausstellung, in deren Mittelpunkt ein Nachbau des Labors von Dr. Felix Hoffmann steht.*

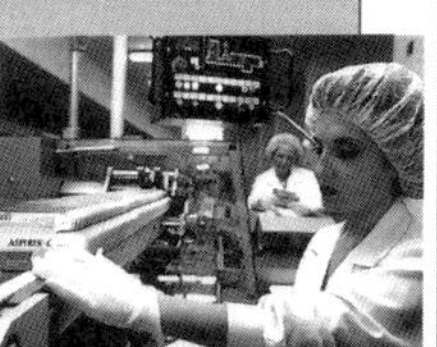

Jährlich stellt Bayer weltweit mehr als elf Milliarden Aspirin®-Tabletten her.

JANUAR

In den USA erhält das neuentwickelte Bayer-Antidiabetikum Miglitol die amtliche Zulassung.

In Brasilien erwirbt Bayer die Mehrheit an der Central de Polímeros da Bahia S.A., dem führenden brasilianischen Hersteller von ABS-Kunststoffen.

FEBRUAR

Nach dem Erwerb der Aktienmehrheit an der ABS Industries Ltd. verfügt Bayer in Indien erstmals über eine eigene Kunststoffproduktion.

MÄRZ

Gemeinsam mit namhaften internationalen Intensivmedizinern gründet Bayer ein Forum zur Erforschung neuer Behandlungsmethoden bei Sepsis (Blutvergiftung).

APRIL

In den USA startet Bayer ein sechsjähriges Investitionsprogramm in Höhe von insgesamt rund 8,7 Milliarden US-Dollar.

Unter dem Markennamen Lipobay® bringt Bayer einen neuartigen Cholesterinsenker auf den Markt, dessen Wirkstoff Cerivastatin schon in sehr geringer Dosierung seine volle Wirkung entfaltet.

MAI

Agfa kündigt die Übernahme der Geschäftseinheiten Grafische Filme und Offset-Druckplatten der Firma DuPont an.

JUNI

Der neue Bayer-Umweltbericht informiert auf 80 Seiten über die weltweiten Aktivitäten des Unternehmens für Umweltschutz und Sicherheit.

Bei einer Betriebsstörung im Bayerwerk Dormagen tritt eine größere Menge der Chemikalie Toluylendiamin aus. Es besteht jedoch keine Gefahr für Mensch und Umwelt.

JULI

In China gründet Bayer mit der Jinling Petrochemical Corporation ein Joint-venture zur Herstellung und Vermarktung von Polyether-Formulierungen.

AUGUST

Thailand bleibt der Investitionsschwerpunkt des Bayer-Konzerns in Südostasien. In den nächsten fünf Jahren wird das Unternehmen dort mehr als 500 Millionen DM investieren.

SEPTEMBER

Der Konzernbereich Programm Management Bayer wurde zur Ausrichtung der „Business Process Reengineering"-Aktivitäten in Verbindung mit der Einführung einer weltweit einheitlichen Standardsoftware gegründet. Die Firma SAP wird die technischen Voraussetzungen dafür liefern.

Rund 120 Journalisten aus 22 Ländern informieren sich im Bayer-Landwirtschaftszentrum Monheim über den neuesten Stand der Pflanzenschutz-Forschung.

OKTOBER

Das zum Bayer-Konzern gehörende Kölner Pharma-Unternehmen Troponwerke GmbH feiert sein 100jähriges Bestehen.

NOVEMBER

Bayer wird Mitglied des „World Business Council for Sustainable Development".

Auf einer Pressekonferenz in Hongkong kündigt Bayer weitere Investitionen in der Region Asien an. In den nächsten zehn Jahren werden dort rund 4 Milliarden DM für Sachanlagen und Akquisitionen aufgewendet.

In Peking nimmt die Bayer Healthcare Co. Ltd. ihren Geschäftsbetrieb auf.

DEZEMBER

Bayer und das US-Unternehmen Monsanto gründen ein Gemeinschaftsunternehmen, das sich mit der Entwicklung und Vermarktung neuer Pflanzenschutzmittel beschäftigen wird.

Beispiel 10-3b: Bayer AG, GB 1997, S. 21

10.3 Angaben zum Vorstand

In Managementarchiven sind zahlreiche Auskünfte zu Persönlichkeiten des Top Managements erhältlich. Noch gehört man zu den Trendsettern, wenn diese Angaben auch im Geschäftsbericht veröffentlicht werden. Wie zum Beispiel bei der Iceland Group. Nach dem Namen werden das Geburtsdatum und der Geburtsort des Vorstandsmitgliedes genannt. Weiterhin sein Werdegang, das Jahr des Eintritts in den Vorstand und die Laufzeit des Vertrages. Wenn sich die Zuständigkeiten im Laufe der Vorstandstätigkeit geändert haben, wird dies explizit aufgeführt. *(Beispiel 10-4)*

10.4 Der Finanzkalender

Ein Finanzkalender gehört inzwischen zum Standard in der gehobenen Investor-Relations-Community. Durch den Abdruck der Terminvorschau kann sich der Investor auf die wesentlichen Ereignisse bei der Gesellschaft einstellen. Zu diesen gehören die Hauptversammlung, die Bilanzpressekonferenz, das Erscheinen des Zwischenberichtes etc. (siehe auch Abschnitt 7.4 dieses Buches).
Gewöhnlich ist der Finanzkalender im Kapitel „Zur Aktie“ oder auf der hinteren Umschlagseite des Geschäftsberichtes angesiedelt. So auch im Geschäftsbericht der Schwarz Pharma AG. *(Beispiel 10-5)*

10.5 Glossar

„Risk management“ und „venture capital“ sind zwei der Fachbegriffe, die die Bank America Corporation für erklärungswürdig hält. Dies geschieht in einem 1seitigen Glossar am Ende des Geschäftsberichtes.
Mit einem Glossar wird dem Leser die Möglichkeit geboten, branchenspezifische Fachbegriffe nachzuschlagen. Dies ist sinnvoll, wenn dadurch die Verständlichkeit des Lageberichtes erhöht wird. Durch Erläuterungen im Lagebericht selbst wird oft der Lesefluß gestört und die Ausführungen werden zu umfangreich. Eine kritische Durchsicht der Texte fördert erklärungsbedürftige Termini zu Tage. Dies können bspw. Prozesse sowie relativ unbekannte Produkte aus den Bereichen Chemie, Hightech und Medizintechnik sein (siehe auch Abschnitt 7.4 dieses Buches).

Die Cairn Energy PLC erläutert in ihrem Glossar technische Abkürzungen. So erfährt man, daß „Mbopd“ für „thousands of barrels of oil per day“ steht. Eine „Nachhilfelektion“ besonderer Art bietet auch die RWE AG. Im Geschäftsbericht wird die Zusammensetzung der Kennzahlen aus der Mehrjahresübersicht explizit erläutert. *(Beispiel 10-6)*

10.6 Anschrift, Telefonnummer, Fax und E-mail

Zum guten Ton gehört die Angabe der vollständigen Anschrift , Telefon- und Faxnummer sowie gegebenenfalls die E-mail- und die Internet-Adresse. Diese Angaben sollten im Geschäftsbericht leicht aufzufinden sein, denn schließlich ist der Report die Visitenkarte des Unternehmens. Die Umschlagseiten oder die letzte Seite des Geschäftsberichtes bieten sich hierfür an.
Bei der Telefonnummer sollte es sich um eine Durchwahl handeln, die den interessierten Anrufer direkt mit einem – in Sachen Finanzkommunikation – kompetenten Gesprächspartner verbindet. Ein zusätzliches Plus können Sie mit einer für den Anrufer kostenlosen 0130-Nummer einstreichen.
Weisen Sie im Geschäftsbericht auch explizit darauf hin, daß unter dieser Adresse bzw. Telefonnummer weitere Informationen zum Unternehmen, bspw. ein Umweltbericht, angefordert werden können. Die Deutsche Bank hat eine leicht heraustrennbare Seite im Geschäftsbericht vorbereitet, auf der gewünschte Publikationen angekreuzt werden können und die so ganz einfach per Fax oder auf dem Postweg bestellt werden können. *(Beispiel 10-7)*

Registered Office
Second Avenue
Deeside Industrial Park
Deeside Clwyd CH5 2NW
Telephone: 01244 830100

Auditors
Ernst & Young

Principal Bankers
Barclays Bank PLC

Merchant Bankers
N M Rothschild & Sons Limited

Stockbrokers
Hoare Govett
Charterhouse Tilney

MALCOLM WALKER CBE ***Chairman and Chief Executive.*** Co-founded Iceland in 1970, after gaining his initial experience of retailing with Woolworth's. Non-executive director of DFS Furniture Company plc. Age 50.

RICHARD KIRK ***Managing Director.*** Responsible for running the group's retail operations. Joined Iceland from Woolworths in 1978 as Stores Controller. Became Stores Director in 1982, Joint Managing Director in 1989 and Managing Director in 1995. Non-executive director of Peacock's Stores Limited. Age 50.

BERNARD LEIGH FCA ***Group Finance Director*** since joining Iceland in 1976. Responsible for group finance and investor relations. Previously a partner in a chartered accountancy practice. Age 50.

ANDREW PRITCHARD FCA ***Executive Director.*** Finance Director of Iceland Frozen Foods plc, with responsibility for finance and administration. Also responsible for group property and business development. Joined Iceland in 1983 from the chartered accountants Ernst & Young. Age 37.

MARK HUDSON ***Trading Director*** since 22nd May 1995 with responsibility for buying, marketing and trading strategy. Previously a partner with Bain & Company Management Consultants. Age 34.

Directors
and Advisers

Directors of Iceland Group plc

Solicitors
Bullivant Jones & Company
Herbert Smith

Registrars
Lloyds Bank Plc
Registrars Department
54 Pershore Road South
Kings Norton
Birmingham B30 1BR

PETER HINCHCLIFFE (a) (b) ***Non-Executive Director*** since 1st January 1995. Formerly Deputy Chairman and Joint Managing Director. Co-founded Iceland in 1970, having previously worked for Woolworth's. Age 49.

JOHN McLACHLAN FCA (a) (b) ***Non-Executive Director*** since 1984. Investment director of United Friendly Group plc, non-executive chairman of Schroders Ventures International Investment Trust plc and a non-executive director of Ushers of Trowbridge plc. Age 53.

(a) Member of the Audit Committee. (b) Member of the Remuneration Committee.

Iceland Group plc PAGE 18

Beispiel 10-4a: Iceland Group plc, Annual Report 1995, S. 18

SCHWARZ PHARMA
Lebensläufe des Managements

Patrick Schwarz-Schütte *(geboren 1956)*
hat nach dem Abitur die Bundeswehr bis zum Reserveoffizier absolviert und anschließend eine kaufmännische Lehre bei der Hoechst AG abgeschlossen. Nach Abschluß des Studiums der Betriebswirtschaftslehre an der Universität Hamburg war er von 1982-1984 als Management Consultant bei Booz, Allen & Hamilton in Düsseldorf tätig. Seit 1984 ist er bei der SCHWARZ PHARMA AG, anfangs als Assistent des Vorstand Marketing, seit 1988 als Vorstandsmitglied. Seit 1992 Vorsitzender des Vorstandes der SCHWARZ PHARMA AG.

Dr. Lars Ekman *(geboren 1950)*
hatte in USA und Europa mehrere akademische sowie klinische Positionen inne und publizierte 110 wissenschaftliche Arbeiten. 1983 wurde er Vice President der R & D Kabi Schweden, ab 1988 auch der R&D Pfrimmer-Kabi Deutschland. Von 1990 - 1993 war er Medical & Scientific Director bei Kabi Pharmacia GmbH und Farmitalia GmbH, ab 1994 bis 1997 Medical and Scientific Director bei Pharmacia und später Pharmacia & Upjohn GmbH. Seit 1997 Vorstand Forschung und Entwicklung der SCHWARZ PHARMA AG.

Klaus Jülicher *(geboren 1939)*
war nach seinem Studium der Betriebswirtschaftslehre zunächst bei Volkswagen und von 1970-1978 bei der Hoechst AG beschäftigt, dort zuletzt als Pharmaleiter in Taiwan. 1978 bis 1991 verbrachte er in Japan – als Regional Marketing Director für G.D. Searle und ab 1980 als Präsident zweier Töchter der Bayer Gruppe. 1992 Pharmaleiter Vertrieb Europa der Bayer AG. Seit Juni 1992 Vorstand Marketing & Vertrieb der SCHWARZ PHARMA AG und CEO der SCHWARZ PHARMA USA.

Seite 72

Beispiel 10-4b: Schwarz Pharma AG, GB 1997, S. 72

SCHWARZ PHARMA
Aktie

KONSEQUENTE INFORMATIONSPOLITIK

Erstmals Quartalsberichterstattung

Für SCHWARZ PHARMA war und ist seit dem Börsengang eine transparente Informationspolitik selbstverständlich. Dazu gehört eine zeitnahe und informative Berichterstattung über die das Unternehmen betreffenden Ereignisse. Im vergangenen Jahr fanden dazu zwei Pressekonferenzen, ein Analystenmeeting sowie zahlreiche Road Shows in London, Edinburgh, Zürich, Luxemburg, Paris, Stockholm und New York statt. Zusätzlich wurden Investoren und Analysten in 40 Einzelgesprächen (One-to-Ones) informiert. SCHWARZ PHARMA nahm an insgesamt 18 Investoren- und Analystenkonferenzen teil.

Um die Kontinuität der Information weiter zu verbessern, führte SCHWARZ PHARMA 1997 erstmals eine Quartalsberichterstattung ein. Im Gegensatz zu vielen anderen – auch größeren deutschen Unternehmen – orientiert sich SCHWARZ PHARMA damit am internationalen Standard. Beginnend mit dem Geschäftsjahr 1997 wird ein Jahresabschluß nach U.S. GAAP vorgelegt.

Diese konsequente Informationspolitik trägt dazu bei, Aktionäre und Analysten umfassend und zeitgerecht zu informieren.

Finanzkalender	
22.4.1998	Bilanzpressekonferenz, Analystenmeeting und Bericht 1. Quartal
27.-30.4.1998	Road-Shows in Edinburgh, London, Zürich, New York, Boston
5.6.1998	Hauptversammlung
11.8.1998	Halbjahresbericht
10.11.1998	Bericht 3. Quartal
11.2.1999	Bericht 4. Quartal
19.5.1999	Hauptversammlung

Seite 29

Beispiel 10-5: Schwarz Pharma AG, GB 1997, S. 29

Geplante Termine

Zwischeninformation über das erste Quartal 1997/98	**05.11.1997**
Hauptversammlung 1997	**11.12.1997**
Zwischeninformation über das erste Geschäftshalbjahr 1997/98	**19.02.1998**
Pressekonferenz	**19.02.1998**
Zwischeninformation über die ersten drei Quartale 1997/98	**14.05.1998**
Vorläufiger Bericht über das Geschäftsjahr 1997/98	**02.07.1998**
Aufsichtsratssitzung (Beschluß über Dividendenvorschlag)	**23.09.1998**
Bilanzpressekonferenz	**06.10.1998**
Hauptversammlung 1998	**19.11.1998**

Erläuterung der Kennzahlen „Auf einen Blick"

Kennzahlen zur Vermögens- und Finanzlage

Sachanlagenintensität	= Nettosachanlagevermögen : Gesamtvermögen
Umschlaghäufigkeit	
– der Vorräte	= Umsatzerlöse ohne Mineralölsteuer : Vorräte
– der Forderungen	= Umsatzerlöse ohne Mineralölsteuer : Forderungen aus Lieferungen und Leistungen (einschl. gegenüber verbundenen Unternehmen und Beteiligungen)
Eigenkapitalquote	= Bilanzielles Eigenkapital : Gesamtkapital
Innenfinanzierungskraft	= Mittelzufluß aus laufender Geschäftstätigkeit : Mittelabfluß aus der Investitionstätigkeit
Anlagendeckungsgrad	= Bilanzielles Eigenkapital zuzüglich langfristige Rückstellungen und langfristige Fremdmittel : Anlagevermögen (1994/95 bereinigt um die 1995/96 aus dem Umlaufvermögen umgegliederten Wertpapiere)
Dynamischer Verschuldungsgrad	= Finanzschulden und Rückstellungen abzüglich liquide Mittel (einschl. Wertpapiere des Anlagevermögens) : Mittelzufluß aus laufender Geschäftstätigkeit

Kennzahlen zur Ertragslage

Eigenkapitalrentabilität	= Jahresüberschuß : Durchschnittliches Eigenkapital laut Bilanz
Gesamtkapitalrentabilität	= Ergebnis vor EE-Steuern und Zinsaufwand zuzüglich Zinskorrektur auf Rückstellungen : Durchschnittliches Gebundenes Vermögen
Umsatzrentabilität	= Ergebnis vor EE-Steuern und Zinsaufwand : Umsatzerlöse ohne Mineralölsteuer
Materialintensität	= Materialaufwand : Gesamtleistung (Umsatzerlöse ohne Mineralölsteuer zuzüglich Bestandsveränderungen sowie aktivierte Eigenleistungen)
Personalintensität	= Personalaufwand : Gesamtleistung

Kennzahlen zur 5-DM-Aktie

Cash-flow je Aktie	= Cash-flow : Zahl der Aktien
Ergebnis je Aktie	= RWE-Anteil am Jahresüberschuß (nach DVFA/SG-Methode) : Zahl der Aktien

Beispiel 10-6: RWE AG, GB 1996/97, hintere Umschlagsinnenseite

Wenn Sie mehr wissen wollen

Publikationen

Was wir Ihnen gern ergänzend übersenden

- ☐ **Geschäftsbericht Konzern Deutsche Bank (IAS)**
  ☐ englisch ☐ französisch ☐ spanisch
  ☐ japanisch (erscheint Mitte des Jahres)
- ☐ **Konzernabschluß und Konzernlagebericht der Deutschen Bank 1996 (HGB)**
  ☐ deutsch ☐ englisch ☐ französisch
- ☐ **Jahresabschluß und Lagebericht der Deutschen Bank AG 1996**
  ☐ deutsch ☐ englisch ☐ französisch
- ☐ **Verzeichnis des Anteilsbesitzes 1996** (deutsch/englisch)
- ☐ **Verzeichnis der Beiratsmitglieder**
- ☐ **Verzeichnis der Niederlassungen im In- und Ausland** (deutsch/englisch)
- ☐ **CD-ROM 1996** (deutsch/englisch)
- ☐ **Broschüre „Initiative fördern – das Umweltengagement der Deutschen Bank"**

Am besten: Seite heraustrennen und faxen!

Bitte schicken Sie uns Ihre Bestellung oder senden Sie dieses Blatt einfach per **Fax** an **(069) 5073106.** Sie können sich auch direkt an Ihre Deutsche Bank-Geschäftsstelle wenden.

Hier falzen für den Versand im Fensterkuvert

Deutsche Bank AG
Aktionärsservice
Z/IT Operations CS
CA Proxy Voting –PKS–

65755 Eschborn

Absender

Name

Straße

Postleitzahl Wohnort

108

Beispiel 10-7: Deutsche Bank AG, GB 1996, S. 108

Kapitel 11

Quartals- und Zwischenberichterstattung

Weniger umfangreich, aber nicht weniger wichtig ist der „kleine Bruder" des Geschäftsberichts: der Quartals- und Zwischenbericht. Da in Zwischenberichten aktuelle Informationen zum Unternehmensgeschehen präsentiert werden, stellen sie ein entscheidendes IR-Instrument dar.

Bei der Frage, wie oft im Geschäftsjahr ein Zwischenbericht herausgegeben werden soll, scheiden sich die Geister. Die sogenannten „unterjährigen Informationen" müssen zumindest einmal jährlich anhand eines Berichts über die ersten sechs Monate des laufenden Geschäftsjahres veröffentlicht werden. Das Geschäftsjahr kann aber auch in mehrere, gleichlange Zwischenberichtsperioden aufgeteilt werden.

Die meisten deutschen Unternehmen publizieren lediglich den gesetzlich geforderten Halbjahresbericht. Der Trend geht aber in Richtung Quartalsberichterstattung. US-amerikanische Unternehmen sind verpflichtet, alle 3 Monate einen Kurzbericht zu veröffentlichen. In Deutschland wird dies oft mit der Befürchtung einer „90-Tage-Hysterie" abgelehnt. Will man aber auf Dauer im Wettbewerb um Kapital nicht das Nachsehen haben, muß man sich dem Informationsdruck und der Nachfrage nach zeitnahen Informationen stellen. Positiver Nebeneffekt der offenen Informationspolitik ist ein stärkeres Vertrauen der Anleger in den Kapitalmarkt.

Im Zwischenbericht wird nicht nur über die ersten 3, 6 oder 9 Monate des Geschäftsjahres Rechenschaft gelegt. Der Bericht gilt auch als Indikator für den später folgenden Jahresabschluß. Darum wird bei der Quartalsberichterstattung auch nicht isoliert über jedes Quartal berichtet, sondern das neue Quartal an den vorherigen Zwischenberichtszeitraum angehängt. Der Ausweis kumulierter Werte erlaubt dem Leser, auf die Entwicklung des gesamten Geschäftsjahres zu schließen.

Die Altana AG hat 1997 erstmals einen Zwischenbericht per Ende des Geschäftsjahres veröffentlicht. Auf diese Weise konnte das Unternehmen sehr frühzeitig – aufgrund vorläufiger Zahlen – noch vor Erscheinen des Geschäftsberichts über das abgelaufene Geschäftsjahr berichten.

11.1 Der Inhalt von Zwischenberichten

Inhaltlich soll ein Zwischenbericht so gestaltet sein, daß der Adressat in der Lage ist, sich ein Bild über die Entwicklung der Geschäftstätigkeit zu machen. Gefragt sind also zeitnahe Informationen, die es erlauben, Entwicklungstrends abzuschätzen. Aktuellen und potentiellen Aktionären wird so eine Einschätzung der Entwicklung des Börsenkurses und der Dividende ermöglicht.

Einzelheiten zur inhaltlichen Gestaltung von Zwischenberichten wurden in den §§ 53–56 der Börsenzulassungs-Verordnung festgelegt. Zu den obligatorischen Zahlenangaben zählen die Umsatzerlöse und der Halbjahresüberschuß/-fehlbetrag vor oder nach Steuern.

Der Mindestumfang der Erläuterungen umfaßt nach § 55 BörsZulV:

- Angabe der Umsatzerlöse,
- Angaben zur Auftragslage/Bestellungseingang, Auftragsbestand nach Sparten, Regionen,
- Ausführungen zu den Kosten und Preisen (Margenentwicklung),
- Angaben zur Zahl der Arbeitnehmer,
- Angaben zur Investitionstätigkeit,
- Ausführungen zu Vorgängen von besonderer Bedeutung, die sich auf das Ergebnis der Geschäftstätigkeit auswirken können,
- Hinweis auf besondere Umstände, die die Entwicklung der Geschäftstätigkeit beeinflußt haben,
- Allgemeine Erläuterungen zu den Aussichten für das laufende Geschäftsjahr.

Zweifellos bleiben bei der inhaltlichen Gestaltung des Zwischenberichts erhebliche Spielräume. Es liegt im Ermessen des Unternehmens, welche Sachverhalte im einzelnen aufgenommen werden und wie ausführlich die Berichterstattung ist.

Für einen aussagekräftigen Zwischenbericht müssen die Ausführungen möglichst konkret gestaltet sein. Außerdem sollten folgende Angaben ergänzt werden:

- Zahlenangaben zum Umlaufvermögen und zum Anlagevermögen,
- Zahlenangaben zum kurzfristigen und langfristigen Fremdkapital sowie zum Eigenkapital,

- Ausweis einer Zwischen-GuV,
- Erläuterungen zu wesentlichen außerordentlichen Erträgen und Aufwendungen,
- Aufgliederung des Ergebnisses nach Sparten,
- Konkrete Erwartungen bezüglich Umsatz und operativem Gewinn,
- Annahmen in bezug auf Konjunktur-, Branchen- und Währungsentwicklung,
- Prognoserechnungen (vor allem bei Akquisitionen und Großinvestitionen).

Um einen aussagekräftigen Zwischenbericht zu publizieren, müssen aber auch branchen- und unternehmensspezifische Besonderheiten beachtet werden. Wenn beispielsweise die Verteilung der Umsatzerlöse im Geschäftsjahr durch langfristige Fertigung oder saisonale Schwankungen sehr unregelmäßig ist, sind zusätzliche Zahlenangaben und entsprechende Erläuterungen notwendig.
Einen zusätzlichen Pluspunkt können Sie durch die Abbildung einer klar gegliederten Kennzahlentabelle erzielen. In der Kennzahlentabelle werden aktuelle Werte den Zahlen der entsprechenden Vorjahresperiode gegenübergestellt, so daß der Leser sich schnell einen Überblick verschaffen kann.
Die Schwarz Pharma AG weist mit ihrem Quartalsbericht in die richtige Richtung. *(Beispiel 11-1)*

11.2 Die Gestaltung von Zwischenberichten

Ob Sie den Zwischenbericht als DIN-A4-Doppelblatt oder kleine Broschüre herausgeben, ist letztendlich eine Frage des Geschmacks. So bevorzugen beispielsweise RWE und Altana das Großformat, während B.A.T. Industries und Schwarz Pharma sich lieber klein und handlich geben. Aber ganz gleich, für welche Version Sie sich entscheiden, in den folgenden Jahren sollte Kontinuität gewahrt werden.
Dies gilt auch für die visuelle Umsetzung. Das äußere Erscheinungsbild der Kurzberichte muß unverwechselbar die Identität des Unternehmens bekunden. Bei der Gestaltung des Zwischenberichts ist also auf die Kongruenz zum Geschäftsbericht und zu eventuell parallel geschalteten Finanzanzeigen zu achten.

SCHWARZ PHARMA *Group* *DM in millions*	*Jan.-Mar. 1997*	*Jan.-Mar. 1998*	*Change in %*
Sales	294.0	**311.6**	+ 6.0
– Domestic	126.4	**127.1**	+ 0.6
– International	167.6	**184.5**	+ 10.1
Income from ordinary operations	53.3	**58.4**	+ 9.6
Pre-tax income	51.2	**56.8**	+ 10.9
Net income			
– according to HGB*	30.0	**33.8**	+ 12.7
– according to U.S. GAAP**	24.6	**28.1**	+ 14.2
Cash flow	47.4	**58.6**	+ 23.6
Investments	24.0	**13.5**	- 43.8

* *Handelsgesetzbuch (German Commercial Code)*
** *Generally Accepted Accounting Principles*

U.S. GAAP CLOSING – Reconciliation to German Standards *DM in thousands*	*Jan.-Mar. 1997*	*Jan.-Mar. 1998*
Net income – German Standards	29,981	**33,786**
Depreciation of intangible and tangible assets	- 1,053	**- 914**
Goodwill amortization	- 4,970	**- 5,038**
Cost of goods manufactured/sold	1,016	**422**
Other	- 333	**- 189**
Total adjustments	- 5,340	**- 5,719**
Net income U.S. GAAP	24,641	**28,067**

Share price trend
(DM)

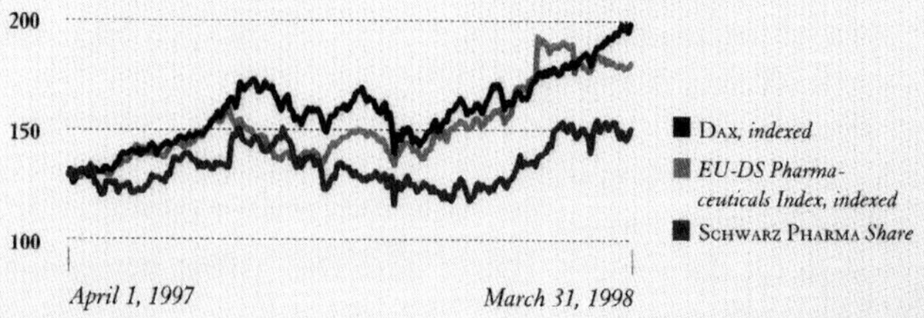

Beispiel 11-1: Schwarz Pharma AG, 1st Quarter Report 1998, U2

Für ein einheitliches Erscheinungsbild werden das Unternehmenslogo und die Unternehmensfarben eingesetzt. Auch sollte die einmal ausgewählte Typographie Verwendung finden. Die Schwarz Pharma AG hat ihren Quartalsbericht ganz unverkennbar gestaltet und zusätzlich einen Blickfang auf das Deckblatt projiziert: Typographisch werden die wichtigsten Informationen hervorgehoben. So wird dem Betrachter auf einen Blick klar, wie sich das Unternehmen im ersten Quartal 1998 entwickelt hat. *(Beispiel 11-2)*

Wie im Geschäftsbericht ist auch im Zwischenbericht auf eine klare Gliederung sowie ein ausgewogenes Verhältnis von Text und Bildteil zu achten. Anschauliche Grafiken sollten so eingesetzt werden, daß sie den Text in geeigneter Weise ergänzen. Der Zwischenbericht von Bayer, der als „Aktionärsbrief" veröffentlicht wird, setzt hier Akzente. *(Beispiel 11-3)*

SCHWARZ
PHARMA

WORLDWIDE SALES
DM 311.6 million (+ 6.0%)

NET INCOME
DM 33.8 million (+ 12.7 %)

GROSS CASH FLOW
DM 58.6 million (+ 23.6 %)

FORECAST 1998
Sales + 5 – 7 %
DVFA result per share 6.30 DM

1st Quarter Report
1998

Beispiel 11-2: Schwarz Pharma AG, 1st Quarter Report 1998, Deckblatt

– weitere Ergebnissteigerung

Bayer-Konzern
Umsatz nach Regionen (Sitz der Gesellschaften) und Arbeitsgebieten

1. Halbjahr	1996 Mio DM	1995 Mio DM	Veränderung in % (in DM)	Veränderung in % (in Landeswährungen)
Regionen				
Europa	14.548	14.121	+ 3,0	+ 1,8
Nordamerika	6.086	5.055	+ 20,4	+ 15,7
Lateinamerika	1.322	1.146	+ 15,4	+ 11,0
Asien/Afrika/Australien	2.841	2.862	– 0,7	+ 5,6
Gesamt	**24.797**	**23.184**	**+ 7,0**	**+ 5,8**
Arbeitsgebiete				
Polymere	4.815	4.224	+ 14,0	+ 12,6
Organica	3.317	3.024	+ 9,7	+ 8,6
Industrieprodukte	4.180	4.207	– 0,6	– 1,4
Gesundheit	5.873	5.600	+ 4,9	+ 4,0
Landwirtschaft	2.903	2.776	+ 4,6	+ 3,6
Agfa-Gruppe	3.709	3.353	+ 10,6	+ 8,5
Gesamt	**24.797**	**23.184**	**+ 7,0**	**+ 5,8**

Ergebnis

Das Vorsteuerergebnis im Konzern wuchs im 1. Halbjahr um 322 Mio DM bzw. 13 Prozent auf 2,7 Mrd DM. Dahinter steht in erster Linie die weiter verbesserte Produktivität. Hinzu kommt der Ertrag aus dem Verkauf der Marken von Consumer Care. Die Bayer AG erwirtschaftete mit 1.450 Mio DM einen um 16 Prozent höheren Gewinn vor Ertragsteuern.

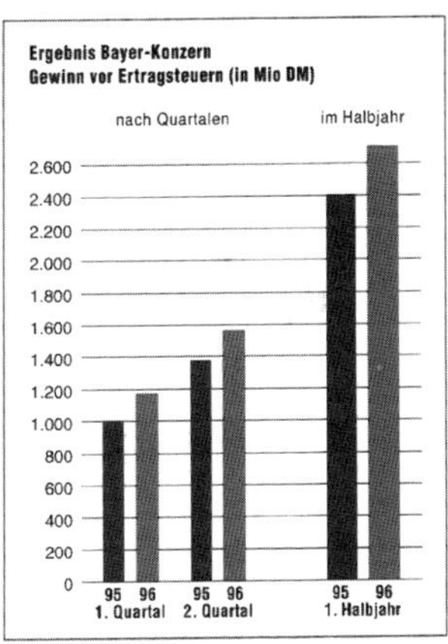

Investitionen/Akquisitionen

Im ersten Halbjahr wurden 1,6 Mrd DM in Sachanlagen investiert, davon 535 Mio DM in der Bayer AG. Für das gesamte Jahr beträgt das Investitionsbudget im Konzern 3,6 Mrd DM, davon in der Bayer AG 1,2 Mrd DM.

Für Akquisitionen haben wir in den ersten sechs Monaten 0,8 Mrd DM aufgewendet, davon 0,7 Mrd DM für den Erwerb des Druckplattengeschäfts.

Mitarbeiter

Die Zahl der Mitarbeiter im Konzern ging gegenüber dem Jahresende 1995 per saldo um 400 auf 142.500 zurück. Darin enthalten sind 2.110 Zugänge infolge der Akquisitionen. Durch Fluktuation und den Verkauf der Marken des Consumer Care-Bereichs hat sich die Mitarbeiterzahl um 2.510 verringert. Der Personalaufwand des Konzerns stieg auf 7,5 Mrd DM. Das sind 3,6 Prozent mehr als im Vorjahr.

In der Bayer AG ging die Belegschaft im 1. Halbjahr 1996 um 1.350 auf 48.197 Mitarbeiter zurück. Neben der Übernahme von 117 AG-Mitarbeitern durch die Firma Sara Lee haben hierzu die auslaufenden Vorruhestandsmaßnahmen beigetragen. Der Personalaufwand der Bayer AG erhöhte sich um 1,8 Prozent auf 3,1 Mrd DM.

Ausblick

Die Halbjahreszahlen entsprechen unseren Erwartungen. An unserer Zielsetzung für das Jahr 1996 halten wir fest: Wir rechnen weiterhin mit einem Umsatzanstieg von 6 Prozent sowie einem zehnprozentigen Zuwachs beim Gewinn vor Ertragsteuern. Dabei gehen wir von den derzeitigen Wechselkursen aus und setzen auf eine leichte Erholung insbesondere der europäischen Chemiemärkte.

3

Beispiel 11-3: Bayer AG, Zwischenbericht 1996, S. 3

Verzeichnis der Geschäftsberichte

adidas AG	1995
Allweiler AG	1995
Altana AG	1996
American Express Company	1995
Andreae-Noris Zahn AG	1994/95
Asea Brown Boveri AG	1995, 1996
Asko Deutsche Kaufhaus AG	1994/95
Audi AG	1996, 1997
Autobahn Tank & Rast AG	1997
Avenor Inc.	1996
Axel Springer Verlag AG	1996, 1997
Bank Austria-Gruppe	1995
Barmag AG	1995, 1996
BASF AG	1996
Bayer AG	1995, 1996, 1977
Bayerische Vereinsbank AG	1996
Berliner Elektro Holding AG	1995
Bertelsmann AG	1995/96
Bewag AG	1996
BHF-Bank AG	1996
Bilfinger + Berger AG	1996
BMW AG	1996
Bremer Woll-Kämmerei AG	1997
British-Borneo Petroleum Syndicate, P.L.C.	1995
Buderus AG	1994/95
Cadbury Schweppes	1995
Cairn Energy PLC	1995/96
Cathay Pacific Airways Limited	1996
Computer 2000 AG	1994/95
Dai-ichi Mutual Life Insurance Company	1995/1996
Daimler-Benz AG	1995, 1996, 1997
Deutsche Babcock AG	1994/95
Deutsche Bank AG	1995
Deutsche Telekom AG	1996
Deutz AG	1996
Die Alternative Versicherungs AG	1996
Direkt Anlage Bank AG	1997

Douglas Holding AG	1995, 1996
Dyckerhoff AG	1995, 1996
Enterprise Oil plc	1995
Felten & Guilleaume Energietechnik AG	1995
Flender ATB-Loher Antriebstechnik AG	1994/95
Friedrich Grohe AG	1996, 1997
Gerresheimer Glas AG	1995
G. M. Pfaff AG	1995
Guiness PLC	1995
Haltermann AG	1996
Hapag-Lloyd AG	1996
Harpen AG	1996
Heidelberger Zement AG	1996
Hein, Lehmann AG	1995
Henkel KGaA	1995, 1996
Hewlett-Packard Company	1996
Hoechst AG	1995, 1996
Hugo-Boss AG	1996
Iceland Group plc	1995
Intershop Communications	1997
IWKA AG	1996
Kammgarn-Spinnerei AG	1995
Kaufring AG	1996, 1997
Klamag AG	1996
Klöckner-Humboldt-Deutz AG	1995
Küppersbusch AG	1995
Kvaerner ASA	1997
Leffers AG	1996
Lehnkering Montan Transport AG	1994/95
Leonische Drahtwerke AG	1995
Ludwig Beck AG	1997
Mannesmann AG	1996
Marubeni Corporation	1996
Maschinenfabrik Esterer AG	1994/95
Merck KGaA	1995, 1996, 1997
Metallgesellschaft AG	1995/96
Metro AG	1996
Michael Weinig AG	1995
Patrizier-Bräu KGaA	1995
Pfleiderer AG	1994/95
Piper Generalvertretung Deutschland AG	1994/95

Pirelli Deutschland AG	1995
Preussag AG	1996
Rheinhold & Mahla AG	1995
Royal Bank of Canada	1996
RWE AG	1995/96, 1996/97
Salamander AG	1995
SAS	1997
Schering AG	1996
Schwarz Pharma AG	1990–1997
Sektkellerei Schloß Wachenheim AG i. V.	1994/95
Sedlbauer AG	1995
SGL Carbon AG	1996
Siemens AG	1996
SmithKline Beecham plc	1996
Spar Handels-AG	1996
Stöhr & Co. AG	1995
technotrans AG	1997
tecis Holding AG	1997
Telus Plc	1996
T&N	1995
The Coca Cola Company	1995, 1996
Thyssen Stahl AG	1995/96
Tiptel AG	1995
Traub AG	1994/95
Universitätsdruckerei H. Stürtz AG	1995
Veba AG	1996
Verseidag AG	1995
VEW AG	1995, 1996
VIAG AG	1996
Volkswagen AG	1995
Vossloh AG	1996
Weltmarken GmbH	1992/93
WMF AG	1996

Verzeichnis der Zwischenberichte

Bayer AG	1996
RWE AG	1996
Schwarz Pharma AG	1998

Verzeichnis der Farbtafeln

Titel

Vorstellung des Unternehmens

Vorwort

Bericht des Aufsichtsrates

Jahresabschluß

Schrift und Typographie

Fotos

Grafische Illustrationen

Schaubilder, Grafiken

Literaturverzeichnis

Achterholt, Gertrud, Corporate Identity, Wiesbaden 1988.

Adler, Hans/Düring, Walther/Schmaltz, Kurt, Rechnungslegung und Prüfung der Unternehmen, bearbeitet von Karl-Heinz Forster u. a., 6. Aufl., Stuttgart 1995 ff.

Ahadiat, Nasrollah, Some Thoughts on the Development of Geographic Segment Reporting in the United States, in: The International Journal of Accounting 1995, S. 139–148.

Amen, Matthias, Die Kapitalflußrechnung als Rechnung zur Finanzlage – Eine kritische Betrachtung der Stellungnahme HFA 1/1995: „Die Kapitalflußrechnung als Ergänzung des Jahres- und Konzernabschlusses" –, in: WPg 1995, S. 498–509.

Antonoff, Roman, CI Report 10, Das Jahrbuch für vorbildliche Corporate Identity und für identitätsorientierte Architekturstile, Darmstadt 1996.

Arbeitskreis „Externe Unternehmensrechnung" der Schmalenbach-Gesellschaft, Empfehlungen zur Vereinheitlichung von Kennzahlen in Geschäftsberichten, in: DB 1996, S. 1989–1994.

Armeloh, Karl-Heinz, Fragwürdige Visitenkarten, in: Die Mitbestimmung, Heft 5/1996, S. 59 f.

Armeloh, Karl-Heinz, Die Qualität der Berichterstattung im Anhang börsennotierter Kapitalgesellschaften, Düsseldorf 1997.

Arthur Andersen AG/Schweizerische Vereinigung für Finanzanalyse und Vermögensverwaltung, Information der Aktionäre. Rechnungslegung und Berichterstattung, Zürich 1991.

Baden, Kay/Wilhelm, Winfried, Tadel verpflichtet, in: manager magazin, Heft 10/1995, S. 160–174.

Baden, Kay/Wilhelm, Winfried, Reden ist Gold, in: manager magazin, Heft 10/1996, S. 158–183.

Baetge, Jörg (Hrsg.), Der Jahresabschluß im Widerstreit der Interessen. Eine Vortragsreihe, Düsseldorf 1983.

Baetge, Jörg, Grundsätze ordnungsmäßiger Buchführung, in: Handbuch der Rechnungslegung, Kommentar zur Bilanzierung und Prüfung, hrsg. von Karlheinz Küting und Claus-Peter Weber, Stuttgart 1986, S. 177–204.

Baetge, Jörg, Expertenmeinung zum Thema „Der Jahresabschluß", in: Telekolleg II. Lektion 1–7: Betriebliches Rechnungswesen, hrsg. von Otto Rosenberg und Wolfgang Weber, München 1989, S. 30–32.

Baetge, Jörg, Der beste Geschäftsbericht, in: Rechnungslegung und Prüfung 1992, hrsg. von Jörg Baetge, Düsseldorf 1992, S. 199–230.

Baetge, Jörg, Harmonisierung der Rechnungslegung – Haben die deutschen Rechnungslegungsvorschriften noch eine Chance?, in: Internationalisierung der Wirtschaft, hrsg. von der Schmalenbach-Gesellschaft – Deutsche Gesellschaft für Betriebswirtschaft e. V., Stuttgart 1992, S. 109–123.

Baetge, Jörg (Hrsg.), Die deutsche Rechnungslegung vor dem Hintergrund internationaler Entwicklungen. Vorträge und Diskussionen aus nationaler und internationaler Sicht zum 10. Münsterischen Tagesgespräch, Düsseldorf 1994.

Baetge, Jörg, Konzernbilanzen, 3. Aufl., Düsseldorf 1997.

Baetge, Jörg, Bilanzen, 4. Aufl., Düsseldorf 1996.

Baetge, Jörg, Gesellschafterorientierung als Voraussetzung für Kunden- und Marktorientierung, in: Marktorientierte Unternehmensführung, Festschrift zum 60. Geburtstag von Heribert Meffert, hrsg. von Manfred Bruhn und Hartwig Steffenhagen, Wiesbaden 1997, S. 103–117.

Baetge, Jörg/Armeloh, Karl-Heinz, Konzernanhang und Konzernlagebericht, in: Buchführung, Bilanz, Kostenrechnung 1997, Fach 18, S. 627–640.

Baetge, Jörg/Ballwieser, Wolfgang, Zum bilanzpolitischen Spielraum der Unternehmensleitung, in: BFuP 1977, S. 199–215.

Baetge, Jörg/Fischer, Thomas R., Externe Erfolgsanalyse auf der Grundlage des Umsatzkostenverfahrens, in: BFuP 1988, S. 1–21.

Baetge, Jörg/Jerschensky, Andreas, Beurteilung der wirtschaftlichen Lage von Unternehmen mit Hilfe von modernen Verfahren der Jahresabschlußanalyse – Bilanzbonitäts-Rating von Unternehmen mit Künstlichen Neuronalen Netzen –, in: DB 1996, S. 1581–1591.

Baetge, Jörg/Lammerskitten, Peter, Stichwort „Publizität und Finanzierung", in: Handwörterbuch der Finanzwirtschaft, hrsg. von Hans E. Büschgen, Stuttgart 1976, Sp. 1469–1486.

Baetge, Jörg/Schlösser, Julia, Zwischenberichterstattung in Theorie und Praxis, in: Die deutsche Aktie. Unternehmensfinanzierung und Vermögenspolitik vor neuen Herausforderungen, Festschrift zum vierzigjährigen Bestehen des Deutschen Aktieninstituts e. V., hrsg. von Ulrich Fritsch, Gerhard Liener und Reinhart Schmidt, Stuttgart 1993, S. 225–249.

Baetge, Jörg/Thiele, Stefan, Stichwort „Bilanzanalyse", in: Handwörterbuch des Bank- und Finanzwesens, hrsg. von Wolfgang Gehrke und Manfred Steiner, 2. Aufl., Stuttgart 1995, Sp. 251–262.

Baetge, Jörg/Armeloh, Karl-Heinz/Schulze, Dennis, Anforderungen an die Geschäftsberichterstattung aus betriebswirtschaftlicher und handelsrechtlicher Sicht, in: DStR 1997, S. 176–180.

Baetge, Jörg/Armeloh, Karl-Heinz/Schulze, Dennis, Empirische Befunde über die Qualität der Geschäftsberichterstattung börsennotierter deutscher Kapitalgesellschaften, in: DStR 1997, S. 212–219.

Baetge, Jörg/Fischer, Thomas R./Paskert, Dierk, Der Lagebericht. Aufstellung, Prüfung und Offenlegung, Stuttgart 1989.

Baetge, Jörg/Kruse, Ariane/Uthoff, Carsten, Bonitätsklassifikationen von Unternehmen mit Neuronalen Netzen, in: Wirtschaftsinformatik, Heft 34, 6/1996, S. 273–281.

Ballwieser, Wolfgang/Häger, Ralf, Jahresabschlüsse mittelgroßer Kapitalgesellschaften. Ausweis, Gestaltung, Berichterstattung. Ergebnisse einer Untersuchung von 150 mittelgroßen Kapitalgesellschaften, Düsseldorf 1991.

Barz, Carl Hans u. a. (Hrsg.), Das Frankfurter Publizitätsgespräch. Vorträge und Diskussionen anläßlich der gleichnamigen Tagung in Königstein/Ts. am 13. und 14. April 1962, Frankfurt am Main 1962.

Baumann, Karl-Hermann, Der Geschäftsbericht nach dem Bilanzrichtlinien-Gesetz, in: Rechnungslegung und Prüfung nach neuem Recht, hrsg. von Jörg Baetge, Düsseldorf 1987, S. 91–106.

Baumann, Karl-Hermann, Die Segment-Berichterstattung im Rahmen der externen Finanzpublizität, in: Bilanz- und Konzernrecht, Festschrift zum 65. Geburtstag von Reinhard Goerdeler, hrsg. von Hans Havermann, Düsseldorf 1987, S. 1–23.

Baumann, Karl-Hermann, Perspektiven der Unternehmenspublizität aus der Sicht eines internationalen Großunternehmens, in: Rechnungslegung und Prüfung – Perspektiven für die neunziger Jahre –, hrsg. von Jörg Baetge, Düsseldorf 1992, S. 61–72.

Beger, Rudolf/Gärtner, Hans D./Mathes, Rainer, Unternehmenskommunikation, Frankfurt am Main 1989.

Bernards, Oliver, Segmentberichterstattung in den Geschäftsberichten deutscher Unternehmen – theoretische und empirische Ergebnisse, in: DStR 1995, S. 1363–1368.

Biener, Herbert, Die Erwartungslücke – Eine endlose Geschichte, in: Internationale Wirtschaftsprüfung, Festschrift zum 65. Geburtstag von Hans Havermann, hrsg. von Josef Lanfermann, Düsseldorf 1995, S. 37–63.

Biener, Herbert/Berneke, Wilhelm, Bilanzrichtlinien-Gesetz. Textausgabe des Bilanzrichtlinien-Gesetzes vom 19.12.1985 (Bundesgesetzbl. I S. 2355) mit Bericht des Rechtsausschusses des Deutschen Bundestages, Regierungsentwürfe mit Begründung, EG-Richtlinien mit Begründung, Entstehung und Erläuterung des Gesetzes, Düsseldorf 1986.

Blohm, Hans, Der Geschäftsbericht als Mittel der Betriebspolitik, Baden-Baden 1962.

Boemle, Max, Die Publizität der Aktiengesellschaft, insbesondere aus der Sicht des Kapitalgebers und der Öffentlichkeit, in: Die Unternehmung 1965, S. 102–120.

Bötzel, Stefan, Diagnose von Konzernkrisen, Köln 1993.

Bridts, Christian, Zwischenberichtspublizität, Düsseldorf 1990.

Brotte, Jörg, US-amerikanische und deutsche Geschäftsberichte, Wiesbaden 1997.

Bruhn, Manfred/Dahlhoff, H. Dieter (Hrsg.), Effizientes Kommunikationsmanagement, Stuttgart 1993.

Bruns, Hans-Georg, Finanzpublizität nach Inkrafttreten des 2. Finanzmarktförderungsgesetzes – Zur praktischen Umsetzung bei Daimler-Benz, in: Insiderrecht und Ad-hoc-Publizität – Was bedeuten die neuen Regelungen für Unternehmenspublizität und Finanzanalyse?, hrsg. von Jörg Baetge, Düsseldorf 1995, S. 107–119.

Budde, Wolfgang Dieter/Förschle, Gerhart, Ausgewählte Fragen zum Inhalt des Anhangs, in: DB 1988, S. 1457–1465.

Budde, Wolfgang Dieter u. a. (Hrsg.), Beck´scher Bilanzkommentar, 3. Aufl., München 1995.

Bühner, Rolf, Shareholder Value. Eine Analyse von 50 großen Aktiengesellschaften in der Bundesrepublik Deutschland, in: Die Betriebswirtschaft 1993, S. 749–769.

Busse von Colbe, Walther, Aufbau und Informationsgehalt von Kapitalflußrechnungen, in: ZfB 1966, Ergänzungsheft 1, S. 82–114.

Busse von Colbe, Walther, Zur Anpassung der Rechnungslegung von Kapitalgesellschaften an internationale Normen, in: BFuP 1995, S. 373–391.

Busse von Colbe, Walther/Ordelheide, Dieter, Konzernabschlüsse, 6. Aufl., Wiesbaden 1993.

Busse von Colbe, Walther u. a. (Hrsg.), Ergebnis nach DVFA/SG. Gemeinsame Empfehlung der DVFA und der Schmalenbach-Gesellschaft zur Ermittlung eines von Sondereinflüssen bereinigten Jahresergebnisses je Aktie, 2. Aufl., Stuttgart 1996.

C&L Deutsche Revision AG (Hrsg.), Konzernabschlüsse ’95. Ausweis, Gestaltung, Berichterstattung. Ergebnisse einer Untersuchung von 100 großen Konzernen, Düsseldorf 1997.

Damm, Günther, Kommunikationsmedium Geschäftsbericht. Eine empirische Untersuchung über die Kommunikationsfunktion des Geschäftsberichtes deutscher Aktiengesellschaften, Frankfurt am Main/Bern/Cirencester (U. K.) 1980.

Diehl, Ulrike, Investor Relations, in: BFuP 1993, S. 173–183.

Döbel, Klaus, Leitfaden für die Erstellung des Anhangs von Kapitalgesellschaften, in: DB 1987, S. 512–519.

Dober, Willy, Die Publizität der Unternehmen, Zürich 1966.

Döllerer, Georg, Zweck der aktienrechtlichen Publizität, in: BB 1958, S. 1281–1284.

Drill, Michael, Investor Relations. Funktion, Instrumentarium und Management der Beziehungspflege zwischen schweizerischen Publikums-Aktiengesellschaften und ihren Investoren, Bern/Stuttgart/Wien 1995.

Dürr, Michael, Investor Relations. Handbuch für Finanzmarketing und Unternehmenskommunikation, München/Wien 1996.

Edition Stemmle, Corporate Identity Handbuch, Laren 1990.

Eisenführ, Franz, Anforderungen an den Informationsgehalt kaufmännischer Jahresabschlußrechnungen, Kiel 1967.

Epperlein, Joachim K./Scharpf, Paul, Anhangangaben im Zusammenhang mit sogenannten Finanzinnovationen, in: DB 1994, S. 1629–1636.

Farr, Wolf-Michael, Checkliste für die Prüfung des Anhangs im Rahmen der Jahresabschlußprüfung – unter Berücksichtigung der neuen größenabhängigen Erleichterungen des HGB –, in: WPg 1995, S. 232–239.

Farr, Wolf-Michael, Checkliste für die Prüfung des Konzernanhangs, Düsseldorf 1996.

Federmann, Rudolf, Bilanzierung nach Handelsrecht und Steuerrecht, 10. Aufl., Berlin 1994.

Fey, Gerd, Die Angabe bestehender Zweigniederlassungen nach Par. 289 Abs. 2 Nr. 4 HGB, in: DB 1994, S. 485–487.

Forster, Karl-Heinz, Anhang, Lagebericht, Prüfung und Publizität im Regierungsentwurf eines Bilanzrichtlinie-Gesetzes, in: DB 1982, S. 1577–1582 und S. 1631–1635.

Franke, Günter/Laux, Helmut, Der Wert betrieblicher Informationen für Aktionäre, in: Neue Betriebswirtschaft 1970, S. 1–8.

Gebhardt, Günther, Insolvenzprognosen aus aktienrechtlichen Jahresabschlüssen, Wiesbaden 1980.

Gebhardt, Günther, Berichterstattung deutscher Unternehmen über den Einsatz derivativer Finanzinstrumente, in: WPg 1995, S. 609–617.

Gelhausen, Wolf Dietrich, Aktuelle Entwicklungen der Konzernrechnungslegung, in: Rechnungslegung und Prüfung 1996, hrsg. von Jörg Baetge, Düsseldorf 1996, S. 71–98.

Gelhausen, Wolf Dietrich/Mujkanovic, Robin, Auswertung zur Währungsumrechnung im Konzernabschluß, in: DStR 1995, S. 1724–1730.

Glade, Anton, Praxishandbuch der Rechnungslegung und Prüfung. Systematische Darstellung und Kommentar zum Bilanzrecht, 2. Aufl., Herne/Berlin 1995.

Goebel, Andrea/Ley, Thomas, Die Auswirkungen der Investor Relations auf die Gestaltung des handelsrechtlichen Jahresabschlusses, in: DStR 1993, S. 1679–1684.

Goerdeler, Reinhard, Geschäftsbericht, Konzerngeschäftsbericht und „Abhängigkeitsbericht" aus der Sicht des Wirtschaftsprüfers, in: WPg 1966, S. 113–126.

Görges, Thomas/Schulte, Jörn, Publizitätspolitik börsennotierter Teilkonzerne – Eine empirische Untersuchung –, in: WPg 1994, S. 561–574.

Graf Lambsdorff, Otto, Eine gute Publizität ist der beste Anlegerschutz, in: Das Wertpapier 1988, S. 710–712.

Greber, Emil, Public Relations. Die Politik der Unternehmung zur Pflege der öffentlichen Meinung, Bern 1952.

Griffin, Paul A., Usefulness to Investors and Creditors of Information Provided by Financial Reporting, 2. Aufl., Stamford 1987.

Grund, Matthias, Internationale Entwicklung und Bilanzrecht – Reform oder Resignation?, in: DB 1996, S. 1293–1296.

Gschrei, Michael Jean, Die Berichterstattung über den Anteilsbesitz im Jahresabschluß. Theoretische Überlegungen zu § 285 Nr. 11 HGB, in: BB 1990, S. 1587–1590.

Günther, Thomas/Otterbein, Simone, Die Gestaltung der Investor Relations am Beispiel führender deutscher Aktiengesellschaften, in: ZfB 1996, S. 389–417.

Haase, Heidrun, Das Ergebnis je Aktie nach DVFA, in: Aktienanalyse und neues Bilanzrecht. Dokumentation des Symposiums an der European Business School vom 26. Februar 1988, hrsg. von Karl-Werner Schulte, 2. Aufl., Bergisch Gladbach/Köln 1989, S. 76–89.

Haase, Klaus Dittmar, Stichwort „Segmentpublizität, Prüfung der", in: Handwörterbuch der Revision, hrsg. von Adolf Gerhard Coenenberg und Klaus von Wysocki, 2. Aufl., Stuttgart 1992, Sp. 1758–1763.

Haeger, Bernd, Angabe der Ergebnisbeeinflussung durch steuerrechtliche Sachverhalte nach § 285 Nr. 5 HGB, in: WPg 1989, S. 441–454.

Haeger, Bernd, Angabe der künftigen Belastungen durch steuerrechtliche Sachverhalte nach § 285 Nr. 5 HGB, in: WPg 1989, S. 608–617.

Haeger, Bernd, Zur Berichterstattung über unterlassene Zuschreibungen i. S. d. § 280 Abs. 2 HGB, in: BB 1989, S. 386–393.

Häger, Ralf, Das Publizitätsverhalten mittelgroßer Kapitalgesellschaften, Frankfurt am Main u. a. 1993.

Haller, Axel/Jakoby, Stephan, Verbreitung und Entwicklungsstand der Finanzierungsrechnung in Deutschland – Eine empirische Analyse, in: DB 1994, S. 641–649.

Haller, Axel/Park, Peter, Grundsätze ordnungsmäßiger Segmentberichterstattung, in: ZfbF 1994, S. 499–524.

Hansen, Herbert, Der deutsche Aktienmarkt. Entwicklungen, Veränderungen, Strukturen, in: Die AG, Sonderheft Oktober 1996.

Hartmann, Hanno K., Die große Publikumsgesellschaft und ihre Investor Relations, Berlin 1968.

Havermann, Hans, Zur Publizitätsfreudigkeit deutscher Aktiengesellschaften, in: WPg 1963, S. 193–202, 226–237 und S. 263–269.

Havermann, Hans, Der Aussagewert des Jahresabschlusses, in: WPg 1988, S. 612–617.

HFA des IDW, Stellungnahme 5/1988: Vergleichszahlen im Jahresabschluß und im Konzernabschluß sowie ihre Prüfung, in: WPg 1989, S. 42.

HFA des IDW, Stellungnahme 1/1995: Die Kapitalflußrechnung als Ergänzung des Jahres- und Konzernabschlusses, in: WPg 1995, S. 210–213.

HFA des IDW, Stellungnahme 3/1995: Konzernrechnungslegung bei Änderungen des Konsolidierungskreises, in: WPg 1995, S. 697 f.

HFA des IDW, Entwurf einer Verlautbarung: Zum Grundsatz der Bewertungsstetigkeit, in: WPg 1996, S. 531–533.

HFA des IDW, Entwurf einer Verlautbarung: Zur Aufstellung des Lageberichts, in: IDW-Fachnachrichten 1997, S. 213–230.

Holdhof, Glenny, Das Bilanzierungsverhalten mittelständischer Unternehmen. Eine empirische Untersuchung, Stuttgart 1988.

Hübner, Norbert, Die Publizität des Finanzvermögens im Jahresabschluß, Wiesbaden 1996.

Hueck, Götz, Gesellschaftsrecht, 19. Aufl., München 1991.

Hüffer, Uwe, Kommentar zum Aktiengesetz, 2. Aufl., München 1995.

Hundhausen, Carl, Public Relations, in: ZfB 1938, S. 48–61.

Hundhausen, Carl, Industrielle Publizität als Public Relations, Essen 1957.

Iber, Bernhard, Zur Entwicklung der Aktionärsstruktur in der Bundesrepublik Deutschland (1963–1983), in: ZfB 1985, S. 1101–1119.

IDW (Hrsg.), Wirtschaftsprüfer-Handbuch 1996, Band I, 11. Aufl., Düsseldorf 1996.

Institut der deutschen Wirtschaft Köln (Hrsg.), Zahlen zur wirtschaftlichen Entwicklung der Bundesrepublik Deutschland. Ausgabe 1996, Köln 1996.

Janz, Reinhard/Schülen, Werner, Der Anhang als Teil des Jahresabschlusses und des Konzernabschlusses, in: WPg 1986, S. 57–65.

Käfer, Karl, Kapitalflußrechnungen, 2. Aufl., Stuttgart 1984.

Kaldenbach, Walter, Der Anhang im Jahresabschluß, 2. Aufl., Bonn 1989.

Kalinski, Rüdiger, Die Rechnungslegung zur Finanzlage der Unternehmung, Kiel 1986.

Kaufhold, Karl, Der Geschäftsbericht – mehr als eine Visitenkarte des Unternehmens, in: Finanzierung – Leasing – Factoring 1986, S. 158–160.

Kellenberger, Ruedi, Die bedürfnisorientierte externe Berichterstattung, Zürich 1981.

Keller, Rudi, Im Namen des Aktionärs, in: manager magazin, Heft 10/1996, S. 163.

Kirsch, Hans-Jürgen, Die „Anwendung" von International Accounting Standards in Konzernabschlüssen deutscher Mutterunternehmen, in: DB 1995, S. 1773–1778.

Klein, Werner/Sahner, Friedhelm, Berichtspflichtiger Anteilsbesitz im Anhang nach § 285 Nr. 11 HGB, in: ZfB-Ergänzungsheft 1/1987, S. 235–250.

Körner, M., Corporate Identity und Unternehmenskultur: ganzheitliche Strategie der Unternehmensführung, Stuttgart 1990.

Kortmann, Hans-W., Die Berichterstattung über die sonstigen finanziellen Verpflichtungen i. S. von § 285 Nr. 3 HGB in den Jahres- bzw. Konzernabschlüssen von Kapitalgesellschaften, Hamburg 1989.

Köster, Harald, Grundsätze ordnungsmäßiger Zwischenberichterstattung börsennotierter Aktiengesellschaften, Düsseldorf 1992.

Krawitz, Norbert, Der Lagebericht und seine Prüfung, in: Rechnungslegung, Finanzen, Steuern und Prüfung in den neunziger Jahren, hrsg. von Jörg Baetge, Düsseldorf 1990, S. 1–30.

Krawitz, Norbert, Die Abgrenzung des Konsolidierungskreises – Gesetzliche Regelungen, empirische Befunde und theoretische Schlußfolgerungen –, in: WPg 1996, S. 342–357.

Kronstein, Heinrich/Claussen, Carsten Peter, Publizität und Gewinnverteilung im neuen Aktienrecht, Frankfurt am Main 1960.

Kropff, Bruno, Der Lagebericht nach geltendem und zukünftigem Recht, in: BFuP 1980, S. 514–532.

Krüger, Ralf, Der Jahresabschluß aus der Sicht des Aufsichtsrates, in: Der Jahresabschluß im Widerstreit der Interessen, hrsg. von Jörg Baetge, Düsseldorf 1983, S. 269–296.

Krumbholz, Marcus, Die Qualität publizierter Lageberichte, Düsseldorf 1994.

Krystek, Ulrich/Müller, Michael, Investor Relations – Eine neue Disziplin nicht nur für das Finanzmanagement, in: DB 1993, S. 1785–1789.

Küffner, Peter, Der Anhang zum Jahresabschluß – Informationspflichten nach §§ 284 ff. HGB –, München 1988.

Kupsch, Peter, Der Anhang, in: Handbuch des Jahresabschlusses in Einzeldarstellungen, hrsg. von Klaus von Wysocki und Joachim Schulze-Osterloh, Köln 1988, Abt. IV/4.

Küting, Karlheinz, Gute Bilanzen sind in Wahrheit noch viel besser. Eine Analyse von 182 Konzernabschlüssen nach dem Saarbrücker Modell, in: Blick durch die Wirtschaft, Nr. 230 vom 29.11.1994, S. 7 und Nr. 231 vom 30.11.1994, S. 7.

Küting, Karlheinz, Undurchsichtige Bilanzen. Erläuterungspflichten bei Bewertungs- und Darstellungswechseln werden ignoriert, in: Blick durch die Wirtschaft, Nr. 211 vom 01.11.1995, S. 7.

Küting, Karlheinz/Hayn, Sven, Übergang auf die internationalisierte Konzernrechnungslegung. Technik und wesentliche Auswirkungen, in: WPK-Mitteilungen 1996, S. 250–263.

Küting, Karlheinz/Pfuhl, Joerg M., Die zahlungsstromorientierte Konzernkapitalflußrechnung – Auswirkungen der internationalen Entwicklung auf Kapitalflußrechnung und Bewegungsbilanz, in: DStR 1994, S. 1507–1511.

Küting, Karlheinz/Weber, Claus-Peter, Handbuch der Konzernrechnungslegung, Stuttgart 1989.

Küting, Karlheinz/Weber, Claus-Peter, Die Bilanzanalyse, 3. Aufl., Stuttgart 1997.

Küting, Karlheinz/Weber, Claus-Peter, Handbuch der Rechnungslegung, Kommentar zur Bilanzierung und Prüfung, Band Ia, 4. Aufl., Stuttgart 1995.

Küting, Karlheinz/Haeger, Bernd/Zündorf, Horst, Die Erstellung des Anlagengitters nach künftigem Bilanzrecht. Unter besonderer Berücksichtigung der neu geregelten Erfassung der Zuschreibungen, in: BB 1985, S. 1948–1957.

Küting, Karlheinz/Hütten, Christoph/Lorson, Peter C., Shareholder-Value: Grundüberlegungen zu Benchmarks der Kommunikationsstrategie in der externen Berichterstattung, in: DStR 1995, S. 1805–1809 und S. 1846–1851.

Lange, Christoph, Jahresabschlußinformationen und Unternehmensbeurteilung, Stuttgart 1989.

Lange, Christoph, Zur Publizitätspflicht „zusätzlicher Angaben" im Anhang – Zusatzinformationsinstrumente auf Basis der Generalnorm des handelsrechtlichen Jahresabschlusses –, in: WPg 1991, S. 369–376.

Lauk, Kurt J., Steuerung des Unternehmens nach Kapitalrentabilität und Cash-flows, in: Globale Finanzmärkte, hrsg. von der Schmalenbach-Gesellschaft – Deutsche Gesellschaft für Betriebswirtschaft e. V., Stuttgart 1996, S. 163–179.

Leffson, Ulrich, Bilanzanalyse, 3. Aufl., Stuttgart 1984.

Leffson, Ulrich, Die Grundsätze ordnungsmäßiger Buchführung, 7. Aufl., Düsseldorf 1987.

Leffson, Ulrich, Wirtschaftsprüfung, 4. Aufl., Wiesbaden 1988.

Leu, Olaf, Der Geschäftsbericht: Über schöne und unschöne Geschäftsberichte, unveröffentlichter Vortrag, gehalten anläßlich einer EUROFORUM-Konferenz am 9. November 1993 in Berlin, S. 11–17.

Leu, Olaf/Hofrichter, Fritz, Der Geschäftsbericht – Das designte Wesen, in: Wörkshop: alles, was Erfolg bringt, Heft 5/1990, S. 3–5.

Liener, Gerhard, Investor Relations in einem globalen Kapitalmarkt, in: Die deutsche Aktie. Unternehmensfinanzierung und Vermögenspolitik vor neuen Herausforderungen, Festschrift zum vierzigjährigen Bestehen des Deutschen Aktieninstituts e. V., hrsg. von Ulrich Fritsch, Gerhard Liener und Reinhart Schmidt, Stuttgart 1993, S. 325–339.

Link, Rainer, Aktienmarketing in deutschen Publikumsgesellschaften, Wiesbaden 1991.

Link, Rainer, Investor Relations im Rahmen des Aktienmarketing von Publikumsgesellschaften, in: BFuP 1993, S. 105–132.

Loehr, Helmut, Wie Bayer sich um die Anleger bemüht. Die Investor-Relations des Leverkusener Chemie-Konzerns, in: Das Wertpapier 1990, Heft 17, S. 46–48.

Lück, Wolfgang, Der Anhang als dritter Bestandteil des Jahresabschlusses von Kapitalgesellschaften, in: Steuerberater-Handbuch 1992, hrsg. vom Deutschen Steuerberaterinstitut e. V., Bonn 1992, S. 458–491.

Macharzina, Klaus, Informationspolitik, Unternehmenskommunikation als Instrument erfolgreicher Führung, Wiesbaden 1990.

Mansch, Helmut/Stolberg, Klaus/Wysocki, Klaus von, Die Kapitalflußrechnung als Ergänzung des Jahres- und Konzernabschlusses – Anmerkungen zur gemeinsamen Stellungnahme HFA 1/1995 des Hauptfachausschusses und der Schmalenbach-Gesellschaft, in: WPg 1995, S. 185–203.

Meyer, Claus, Geschäftsbericht, 2. Aufl., Stuttgart 1996.

Moxter, Adolf, Der Einfluß von Publizitätsvorschriften auf das unternehmerische Verhalten, Köln/Opladen 1962.

Müller, Kaspar, Earnings per Share, Shareholder Value und Segmentberichterstattung, in: Der Schweizer Treuhänder 1994, S. 445–451.

Müller-Bader, Peter, Publizität und neue Medien, Wird der Jahresabschluß zu einem neuen Informationsinstrument?, in BFuP 1989, S. 231–244.

Niehus, Rudolf J., Der Anhang in nationaler und internationaler Betrachtung, in: Handelsbilanz und Steuerbilanz, Beiträge zum neuen Bilanzrecht, Band 2, hrsg. von Winfried Mellwig, Adolf Moxter und Dieter Ordelheide, Wiesbaden 1989, S. 181–216.

Niehus, Rudolf J., Die neue „Internationalität" deutscher Konzernabschlüsse, in: DB 1995, S. 1341–1345.

Niehus, Rudolf J./Scholz, Willi, Ausübung von Konsolidierungswahlrechten und Berichterstattung im Anhang der Konzern-GmbH, in: GmbH-Rundschau 1984, S. 217–226.

Ordelheide, Dieter, Brauchen wir für die Unternehmensüberwachung mehr Publizität?, in: Corporate Governance. Unternehmensüberwachung auf dem Prüfstand, hrsg. von Arnold Picot im Auftrag der Schmalenbach-Gesellschaft – Deutsche Gesellschaft für Betriebswirtschaft e. V., Stuttgart 1995, S. 89–109.

Ossadnik, Wolfgang, Die Darstellung der Finanzlage im Jahresabschluß der Kapitalgesellschaft, in: BB 1990, S. 813–818.

Paskert, Dierk, Informations- und Prüfungspflichten bei Wertpapieremissionen, Düsseldorf 1991.

Paul, Walter, Kontinuität und Glaubwürdigkeit sind die obersten Gebote, in: Blick durch die Wirtschaft, Nr. 173 vom 07.09.1990, S. 7.

Paul, Walter, Investor Relations Management – demonstriert am Beispiel der BASF, in: ZfbF 1991, S. 923–945.

Paul, Walter, Umfang und Bedeutung der Investor Relations, in: BFuP 1993, S. 133–162.

Pellens, Bernhard, Der Informationswert von Konzernabschlüssen, Wiesbaden 1989.

Pellens, Bernhard, Internationale Rechnungslegung, Stuttgart 1997.

Perridon, Louis/Steiner, Manfred, Finanzwirtschaft der Unternehmung, 9. Aufl., München 1997.

Peter Prowse Associates, The Company Report. Report, 6. Aufl., London 1996/97.

Pfeffer, Andreas, Publizitätspflichten für derivative Finanzinstrumente nach US-GAAP, in: WPg 1995, S. 411–415.

Pflaum, Dieter/Pieper, Wolfgang, Lexikon der Public Relations, Landsberg/Lech 1989.

Rappaport, Alfred, Creating Shareholder Value. The New Standard for Business Performance, New York 1986.

Rappaport, Alfred, Shareholder Value, Stuttgart 1995.

Reige, Jürgen, Publizitätspraxis und Nutzung ausgewählter handelsrechtlicher Wahlrechte. Zur Rechnungslegung von Großunternehmen (ohne Handel, Banken und Versicherungen), in: BB 1989, S. 1648–1655.

Reige, Jürgen, Zur Nutzung ausgewählter handelsrechtlicher Wahlrechte. Ergebnisse einer Bundesanzeiger-Stichprobe, in: BB 1990, S. 664–667.

Riedwyl, Hans, Graphische Gestaltung von Zahlenmaterial, 3. Aufl., Stuttgart 1987.

Risse, Axel, Segmentberichterstattung: Neue Entwicklungen beim IASC und mögliche Auswirkungen auf Deutschland, in: DB 1995, S. 737–742.

Risse, Axel, International Accounting Standards Committee: Standardentwurf zur Segmentberichterstattung, in: DB 1996, S. 747 f.

Russ, Wolfgang, Der Anhang als dritter Teil des Jahresabschlusses, 2. Aufl., Bergisch Gladbach/Köln 1986.

Scheibe-Lange, Ingrid, Die Informationsanforderungen der Gewerkschaften an die Rechnungslegung, in: Der Jahresabschluß im Widerstreit der Interessen, hrsg. von Jörg Baetge, Düsseldorf 1983, S. 47–67.

Schildbach, Thomas, Der handelsrechtliche Konzernabschluß, 4. Aufl., München/Wien 1996.

Schmidt, Karsten, Handelsrecht, 4. Aufl., Köln u. a. 1994.

Schnapauff, J. Andreas, Fragebogen zur Prüfung des Anhangs nach § 264 Abs. 1 S. 1 HGB, in: WPg 1986, S. 555–566.

Schneider, Manfred/Menn, Bernd-Joachim, Dynamische Informationspolitik im Spannungsfeld nationaler und internationaler Rechnungslegungsnormen – Dargestellt am Beispiel der Segmentpublizität des Bayer-Konzerns –, in: Finanz- und Rechnungswesen als Führungsinstrument, Festschrift zum 65. Geburtstag von Herbert Vormbaum, hrsg. von Dieter Ahlert, Wiesbaden 1990, S. 269–292.

Schöne, Wolf-Dieter, Anhang und Lagebericht nach dem BiRiLiG. Gliederung – Inhalt – Mustertexte, Bielefeld 1988.

Schreib, Hans Peter, Investor Relations aus Sicht der Anleger, in: BFuP 1993, S. 163–172.

Schulte, Karl-Werner, Aktienrechtliche Rechnungslegung im Spiegel der Geschäftsberichte, Würzburg/Wien 1984.

Schulte, Karl-Werner, Bilanzpolitik und Publizitätsverhalten deutscher Aktiengesellschaften, Bergisch Gladbach/Köln 1986.

Schulte, Karl-Werner, Inhalt und Gliederung des Anhangs. Zugleich ein Gegenvorschlag zu Selchert/Karsten, in: BB 1986, S. 1468–1480.

Schulte, Karl-Werner/Müller, Stefan, Berichterstattung über die Finanzlage in den Geschäftsberichten deutscher Aktiengesellschaften – eine empirische Untersuchung, in: Die AG 1994, S. 540–559.

Schwarz, Rainer, Die Börseneinführungspublizität neuemittierender Unternehmen, Frankfurt am Main u. a. 1988.

Seeberg, Thomas, Steigerung der Aussagekraft von Jahresabschlüssen durch erweiterte Berichterstattung, in: Aktuelle Entwicklungen in Rechnungslegung und Wirtschaftsprüfung – Reformbedarf, Perspektiven, Internationale Einflüsse, hrsg. von Jörg Baetge, Düsseldorf 1997, Veröffentlichung in Vorbereitung.

Selchert, Friedrich Wilhelm, Die Aufgliederung der Umsatzerlöse gemäß § 285 Nr. 4 HGB, in: DB 1986, S. 560–565.

Selchert, Friedrich Wilhelm, Der Anhang als Instrument der Informationspolitik, Stuttgart 1987.

Selchert, Friedrich Wilhelm, Die sonstigen finanziellen Verpflichtungen – Angabe nach § 285 Nr. 3 HGB im Anhang mittelgroßer und großer Kapitalgesellschaften –, in: DB 1987, S. 545–549.

Selchert, Friedrich Wilhelm, Jahresabschlußprüfung der Kapitalgesellschaften, 2. Aufl., Wiesbaden 1996.

Selchert, Friedrich Wilhelm/Karsten, Jürgen, Inhalt und Gliederung des Anhangs, in: BB 1985, S. 1889–1894.

Semler, Johannes, Unternehmensüberwachung durch den Kapitalmarkt, in: Corporate Governance. Unternehmensüberwachung auf dem Prüfstand, hrsg. von Arnold Picot im Auftrag der Schmalenbach-Gesellschaft – Deutsche Gesellschaft für Betriebswirtschaft e. V., Stuttgart 1995, S. 29–87.

Sieben, Günter, Offene Fragen bei der Erstellung und Prüfung des Lageberichts, in: Bilanz- und Konzernrecht, Festschrift zum 65. Geburtstag von Reinhard Goerdeler, hrsg. von Hans Havermann, Düsseldorf 1987, S. 581–600.

Sorg, Peter, Prognosebericht und Publizitätspraxis der AG, in: BB 1994, S. 1962–1968.

Stahn, Frank, Zum praktischen Entwicklungsstand der Konzern-Kapitalflußrechnung in Deutschland – Eine empirische Untersuchung vor dem Hintergrund der Stellungnahme HFA 1/1995 und dem betriebswirtschaftlichen Forschungsstand zur Konzern-Kapitalflußrechnung –, in: WPg 1996, S. 649–657.

Stankowski, Anton/Duschek, Karl, Visuelle Kommunikation, 2. Aufl., Berlin 1994.

Stobbe, Thomas, Der Lagebericht, in: BB 1988, S. 303–311.

Streim, Hannes, Zum Stellenwert des Lageberichts im System der handelsrechtlichen Rechnungslegung, in: Unternehmenstheorie und Besteuerung, Festschrift zum 60. Geburtstag von Dieter Schneider, hrsg. von Rainer Elschen, Theodor Siegel und Franz W. Wagner, Wiesbaden 1995, S. 703–721.

Süchting, Joachim, Zum Finanzmarketing der Unternehmung, in: Führungsprobleme industrieller Unternehmungen, Festschrift zum 60. Geburtstag von Friedrich Thomée, hrsg. von Dietger Hahn, Berlin/New York 1980, S. 217–233.

Süchting, Joachim, Finanzmarketing auf den Aktienmärkten, in: Zeitschrift für das gesamte Kreditwesen 1986, S. 654–659.

Süchting, Joachim, Finanzmanagement. Theorie und Politik der Unternehmensfinanzierung, 6. Aufl., Wiesbaden 1995 (Finanzmanagement).

Titzrath, Alfons, Die Bedeutung des Going Public. Ein Erfahrungsbericht aus der Sicht einer Bank, in: ZfB 1995, S. 133–155.

Treiber, Klaus, Die Zwischenberichterstattung von börsennotierten Aktiengesellschaften, in: WPg 1991, S. 600–605.

Treuarbeit (Hrsg.), Jahres- und Konzernabschlüsse '88. Ausweis, Gestaltung, Berichterstattung. Ergebnisse einer Untersuchung von 100 großen Kapitalgesellschaften und Konzernen, Düsseldorf 1989.

Veit, Klaus-Rüdiger/Bernards, Oliver, Anforderungen an die Segmentberichterstattung im internationalen Vergleich, in: WPg 1995, S. 493–498.

Veit, Klaus-Rüdiger, Funktion und Aufbau des Berichts zu Zweigniederlassungen, in: BB 1997, S. 461 f.

Verlag Hoppenstedt GmbH (Hrsg.), Handbuch der Großunternehmen 1996, Darmstadt u. a. 1996.

Volk, Gerrit, Jahresabschluß und Information. Zur formalen Struktur des Jahresabschlusses einer Kapitalgesellschaft, Heidelberg 1990.

Volkart, Rudolf, Shareholder Value Management, in: Der Schweizer Treuhänder 1995, S. 1064–1068.

Wache, Thies/Brammer, Dirk, Corporate Identity als ganzheitliche Strategie, Wiesbaden 1993.

Wagner, Wolfgang, Shareholder Value als Managementinstrument und Aspekte des Konzeptes für die Unternehmensbewertung, in: Rechnungslegung und Prüfung 1996, hrsg. von Jörg Baetge, Düsseldorf 1996, S. 309–354.

Wehrheim, Michael, Angaben zum Anteilsbesitz im Einzel- bzw. Konzernanhang, in: BB 1995, S. 454–456.

Weidemann, Kurt, Wortarmut, Im Wettlauf mit der Nachdenklichkeit, 2. Aufl., Stuttgart 1995.

Weiland, Heiner, Anmerkungen zur Qualität der Jahresabschlüsse deutscher Unternehmen unter Berücksichtigung der Kritik von Rating-Agenturen, in: Die Information über Steuer und Wirtschaft 1995, S. 661–665.

Wenzler, Christian, Die Komponenten des Geschäftsberichts, Frankfurt am Main 1994.

Wolff, Rudolf, Deutsche Aktiengesellschaften 96/97. Kennzahlen und Charts, München 1997.

Wysocki, Klaus von, Angleichung von Kapitalflußrechnungen an internationale Standards. Bemerkungen zur Stellungnahme HFA 1/1995, in: ZfbF 1995, S. 466–475.

Wysocki, Klaus von, Zur Abgrenzung und Offenlegung des Finanzmittelfonds in der Kapitalflußrechnung nach internationalen Grundsätzen und nach der Stellungnahme HFA 1/1995, in: Internationale Wirtschaftsprüfung, Festschrift zum 65. Geburtstag von Hans Havermann, hrsg. von Josef Lanfermann, Düsseldorf 1995, S. 813–828.

Wysocki, Klaus von/Wohlgemuth, Michael, Konzernrechnungslegung, 4. Aufl., Düsseldorf 1996.

Zelazny, Gene, Wie aus Zahlen Bilder werden, 4. Aufl., Wiesbaden 1996.

Kurzbiographien der Autoren

Prof. Dr. Dr. h.c. Jörg Baetge

Jahrgang 1937; Studium der Betriebswirtschaftslehre an der Johann-Wolfgang-Goethe-Universität Frankfurt/Main; 1968 Promotion an der Westfälischen Wilhelms-Universität Münster; 1972 Habilitation an der Westfälischen Wilhelms-Universität Münster; von 1972 bis 1977 ordentlicher Professor am Seminar für Treuhandwesen der Johann-Wolfgang-Goethe-Universität Frankfurt/Main; von 1977 bis 1979 ordentlicher Professor am Institut für Betriebswirtschaftslehre der Universität Wien; seit 1980 Direktor des Instituts für Revisionswesen der Westfälischen Wilhelms-Universität Münster und Honorarprofessor der Universität Wien; 1995/96 stellvertretender Vorsitzender des Verbands der Hochschullehrer für Betriebswirtschaft e.V.; seit 1996 Mitglied der Nordrhein-Westfälischen Akademie der Wissenschaften; 1997 Verleihung der Ehrendoktorwürde der European Business School, Oestrich-Winkel; seit vielen Jahren Mitglied der Jury zum Wettbewerb „Der beste Geschäftsbericht“ des manager magazin; Verfasser und Herausgeber zahlreicher Schriften zu den Themen „Publizität“, „Geschäftsberichterstattung“ und „Früherkennung von Unternehmenskrisen“ bzw. „Bilanzbonitätsbeurteilung“.

Klaus Rainer Kirchhoff

Jahrgang 1956; 1983 bis 1987 Wissenschaftlicher Mitarbeiter am Institut für Intergrationsforschung der Stiftung Europa-Kolleg, Hamburg; 1987 bis 1990 Assistent des Vorstandsvorsitzenden in einem Industriekonzern; 1990 bis 1993 Hauptgesellschafter einer Agentur für die Erstellung von Geschäftsberichten; Vorstandsvorsitzender der KIRCHHOFF *Consult* AG, Hamburg/Wien; Mitglied der Jury zum Wettbewerb „Der beste Geschäftsbericht“ des manager magazin; zu den Kunden seiner auf Finanzkommunikation spezialisierten Gesellschaft gehören namhafte Großunternehmen – wie z. B. Audi, Bayer und RWE – sowie mittelständische Unternehmen – wie Altana, Friedrich Grohe und Schwarz Pharma; Veranstalter von zahlreichen Seminaren zu den Themen Geschäftsbericht, Investor Relations und Going Public in Deutschland und Österreich.

Dr. Karl-Heinz Armeloh

Jahrgang 1965; 1988 bis 1993 Studium der Betriebswirtschaftslehre an der Westfälischen Wilhelms-Universität Münster und an der Universidade Católica Portuguesa in Lissabon; 1993 bis 1997 Wissenschaftlicher Mitarbeiter von Prof. Dr. Dr. h.c. Jörg Baetge am Institut für Revisionswesen der Westfälischen Wilhelms-Universität Münster; 1994 und 1995 verantwortlich für die Organisation des Wettbewerbs „Der beste Geschäftsbericht"; 1997 Promotion mit einer Dissertation zum Thema „Anhangberichterstattung"; Verfasser mehrerer Aufsätze zum Thema „Geschäftsberichterstattung".

Dipl.-Kffr. Anke Döbler

Jahrgang 1966; Banklehre beim Bankhaus Joh. Berenberg, Gossler & Co.; Studium der Betriebswirtschaftslehre an der Universität Hamburg: Finanzanalystin bei der Berenbergbank; seit Dezember 1995 bei der KIRCHHOFF *Consult* AG tätig als Beraterin.

Dipl.-Wirt. Inform. Andreas Jerschensky

Jahrgang 1967; 1990 bis 1994 Studium der Wirtschaftsinformatik an der Westfälischen Wilhelms-Universität Münster; seit 1994 Wissenschaftlicher Mitarbeiter von Prof. Dr. Dr. h.c. Jörg Baetge am Institut für Revisionswesen der Westfälischen Wilhelms-Universität Münster; Verfasser mehrerer Aufsätze zum Thema „Bilanzbonitätsbeurteilung von Unternehmen".

Dipl.-Kffr. Sonja Klein

Jahrgang 1966; Studium der Betriebswirtschaftslehre an der Universität zu Kiel; freie Mitarbeiterin verschiedener Wirtschaftszeitungen; seit August 1996 bei der KIRCHHOFF *Consult* AG als Beraterin tätig.

Beate Krenz, Betriebswirtin (WAH)

Jahrgang 1968; „Hamburger Modell" an der Wirtschaftsakademie Hamburg/ Kühne & Nagel AG & Co. Export und Kundenberatung bei Kühne & Nagel, Luxemburg; seit November 1993 bei der KIRCHHOFF *Consult* AG als Beraterin und Texterin tätig.

Dipl.-Kffr. Ariane Kruse

Jahrgang 1970; 1990 bis 1995 Studium der Betriebswirtschaftslehre an der Universität Lüneburg; seit September 1995 Wissenschaftliche Mitarbeiterin von Prof. Dr. Dr. h. c. Jörg Baetge in der BPV Baetge & Partner GmbH & Co. Verfahrensentwicklung KG in Münster; Verfasserin mehrerer Aufsätze zum Thema „Bilanzbonitätsbeurteilung von Unternehmen".

Dipl.-Kfm. Dennis Schulze

Jahrgang 1969; 1990 bis 1995 Studium der Betriebswirtschaftslehre an der Westfälischen Wilhelms-Universität Münster; seit 1995 Wissenschaftlicher Mitarbeiter von Prof. Dr. Dr. h.c. Jörg Baetge am Institut für Revisionswesen der Westfälischen Wilhelms-Universität Münster; 1996 und 1997 verantwortlich für die Organisation des Wettbewerbs „Der beste Geschäftsbericht"; Verfasser mehrerer Aufsätze zum Thema „Geschäftsberichterstattung".

Dipl.-Kffr. Heidrun Twesten, MaeBA

Jahrgang 1968; Studium der Betriebswirtschaftslehre an der Universität Hamburg; Master of Arts in European Business Administration an der Newcastle Business School at University of Northumbria, Newcastle, England; seit September 1996 bei der KIRCHHOFF *Consult* AG als Beraterin tätig.